传统礼治与当代软法

沈岿　彭林　丁鼎　主编

北京大学出版社
PEKING UNIVERSITY PRESS

图书在版编目(CIP)数据

传统礼治与当代软法/沈岿,彭林,丁鼎主编. —北京:北京大学出版社,2017.12
ISBN 978-7-301-29057-6

Ⅰ. ①传… Ⅱ. ①沈… ②彭… ③丁… Ⅲ. ①礼治—研究—中国 ②社会主义法制—建设—研究—中国 Ⅳ. ①B222.05 ②D920.0

中国版本图书馆 CIP 数据核字(2017)第 315424 号

书　　名 传统礼治与当代软法
CHUANTONG LIZHI YU DANGDAI RUANFA
著作责任者 沈　岿　彭　林　丁　鼎　主编
责 任 编 辑 郭薇薇
标 准 书 号 ISBN 978-7-301-29057-6
出 版 发 行 北京大学出版社
地　　址 北京市海淀区成府路 205 号　100871
网　　址 http://www.pup.cn
电 子 信 箱 law@pup.pku.edu.cn
新 浪 微 博 @北京大学出版社　@北大出版社法律图书
电　　话 邮购部 62752015　发行部 62750672　编辑部 62752027
印 刷 者 三河市北燕印装有限公司
经 销 者 新华书店
965 毫米×1300 毫米　16 开本　22.75 印张　384 千字
2017 年 12 月第 1 版　2017 年 12 月第 1 次印刷
定　　价 55.00 元

本书系山东省理论建设工程重点研究基地项目
(批准号:16ALJJ17)研究成果

编辑委员会

序　　言

这是一次颇费心思组织的学术对话，也是一次大胆的学术探索。当代源于西方的“软法”，与产生自中国古代本土的“礼治”，两个似乎完全属于两个世界的概念相互碰撞，会产生什么样的结果呢？这恐怕不是很多人会设想的。而罗豪才老师不同寻常地想到了这样的一次尝试。

罗豪才老师是中国行政法学于20世纪七八十年代复兴时的第一代先驱，在学术创造方面素有非常敏锐的洞察和先觉，且始终保持着对理论的热爱和执着。其首倡的行政法平衡理论，曾经激荡行政法学十余年。2005年前后，他又关注到西方国际法学领域兴起的“软法”概念，以及国内对此展开的零星和分散的研究。其把握先机地提出，软法同样应该在国内公共治理领域充分发挥作用。此后，在他坚持不懈的推动之下，中国的软法研究取得了巨大的进展。与此同时，因“软法”概念而引起的争论，已经跨越部门法藩篱，与既有的习惯法、民间法等概念的功能一样，在另外的侧面敲打着近代以来以国家法、强制法为中心的法学传统。

人类自有文字以来，时空的不同和转换，催生了许许多多不同的概念。它们如同照相机的镜头，给了使用者捕捉世界的不同框架，让使用者聚焦世界的某个特定景象。但是，镜头自身不会产生意义，使用者在捕捉过程中赋予镜头和镜像以意义。概念就是这样连接着世界与人类，连接着不同时空的世界与不同的人们。当我们习惯用一个镜头，并把该镜头捕捉到的世界之一景，深以为然地当成世界之大部或全部，那么，更换镜头肯定会给我们带来不适，甚至是非常强烈的不适。然而，不适不见得是新的镜头有瑕疵，而很有可能是因为它撞击了旧镜头下的世界镜像，撞击了我们既有的概念体系和认知结构。

“软法”概念的提出，会让许多人莫名惊诧：法还有软的吗？法还有软硬之分吗？从来没有听说过！确实，我们已经太过习惯把“法”与国家意志、国家强制力保障实施等意念勾连在一起，除此以外，都不能称为法，即便它们也是行为规范,如道德、习俗等。殊不知,这只是我们接受法的国家意志论、国家强制论而形成的思维定式,而这些理论充其量也不过是来自西方特定时空的产物。如果我们关注的不仅仅是世界一景,而是更关注整个互为牵连的世界;如果我们关注的不仅仅是国家意志论、国家强制论下的"法"及其作用,而是更关注我们所处时空的秩序以及促成该秩序的各种规范以及"法"与它们之间的牵连,那么,我们就可能需要更多的概念、更多的镜头。

"软法"不是要把国家意志论、强制论下的"法"以外的各种规范都统摄在内。道德、习俗、宗教规范,乃至习惯法、民间法,自有其独特的定义和意义,"软法"无意侵入其领域,无意涵盖这些往往经过长期延续而沉积下来的规范。"软法"有通过国家形成的,也有通过其他主体形成的,在当今快速变化的时代,它们往往是被制定出来而不是历史形成的,它们都有一个共性:即没有强制约束的效力,违反它们并不会带来法律上明确的制裁,但事实上因为沟通、说服、教化而得到认可、得到遵循。

说到"因为沟通、说服、教化而得到认可、得到遵循",就容易令人联想到中国古代社会秩序的支撑力量。中国古人当然不会有"软法""硬法"这样的概念,也不会用它们来观察世界、理解世界。韩非子视"法"为君主发布、赏罚分明、强制而严格执行的成文法令("法者,宪令著于官府,刑罚必于民心,赏存乎慎法,而罚加乎奸令者也")。故"法"常与"刑"同指,历来对"法"的理解也基本延循此意。

然而,自汉代帝王汲取秦治"弃礼重法"失败教训,"废黜百家、独尊儒术"以来,天下之治,主要不是依据"法""刑",而是"礼"。一般认为,"礼"最初源于祭祀,之后从祭祀形式转换为婚姻、血统、亲缘和君臣的行为规则,而其实质是贵贱尊卑的等级秩序。汉代以降,政治上奉行礼治,旨在道德教化,以修养脱离罪恶,刑法只是作为必要之惩戒而存在,因此基本是德刑并举,以德为先。后经由"引经决狱""引经注律""依经立法",逐步实现了引礼入法、礼法合一,定罪量刑"于礼以为出入"。《唐律疏议》更是集以往立法之大成,"一准乎礼""得古今之平"。因此,古人心中之"礼",其意义和范围远广于今人之"道德"。"礼"可以说是古人对各种权利义务规范的称谓。"礼"在成为道德和行为是非曲直准绳的同时,已然成为全社会最普遍适用的权威性规范和调整各类社会关系的最高准则。刑、法也皆以礼为基础。

此外,如费孝通先生所言,中国古代礼治基本是不见国家的。以宗族、氏族为基层组织基础,以建立贵贱尊卑的"礼"为规范基础,很容易形成和维系传统的礼俗秩序。在古人的概念体系下,"礼"与法存在形式上的对立。

但是，若依今人的眼光看，摆脱法的国家意志论、强制论的罩子，“礼”其实就是贴近中国古人日常生活、规范其行为、更多由宗法社会予以保障的法。这恐怕就是中华法系最具特色之处。而自西方坚船利炮打开中国国门以后，近代化、现代化过程的一个特色就是，国家、工业主义以及民主平等科学的启蒙思想三个巨头，不断地吞噬、消除、抑制宗法力量。古时候占据统治地位的礼俗秩序自然难以维系。

可是，历史以不计其数的故事，说明了全能的国家是不可能的。礼法之治时君王、官府是不可能的，现代法治时国家、政府也是不可能的。这或许就是“礼”与“软法”可以对话的地方。虽然以等级为核心的“礼治”在整体上已经失去现代意义，但是，一个良好秩序应有的“礼”，是经过重新塑造的“礼”，是通过沟通、说服、教化而形成的“新礼”，也仍然是法治国家、法治社会所不可或缺的。当然，我们不能想当然地称呼“礼”为古代软法，也不能想当然地为了重新唤起“礼治”“德治”而主张“礼”或者“新礼”是当代软法的重要组成。

对话才刚开始，在对话中寻找社会治理规范体系的共同点，在对话中形成一个可能的互相启发：“软法”研究在中国本土的、历史的维度上的知识资源，“礼学”研究在当代依法治国建设中的作用。这就是罗豪才老师和王志民老师的共同心愿。

是为序。

沈　岿

北京大学法学院教授

中国行为法学会软法研究分会会长

CONTENTS 目　录

传统礼治与软法治理*

罗豪才

各位专家学者，大家好！

经过多方筹备，“传统礼治与当代软法建设高端学术研讨会”隆重召开。请允许我代表主办方对各位专家学者表示热烈的欢迎，对会议的承办单位、同时也是主办方之一的山东师范大学齐鲁文化研究院表示衷心感谢。

党的十八大以来，以习近平同志为总书记的党中央从坚持和发展中国特色社会主义全局出发，提出并形成了全面建成小康社会、全面深化改革、全面依法治国、全面从严治党的战略布局。“四个全面”相辅相成，集中体现了中央治国理政的新思路、新举措和新要求。全面依法治国、建设中国特色社会主义法治体系，要坚持法治基本方向，维护宪法和法律尊严；同时也要多探讨法律的中国特色，深入思考传统文化与现代法治的关系，对传统文化加以扬弃，更好地推进法治中国建设。

召开这次会议的想法，来自我 2014 年来山东开会期间与王志民教授的聊天中。我是搞软法的，王教授是研究传统文化的专家，我一直希望能够在传统文化中挖掘软法产生发展的根基，而王教授也希望能赋予传统文化以现代内涵。2014 年 6 月，我们邀请王教授来北大博雅公法论坛举办讲座，主题就是“软法与传统礼学”。由王教授主讲，与会专家学者畅所欲言，效果非常好。之后我们开始筹备启动更大规模的学术研讨会，以期能够延请更多专家，就这一主题进行更深入探讨。2015 年 1 月份，中国行为法学会软法研究会正式宣告成立，我们这次会议成为软法研究会宣告成立以来，与几家单位联合召开的第一次大型研讨会。我也希望这种交流合作能更多一些，范围更广一些，成果更丰富一些。

---

* 本文为罗豪才教授致“传统礼治与当代软法建设高端学术研讨会”的贺信。

中华民族自古以来就是礼仪之邦。“礼”是中国古代社会长期存在的，维护社会秩序、维系社会关系的一系列原则以及言行规范的总称。早在三千多年前的西周时期，“礼”就已经具备了社会规范的性质，在当时对社会生活各个方面都有着实际的调整作用，成为人们遵行的准则。“礼”既包含抽象的精神原则，也包括了具体的礼仪形式。通过“礼”的形式，把道德教化渗透到衣食住行、言谈举止各个方面，通过各种礼仪、制度来规范和约束人们的言行，融入到人们的生活，让人们在实践中感知它、领悟它。“礼”在运作理念与实施机制上与“刑”有明显区别，是我国古代社会主要的行为规范，构成我国传统法律体系的重要组成部分。

近代以来，我们对于传统法制的认识，更多偏重于“刑”，而忽略了“礼”的作用，这固然受制于我们的认识水平，但也与我们对法的理解有关。

传统观念一般认为：法是体现国家意志的，由国家制定或认可，依靠国家强制力保障实施的规范体系。这一概念，一方面强调法的“规则”特性，即法是调整人类行为的规则；另外一方面强调法的“强制力”特性，即法是依靠国家强制力保证实施的。

我们认为，在全面推进依法治国、建设中国特色社会主义法治体系的大背景下，对法的理解有必要进一步深化：法应是体现公共意志的，由国家制定或认可，依靠公共强制或自律机制保证实施的规范体系。相应，法的特性则可由“规则性”和“影响力”来概括，一方面仍要强调其规则性，另外一方面，则应淡化规则与国家强制力的联系，而关注其实际影响力大小。规则的影响力可能来自于国家强制力，或者是国家强制力与社会影响力的共同作用，也有很多是完全借助舆论、媒体、道德等社会影响力，以及自律、互律机制的运用来实现，褪去了国家强制力色彩。基于这一概念和认识，则法律规范中由国家制定或认可，并由国家强制力予以保障的部分规范属于硬法；而另外一部分虽然也是国家制定或认可的，但是不借助国家强制力，而是依靠社会强制，或借助自律、自治机制来实现其效果的规范，我们称之为软法。

党的十八届四中全会明确提出，要发挥市民公约、乡规民约、行业规章、团体章程等社会规范在社会治理中的积极作用。这些社会共同体创制的各类自治规范多属于软法范畴。近年来，我们一直关注软法发展，软法研究无论是在研究范围和领域上，还是在研究队伍与组织上，都有很大进步，取得了很多成果。在推进法治国家、法治政府、法治社会一体建设中，既需要国家硬法，也离不开软法，尤其是在法治社会建设中，更多的还是要依赖软法。软法在制定和实施过程中都体现了对社会多元主体的充分尊重，强调平等协商、自律互律，推动社会自我治理、自我规制，已经成为加强社会治理和推进法治社会建设的主要规范，正在发挥越来越独特、越来越大的作用。

传统“礼治”在规范内容和实施机制上与我们今天所关注和提倡的软法有很多可资比较的地方。希望通过我们这次会议，深入理解和贯彻“四个全面”战略布局，加强传统礼治、传统文化与软法关系的研究，传承我国优良传统文化，推进法治不断深化。

最后预祝本次研讨会圆满成功，谢谢大家！

“礼治”背景下的中华“软法”

彭　林*

从2006年起，罗豪才先生将国际法学界热议的“软法”概念引入当代中国的公共治理领域，倡言“在建设法治国家特别是法治社会的进程中，法治的实现既要依靠国家来推动，更要夯实社会共同体自律互律的基础，依靠多样化的法律规范来保证社会既有序发展、又充满活力”[①]，令人耳目一新。迄今为止，有关的讨论主要是在法学界，并且以理论研究为主。本文试图将“软法”放到中国传统“礼治”的背景下来观察，藉此探讨中国社会的治理模式，希冀得到法学界的指教。

一、传统中国的“礼治”模式

我们认为，中国学者讨论“软法”，理应立足本土文化背景，如此，这场讨论才有“经世致用”的意义。为此，首先要说清楚传统中国的文化形态与基本特点。

早在20世纪初，梁启超先生就指出，中、西文化是当代世界的两大文明体系，彼此并行不悖，特色各异，互有优长。梁先生进而将“中国重礼治”与“西方重法治”相对，视为中西文化的核心特征，钱穆先生对此深为赞同，称“此可谓深得文化分别大旨之所在”。[②]

中国的礼治，肇端于周初，是对纣王无道暴政的反动，其标志则是周公“制礼作乐”。与西方人作为上流社会交际手段的礼截然不同，中国文化之

* 清华大学人文学院历史系教授、博士生导师。

① 罗豪才：《社会治理离不开软法之治》，载《人民日报》2011年7月27日第19版。

② 钱穆：《中国知识分子》，载《国史新论》，生活·读书·新知三联书店2001年版，第119页。

礼与道德为表里，是道德理性的具象。诚如《礼记·仲尼燕居》所说："礼也者，理也。"礼是按照道德理性的要求而制定的典章制度、行为规范的总称，旨在规范人的言行，构建社会的人伦秩序。

孔子倡导的"道之以德，齐之以礼"的治国理念，主张为历代知识精英所尊奉，有关论述，史不绝书，如曾国藩即主张以"以礼自治，以礼治人"[3]为治国纲领："治国以礼为本""修身、齐家、治田、平天下，则一秉乎礼。自内焉者言之，舍礼无所谓道德；自外焉者言之，舍礼无所谓政事"。[4]

当今有些学者谈及礼治，往往认定礼治排弃刑罚，迂腐之极。其实，凡有正常思维之人，都不可能将礼当做万能灵丹，都会想到用刑罚来做保证。孔子做过鲁国的司寇，岂有不知司法的作用？不过是礼、法关系孰轻孰重、孰先孰后罢了。孔子说："君子礼以坊德，刑以坊淫。"[5]德礼是提升社会向上的引绳，刑罚则是防止社会堕落的底线。司马迁论礼、法先后及其作用时说："夫礼禁未然之前，法施已然之后。法之所为用者易见，而礼之所为禁者难知。"[6]顾炎武赞同孔子坊德、坊淫之说："古之明王所以禁邪于未形，使民日迁善远罪而不自知者，是必有道矣。"[7]

需要顺便提及者，先秦文献习见之"法"，通常是指法则、法度、章法，而非今人所说之法律，因此不可混淆，如：

> 宣子于是乎始为国政，制事典，正法罪，辟狱刑，董逋逃，由质要，治旧洿，本秩礼，续常职，出滞淹。既成，以授太傅阳子与大师贾佗，使行诸晋国，以为常法。[8]
>
> 武子归而讲求典礼，以修晋国之法。子反曰："天下有道，则公侯能为民干城，而制其腹心。乱则反之。今吾子之言，乱之道也，不可以为法。"[9]
>
> 北宫文子云："《诗》云：'敬慎威仪，惟民之则。'令尹无威仪，民无则焉。"[10]

---

③ 《曾国藩全集》，日记二，岳麓书社 1988 年版，第 921 页。
④ 《曾国藩全集》，诗文，岳麓书社 1986 年版，第 358—359 页。
⑤ 《礼记·坊记》。
⑥ 《史记·太史公自序》。
⑦ （明）顾炎武：《日知录集释》卷七，《未有义而后其君者也》，岳麓书社 1994 年版，第 250 页。
⑧ 《左传》文公六年。
⑨ 《左传》宣公十六年。
⑩ 《左传》成公十八年。

> 文王之行，至今为法，可谓象之。有威仪也。[11]
>
> （晋悼公）使士渥浊为大傅，使修范武子之法；右行辛为司空，使修士蔿之法。[12]
>
> 叔向云："从而不失仪，敬而不失威；道之以训辞，奉之以旧法，考之以先王，度之以二国，虽汏侈，若我何？"[13]
>
> 芋尹无宇云："周文王之法曰：'有亡，荒阅'，所以得天下也。"[14]
>
> 范献子求货于叔孙，使请冠焉。取其冠法，而与之两冠，曰："尽矣。"[15]
>
> 王子朝云："若我一二兄弟甥舅奖顺天法，无助狡猾。"[16]
>
> 将其类丑，以法则周公，用即命于周。[17]
>
> 且子季孙若欲行而法，则周公之典在。[18]

无独有偶，《尚书》之《吕刑》，记述墨、劓、剕、宫、大辟等"五刑之属三千"，通篇称刑而不及法。

《周礼》天地春夏秋冬六官共同构成"礼治"的框架，秋官大司寇虽是掌刑罚，但同属"礼"之一隅，不出其范围。此书之中，"法"与"刑"二字有严格区别，不相为杂。《周礼》之"法"，乃是法则、规则、章法的别名，与今人所说"法律"无关，如宰夫掌治朝之法，掌次掌王次之法，九嫔掌妇学之法，典妇功掌妇式之法，小司徒掌建邦之教法，州长各掌其州之教治政令之法，草人掌土化之法，大司乐掌成均之法，司勋掌六乡赏地之法等等，不胜枚举。今人之所谓"法"，《周礼》均称"刑"。如六官之秋官所掌为"刑典"；大司寇之职，掌建邦之三典，以佐王刑邦国，"一曰刑新国用轻典，二曰刑平国用中典，三曰刑乱国用重典"；又以野刑、军刑、乡刑、官刑、国刑等五刑纠万民。小司寇为大司寇之副手，所掌总称为"邦刑"。

每岁正月之吉，六官均要悬法于象魏，令万民百官观法，小宰等徇以木铎："不用法者，国有常刑！""各修乃职，考乃法，待乃事，以听王命。其有不

---

[11] 《左传》襄公三十一年。

[12] 《左传》成公十二年。

[13] 《左传》昭公五年。

[14] 《左传》昭公七年。

[15] 《左传》昭公二十二年。

[16] 《左传》昭公二十六年。

[17] 《左传》定公四年。

[18] 《左传》哀公十一年。

共,则国有大刑!"不用法,则有刑,两者之别,自无需赘言。

在儒家"礼治"文化之下的法,有如下两个特点:

首先,法是礼的一部分。法只有以礼(理)为指导,方能对社会形成正确导向,否则就如商纣时期,刑罚滥出,民不堪命,所以孔子说:"礼乐不兴,则刑罚不中;刑罚不中,则民无所措手足。"[19]惟其如此,儒家经典《周礼》以天官、地官、春官、夏官、秋官、冬官等六官为官政大纲,而执掌司法的《秋官大司寇》仅居其一。战国时,有人主张将"法"作为治国第一理念,因而有法家的兴起,并勃兴一时。西汉以后,法家思想被儒家有选择地吸收,成为儒家思想的一部分,此后再无独立的法家。魏晋以后,"以礼入法",礼法交融更显中国礼治的特色。

其次,刑期无刑。[20] 古代中国的官政不以法为治国之首务,有其深层的逻辑。历史上,仁政与暴政的差别是刑罚的多少或有无。暴政时代如纣王、秦皇,刑罚酷烈;仁政时代,刑措不用,例如西周成康之治,"天下安宁,刑措四十余年不用"[21];西汉"文景之治","黎民醇厚,几致刑措"[22]。"善人为国百年,可以胜残去杀矣。"[23]颜师古解释说:"胜残,谓胜残暴之人,使不为恶。去杀,不行杀戮也。"[24]能使民众不为恶、不行杀戮,主要是德政的结果;设立刑罚,旨在永久消灭犯罪。所以,钱穆先生说:"中国思想界却总是歌咏礼治,排击法治。"[25]

二、家训、族规:中国式的"软法"

如果将政府司法部门执掌的法律条文称为"硬法",那么,在传统中国社会,是否存在"软法"?为了便于讨论,我们先来了解罗先生界定的"软法"的三个特征:

> 首先,软法是一种规范,是一种行为准则。这是软法的形式特征。

---

[19] 《论语·子路》。
[20] 语出《书·大禹谟》。
[21] 《史记·周本纪》。
[22] (南宋)朱熹:《论语集注》"善人为国百年,可以胜残去杀矣"句下引程子语。
[23] 《论语·子路》。
[24] 《汉书·刑法志》颜注,载《汉书》(第四册),中华书局1962年版,第1109页。
[25] 钱穆:《礼与法》,载《湖上闲思录》,三联书店2000年版,第48页。

其次，软法的根本特征是不具有法律的约束力，不可以由法院强制执行。

再次，软法的形成的主体是多元的。从统治向治理的转变过程，也是治理主体分散化的过程。㉖

姜明安先生又对“软法”的属性作进一步限定，认为它区别于道德，区别于习惯和潜规则、法理、政策、行政命令，“是非典型意义的法”。㉗

罗豪才先生及其团队对“软法”存在的现状进行大面积摸底，在市场监管，财政、税务和金融，教科文体，城乡建设，司法行政，公安，医药卫生，农业等8个重要领域，调查了84部法律、135部行政法规、92部地方性法规和189部规章，共500部立法、共20482条条文，其中软法条款为4328条，占21.13%㉘，可谓难得。令我们略感不足的是，上述调查主要集中在公法领域，在民间的社会生活中是否也存在软法？若有，其存在的主要形式与内容如何？这是我们关心的重点。

依据罗先生等学者的界定，我们认为传统中国社会的家训与族规是最典型的“软法”。我国自古重视家庭教育，至迟从北朝颜之推撰《颜氏家训》起，订立家训、族规，就已逐步成为社会风尚。家训的内容各不相同，但内核不外乎两点：一是作为家族成员行为规范的底线；二是鼓励向上的格言，将人格教育生活化。

赌、毒、淫、盗等，或是民间陋俗，或是灾荒之年易发罪行，因具有很强的诱惑力，成为世风堕落的催化剂，严重影响社会安定，其祸害甚于水火，故政府无不严加惩处。由于案发地点多在家庭，隐蔽性强，不易发现，仅靠司法部门，殊难禁绝。意味深长的是，中国许多家庭将它作为“门内之治”的重要目标，自觉防范。以下略举数例。

浦城杨亿《家训》。杨亿，宋真宗时为左正言，奉诏与王钦若修《册府元龟》1000卷，后又参与修国史，才华卓绝，欧阳修誉之为“一代文豪”，官至兵部员外郎、户部郎中等。其《家训》明确要求家庭成员“戒赌博”，以及“禁争讼”“儆非为”：

敦孝悌，睦宗族。尚勤俭，安生理。

完国课，戒赌博。严婚娶，禁争讼。

㉖ 罗豪才、毕洪海：《通过软法的治理》，载《法学家》2006年第1期。

㉗ 姜明安：《软法的兴起与软法之治》，载《中国法学》2006年第2期。

㉘ 罗豪才：《直面软法》，载《人民日报》2009年7月8日第8版。

旌读书，奖忠烈。保坟墓，儆非为。
继绝世，谨教训。安本分，循天理。

浦城章仔钧《家训》。章仔钧早年即有令名，"居乡里有德行，沉默大度，好学不倦"，后任检校太傅、高州刺史等职。所撰《家训》以类似口诀的形式，概括传家、兴家、安家、防家、败家、亡家的关键之点，而以盗、奸、嫖、赌、暴、凶为切戒。

传家两字，曰耕与读。兴家两字，曰俭与勤。安家两字，曰让与忍。防家两字，曰盗与奸。败家两字，曰嫖与赌。亡家两字，曰暴与凶。

陈俊卿《家训》。陈俊卿乃北宋名臣，清正亮直，勤政廉务，忠义直谏，为士林楷模。其《家训》以"五毋"告诫子孙，戒赌为其一，其余均以毋违法为警告：

毋作非法而犯典型，毋以众而暴寡，毋以富而欺贫，毋以赌博而荡产业，毋以谣辟而坠家声。

无锡过氏为江南望族之一，代有名人出现，其《家规》有"八戒"，言无虚发，件件直指嫖赌等社会恶习：

戒忤逆，戒嫖赌，
戒酗酒，戒刁讼，
戒贪婪，戒迷信，
戒滥交，戒奢侈。

山西祁县乔家经商致富，名闻三晋。其家发达的重要原因之一是家风谨严，乔致庸教育后人做事要先重信，次讲义，第三才是利，同时戒骄、贪、懒，此外还有六不准：

不准纳妾，不准虐仆，
不准酗酒，不准赌博，
不准吸毒，不准嫖妓。

上述规定，各地多有，是民众依据法律条款以及民间认同的道德守则制定而成，足见预防犯罪的教育渗透于千家万户，将法律严打的犯罪行为消灭在萌芽状态，使之不出家门。若有违反者，家庭或家族则施以鞭笞，或者死后不许葬入家族墓地，从族谱中除名等属于"荣誉刑"的处置办法。

李光地，康熙五年举人、九年进士，累官至文渊阁大学士兼吏部尚书。

家族居于安溪十余世。当地地僻土瘠，加之数十年叛乱，社会动荡，暴力肆虐，李氏家族亦不能幸免，“前乙未、丙申间，家遭大难，陷贼十余口”“祖里榛荒，坟庙毁翳”[29]，受大环境浸润，李氏家族亦多作奸犯科者，《家族公约》[30]称，家族之中：

遂有不肖子弟，日与惰游，无赖之辈，妄觊非分之财，小则赌荡以至于穿窬，大则霸据溪港行市，攘人之利，使宾旅裹足；又大则假借名色出没招摇，不可穷诘。其尤可恨者，或聚凶徒百十辈，公执器械，与乡邻格斗。或妄断曲直，不闻官府。

李光地之祖上念次公、父西岗公相继编修谱牒，整顿族规，对家族中曾经出现的动乱，深恶痛绝，故李氏《家族公约》再三申述家族条规之后，要求家族严厉处置违规者：

自今以往，有犯规条，我惟有从公检举闻于官，而与众共弃之，不能徇私庇护。

浦城章仔钧《家训》明确规定，行为恶劣、败破家业者死后不得进祠堂接受子孙祭祀：

不肖子孙，眼底无几句诗书，胸无一段道理。神昏如醉，体解如瘫；意纵如狂，行卑如丐。败祖宗之成业，辱父母之家声。乡党为之羞，妻妾为之泣。岂可入吾祠而祀吾茔乎？岂可立于世而名人类乎哉！

莆田林英，北宋忠臣名贤，历仕仁宗、英宗、神宗、哲宗、徽宗五朝，累官至兵部员外郎、礼部尚书、金紫光禄大夫侍御史等，《家训》[31]云：

凡一子孙出仕者，务以清廉为主，贪渎为戒；为商者，以勤谨为主，奢纵为戒；为农者亦然，如有子孙不肖违戒者，众攻而责之。

凡族人或遭盗贼、疾病者，及婚不能娶者，族中有力之人扶持周济，如有不务本分职业，嗜酒淫赌生事者，一切不遵约束，定要众加责治，令其悔过自新乃止。

李侗，南宋南剑州剑浦人，人称延平先生，著名学者，与杨时、罗从彦、朱熹并称“闽学四贤”。家族《祖训》凡八条，其八为“早完钱粮”：

---

[29] （清）李光地：《诫家后文》，载《榕村全集》卷三十四。

[30] （清）李光地：《本族公约》，载《榕村别集》卷五。

[31] 《晋安林莆田长城金紫族谱》。

应征粮谷税金为国库源泉，安邦保家之本，缴纳乃公民应尽义务。凡我族人，宜各早完，勿累宗族。

三、家训、族规何以能贯彻执行

家训与族规的制定，是民间的自发举措，政府不予干涉。为何民间能自觉为政府分忧？有法学家认为，“软法规范得到较为普遍遵守的规范性基础为何”，乃是软法研究的“核心问题”。[32] 与之相关的问题有：软法为什么是可选择的以及为什么要被遵守？类似的问题，在西方或许不易回答，但在中国却是再简单不过。

首先，中国人有很强的家国一体的理念。孔子提倡“以天下为一家，以中国为一人”[33]，要求走向“道一风同”的境界，这就要求全社会有高度的文化认同，价值取向一致。经过长期的教化与浸润，无论是在知识精英还是在大众阶层，孔子学说得到广泛响应。家国一体的思想深入人心，所以自古以来有“国家兴亡，匹夫有责”的理念。孟子说：“人有恒言，皆曰‘天下国家’。天下之本在国，国之本在家，家之本在身。”[34]家庭能否健康发展，事关国家机体的健康与否，家运兴、国运兴，两者的利益完全一致，要解决的问题也无二致。所以，将国法作为家法的准则，顺理成章。

其次，中国人重视血缘家庭，以家庭作为社会的基本单元。中国人都希望家族的兴旺发达，本枝百世，光前裕后。而违反国法，身被刑戮之灾，就可能中断家族的发展，人们对此最为忌惮，孔子：“君子怀德，小人怀土；君子怀刑，小人怀惠。”[35]中国人特别重视家族荣誉，门庭一旦遭受耻辱，家声骤降，人们侧目而视，社会舆论给以巨大压力，乃是每个家庭都无法承受之痛。瑞士亚历山大·福克奇教授认为，唤起人们的羞耻感和罪恶感在刑法中已是司空见惯，同样，软法在让人们担心经历这些情感方面是最有效的，这就能

---

[32] 沈岿：《软法概念之正当性新辨——以法律沟通论为诠释依据》，载《法商研究》2014年第1期。

[33] 《礼记·礼运》。

[34] 《孟子·离娄上》。

[35] 《论语·里仁》。

够让人们服从软法。[36] 其说甚是。

中国文化与西方文化，各自传统不同，治国方式也各有特色。中国文化重视道德教化，重视启发大众的文化自觉与自尊，希冀从根源上提升社会气象，因而重礼治，法仅仅是辅助礼治的手段。由于长期的文化浸润，民众能自觉地将法律条文贯彻到自己的家庭管理中，这就是家训与族规。在长期的历史过程中，家训与族规的广泛存在，不仅对于保证社会安定起了重要作用，而且对于提升家庭成员的基本素质也有不可忽视的影响。

今天，当我们发现有关官二代、富二代、星二代的负面新闻层出不穷，官场因腐败在某些地区呈现整体式塌方的局面，追究其原因，我们不能不想起传统文化中家训与族规的好处。合乎逻辑的做法是，在加强法制的同时，是否也应该吸收重礼治、尊德性的长处。为了让领导干部（当然也包括普通民众）切实管好自己的亲属和孩子，使家庭健康长久地发展，是否应该承续我们家庭教育的优良传统，号召全民都来制定新的家训，用“软法”把那些低级的罪恶阻挡在家门之内？

㊱ 沈岿：《软法概念之正当性新辨——以法律沟通论为诠释依据》，载《法商研究》2014年第1期。

转型时期的中国社会秩序结构及其模式选择

——兼对当代中国社会秩序结构论点的学术介评*

刘作翔**

当代中国社会应选择何种社会秩序结构？这一问题在国家确立了“依法治国，建设社会主义法治国家”的治国方略之后，似乎已是一个不存置疑的已得到解决的问题，其实不然。在1996年年初中国领导人提出了“依法治国，建设社会主义法制国家”，并经1997年中共十五大正式确立为“法治国家”的治国方略和初级阶段政治纲领之后，关于中国社会秩序到底应选择何种模式结构又一度成为一个学术热点。来自人类学、社会学、文化学、法学界等的部分学者对这一目前作为占“主导地位”的“主流法律意识形态”的“法治国家”理论进行了反思，提出了质疑和挑战。这其中，既涉及学科角度、观察视点的不同，也涉及对当代中国社会秩序现实的不同认识和判断上，还涉及我们用什么样的方法来分析和判断社会秩序结构的模式选择。本文在对一些不同的论点进行介评后，提出我对这些问题的认识和思考点，以就教于学界同仁。

---

* 此文在《法学评论》1998年第5期发表。《新华文摘》1999年第2期全文转载；中国人民大学复印报刊资料《法理学·法史学》1998年第12期全文转载；《新华文摘》1999年第1期刊登目录索引；《高等学校文科学报文摘》1999年第1期转摘；此文获1999年西安市委、市人民政府颁发的“西安市第三次社会科学优秀成果一等奖”（副省级奖）。

** 中国社会科学院法学研究所研究员。

一、“礼治秩序”——传统中国社会秩序结构的主要特征

要分析和研究当代中国社会秩序结构，首先应该对传统中国社会的社会秩序结构作一些分析。虽然当代中国社会不同于传统中国社会，其间发生了“翻天覆地”的巨大变化。但因为当代中国社会是由传统中国社会延续而来，传统中国社会的社会秩序不能不对当代中国社会秩序的形成发生较大影响。而在对传统中国社会秩序的分析研究中，我认为，费孝通先生于20世纪40年代撰著出版的《乡土中国》一书中所提出的“礼治社会”“礼治秩序”是对传统中国社会秩序较为准确的定位和概括。下面我将主要介绍费孝通先生对传统中国社会“礼治秩序”的分析和观点。

费孝通先生在《乡土中国》一书中，将以“乡土社会”①为特色的中国社会秩序称之为“礼治秩序”，以与现代社会的“法治秩序”相区别。他是从分析“人治”和“法治”这两个概念展开的，他认为这两个概念不足以区分出中国社会和西洋社会的差别。他说：普通常有以“人治”和“法治”相对称，而且认为西洋是法治的社会，我们是“人治的”社会。其实这个对称的说法并不很清楚。法治的意思并不是法律本身能统治、能维持社会秩序，而是说社会上人和人的关系是根据法律来维持的。法律还得靠权力来支持，还得靠人来执行。法治其实是“人依法而治”，并非没有人的因素。……法治绝不能缺乏人的因素。费先生进而提出问题：那么，人治和法治有什么区别呢？如果人治是法治的对面，意思应当是“不依法律的统治”了。统治如果是指社会秩序的维持，我们很难想象一个社会的秩序可以不必靠什么力量就可以维持。人和人的关系可以不根据什么规定而自行配合的。如果不根据法律，根据什么呢？望文生义地说来，人治好像是指有权力的人任凭一己的好恶来规定社会上人和人的关系的意思。他说他很怀疑这种“人治”是可能发生的。如果共同生活的人们，相互的行为、权利和义务，没有一定规范可守，依着统治者好恶来决定，而好恶也无法预测的话，社会必然混乱，人们会不知道怎样行动，那是不可能的，因之也说不上“治”了。因此，他得出结论：所谓

① 我认为，费孝通先生的“乡土社会”概念，不是指的狭义的“乡村”或“农村”，而是指的当时包括城市社会在内的中国社会，否则，他就不会用“乡土中国”作为书名。

人治和法治之别，不在人和法这两个字上，而是在维持秩序时所用的力量，和所根据的规范的性质。

费先生又进一步分析了乡土社会的社会秩序的维持所依据的社会规范。他指出：乡土社会秩序的维持，有很多方面和现代社会秩序的维持是不相同的。可是所不同的并不是说乡土社会是“无法无天”，或者说“无需法律”，乡土社会并不是这种社会。假如我们把法律限于以国家权力所维持的规则，那么，我们可以说这是个“无法”的社会；但是“无法”并不影响这社会的秩序，因为乡土社会是“礼治”的社会。而“礼治社会”并不是指文质彬彬，像《镜花缘》里所描写的君子国一般的社会。礼并不带有“文明”，或是“慈善”，或是“见了人点个头”，不穷凶极恶的意思。礼也可以杀人，可以很“野蛮”（就如鲁迅先生当年所批判的那样，礼治社会是一个“吃人”的社会）。“礼是社会公认合式的行为规范。如果单从行为规范一点说，本和法律无异，法律也是一种行为规范。礼和法不相同的地方是维持规范的力量。法律是靠国家的权力来推行的。‘国家’是指政治的权力，在现代国家没有形成前，部落也是政治权力，而礼却不需要这有形的权力机构来维持。维持礼这种规范的是传统。”“传统是社会所累积的经验……在乡土社会中，传统的重要性比现代社会更甚，那是因为在乡土社会里传统的效力更大。”②

费先生还分析了“礼治”“德治”与“法治”的区别：礼并不是靠一个外在的权力来推行的，而是从教化中养成了个人（对传统）的敬畏之感，使人服膺；人服从礼是主动的。礼是可以为人所好的，所谓“富而好礼”。这显然是和法律不同了，甚至不同于普通的所谓道德。法律是从外限制人的，不守法所得到的罚是由特定的权力所加之于个人的。人可以逃避法网，逃得脱还可以自己骄傲、得意。道德是社会舆论所维持的，做了不道德的事，见不得人，那是不好，多人唾弃，是耻。礼则有其于道德：如果失礼，不但不好，而且不对、不合、不成。这是个人习惯所维持的。十目所视，十手所指的，即是在没有人的地方也会不能自已。礼是合式的路子，是经教化过程而成为主动性的服膺于传统的习惯。费先生还说道，礼治在表面看去好像是人们行为不受规律拘束而自动形成的秩序，其实自动的说法是不正确，只是主动的服于成规罢了。礼治的可能必须以传统可以有效地应付生活问题为前提。乡土社会满足了这前提，因之它的秩序可以以礼来维持。在一个变迁很快的社会，传统的效力是无法保证的。不管一种生活方式在过去是怎样有效，如

---

② 费孝通著：《乡土中国》，三联书店 1985 年版，第 48—51 页。

果环境一改变，谁也不能再依着老法子去应付新的问题了。

费孝通先生最后概括道：法治和礼治是发生在两种不同的社会情态中。这里所谓礼治也许就是普通所谓人治，但是礼治一词不会像人治一词那样容易引起误解，以致有人觉得社会秩序是可以由个人好恶来维持的了。礼治和这种个人好恶的统治相差甚远，因为礼是传统，是整个社会历史在维持这种秩序。礼治社会并不能在变迁很快的时代中出现，这是乡土社会的特色。③

费先生指出：礼治就是对传统规则的服膺。生活方面，人和人的关系，都有着一定的规则。行为者对于这些规则从小就熟悉，不问理由而认为是当然的。长期的教育已把外在的规则化成了内在的习惯。维持礼俗的力量不在身外的权力，而是在身内的良心。所以这种秩序注重修身，注重克己。理想的礼治是每个人都自动地守规矩，不必有外在的监督。但是理想的礼治秩序并不是常有的。于是，社会必然向现代社会、法治社会转变。而费孝通先生当年就已指出："中国正处在从乡土社会蜕变的过程中。"④

我们今天虽然还不能说，中国社会已从乡土社会中"完全彻底"地蜕变出来，但今日中国社会从主流上讲毕竟已步入现代社会行列。但传统中国社会的"礼治秩序"仍在现实中发生着影响。这种影响是以两种方式起作用：一是作为一种历史文化遗留，以观念的方式作用于现代社会的法律秩序之中；一是由于中国社会发展的不平衡，在那些狭义的"乡土社会"（即农村社会）中，它还实际地发挥着维持社会秩序的规范作用。

二、"多元混合秩序"——转型时期中国社会秩序结构的主要特征

按照费孝通先生的观点，现代社会应该是一个法理的社会，是一个依靠法律来调整人与人之间关系的社会，也即"法治"的社会。那么，20 世纪末的中国社会是不是一个"现代社会"？也即中国社会是不是已从"乡土社会"转化为"现代社会"，从"礼治秩序"转化为"法治秩序"，完成了由传统向现代的社会转型？这是一个大问题。对这一问题，不可以简单地回答"是"或

---

③ 费孝通著：《乡土中国》，三联书店 1985 年版，第 52—53 页。

④ 同上书，第 55—58 页。

"否",需作分层次的分析。这实际涉及判定社会形态的标准是什么这一重大问题。

我认为,这里有两个分析视角,即制度层面的视角和实际社会层面的视角。虽然制度也是构成社会现实的重要元素,是"社会存在"的一种表现方式,但由于制度毕竟是精神性的产物,它同"纯粹"意义上的实际社会的"社会存在"之间仍是有差异的。从制度层面分析,应该说从主流上讲,或从主体社会来讲,中国社会基本上属于现代社会形态。"中华人民共和国"是现代中国社会的社会形态,中国社会的具有现代形态的宪法制度和法律制度通行于整个中国社会。没有哪一个角落,即使最偏僻、边远的社区也不可能游离于这个主权国家的现代制度的统辖和管理之外。制度层面的另一个显著标志是:现代政权结构形式是全中国的社会基本政权结构形式,未曾听说还有哪一个范围、社区是农奴制或封建制政权结构形式。因此,从制度层面上讲,中国应该是已步入现代社会形态。但从实际社会的层面来分析,我认为,费孝通先生 20 世纪 40 年代所作的"中国正处在从乡土社会蜕变的过程中"的判断对 20 世纪末的中国社会也仍是一个准确的、精确的、恰如其分的判断,即中国社会仍然处在或经历着由传统社会向现代社会的转型过程之中,也即未完全步入现代社会,而是正在向现代社会迈入。其标志是中国社会还没有完全形成"法理社会"和"法治秩序",而只是向"法理社会"和"法治秩序"转轨和过渡。否则,中国现代化建设事业以及实现现代化和法治国家的目标和任务也就成了无的放矢了。

同转型和过渡时期的中国社会相伴,当代中国社会的社会秩序形态呈现出一种极为复杂的情况。我将它概括为"法治秩序"与"礼治秩序""德治秩序""人治秩序""宗法秩序"等组合而成的"多元混合秩序"。这是一种对当代中国实际社会秩序的概括和描述。它同国家追求的理想社会秩序结构即"法治秩序"结构形态不相一致。于是,在国家致力于现代化的过程中,大力倡导并上升为治国方略的"依法治国,建设社会主义法治国家"也随之出台,成为当代中国社会占主导地位的社会秩序思潮和实践,也成为当代中国社会主流法律意识形态。这一主导社会秩序思路显然同"多元混合秩序"的现实发生冲突。由于"多元混合秩序"的现实存在,也由于人们的认识的不同,采取何种社会秩序形态就成为政治家、学者们关注和研究的焦点。其中最为突出的就是有一些学者主张应该予"多元混合秩序"以合理的存在。一些学者为此进行了大量的研究[⑤]，并论证了它们存在的合理性。

比如，青年学者田成有在《中国农村宗族问题与现代法在农村中的命运》一文中，论述了“宗族”的地位问题。他认为：中国社会实际上存在两种运作机制，一是由国家或法律确认的维持、体现新价值的法理机制；二是由宗族或村落维持的体现旧价值的礼俗机制或称“民间法”。宗族制度实质就是具有中国传统特色的“准法”。他认为，在没有法律传统的中国社会（尤其是乡村社会），不仅人们的权利意识淡薄，而且运用权利的能力还十分低下。据一份调查数据反映，50%以上的农民不懂得自己有些什么法律上的基本权利，有80%以上的农民没有请过律师。在中国漫长的历史时期，社会调控的能量不高，“天高皇帝远”，社会秩序（实则是法律秩序）很难扩展到四野八荒的农村；法律没有内化为人们的价值观或内心需要，对社会的控制、影响极为有限。这种有限，促使宗族关系有条件外化为一种秩序。既然法律所起的作用是有限的，那么允许宗族作为一种法外资源或手段存在，在现今社会得到改造和利用就是可能的。宗族制度作为一种传统社会的处理问题模式，具有手段简单、易行、有效、经济等特点，所以它至今仍在很大程度上影响着乡村的社会生活，为现今的村民所接受。尤其是在处理那些地区范围比较小，人们之间的关系比较亲密，争执时间较长，争执的性质和后果不大的纠纷时，运用具有“私”法性质或礼俗规范机制的宗族制度就非常有效；特别是在解决家族内部的财产纠纷、赡养纠纷、婚嫁丧娶纠纷和口舌纠纷等方面作用更大。他还认为，在社会控制的大系统中，各类规范机制的功能是经常互相交叉渗透，共同协同作用的，它们分别从不同的角度表明人们向社会提出管理模式的不同要求。过分倚重于国家法律的控制手段，轻视宗族的作用，社会控制机制就会失衡，不利于从根本上圆满解决问题。宗族的存在，在一定时期和一定范围内丰富或弥补了国家制定法控制机制的不足，成为一种有效的补救手段和协同方式。宗族的合理运用是国家制定法的“延伸”部分和重要的支持系统，是社会支援和规范控制的一个重要源泉，是农村社区中基本聚合力量和维持社会秩序在常态下运转的重要保证。他指出：在中国这种非西方化或缺少法律传统的国度里，让渡一些非国家行为来

---

⑤ 其中，最主要的研究成果集中在由王铭铭、王斯福主编，中国政法大学出版社1997年12月出版的《乡土社会的秩序、公正与权威》一书中。此书是与该书名同主题的、于1997年8月在北京召开的一次学术研讨会的文集，它集中地反映了中外研究者们对此问题的调查报告及分析结论，以及学者们研讨评议的各种观点。

调控乡土社会，利用带有礼治规范或“民间法”性质的宗族制度来解决某些范围内的纠纷是值得重视和研究的。当然，他也认为，法理型的统治是社会的主流，而利用宗族的范围和力度都必须是有限的，过渡的。⑥

如果说田成有先生上述论述还算温和的话，那么，梁治平先生对此的观点⑦则显得更为激进和强烈，他实际上是对目前流行于作为中国主流法律意识形态的“法治国家”理论进行了激烈的质疑和批判。

他首先引用了费孝通先生于20世纪40年代在《乡土中国》一书中所列举的一个案例。费先生的案例是当年一位兼司法官的县长和他亲自谈到的案子：有个人因妻子偷了汉子打伤了奸夫，在乡间这是理直气壮的事情，但在法律上和奸（即通奸）没有罪，何况又没有证据，殴伤却有罪。那位县长问他，这样的案子怎么判好呢？这位县长也明白，如果是善良的乡下人，自己知道做错坏事决不会到衙门里来的。但这些凭借一点法律知识的败类，却会在乡间为非作恶起来，法律还要去保护他。这种情形不能不让那位县长感到进退失据。费先生分析了这其中的原因：中国正处在从乡土社会蜕变的过程中，原有对诉讼的观念还是很坚固地存留在广大的民间，也因之使现代的司法不能彻底推行。现行法里的原则是从西洋搬过来的，和旧有的伦理观念相差很大。在中国的传统的秩序格局中，原本不承认有可以施行于一切人的统一规则，而现行法却是采用个人平等主义的。这一套已经使普通老百姓不明白，在司法制度的程序上又是隔膜到不知怎样利用。在乡间普通人还是怕打官司的，但是新的司法制度却已推行下乡了。那些不容于乡土伦理的人物从此却找到了一种新的保障。他们可以不服乡间的调解而告到司法处去。费先生说，在理论上，这是好现象，因为这样才能破坏原有的乡土社会的传统，使中国能走上现代化的道路。但是事实上，在司法处去打官司的，正是那些乡间所认为的“败类”的人物。依着现行法去判决（且把贪污那一套除外），时常可以和地方传统不合。乡间认为坏的行为却正可以是合法的行为，于是司法处在乡下人的眼光中成了一个包庇作恶的机构了。费先生当年的结论是：现行的司法制度在乡间发生了很特殊的副作用，它破坏了原有的礼治秩序，但并不能有效地建立起法治秩序。法治秩序的建立

---

⑥ 参见田成有：《中国农村宗族问题与现代法在农村的命运》，载《法律科学》1996年第2期。

⑦ 梁治平先生对此问题的观点分别见《法治进程中的知识转型》（载《读书》1998年第1期）和《乡土社会中的法律和秩序》（载王铭铭、王斯福主编：《乡土社会的秩序、公正与权威》，中国政法大学出版社1997年版，第415—480页）。

不能单靠制定若干法律条文和设立若干法庭，重要的还得看人民怎样去应用这些设备。更进一步，在社会结构和思想观念上还得先有一番改革。如果在这些方面不加改革，单把法律和法庭推行下乡，结果法治秩序的好处未得，而破坏礼治秩序的弊病却已先发生了。⑧

梁治平先生用50年后的一部中国电影《被告山杠爷》的故事⑨作例子，认为50年前费孝通先生所注意并揭露给我们的问题今天仍然存在。他认为，如果以为这只是因为农民思想愚昧、观念陈旧，以为通过加强农民教育，提高农民觉悟，就可以解决农村法律问题，那又是过于天真了。事实上，与一般的看法相反，法律并不总是比农民更高明。法律上的解决每每不能够满足当事人的要求。法律上的专断、生硬和不切实际却可能造成新的问题。在比如"山杠爷"生活的那个小山村，法律既不允许人们依照他们认为有效的方式保护家庭和惩治不孝，自己又不能提供恰当的解决办法，这就不能不令人对其合理性感到怀疑。他还举了另一个"颇具讽刺意味的事例"即有关赡养的法律。虽然现行赡养法规有意弘扬"民族传统美德"，但其作用最多只是把赡养问题简化为每月固定的钱财供应，结果是使不孝子女合法地解脱，而间接地造成更多的赡养问题。说到底，法律上的"赡养"，同传统所谓"孝"和"养"不过貌合而已，而在农村各种传统的组织、制度、观念、仪式和生活习俗都被当作旧时代的遗迹破除，新的权利话语业已渗入到每一个家庭之后，"传统美德"缘何生存？

---

⑧　参见费孝通著：《乡土中国》，三联书店1985年版，第58—59页。

⑨　关于"山杠爷"的故事，梁治平先生做了如下的简述："山杠爷"是那种土生土长的乡间权威，虽然没受过什么教育，但是刚正、果决，阅历丰富，治村有方。不幸的是，他也是个"法盲"。他那些治理山村的办法，虽然行之有效，但是于法不合，以致最后他竟成为"被告"，被押上警车带走。在他的各种罪状里面，有一项是非法监禁村民。被监禁的村民是一个酒鬼，他虽有家小，但是不仅不能养家，反倒把家里最后一点值钱的东西也要"喝"掉。其妻不堪其扰，哭哭啼啼地求助于"山杠爷"，每当这种时候，"山杠爷"定要对那酒鬼痛加训斥，如果情形严重，还要命村里的民兵关他一夜，直到他清醒之后，悔过认错。一次，两名下乡（调查山杠爷问题）的检察官恰巧碰到正被关禁闭的酒鬼，他们当即指出这是违法行为，并将酒鬼放还。获得解放的酒鬼顿觉扬眉吐气，并乘机用"法律"向村民说了一堆"山杠爷"的坏话。可以想象，有了"法律"的仗恃，那酒鬼会更加不可救药。还有，有一家人的媳妇虐待婆婆，被婆婆告到"山杠爷"处，"山杠爷"就罚她为村里人放电影一场（并且将此作为一个"规矩"立下来，来惩罚那些虐待婆婆的人），同时请来了她的父母，当众要他们管教好女儿。那媳妇受了羞辱，愈加恼怒，回去后变本加厉地虐待婆婆，这次"山杠爷"也不留情，让民兵将她一索子绑了去游街（导致这个媳妇最后上吊自杀）。电影中还反映了"山杠爷"私拆他人信件，以及为造福乡里子孙后代修水库而强迫村民出劳力出钱等等事件。这些显然都是违法之举，因此把"山杠爷"推上被告席也不冤枉他。不过，"山杠爷"并不认为自己做错了什么，（更为重要的是）他的那些违法举措在大多数村民看来也都在情理，说他犯法把他定罪，怎能不让人感到迷惑？上述参见梁治平：《法治进程中的知识转型》，载《读书》1998年第1期。

在论述了上述问题之后，梁治平先生对作为流行的主流法律意识形态的“法治国家”理论提出了质疑和批判。他指出：在中国现代化进程中，在新国家成长并试图确立其合法性的过程中，历史被重新定义，社会被重新界定。乡土社会中的观念、习俗和生活方式，被看成是旧的、传统的和落后的，它们必将为新的、现代的和先进的东西所取代。根据同一逻辑，中国社会的“现代化”只能由国家自上而下地推行和实现，从这里，便衍生出包括“建立民主与法制”在内的“规则的社会变迁”，这一过程一直延续至今。他指出，20世纪80年代以来，在“民主”“法制”和“依法治国”一类口号下，国家法律开始大规模地进入乡村社会。通过“普法”宣教和日常司法活动，自上而下改造旧文化、旧习俗和旧思想观念的过程仍在继续。然而，这里所涉及的并不是单纯的知识进步。因为“法治”本身就不是一个抽象和无差别的普遍事业。它所要求的不仅是知识，同时也是权力，是支配和控制。正因为如此，通过法制或者法治来实现的“社会进步”有时就不但是残酷的，而且是非理的。他认为，法律家们为法律王国的建立和扩张而欢欣鼓舞，对通过完善法制而实现社会进步深信不疑。他们要求改变一切不利于法治的思想和观念，但对自己的立场却缺乏反省。他们热烈地鼓吹“权利”，推进“法治”，却不了解权利的意蕴，更不去问这是什么样的法治，如何推进的法治；不去问中国究竟需要什么样的法治，怎样去实现这种法治。他们不了解，即使是民主和法治这样可能的目标，一旦被从具体事件和场景中抽离出来，变成不证自明的普遍价值，一样面临被意识形态化的危险。事实上，他们在积极推进“民主与法制”的过程中，确实参与了制造这种意识形态。因此，今天所需要的应当不再是这种法治的鼓吹者，而是具有高度自省能力和批判能力的法律家。[10]

梁治平先生的这种对流行的法治理论和“鼓吹”法治理论的法律家们的批判不可谓不尖锐。但全部问题归结为一点：当代中国“应然社会秩序”和“实然社会秩序”的冲突和矛盾。在转型时期中国社会处于“多元混合秩序”的社会现实状况下，是建立一种应然法治秩序，还是赋予各种多元混合秩序（如宗法、礼俗、习惯）以合法性和合理性存在？在社会秩序方式上，是不是就真成了“凡是存在的，就是合理的”？在多种秩序明显存在冲突的情况下，社会对各种秩序方式有没有一种价值选择？还是任其自然存在下去？中国选择建立“法治秩序”的社会目标有没有错？如果我们默许或允许家族制度、礼俗制度、习惯等“民间法”的“合法性”地位，那么，现代法治秩序如何才

---

[10] 参见梁治平：《法治进程中的知识转变》，载《读书》1998年第1期。

能建立起来？而最实质的问题是：家族制度、礼治制度、习惯等中的明显同时代进步相悖的落后因素如何剔除？通过什么方式来同法治相衔接？因为它们如果作为一种社会调整秩序存在，它就是一种社会秩序方式，在它发挥作用的领域和范围内，现代法律是难以插足的。[11] 更进一步说，法律如何改造这些明显看来是同社会进步相悖的秩序方式？法律推动社会改造、前进的功能又如何体现？等等。归结为一个问题：我们选择一种什么样的社会秩序方式。这些问题恰恰是社会实践需要解决的问题。[12]

如果我们仔细分析费孝通先生的观点，他并没有反对建立现代社会的法治秩序。他认为，现代法在乡间的实行，在理论上是个好现象，“因为这样才能破坏原有的乡土社会的传统，使中国能走上现代化的道路”。费先生所强调的重点是：法治秩序的建立不能单靠制定若干法律条文和设立若干法庭，重要的还得看人民怎样去应用这些设备。更进一步说，在社会结构和思想观念上还得先有一番改革。这是费先生强调的重点，而这是一个颇具建设性的意见。费先生并没有因为法治秩序的实现遇到传统礼治秩序的阻碍，而主张退回到乡土社会的礼治秩序上去。因为费先生看到了乡土社会的礼治秩序随着社会的进步和发展，迟早是要让位于现代社会的法治秩序的。比如，他在 20 世纪 40 年代就指出：“中国正处在从乡土社会的蜕变的过程中。”[13]他反复强调：“在一个变迁很快的社会，传统的效力是无法保证的。尽管一种生活方式在过去是怎样有效，如果环境一改变，谁也不能再依着老法来应付新的问题。”[14]在“一个变动中的社会，所有的规则是不能不变动的。环境改变了，相互权利不能不跟着改变”。“现代的社会中并不把法律看成是一种固定的规则了，法律一定得随着时间改变其内容。”[15]

---

⑪ 因为持此论者所主张的是要将法律之外的社会秩序方式作为“准法”，或“活法”来使用，那势必要冲击或取代法律调整领域，因为固然对于同一领域和范围或同一事件同一行为来讲，可能有两种秩序方式同时存在，但在解决问题时却只能选择一种秩序方式。

⑫ 田成有先生提出了中国法制建设的稳健与成熟应走一条“本土化”的道路。而所谓“本土化”道路要求在立法时，必须充分考虑农村的实际和民俗。但他同时又强调不能光注重国家制定法，也要注重国家制定法律之外的“活法”“民间法”的作用。这一思路前后是矛盾的。立法考虑农村的实际和民俗，是由立法解决的问题，是应该充分考虑的因素；但让“民间法”发挥“准法”的作用，是另外一个问题。他还提出，将“民间法”等“活法”在条件成熟时，有意识地吸收、认可，并融入、提炼到相应的法律法规之中，使之成为制定法的一部分。这一思路等于又回到他所批判的“大司法”路线。参见田成有：《中国农村宗族问题与现代法在农村的命运》，载《法律科学》1996 年第 2 期。

⑬ 费孝通著：《乡土中国》，三联书店 1985 年版，第 58 页。

⑭ 同上书，第 53 页。

⑮ 同上书，第 57 页。

如果要进一步深入研究这一问题，关键还在于我们对中国乡土社会现实状况的认识。中国的乡土社会在经历了近一个世纪的现代化冲击和洗礼后，是否发生了某些变化？中国的乡土社会是不是就是一个静止不变的“超稳定结构”的社会？对这一问题的思考有两个不同的参照对象：一个是理论家们脑子里所存在的那个乡土社会，或者艺术作品中所反映和表现的乡土社会（就像田成有先生文章中所指的中国农村的宗族现象和梁治平先生所例举的中国电影《被告山杠爷》中所表现出的中国当代农村社会，以及朱苏力先生曾着力分析过的中国电影《秋菊打官司》中的当代中国农村社会）。这样的“乡土社会”难免有某种程度的臆想成分和虚构成分。虽然我们也承认艺术作品在某种程度上及某些方面反映和再现了某种社会的现象，或反映了某种社会的观念现实状况，但毕竟它是虚构的，而非真实的，它和现实的社会状况或真实的个案还是有重大区别的。[16] 另一个参照对象即实际的社会调查。尤其是对当代中国的乡土社会到底处于一个什么样的发展阶段，呈现一个什么样的发展样式和水平等诸如此类的重大问题，不能建立在理论家们的臆想上，也不能倚重于时过境迁的材料，而应以现实的、实际的社会调查材料作依据，从而作出符合实际的分析和结论来。[17]

循着后一种思路，我们来看看当代中国的乡土社会发生了哪些变化，是一个什么样的社会秩序结构。在从事这一工作时，也同样地面临着一个文本的选择问题。社会调查资料很多，且资料本身也可能存在着倾向性，研究

---

[16] 这是一个比较大也比较尖锐的问题，即作为艺术虚构形式的艺术作品能否作为我们研究社会问题或法律问题或进行个案分析的真实依据？这涉及法学研究方法论的一个重要问题，即文本如何选择？有些法律学者认为，艺术作品不能作为研究法律问题的依据，因为它是虚构的，而非真实的。用原本虚构的而非真实的艺术作品作依据而进行的分析以及得出的结论难免有失偏颇。这是一个可能会遭到许多人反对的观点。因为在西方及中国许多经典著作中，艺术作品一向有作为研究法学、政治学、社会学、伦理学等社会科学分析对象的传统。但笔者赞同这一观点。因为对社会问题的研究，最重要的是要以真实的社会客观实际为文本，为依据，而不能以虚构的东西为文本和依据。尽管所谓“真实性”“客观性”也是一个被解释学和后现代理论所反复诘辩的概念，但实际的现实社会总比虚构的艺术作品中的社会相对来讲要更接近实际社会的本来面目。据此所进行的分析以及所得出的结论更富有现实意义。当然，在后现代理论看来，不存在什么客观的和真实的世界，世界的存在与否取决于人们的认识，人们认识中的世界才是真实世界，在认识之外，什么也不存在，真可谓“我思故我在”。但这样一种否认客观世界存在的看法，笔者是不能赞同的。由此而引出的法学研究的文本选择，确是一个既可能刺激许多人，但也不乏其重要意义的尖锐问题。笔者在此提出这一问题，是想引起学者们的关注和争鸣，因为它对我们的研究结论关系重大。

[17] 其实，梁治平先生也是十分注重实际的社会调查资料的，他的《乡土社会中的法律与秩序》一文，引用了大量的、丰富的社会调查资料，分析了当代中国乡土社会的法律和秩序状况。但他用电影《被告山杠爷》作分析依据而得出的一些分析结论，则显然不能作为实际的社会调查资料和真实状况。

者对文本的选择则更是带有倾向性。但我们不妨先选取两种对象、观点不同的资料来作分析，以便对实际的状况有个基本的了解。其次，由于中国社会（尤其是乡土社会）发展的不平衡以及乡土社会的地方性特征，一个地方、社区的状况很难类同于另一个地方和社区，更不可能具有全国性典型意义的代表性范型。但我们的关注点在于从中发现转型时期中国乡土社会秩序结构中一些带有规律性、普遍性的问题。虽然中国的乡土社会发展不平衡。但诚如费孝通先生所说到的，乡土社会总是要向现代社会转变的。静止不变的乡土社会是不存在的。因此，“变”是绝对的，“不变”则是相对的，只不过在“变”的问题上，或迟或早，或先或后，或快或慢，程度不同而已。既然如此，乡土社会在变化过程中，总是有一些共同的、普遍的规律和法则在发挥作用。

我们先选一个民间社会秩序遭到瓦解了的农村社会的社会调查报告。[18]《开放时代》杂志1997年第4期发表了吴重庆、单世联两位学者对广东番禺南村的社会调查报告，题为《经济发展与农村社会组织关系的变迁》。这篇调查报告涉及了1949年新中国成立前后，尤其是1979年改革以后南村的民间宗法权力结构系统的演变、瓦解及现代政权结构的建立过程，及如何看待1979年改革后民间宗法权力和礼俗的回潮及其作用等问题。

吴重庆、单世联两位学者的调查报告指出：1949年前，南村具有较完备的宗法系统，一方面是由于其长期聚族而居所致，另一方面也是为了应付来自西北方向的“黄阁佬”（指番禺黄阁镇的为非分子）的侵犯，为此，南村不得不借助宗法力量成立自治组织。若把当时的国民党基层政权在南村的设置视为正式权力系统的话，那么，在南村这个自治的小社会中，一直存在着一个发达的、非正式的潜在权力系统——民间宗法系统。而国民党的权力系统事实上只控制到乡一级，在村一级，只能作一些渗透。在村里，仍然需要潜在的权力系统发挥作用，所以在部分情形下，事实上是换汤不换药。在南村沦陷于日寇手里时，因兵荒马乱，民间宗法系统与正式权力系统都趋于瘫痪。1949年以后，宗法系统开始瓦解，其重要标志是地方乡绅阶层的消亡。党在乡村设置基层政权的着手点便是摧毁地主乡绅阶层。宗法系统的瓦解

---

[18] 这篇调查报告所选取的调查对象是一个处于中国改革开放较前沿的、且已步入都市化行列的广东地区的农村社会。虽然我们不能以此作为中国乡土社会的一个范型，但作为一个解剖个案，它有助于我们认识中国的乡土社会在向都市化演变过程中，社会秩序结构所发生的变化，以及这些变化的重要意义。

也使传统伦理道德失去依托与对象，而这一切都导致系统的崩溃。南村村民在经过土改平分到田地之后，与中国的其他农村一样，也经历了互助组、初级和高级农业合作社、人民公社化（大队、生产队）发展过程。这个发展过程事实上是不断统一和集中农业生产的管理权和分配权的过程，也是南村一体化行政权威的形成过程。在高度统一的局面下，社员们行动一致，生活水平基本一致，来自个人利益的冲突基本没有，个人的生存与发展空间极窄，民间潜在权力系统的调节功能消失，生产队长已成为正式权力系统中的"家长"。乡村社会的纠纷矛盾降到最低水平。"文化大革命"时，由于派系争斗，南村村民过着一种高度统一、半军事化的日常生活，这是党在南村所建立的一体化行政权威的顶峰体现。

1979年后，南村基层权力结构随着国家改革也进行了重组。联产承包责任制导致了农村的社会结构和权力关系一体化的解体。行政权力控制开始松动，权力开始收缩，村的权力职能开始转换，行政村权力开始简化。在这种情况下，一些民间礼俗活动开始恢复，民间权力系统开始重现。但作者指出：一些民间礼俗活动的恢复只是意味着出现了政治组织以外的民间文化活动，而不标志着一个民间社会的完全确立。事实上，无论是传统的还是现代的民俗礼仪在南村社会生活中都是边缘性活动。村民们并不普遍认为有参与的必要。与此同时，作为一切民间关系基础的亲属关系实际趋向形式化，儿子结婚后就和父母分开，此后来往不多。兄弟姐妹之间几乎没有什么成功的合作经营。既没有强有力的血缘亲属关系，也没有独立的经济利益集团。改革后的南村并未能建构民间社会，自然也就没有什么民间权威。即使在日常生活中，也只有村干部或他们委托的人才有发言权，才能调解民事纠纷。年长者、辈高者、有钱者均不具有充分的权威性。作者认为：可见，在30多年的政权一体化之后，传统农村的礼治结构、士绅阶层、长者权威等已被彻底摧毁。改革后政治控制相对放松，但与旧时完全不同的社会经济条件又不能催化新的民间社会，因此村民自我组织能力很差，全部活动还是以家庭个体为单位。一涉及集体性活动，只能靠行政权力系统及其派生机制来组织。

1992年6月，南村归入了广州市南沙经济技术开发区，结束了南村300多年的农村史，改名为南村管理区，走向了都市化。这一剧变带来了南村社会的三个显著特点：一是行政权力和经济控制权的整合，二是民间礼俗活动中的经济杠杆作用日显突出，三是社会权力控制的紊乱。民间礼俗本是一个社区共同体的庆典性、公共性活动，但现在的南村，社区共同体差不多已解体，居民之间正在摆脱过去的血缘、邻里、生产协作关系的束缚，逐步转向社会化的都市居民。民间礼俗活动失去了社会基础，只能是一级行政组织的工作，于是，即使是自愿的参加者也要求一定报酬。作者也指出：经济条件好转后，基本上家家都有收音机、电视机，它部分取代了民间传统社会的功能，这也是民间活动消解的主要原因。

这两位学者在上述调查的基础上，发表了他们对于中国农村社会结构的一些看法和结论。这些看法和结论是具有启发性的且值得我们重视的。他们认为：农村的社会组织结构和权力控制是与经济方式相适应的。改革后民间宗法礼俗的回潮并未根本改变社会组织关系，它的流变及被大部分地废弃，使其根本无助于民间权威的重新树立，更说不上对现行行政权力的制衡，改变社会组织关系。当代农村社会组织的主体仍然是经济利益调节下的行政权力系统。宗法礼俗的回潮和重现仍然只是农村生活主流之外的支流，既未能突破行政权力系统对农村生活的控制，也未能根本改变原有的农村组织结构。第一，行政权力虽然积极、甚至部分放弃对村民日常生活和经济活动的控制，但它仍然是目前农村唯一合法的权力机制，在利益分配、民事调解方面仍然保持着最后裁决权。经过三十多年的政治洗礼，农村原有的宗法关系、礼俗活动已被根本摧毁，不可能回复从前。第二，改革的社会心理动力是以利益的一定满足，在整个中国现代化、世俗化背景下，利益动机、经济标准已无可置疑地成为社会生活准绳；以亲情为基础，以传统为导向的宗法礼俗已无法与经济力量抗衡，只能作为它的配合和辅助。在高度一体化的行政权力控制松动之后，公共权力运作过程中的超越宗法关系的私人利益交换及时地取代了亲情关照，从而使宗法力量在公共权力被私有化的过程中丧失了独特的有效性。第三，现代文化观念向农村的大举渗透，青年一代已不再全面认同传统生活方式和文化观念，挟带着巨大经济利益的都市文化在农村找到越来越多的接受者。现在农村只有50岁以上的人，才对传统民间礼俗文化有点了解，要想在当代农村重建宗法民俗是完全不可能的。因此，作者认为，虽然当代农村确实出现了传统宗法关系和民俗活动，但从南村的调查中可以看出，这类活动基本上是由行政权力机构组织，或配合政治宣传，或为经济铺路，或作为农村文体活动，无论哪种类型，整个过程都是由经济作为动力和杠杆的，它们都不是传统意义的民俗活动。所谓民间社会、民间权威等也未出现。

作者又指出，经济关系和利益原则已重新梳理和编织当代农村社会网络，民间社会和礼俗关系趋于消解，社会结构和人际关系日益简单，农村的真实面貌与一般设想的大相径庭。农村权力系统的运作,已明显经济化。许多活动都是通过金钱手段来完成的。农村的一些民俗活动,也不再是能唤起认同意识、凝聚群体情感的活动,原先具有强大凝聚力的人伦亲情已逐渐退居幕后,利益不但可以解释现行农村活动,更成为社会组织的真正内核。在现在的农村,我们已不大可能发现特别的社会形态和组织关系。作者也指出,目前农村的行政权力系统在保证转型期社会秩序稳定,完成初步的资本积累中,既不可少又存在很大弊病,需要不断调整和改革。现行组织系统之所以承担这些使命,只是因为它是目前农村唯一的、没有受到挑战的权力控制者,而不是因为获得现代洗礼,合理地拥有发展经济、成为组织现代农村生活的能力和权力的人。改革的目标是随着现代化的演进重建农村权力控制系统。[19]

由作者以上提供给我们的调查报告及其分析结论,我们可以把它看作一种对于发展变化较大且较迅速的中国农村社会的写照。在像南村这样的社会中,社会秩序基本上已经是法律型的、国家权力型的,礼俗秩序、宗法秩序基本上已被瓦解,同都市化社会秩序形态非常接近。所存在的问题是国家权力型的社会秩序中暗含的弊端(像权力腐败)等及其改革问题。

同上述调查报告反映出的问题及得出结论所不同,梁治平先生的《乡土社会的法律与秩序》[20]一文,采用了大量的社会调查资料,最后得出结论认为,当代中国农村呈现出一种正式制度与非正式制度并存的局面。梁先生认为:在最近50年里,中国社会发生了极具戏剧性的变化,在此过程之中,社会结构出现了根本性的转变,国家与社会的关系更呈现出前所未有的局面。曾有一度,国家权力不仅深入到社会的基层,并且扩展到社会生活的所有领域,以至在国家权力之外,不再有任何民间社会的组织形式,这些,不能不对当代中国社会的法律秩序产生深刻的影响。而梁先生对20世纪80年

---

[19] 参见吴重庆、单世联:《经济发展与农村社会组织关系的变迁——广东番禺农村社会调查报告》,载《开放时代》1997年第4期。

[20] 需要指出的是:刊载此文的由王铭铭、王斯福主编的《乡土社会的秩序、公正与权威》(中国政法大学1997年版)一书,集中了一批中外学者对中国乡土社会秩序的调查报告、问题及其评论,这是我们了解中国乡土社会秩序结构不可多得的宝贵资料。该书主编王铭铭在"前言"中谨慎地讲道:"考虑到乡土社会的区域性差异,我们不想说,本书代表了中国乡土社会的全貌。而且,我个人常强调,'代表性'问题虽然重要,但是如果没有深入的社区考察,'代表性'只能是空泛的口号。……本书的一个优点,也许正在于它重视在小型的社区中展示和反思时代的主题,而不在于寻求社会的代表性。"尽管如此,该书对我们认识当代中国乡土社会极富帮助意义。如此丰富的调查材料我们不可能在此详介。而我选取梁治平先生的这篇文章作介绍,是因为作者在此文中对当代中国乡土社会秩序状况有一个宏观的判断和分析结论。

代以前中国农村社会秩序的演变过程的描述，与吴重庆、单世联对南村基层政权演变过程的描述并无二致，因为全中国的农村基层政权都经历了一个国家权力渗透的历史过程。

梁先生指出：国家正式制度在进入社会基层的过程中，不但结束了乡族自治的传统，而且逐渐地影响、改变和控制民间的非正式制度，直到将它们取而代之。但对于 20 世纪 80 年代以后的中国农村社会秩序的分析，梁先生明显地发表了与前述两位学者不同的结论。他认为：自 1980 年以来，乡村社会中出现了“旧事物”引人注目的回潮。家族制度的复苏，宗教仪式的再现，使我们注意到民间非正式制度的复兴，注意到当代中国农村正式制度与非正式制度并存的局面。

梁先生所注重的非正式制度在汉民族中主要以家族作为代表，在各少数民族居住的广大地区，则存在着各种基于血缘、地缘和宗教而形成的民间组织，这些在今天都得到某种程度的恢复。梁先生认为，这两种制度形式（正式和非正式的）发生着一种互动关系。并且他引用了大量的资料着力分析了非正式制度（自治性和民间性的规范）在农村中的表现方式。[21] 他最后得出结论：以上关于当代中国乡村社会中社会组织、行为规范和乡土知识的描述远非所谓民间知识和民间秩序的完整图像，而且，表现于家族组织、村规民约以及非正式的婚姻和家庭制度中的特点，也不足以揭示民间秩序的全部特征。尽管如此，它们确实表明，一个不同于正式制度所构想和构建的乡村社会的秩序是存在的。梁先生将此现象概括为“秩序的多元化”，这种秩序的多元化令人信服地表明了当代中国社会的复杂性：发展的不平衡和内在的不同一性。[22] 梁先生认为：正式的法律并不因为它们通常被认为是进步的就必然地合理，反过来，乡民所拥有的规范性知识也并不因它们是传统的就一定是落后和不合理的。重要的是去了解农民的生活世界，努力理解和尊重他们的自主选择。农民们有很强的实用理性，他们善于灵活地运用各种可以利用的资源去追求自己的目标。而且，农民也不是传统的奴隶，他们之所以尊奉一些长期流行的习惯，首先是因为这些习惯具有根植于社区生活中的合理性，因为它们为社区成员所能带来的好处更多于它们的害处。

---

[21] 梁治平：《乡土社会中的法律与秩序》，载王铭铭、王斯福主编：《乡土社会的秩序、公正与权威》，中国政法大学出版社 1997 年版，第 426—430 页。

[22] 这同我将当代中国社会秩序结构概括为“多元混合秩序”是一致的。但分歧在于对这种社会秩序结构的价值认同上。我认为，这是一种“实然性”的描述和概括，不具有“应然性”；而梁先生在后面的分析中，则主要地谈论的是这种社会秩序结构中非正式制度存在的“合理性”。

他也强调：指出这一点绝不意味着民间的知识和秩序具有自足的优越性，更不是主张国家政权应当从乡村社会中彻底退出，而只是要揭示出强烈的、国家的、现代的和理性的取向下被长期遮蔽的一些东西，并在此基础上重新看待正式制度与非正式制度之间以及国家与社会之间的关系。他认为，未来可能是一种多种知识和多重秩序（或多元法律格局）并存局面的长期存在。[23]

以上两个不同的社会调查和研究报告及分析结论，可能都较真实地反映了当代中国乡土社会的秩序结构。南村的实践可以作为已摆脱农村化，向都市化迈入的农村社会典型，而梁治平先生所作的宏观调查和分析结论，对于尚未迈入都市化社会的农村社会来讲，可能更具有普遍性意义。"多元混合秩序"结构的存在是当代中国社会的一个现实存在。如果我们从更为广泛的意义上来理解"秩序"这一概念，这一概括就不仅仅适用于当代中国的乡土社会，也适用于当代中国的都市社会，它是对"当代中国社会"的一个宏观概括。问题在于如同笔者在前面所反复提出的，对于这样一个现实的社会秩序结构持一种什么样的认识，在现代化的进程中我们如何建立一种更为有效的合理的社会秩序结构。中国选择以"法治秩序"作为社会秩序模式，是不是出了什么问题，这仍然是一个需要深入研究的课题。而要回答这一问题，离开对具体秩序形态中所包含的内容，以及解决问题的方式的价值判断和价值选择，是难以得出一个合理的结论的。从中国的未来发展看，"法治秩序"无疑是中国社会现在以及未来的社会秩序结构的主要模式和选择。

---

[23] 参见梁治平：《乡土社会中的法律与秩序》，载王铭铭、王斯福主编：《乡土社会的秩序、公正与秩序》，中国政法大学出版社 1997 年版，第 416—467 页。

“软法”概念正当性之新辩

——以法律沟通论为视角

沈　岿*

“软法”(soft law),作为一个概念,诞生已久,且越来越多地出现在法学学术文献之中。在比较法视野范围内,其最初源于国际法语境,而后逐渐扩展适用至国内法的分支领域。在我国,罗豪才教授首倡以公共治理(public governance)之兴起为背景研究软法。其倾注心血,领衔一批公法学人,于此题域开疆拓土。近八年时间,已使软法之学颇具规模。① 特别是,其与宋功德教授合著《软法亦法》一书,从部门法层面一跃而至法理学层面,提出崭新的“法”概念重述,以及软法/硬法“混合法治理”之命题。② 显然,认真且开放的学术立场,不可回避由此带来的知识挑战。

软法研究文献的日益增加,并不意味着“软法”概念本身被普遍接受,对其持犹疑、批判态度的学者并非少数。受传统国家主义法律观的影响,怀疑论者不免会提出诸如此类的问题:软法如何定义?其内涵与外延为何?软法与传统法律观所认识的、与“法律”相对而言的其他社会规范(如道德、纪律、职业规范、习俗等)是否有区别?若没有,为何非要用“软法”概念指称这

---

* 北京大学法学院教授,北京大学宪法与行政法研究中心研究员。

① 较为集中的研究成果,参见罗豪才等:《软法与公共治理》,北京大学出版社2006年版;罗豪才等:《软法与协商民主》,北京大学出版社2007年版;罗豪才、宋功德:《软法亦法》,法律出版社2009年版;罗豪才主编:《软法的理论与实践》,北京大学出版社2010年版;罗豪才、毕洪海编:《软法的挑战》,商务印书馆2011年版。另外参见刘小冰等:《软法原理与中国宪政》,东南大学出版社2010年版;张荣芳、沈跃东等:《公共治理视野下的软法》,中国检察出版社2010年版;梁剑兵、张新华:《软法的一般原理》,法律出版社2012年版。

② 该书对法的新定义是:“法是体现公共意志的、由国家制定或认可、依靠公共强制或自律机制保证实施的规范体系”,并主张“无论是国家管理还是社会自治领域,其实都正在从一种单一的硬法或者软法之治,转向软硬并举的混合法治理”。参见罗豪才、宋功德:《软法亦法》,前注①,第202、437页。

些规范？会否造成法律观的混乱或者泛软法主义？若有，区别究竟在何处？软法是否有效力、是否有助于秩序的形成？若有，其效力通过什么得以实现？软法是否会破坏和威胁法治？等等。对于这些问题，既有的软法学成果已或多或少地作出回应，尽管争议仍然存在。[③]

本文无意针对所有这些问题，提供全面、融贯的系统回答；只是希望回顾阐述"软法"概念正当性[④]的若干理论，在此基础上，应用法律的沟通理论(law as communication)[⑤]，对软法现象进行一种以往软法学较少从事过的观察，为"软法"概念的正当性提供新的诠释。本文将要论证，借力法律沟通理论，可以发现软法与硬法之间并非如想象中的那样壁垒森严，二者发生"实际"效力存在共通的、虽然并不完全相同的规范基础；进而，法律沟通理论还有助于阐明，面向当今社会时代特征的秩序之形成，为什么需要共有此基础的硬法与软法之结合。

一、软法概念正当性理论回溯

在"法律"(law)之外，提出一个颇为新异的"软法"概念，对有着传统法律观之思维定式(mindset)的人而言，毫无疑问是颠覆性的，怀疑和质问自然在所难免。于是，"软法"的提倡者和支持者，也就必须承担起艰难的说服工作和任务。迄今为止，为软法概念正当性进行辩护的理论纷纭杂陈，主要围绕着两个相互关联的问题展开：第一，软法为什么可以视作"法"？第二，

---

③ 有关争议观点，例见〔法〕让·克莱伯斯：《冗余的软法》，魏武译，载《行政法学研究》2008年第2期；〔法〕让·克莱伯斯：《软法的不可取》，载罗豪才、毕洪海编：《软法的挑战》，商务印书馆2011年版，第315—331页；赵春燕：《对"软法"概念的冷思考》，载《河北法学》2010年第12期；László Blutman, "In the Trap of A Legal Metaphor: International Soft Law", 59 *International and Comparative Law Quarterly* 605 (2010).

④ "正当性"一词在中文语境中有多种用法和意义，而且，有相当多的政治学、法学文献将其作为英文legitimacy的对应翻译(该词也有译为合法性、正统性等)。为避免歧义，本文所称之"正当性"意指"正当的理由、可接受的理由"，其英文对应词是justification。Justification有"证明为正当；辩护；辩解；辩明；正当的理由"等含义。参见陆谷孙主编：《英汉大词典》(缩印本)，上海译文出版社1993年版，第959页。Justification的简单的英文解释是"acceptable reason"(可接受的理由)。参见《牛津高阶英汉双解词典》(第4版)，商务印书馆、牛津大学出版社1997年版，第812页。进而言之，所谓软法概念的正当性，即软法概念可以为人接受的正当理由；所谓软法概念正当性理论，即阐述或可用来提供这些正当理由的理论。

⑤ 参见〔比〕马克·范·胡克：《法律的沟通之维》，孙国东译，法律出版社2008年版。

软法为什么是可选择的以及为什么被遵守？

就第一个问题而言，存在一系列的论述，László Blutman 教授将其大致分成两个家族（family）：功能理论（functional arguments）和接近理论（proximity arguments）。[⑥] 功能理论的核心主张是，软法所指的规范尽管没有传统形式主义、实证主义的法律拘束效力（legally binding effect），但在事实上，它们发挥着与传统意义上的法规则同样的功能，即行动者自愿地、普遍地遵守和信奉这些规范，并将它们视为形塑其行为的依据。它们可以确立和提高对行动者行为安排的预期；可以对行动者提出概要的、大致的政治要求、道德要求或者技术要求；可以协调行动者之间的互动；等等。既然软法规范有这些与正式法律规则类似的行为规范和预期、秩序促成之功能，故可以将其视为具有法律或准法律（quasi-legal）地位。[⑦]

同属功能理论家族、且对软法概念具有重大支撑作用的，还有对形式主义和实证主义法律观予以解构的理论。[⑧] 其中，颇具影响力的是法律多元论（legal pluralism）、法的自创生系统论（autopoietic law）等。在翟小波博士看来，法律多元论受法社会学、法人类学等研究的影响，早在软法概念产生之前既已发展。其主要目的是用法的思路来认知社会秩序的构成和运作，认知国家法和非国家法在促进此类秩序方面的各自作用及其相互关系。法律多元论视野下的法不只是国家法，而是存在于各种规模和性质的社会系统内的规范。法的自创生系统论是法律多元论的一种，其认为，当今功能空前分化的社会，已经存在且正在孕生大量独立、自治、自生和自新的子系统；这些子系统在日益专门化、技术化、抽象化的过程中，需要为参与其中的行动者提供相对稳定的预期，以减少复杂性和偶然性；于是，它们不断地生产大量的行为规范，这些规范形成独有的“合法/违法”的二元编码机制，就某行为作出“法上的正确和错误”的评价认定，并通过沟通或交往的系统，影响和塑造参与者的行为。法的自创生系统论力主强制并非法的必要因素，揭示严格国家法在当代社会的有限性，把沟通或交往作为法系统的主要内容，

---

⑥ 参见 László Blutman，前注③，第 614—623 页。该文虽然是在国际法语境中讨论国际软法的证成理论及其缺陷，但这些证成理论具有相当的可延伸至整个软法现象的普遍意义。本文认为，László Blutman 教授提出的两组证成软法的理由，是将存在家族相似（family resemblance）的理由归在两个范畴之下，故本文称其为理论家族。关于家族相似，参见〔奥〕维特根斯坦：《哲学研究》，李步楼译，商务印书馆 1996 年版，第 46—48 页。

⑦ 同上书，第 614—615、623 页。国内学者也多持类似观点，恕不一一例举，详见前注①所列研究文献。

⑧ 同上书，第 616 页。

从而在解构形式主义、实证主义、国家主义法律观的同时，为软法提供了有力证成。[9]

与功能理论强调软法的实际规范作用略有不同，接近理论则是关注软法规范与传统法律规则之间的特殊关系或关联性，从而赋予其法的地位。一方面，软法有时候是尚在酝酿的正式法律规则的先驱(precursor)和基础。正式法律规则的制定可以开始于不具有约束效力的、在传统法律渊源体系以外的文件，这些文件最终会转变为正式法律规则。另一方面，软法在正式法律规则适用的时候发挥必要的补充(complement)作用。大致上，补充作用可见于两类情形。一是，正式法律规则在文本中明确提及不具有法律性质的规则、建议或标准，指示后者应该得到相关行动者的尊重和参考；二是，软法为正式法律规则提供了解释依据。通过解释，软法与正式法律规则的规范内容发生关联，从而享有较高的特殊地位。正是由于软法规范与正式法律规则之间有着广泛的、紧密的、多面向的特殊关系，其中有些规范成为正式法律规则实际运作不可或缺之条件，其才得以享有法律或准法律的性质。[10]

功能理论和接近理论虽然在软法为什么可视作“法”的问题上，有着相当程度的说服力，但被 László Blutman 教授认为留有不少无法得到满意解答的疑惑。功能理论的不足在于：(1) 没有充分阐明，行动者为什么遵循非法律的规范(non-legal norm)，自愿地、普遍地遵守这些规范只是社会学意义上的事实，其本身并不能赋予这些规范以规范性的力量；(2) 没有令人满意地区分软法与其他非法律的规范，也没有说明非法律的规范如何变成软法；(3) 形式主义可以确保相对的规范确定性(normative certainty)，而功能主义无法解决其带来的规范不确定性问题。接近理论的缺陷则在于：(1) 非法律的规范本身不能仅仅因为其为即将出台的立法提供实质性基础而被赋予法律地位；(2) 正式法律规则要求遵守、尊重和参考非法律的规范，实际上已经将其变为传统意义上的法定义务；(3) 在法律解释过程中偶然发挥作用本身，也不构成在法律与非法律之间确立软法种类的必要依据。总之，功能理论与接近理论家族都没有为软法概念提供坚实的依据或基础。[11]

---

⑨ 参见翟小波：《软法概念与公共治理》，载罗豪才等：《软法与公共治理》，北京大学出版社2006年版，第147—153页。

⑩ 参见 László Blutman，前注③，第617—623页。

⑪ 同上书，第615—624页。

对软法为什么是可选择的以及为什么被遵守问题的回答，在一定程度上有助于弥补功能理论和接近理论之欠缺。例如，Andrew Guzman 教授和 Timothy Meyer 助理教授共同提出国际软法之所以在有些情形下受到青睐的四种解释：作为协调机制的软法理论（soft law as coordinating device）；损失规避理论（loss avoidance theory）；委托理论（delegation theory）；以及国际普通法理论（international common law theory）。软法的协调理论表明，国家行动者可能使用软法，进行直截了当的协调博弈，只要就重要的核心事项达成共识，就足以形成服从。损失规避理论则指出，硬法比软法产生更严厉的制裁，而制裁不仅会阻止更多背离规则的行为，而且由于制裁在国际体系中是负和的（negative-sum），也会增加当事人的净亏损。当背离规则的预期损失的边际成本超过禁止背离规则的边际收益的时候，国家行动者就会倾向于选择软法。而委托理论认为，当国家行动者不确定今天制定的规则在未来是不是值得的时候，当允许特定国家或者一部分国家面对情势变更及时调整预期是利大于弊的时候，国家行动者就会选择软法，从而便于其宣布放弃既定规则或其解释，更有效率地推动软法规则的演进。国际普通法理论聚焦于非国家行动者的裁决或标准。由于国家行动者之间有的希望进行深度合作，有的则只想浅层合作，为了在广大范围内实现合作，国家行动者可能就模糊规则或粗浅规则达成合意，并成立裁判机构或组织。裁判机构或组织的决定，除就特定争议事项、针对特定当事国家有效外，通常并不具有约束力，从而形成软法的一种形式。但是，它们可以形塑每个国家行动者关于什么是约束力法律规则的预期。[12] 以上四种理论虽然针对国际软法而言，但它们关于行动者在软法与硬法之间进行选择所考虑的因素的论述，如规则核心事项达成共识的便利性、规则服从和背离的成本效益分析、规则变革的效率以及通过非约束性裁决推动规则演进的可行性，也可借鉴适用于国内公共治理和国内软法语境之中。

至于软法规则为什么会得到遵守的问题，其实与传统意义上的法律规则为什么会得到遵守的问题一样，皆非轻而易举可以回答的。Alexandre Flückiger 教授认为，就后者而言，仅仅是强制性质或配以制裁是不够的，“神经科学家会提及大脑脑区激活对规范的服从，心理学家会提及情感，社会学家会提及社会规范，伦理学家会提及价值观，神学家会提及美德，经济

---

[12] See Andrew T. Guzman & Timothy L. Meyer, "International Soft Law", 2 *Journal of Legal Analysis* 171 (2010).

学家会提及效率,精神病学家会提及超我(superego),等等"。进而,"如果服从硬法不易解释的话,那么,服从软法就更加复杂了"。[13]

Alexandre Flückiger 教授从心理学角度,考察了情感(emotion)在说服技术和操作技术中的作用,以探讨软法如何发挥其影响力。其中,服从软法的情感动机包括:(1)认可(appreciation)。规范性不能与命令性(imperativity)混同,规范的可以是命令的,也可以是认可的。软法的规范性不在于命令而在于认可。(2)服从权威。出自公共权威的建议往往比出自鲜为人知的个人或社团的同样建议更有分量,社会心理学研究表明,人们给予权威相当的尊重,而无论是否存在命令性法律关系。(3)担心(fear)。担心和忧虑是促成服从的有力向量(vector),国家可以在软法之中运用它们,通过信息运动以促成一些担心、忧虑以及相关的厌恶、愤怒或悲伤等,如在禁烟运动中让公众担心癌症,在预防艾滋病运动中让公众担心死亡和疾病,从而强有力地鼓励目标受众改变其行为。(4)羞耻(shame)。唤起羞耻感和罪恶感在刑法中已是司空见惯,同样,软法在让人们担心经历这些情感方面是最有效的。(5)快乐(joy)。快乐和其他的正面情感(如自豪、自尊、愿望和高兴等)都可以改变人的行为。软法可以在提出建议的同时辅以物质激励,或者通过信息直接传达快乐幸福之感(如健康饮食抵制肥胖),以推动行为模式的改变。(6)出人意料(surprise)。软法通常有试验的功能,国家可以研究受众的反应,并根据观察到的效果,决定是撤回付诸试验的措施还是让其永久化。由此,软法可以使公众逐渐习惯和适应新制度,避免在转为硬法时出人意料。(7)同情(empathy)。同情是非法律的纠纷解决(如调解)获得成功的必要条件,软法也可以借助它,提高人们从事某种行为(如器官捐赠)的概率。[14]

软法为何被选择和遵守的理论,可谓汗牛充栋,无法于此尽述。之所以介绍 Andrew Guzman 教授和 Timothy Meyer 助理教授以及 Alexandre Flückiger 教授的理论,是因为前者阐述了行动者选择软法而非硬法的一般性或普遍性动因,后者在更为微观的心理学维度上表明软法是可以让受众服从之,从而发挥其影响力的。然而,即便在事实上有更多的理由支持行动

---

⑬ See Alexandre Flückiger, "Why Do We Obey Soft Law?", in *Rediscovering Public Law and Public Administration in Comparative Policy Analysis: a Tribute to Perter Knoepfel*, Stéphan Nahrath & Frédéric Varone (éd.), Presses polytechniques romandes/Haupt, Lausanne et Berne, 2009, p. 45.

⑭ Ibid., pp. 49—57.

者选择软法,即便情感调动可以说明为什么软法有着实际的效力,即便规范性可以不只是命令、还包括认可,以上论述似乎仍然没有解决 László Blutman 教授提出的问题:软法得到普遍服从或认可、发生实际效力的社会学意义上的事实,不能为其提供坚实的规范基础。

不过,软法概念正当性之辩可以在现有基础上进一步探索,前述的接近理论家族具有启示意义。换言之,要解答软法为什么可以视作“法”,软法在规范意义上(而不是事实意义上)为什么应该得到服从的问题,或许可以着眼于寻找软法与硬法共享规范性基础的可能性。

二、软法与硬法共享的沟通之维

传统国家主义法律观对法的定义,有两个基本要素:一是法出自国家,无论是国家制定还是国家认可;二是法由国家强制力保证实施。[15] 此观念或明确或暗示“国家”这个词得享至高无上主权者的意义。国家正是在理论打造的垂直阶梯上获得了最高位置,同时被赋予了人格想象,也就有资格产生国家意志,制定颁布体现其意志的、令主权者/国家管辖范围内的人民服从的法律,也就有资格对违反法律者施加制裁、以实现和维护法律期冀的秩序,也就有资格与其他国家成为平等主体,同他们缔结有效的、法律上有约束力的国际合约。

这种本来在近代欧洲历史上适应民族国家建构之需而产生的观念,被超时代、超区域地推广适用,塑造成放之四海而皆准的法律本质观。关于社会之中存在多种法规范、并不都出自国家之手的认识,虽然古今中外皆有,却因为与民族国家建构的统一需求相悖,而逐渐被法学边缘化。即便承认这些规范对社会秩序的意义,也不将其纳入“法”的范畴,不列为法学研究的对象。充其量,只是为法社会学、法人类学等交叉学科所关注。

并且,受国家法观浸染日久,不自觉地容易形成三个相互关联的认知或立场上的倾向,尤其在中国:第一,法律具有强制性,通过建立“强加—接受”“命令—服从”等的权力关系,促使秩序的形成和维护;第二,凡社会秩序发生问题,即追问国家法律是否健全,是否贯彻落到实处;第三,法律实效必须

---

[15] 参见沈宗灵主编、张文显副主编:《法理学》(第 2 版),高等教育出版社 2004 年版,第 39—42 页。

建立在制裁性法律后果的设定和实施上。由是,“有法可依、有法必依、执法必严、违法必究”的法制观,以及在立法中凡行为规范必配备法律责任条款的思路[16],与这些倾向不无关联。

然而,即便是在国家法观视野下的法律体系之中,法律规范也并不总是内含“命令—服从—否则严惩”的强制信息。存在大量的义务性法律规范,仅仅提供指示性、引导性或者评价性的信息,而不给出任何具体特定的制裁性后果。宪法以及其他诸多立法关于国家任务的一般性规定,就属于此类法规范。[17] 其对执行国家任务的各级政府而言,无疑是指示性的。设若国家任务未得尽职履行,唯有造成相当严重后果的,政府才会承担某种不利后果,但这种后果也仅仅是政治责任,而非具体的法律责任。关于公民义务的许多法律条款,也不尽然都以制裁为促使其履行的手段。[18] 众多非强制性义务规范的存在,并不意味着立法者所期望的秩序无法形成。相反,非强制性义务规范的受众,或者其中的绝大部分,都在遵行之(如植树造林、常回家看看)。

对于这些法律现象的存在,传统国家法观及其内含的、试图将法律与其他社会规范截然区分的法律强制论,无法解释其缘由所在。所谓法的强制力是就其终极意义而言,并不代表法规范的实施都要借助于国家暴力,也不等于国家强制力是保证法律实施的唯一力量[19],诸如此类的阐释在面对不计其数的非强制性规范时显得苍白无力。既然在国家法的体系之内,也都有不依靠命令、强制、逼迫,却依靠说服、激励、信奉,而得以实际执行的规范,

---

⑯ 此思路最近的表现就是指责我国 2012 年 12 月 28 日修订的《老年人权益保障法》的“常回家看看”条款不具操作性。该法第 18 条第 1、2 款规定:“家庭成员应当关心老年人的精神需求,不得忽视、冷落老年人。与老年人分开居住的家庭成员,应当经常看望或者问候老年人。”

⑰ 例如,我国《宪法》第 9 条第 2 款规定:“国家保障自然资源的合理利用,保护珍贵的动物和植物。”《草原法》第 3 条规定:“国家对草原实行科学规划、全面保护、重点建设、合理利用的方针,促进草原的可持续利用和生态、经济、社会的协调发展。”

⑱ 例如,我国《草原法》第 35 条规定:“国家提倡在农区、半农半牧区和有条件的牧区实行牲畜圈养。草原承包经营者应当按照饲养牲畜的种类和数量,调剂、储备饲草饲料,采用青贮和饲草饲料加工等新技术,逐步改变依赖天然草地放牧的生产方式。在草原禁牧、休牧、轮牧区,国家对实行舍饲圈养的给予粮食和资金补助,具体办法由国务院或者国务院授权的有关部门规定。”该条款虽然也采用“应当”字眼,对草原承包经营者提出义务性要求,但其明显是指导性的,而非强制性的,草原承包经营者接受到的是激励信息——粮食和资金补助,而非“不遵即罚”的惩戒信息。同样,我国《森林法》第 11 条明确规定:“植树造林、保护森林,是公民应尽的义务。”但是,并没有哪个执法部门负责去调查核实公民是否尽到植树义务,也没有任何配套条款规定公民每年植树多少,以及未尽义务将受何制裁。前注⑯提及的我国《老年人权益保障法》的“常回家看看”义务,亦可属之。

⑲ 参见沈宗灵主编、张文显副主编:前注⑮引书,第 42 页。

且此类规范不在少数,那么,仍然坚持以上说辞,不免过于牵强。

相比较而言,沟通主义法律观对法律内在的沟通之维的揭示,在解释力上更具竞争优势。依据法律沟通论,法律提供的是人们行动的一种框架。由于人们行动暗含人际关系和沟通,故法律也为人的沟通提供了一种框架。不仅如此,法律本身在根本上也是基于沟通:立法者与公民之间、法院与诉讼当事人之间、立法者与司法者之间、契约当事人之间等等,都处于持续的沟通之中。例如,"立法是一种特殊的沟通形式,通过立法,立法者设立规范,传达给许许多多当下和/或未来的(法律上的)人,这些人被期待会尊重并遵从这些规范"。再如,在法律实践中,法院的初审、上诉审分别会形成第一个、第二个沟通领域;法学者对有趣案例作出批评性和/或支持性评论,转而影响未来法院的裁决,这是第三个沟通领域;而少许情形下的媒体关注、非法律受众的讨论,甚或大量公民卷入涉及基本道德或政治议题的普遍争论,会形成第四个、第五个沟通领域。最为重要的是,法律的沟通性提供了法律合法化的框架:"法律人之间的一种合乎理性的对话是'正确'地解释和适用法律的最终保证。"[20]

法律的沟通理论与前文所述的法律多元论持同一立场,否认国家的中心地位、法的唯一渊源地位;认为法律可被定义为某个共同体制度化的规范体系,而不仅仅是国家的法律系统。同样,强制性制裁本身也被认为对法律的定义而言并不是必不可少的。"有效的制裁即实际的强制在法律中只具有有限作用,大多数规则在大部分情形中由于不同的原因而被自发地遵守。"[21]法规范去国家化、去强制化的观点之所以能够成立,就是因为法律的实效更多地归因于持续不断地、甚至在各个相关领域或环节循环往复的沟通,而不是归因于单向的强力命令和被迫接受。

法律的沟通主义进路并不是要硬生生地"用沟通替换强制",仿佛要在法律世界中植入沟通要素,完全否认法律的强制特征。相反,它是把法律世界中早已存在的沟通现象和逻辑,予以了凸显和强调。而法律之所以需要沟通,归根结底在于法律对实效的追求。由古至今,无论中外,明理的治国者不会奢望完全靠一纸文书的制作,以及暴力执法机构和人员的配备,即可高枕无忧地等待法律的实施及效果。秦国商鞅变法,以徙木立信的方式,向天下民众宣布其法之必行;而太子犯法,商鞅坚决对秦国贵族代表太傅公子

[20] 参见〔比〕马克·范·胡克:前注⑤引书,第13、177、237—238页。

[21] 同上书,第38—46、47—49页。

虔和太子师公孙贾施刑。[22] 这些看似在映证法律的严肃性、强制性，其实在与法律受众进行沟通。若无此种形式的沟通，商鞅所颁新法，怎么可能迅速收到实效？

进入民主社会，法律的“立信”（credibility）沟通仍然重要，但更为重要的是法律的“说服”（persuasion）沟通。“如果立法者想从沟通过程中获得最佳结果，亦即最大化地影响人们的行为，那么立法者这样做是明智的，即：不把自己局限为单纯制颁规则，而是以正当理由，说明和例证添加见闻广博的评论，把制定法放在一个更大的语境中，进而更好地告知、激励公民遵从其所制颁的规则。”[23]立法之前的公开听取意见、通过媒体传达立法意向，立法后的宣传、培训以及普法等等，都是以说服法律受众接受规则为目标的沟通。

法律世界之中的沟通不仅可以立信、说服，更可以实现法律的合法化/正当化（legitimization）。由于立法者不可能先知先觉地制定出只需行政者、司法者简单适用即可维护和促进秩序的所有规则，因此，法律的生命力还在于行政者、司法者对立法的拾遗补缺，在于他们对规则的再生产、再创制。然而，在民主社会中，当他们扮演“事实立法者”身份的时候，其合法性就会成为一个严峻的问题。解决这个问题的方案，不可能是再把他们强行打回“适法者”的理想/假想原型，不可能是让他们披上技术或法律专家、精英的外衣。让规则再生产过程更多具备商谈性沟通（deliberative communication）特征，已经成为法律实践的选择偏好，也被众多的理论家看好为促进合法化的路径。

诚然，如果极端化对待法律沟通论，将原本从沟通视角呈现出的法律景观，扩大想象为全景图，从而否认法律强制论的意义，那是对该理论的扭曲。毫无疑问，在法律世界中，与前文所揭非强制性法律规范并存的，是大量若违背将遭受制裁的强制性规范，而且，它们往往构成基本社会秩序的基石。因此，法律体系同样需要强制、制裁，否则，社会必将混乱不堪。只是，在法律世界中，且不论非强制性规范的目标实现更多依赖沟通以后的共识，即便是强制性规范，其背后的制裁更多不是作为现实而是作为威慑存在，这些规

---

[22] “令既具，未布，恐民之不信，已乃立三丈之木于国都市南门，募民有能徙置北门者予十金。民怪之，莫敢徙。复曰‘能徙者予五十金’。有一人徙之，辄予五十金，以明不欺。卒下令。”“于是太子犯法。卫鞅曰：‘法之不行，自上犯之。’将法太子。太子，君嗣也，不可施刑，刑其傅公子虔，黥其师公孙贾。明日，秦人皆趋令。”《史记·卷六十八·商君列传》。

[23] 参见〔比〕马克·范·胡克，前注⑤引书，第178页。

范在沟通完成以后就会得到绝大部分法律受众的遵守。

沟通的力量首先在于分享。沟通是人们分享信息、思想和情感的任何过程。沟通过程由发送—接收者(sender-receiver)、信息(message)、渠道(channel)、噪音(noise)、反馈(feedback)和环境(setting)等要素构成。[24] 在法律世界中,立法者是最初的规范发送者,行政者、司法者以及普通民众都是规范接收者,由语言符号构成的规范则是在规范发送者、规范接收者之间分享的信息。强制性规范向普通民众传递的信息是命令性的,且往往以不利后果作为对违法行为的制裁。规范接收者即便并不认同此规范,或者在遵守该规范会对己不利的时候反感此规范,在多数情况下,也会以"经济人"的思维方式掂量可能的收益与成本,并选择守法。至此,沟通即可见法律实效,无需诉诸制裁。非强制性规范传达的是引导性、指示性、劝诱性信息,没有配备违法的不利后果,意味着规范传达者并不严格要求法律受众皆奉行之,尽管其可能有此期待。规范接收者在受到信息并在思想和情感上予以认同之后,也会出于自愿地而非受威慑地选择守法,规范传达者所期待的秩序也会实现。[25]

沟通的力量还在于说服。在这个世界,清晰、有效的沟通在生活的各个层面都是必不可少的。在公共关系理论中,沟通被认为存在单向沟通模式和双向沟通模式(one-way vs. two way)、对称沟通模式和不对称沟通模式(symmetric vs. asymmetric)。[26] 其中,双向的、对称的沟通模式目的是建立组织和其公众之间的相互理解。而采取对话形式的沟通并不必然要求相互改变,因为沟通过程本身就是目的。[27] 运用对话,组织可以通过与其公众的互动,提升其合法性和自主性。[28]

这些理论同样可以适用于法律世界中的沟通。的确,强制性规范与非

---

[24] 参见〔美〕桑德拉·黑贝尔斯、〔美〕理查德·威沃尔二世:《有效沟通》(第7版),李业昆译,华夏出版社2005年版,第6—11页。其中,噪音是阻止理解和准确解释信息的任何障碍。

[25] 参见Alexandre Flückiger,前注⑬。

[26] James E. Grunig and Larrisa A. Grunig, "Models of Public Relations and Communication", in *Excellence in Public Relations and Communication Management*, James E. Grunig (ed.), Lawrence Erlbaum Associates, Inc., Publishers, 1992, pp. 285—327.

[27] Michael L. Kent and Maureen Taylor, "Building Dialogic Relationships Through the World Wide Web", 24 *Public Relations Review* 321(1998).

[28] Kathleen M. Sutcliffe, "Organizational Environments and Organizational Information Processing", in *The New Handbook of Organizational Communication: Advances in Theory, Research, and Methods*, Fredric M. Jablin and Linda L. Putnam (eds), Sage Publications Inc., 2001, pp. 197—230.

强制性规范存在区别:前者必须得到遵守,无论法律受众是否认可;而后者的受众可以自行决定是否服从。然而,二者都需要借助沟通,尽可能多地争取法律受众的认同。难以想象,不能得到大多数法律受众认同的强制性规范,会有令人满意的实效;长期高压下的强制服从,甚至会招致激烈对抗或潜规则盛行。沟通可以在规范发送者和规范接收者之间缔造开放意识、信任和理解,可以说服规范接收者承认规范发送者及其制颁的规范的合法性。就强制性规范而言,如此可以减少违法及治理违法的成本;就非强制性规范而言,如此无疑有助于多数接收者与发送者在规范所期待的行为模式上形成共识与合作。

三、软法因商谈沟通而具规范性

如前所述,在传统国家法观视野所界定的法律体系之中,强制性规范和非强制性规范是并存的。而沟通主义法律观凸显和强调了法律内在的沟通维度,尽管沟通并非法律的全貌,尽管制裁对强制性规范的实施而言具有重要的保障作用,但是,无论强制性规范还是非强制性规范,都需要藉由沟通、也有可能主要藉由沟通实现其效果。

此外,沟通主义法律观不只是在国家法的范围内议论沟通,更是突破了"决定于意识形态的法与国家相联系的观念",将法律系统放在结构化的社会关系(structured social relations)、制度化的共同体(institutionalized community)之中予以理解,并定义法律为"某个共同体制度化的规范体系"。尽管"国家法律系统仍是最完善的,因为其覆盖社会生活的几乎所有方面,而且具有最先进的制度化水平",但是,更加接近经验现实的共同体制度化规范的定义,不仅可以涵盖国家法,更可以把对形塑和调整秩序直接产生影响的超国家法或次国家法律系统纳入其中。[29]

由此,方兴未艾、争议丛生的"软法"概念及其研究,或许可以从法律沟通论那里,得到一个更具解释性和规范性的视角和进路。

首先,软法的形成者可以是国家,也可以是国家以外的其他制度化共同体(如国际组织、政党、各种形式的社会自治组织、行业自治组织等)。如同国家法中共存硬法与软法一样,其他共同体形成的规范也存在硬法与软法,

---

㉙ 〔比〕马克·范·胡克,前注⑤引书,第38—47页。

区别都在于是否具有强制约束力。国家以外其他共同体形成的规范，并非都不具备强制约束力。[30] 例如，在软法概念最初源起的国际法情境中，国际条约、国际习惯法、一般法律原则通常因具有强制约束力而被称为硬法，与后来发展较多的建议、指南、意见、宣言、决议、行动计划、标准、备忘录等软法相对而言。[31] 在国内法情境中，次国家自治组织的某些具有强制性制裁内容的规范，也有可能得到因国家法的授权而得到法院支持，被认定为对案件裁判有约束力。[32]

非国家共同体之所以能够成为规范——尤其是软法规范——的形成者，不是因为它们享有国家法意义上的立法权。在世界仍然需要民族国家治理结构的情境中，此类体现民族国家集中治理权威的立法权，不可能分散化。非国家共同体的规范形成权也不是因为得到国家法的授予。尽管有些共同体的规范形成权得到国家法明确首肯，但是，一方面，国家法明文规定并不都意味着国家授权，另一方面，亦有相当一部分非国家共同体在没有国家法的明文规定下行使着规范形成权。而这两方面可以归结到一点，即非国家共同体规范形成权是这些共同体自身固有的。非国家共同体具有制定规则的能力以及借助商谈沟通、说服受众服从的手段，即便是强制性的如开除成员资格、通报批评等强制服从的手段，也是建立在商谈沟通以后形成共同体合意或多数同意的社会契约基础上。商谈沟通造就了软法形成主体资格的多元化。

其次，软法主要是有助于沟通的成文形式。如前所述，本身不具有强制实施效力的规范，是“缺乏锐利牙齿的”，若欲法律受众依循，必须依靠沟通、说服而不是惩罚，依靠在平等主体之间形成的对话，以达成更多的共识，逐渐改变共同体成员的态度和行为。[33] 而达此目的，诉诸文字与公开是必不可

---

[30] 不同的观点认为，只有国家法规范中的强制性规范才是硬法，国家法规范中的任意性规范和全部的社会法规范（无论是强制性规范还是任意性规范）都属于软法。参见罗豪才、宋功德：《软法亦法》，法律出版社 2009 年版，第 299—300 页。

[31] 参见万霞：《国际法中的“软法”现象探析》，载《外交评论（外交学院学报）》2005 年第 1 期；韩永红：《论食品安全国际法律规制中的软法》，载《河北法学》2010 年第 8 期。需要指出的是，国际法上的硬法与软法划分，不能以国际文件的名称为标准，此处只是为行文方便而作简单陈述。参见周华兰：《浅议国际软法》，载罗豪才主编：《软法的理论与实践》，前注①，第 371—392 页。

[32] 法律上的约束力通常会被认为是对法律调控对象而言的，即法律调控对象的行为受法律的约束。其实，约束力也同时指向行政者和司法者，尤其是司法者，意味着他们负有适用法律、实施法律的义务。

[33] See Willem Witteveen and Bart van Klink, “Why is Soft Law Really Law? A Communicative Approach to Legislation”, 3 *Regel Maat* 126, 126 (1999).

少的，否则，很难形成沟通与对话。软法概念最初指向的就是各类国际组织、跨国组织藉由充分沟通而制定的大量不具约束力的文件，这些文件发生实效的基础也是仰仗成文后的持续沟通。

虽然软法规范也有不成文的惯例[34]，但是，作为软法的惯例，一是在稳定的、结构化的共同体社会关系中长期积淀下来的制度化、体系化的行为规范；二是基本符合当时当地共同体成员分享的情感、信仰和价值观，并在长期沟通中得到发自内心的认同；三是可以诉诸笔下、形成文字、公开予以传播和讨论的，惯例的不成文往往是指没有落在正式规范性文件之中，而不意味着不可言说；四是具有相当程度的公共性，在共同体内外都会产生影响力。因此，零散的、非体系化的，或者明显不符合情感、信仰和价值观而不得不隐蔽存在的，或者仅仅是在较小规模的共同体内而不具公共意义的相当一部分潜规则，不属于软法。

再次，软法制定、实施并发生实效的核心机制是商谈沟通以及通过商谈沟通完成合法性认同或合意。软法没有强制约束力，其实施方式或许依靠社会舆论、道德自律、内部监督、同行监督等产生的社会压力，或许依靠软法之中的激励[35]，或许依靠软法对受众情感的调动[36]。然而，与民主社会中的硬法类似，软法若无法得到法律受众的基本认同，主要依靠外在他律或激励或情感调动，也会遇到实效难题。尤其是，在面对工业社会、科技社会、信息社会不断涌现的新问题时，共同体内部以及与共同体有着密切关联的其他共同体，不能借助商谈沟通和对话，形成广泛共识，也就无以形成社会压力以及普遍的情感。

例如，在全球企业治理中的软法，与传统硬法实施机制的不同之处，的确在于其以“信誉规则”(rule of reputation)为根基。对信誉受损的担心，使许多跨国企业开始自我实施“民间规制”(civil regulation)。但是，正是全球市民社会提出了公众偏好和期愿，对一系列原则和价值——诸如人权、环境的可持续性、负责的公民、企业责任、正直和可信的品德等——凝聚了共识，才促使跨国企业考虑其品牌是否会因为违反社会契约而受到信誉损害，才

㉞ 关于公域软法中的政法惯例，参见宋功德：《公域软法规范的主要渊源》，载罗豪才等：《软法与公共治理》，前注①，第189—194页；关于经济领域中的交易习惯，参见程信和：《硬法、软法与经济法》，载《甘肃社会科学》2007年第4期。

㉟ 参见罗豪才、宋功德：《认真对待软法》，载《中国法学》2006年第2期。

㊱ 参见 Alexandre Flückiger，前注⑬。

促使“民间规制”及相应软法的形成和发展。[37] 因此，软法的制定与实施过程更加开放，更加注重商谈—论证与合意性，注重对话与沟通，强调共识与认同。[38]

由此，法律的商谈沟通理论不仅打通了前文所述的功能理论家族和接近理论家族，而且为软法得到较为普遍遵守这一社会学意义上的事实提供了规范性基础。它表明了软法具有事实效力、发挥其形塑受众行为的真正机制和基础在于沟通—对话—论证，也表明了软法与硬法在这一点上的接近性或相似性，更加重要的是，它在事实与规范之间搭起了一个桥梁。

最后，软法与硬法的并存，成为后现代治理的规范体系结构特点。当今社会更趋复杂化、碎片化和差异化，社会子系统日益分殊且变动不居，造成了规则体系的分裂，依靠民族国家系统制定统一适用规则的策略已经捉襟见肘。经济生活的全球化，也使得民族国家的主权和管制权在事实上受到限制。而国家即便对国内问题的集中治理也难以克服科层官僚制内在的局限，同时还会增加成本、引致财政危机。[39] 不仅如此，现代工业社会的技术发展以及相应的行动、决策，潜伏着大量不可确定、不可预测的风险，而无所不在的风险阴影和风险转化为巨大灾难的随机性、突发性，也使得民族国家的集中治理以及“基于确定性的治理”处于绵软无力又饱受诟病的境地。[40]

如此困境是现代性危机的体现。欧洲大陆启蒙时代以来的现代性推进了民族国家的历史实践，形成了民族国家的政治观念与法的观念。而全球化、经济发展背后的消费主义、权威的瓦解、风险社会的降临等，已经动摇了国家中心主义的政法结构，造成公共治理和面向不确定性的治理的兴起。在这样的时代背景下，各种社会子系统（包括但不限于国家）都分担着治理的角色，既封闭自治又对外开放：在内部沟通网络中完成有规则的自我治理；与其他社会子系统持续循环地沟通，以实现相互之间（包括但不限于规

---

[37] See Kevin T. Jackson, “Global Corporate Governance: Soft Law and Reputational Accountability”, 35 *Brooklyn Journal of International Law* 41 (2010).

[38] 参见罗豪才、宋功德：《认真对待软法》，载《中国法学》2006 年第 2 期；邢鸿飞：《软法治理的迷失与归位》，载《南京大学学报（哲学・人文科学・社会科学）》2007 年第 5 期。

[39] 参见翟小波：《软法概念与公共治理》，载罗豪才等：《软法与公共治理》，北京大学出版社 2006 年版，第 134—135 页。

[40] 参见〔德〕乌尔里希・贝克：《风险社会》，何博闻译，译林出版社 2003 年版；〔德〕乌尔里希・贝克：《风险社会再思考》，郗卫东编译，载《马克思主义与现实》2002 年第 2 期；〔德〕乌尔里希・贝克：《风险社会政治学》，刘宁宁、沈天霄编译，载《马克思主义与现实》2005 年第 3 期，第 42—43 页；杨雪冬：《全球化、风险社会与复合治理》，载《马克思主义与现实》2004 年第 4 期。

范)的不断调适。后现代治理的秩序是集中性与分散性、统一性与个体性、稳定性与变动性、严格性与灵活性、控制性与调适性、确定性与不确定性构成的复杂综合体。如果说现代统治秩序/现代法是对前者诸性的追求,那么,后现代治理是回应后者诸性比重加大的现实。因此,主要依赖民族国家系统的硬法及其生产机制,尽管越来越显示能力不足,却也有其不可或缺的作用;同时,主要以非国家的社会子系统为基础的软法及其生产机制,因为其更多的沟通性、灵活性、试验性、调适性,而成长为几乎同样重要的秩序动力装置。

四、结语:为何“软法”?沟通万能?

国家法与非国家法的同时存在历史悠久。在传统国家法观的视野下,也有缀以“法”字的用语指称非国家法,如“原始法”“习惯法”“民间法”“宗教法”“宗法”“跨国法”(transnational law)等;或者,完全不用带有“法”字的用语,而仅以其他行为规范或社会规范称之。那么,为何需要新提“软法”范畴?难道不会徒增混乱?

软法与其他非国家法或社会规范之间,无疑有着复杂的交叉、重叠关系,但细致、严谨的探讨,非本文旨趣所在。在此更想表明的是,以上原有的概念,都烙有国家/国家法中心主义的印记,有意无意地使其所指对象受到边缘化的对待。认为这些规范属于法人类学、法社会学、法律与宗教等交叉学科的研究范围,就是边缘化的体现。这在建构和推进民族国家或现代法的时代,应该是有积极意义的,但前文已指出其在当代的局限性。而“软法”概念的意义就在于顺应时代需求。它不仅将传统凸显强制性的国家法观所掩盖的“国家法中的软法”展现出来,更是将原先被边缘化的非国家法规范拉到视野的中心。进一步,它显示出主流法学研究(而非交叉学科)关注各社会子系统规则体系的分裂、沟通及相互创生的重要性。

法律的沟通主义进路在解释论和规范论上对软法研究的意义,本文只是尝试略窥堂奥。其实,人类社会的沟通以及法律世界中的沟通自古以来即有,沟通也并非如上呈现的那样完全是双向的、肯定的、积极的作用。沟通作为一个相对客观、中立的词语,既可以指双向的、对称的沟通模式,也可以指单向的、非对称的沟通模式。前者为信息发送者和接收者双方的调适性改变提供机会,有助于就共同关心的问题进行协商、合作与调停;而后者旨在控制、支配和改变接收者。[41] 因此，两种模式似乎分别接近地对应软法的沟通和硬法的沟通。现实的沟通则更是一个混合的、复杂的过程，而不是纯粹的模式。

此外，一个相对封闭的社会子系统，可能会构成“匿名的沟通魔阵”(anonymous matrix of communication)，而个人的权利有可能会遭受到沟通过程非人格的结构性侵犯。[42] 例如，企业间形成垄断性价格同盟对消费者构成侵害。而且，沟通是否能在双向对称结构中充分进行，也在很大程度上取决于信息发送者和接收者是否有足够的动机、能力或者机会。有许多时候，即便一个社会子系统与另外一个社会子系统有着密切关联，前者(如房地产估价师协会或房地产评估协会)的运作是否良好、规范，对后者(如购房者群体)的权益产生直接影响，后者也会因为知识隔阂、能力局限或者机会匮乏而处于沟通的消极状态。

因此，尽管沟通是法律发生实效的重要基础之一，无论硬法规范还是软法规范皆依赖该基础，藉此，也得以促进后现代治理秩序，但是，沟通和制裁各自对法律实效的作用是什么，沟通对于硬法和软法有着怎样深刻且不同的意义，通过沟通完成的软法秩序有何特点，沟通的局限性又会对后现代治理秩序构成怎样的消极影响。尤其重要的是，为软法和硬法都提供规范基础的商谈沟通，究竟应该具备哪些特性，以及这些特性如何才得以可能，从而不至于因为无法在现实中成就商谈沟通，而侵蚀或者摧毁其规范意义。这些以及更多的问题，都有待在法律沟通论与软法的题域之中做进一步探讨。

---

[41] James E. Grunig, Larrisa A. Grunig, "Models of Public Relation and Communication", in *Excellence in Public Relations and Communication Management*, James E. Grunig (ed.), Lawrence Erlbaum Associates, Inc., 1992, pp. 285—327, pp. 280—327.

[42] 参见〔德〕贡特尔·托依布纳:《匿名的魔阵:跨国活动中“私人”对人权的侵犯》,泮伟江译,载高鸿钧、张建伟主编:《清华法治论衡》2007年第2期,清华大学出版社2008年版。

五服制度与传统软法

丁凌华[*]

软法与硬法概念的提出，是当代法学界的分类，但软法与硬法的存在，却是自几千年前法律产生以来就形成的。中国古代立法上的礼制、司法上的情理，都带有软法的性质，我的理解，礼制是尚在酝酿的正式法律的先驱与基础性质的软法，情理是在正式法律规则适用时起必要补充作用的软法。另外，当统治者将道德提升为法律但只对部分人群强制适用时，对其他有选择性的人群就是软法。本文试图就古代法律上五服制度这一特殊命题，来探讨古代传统上软法的特征。

五服制度也称丧服制度，是古代最具有中国特色的大智慧，由孔子及其弟子儒悲在西周嫡庶宗法的基础上创立，是传统儒家文化的主要标志之一，也是两千年等级制社会的理论源头与制度设计的基石。五服制度简称"服制"，是规定中国古代亲属关系的等级规范，具体又可划分为服饰制度、服叙制度及守丧制度三部分。服饰制度是亲属关系等级的外在符号标志，也是五服制度命名之发轫；服叙制度是亲属关系的内在等级序列，也是五服制度的主干部分；守丧制度是亲属关系等级的外在行为规范，也是五服制度的伦理目标。以上五服制度的三部分内容在古代不同的发展时期分别表现为：思想；无强制力的道德与礼制（软法）；强制规范部分人群的道德、礼制与法律（对其他人群为软法）；硬法；虚法（这是笔者杜撰的一个概念，即指在立法上具有硬法的一切特征，但在司法上实际形同虚设或选择性司法的法律）等五种形态。

---

* 华东政法大学教授，博士生导师。

一

先秦时期是五服制度的思想创设时期，是儒家法文化的成果。

五服制度是中国古代等级制度的缩影，涉及宗法血缘等级与政治等级两大范畴。在等级制社会中，等级制度是社会维稳与发展的必备要素，其严密与完备，曾经是社会进步的体现。这一变化的出现，就是在孔子称之为“郁郁乎文哉”的周代，从“质”到“文”的转变，就是古代社会从无序向有序的转化。

西周的有序化，主要体现在“礼治”上，所谓“出礼入刑”，说明“礼”就是当时的软法。如果说“礼”不是法，那就无从解释为何以“出礼”作为“入刑”的依据；如果说当时的“礼”就是硬法，那就无从解释后世为什么还要“引礼入律”？因此可以说，西周的“礼制”是西周法制的组成部分，是西周的软法。

但五服制度在西周时尚未进入礼制。西周五礼中的“凶礼”，按《周礼》的说法，包括丧、荒、吊、禬、恤五个方面，都是指诸侯国之间遇天灾人祸相互哀悼、慰问及救助之事，是当时的国际法惯例，而非如后世凶礼或丧礼主要规定亲属关系的亲疏等级。在西周分封制下，除与贵族嫡长继承、大宗小宗相关的嫡庶制度、五世则迁制度以外，尚无制定针对天下所有宗族、所有亲属的详尽亲疏等级的需求。因此五服制度的创设，只能是中央集权制下的需求。

现存最早记载五服制度的古文献是《仪礼・丧服》篇，据《礼记・杂记下》：“恤由之丧，哀公使孺悲之孔子学士丧礼，《士丧礼》于是乎书。”一般认为《士丧礼》即《仪礼・丧服》篇，可见其为孔子讲述、弟子孺悲记录。从时间上看，应是春秋战国之际的作品，正是各诸侯国普遍建立中央集权制的时期。《仪礼・丧服》篇的主要特点在于：一是依据宗法血缘关系原则制定了所有九族内亲属的亲疏远近的等级标准；二是创立了三年丧原则，后世董仲舒的“三纲”即依据于此。

此后三百年至西汉初年，五服制度仅限于一种思想，对五服制度的研究与传播仅囿于儒家学者，三年丧的实施仅弟子为孔子一例而已。法律上虽对尊卑相犯有别，但并不以五服定罪量刑。

二

汉初统治者起于布衣，行为举止不脱凡俗痕迹，但经过六十余年的诗书熏陶，尤其是武帝“罢黜百家，独尊儒术”之后，认识到贵族行为为天下表率、理应高尚的道理，开始以儒家的伦理道德与制度设计规范贵族行为。如武帝元鼎元年（公元前116年）隆虑侯陈融、堂邑侯陈季须兄弟因在为母馆陶长公主刘嫖服丧期间奸淫并争财，服罪自杀。[②] 元鼎三年，常山王刘勃因为父宪王服丧期间奸淫、饮酒作乐，废爵迁徙房陵。[③] 元平元年（公元前74年），汉昭帝薨，无子，大将军霍光等迎立昌邑王刘贺即皇帝位，但不到一月，刘贺因居丧期间饮酒食肉、作乐歌舞、奸淫宫女等罪名被霍光、田延年等奏请皇太后废黜其皇帝位，改而迎立刘病已（即汉宣帝）即位。[④] 以上属于皇室宗亲守丧行为列入强制性道德规范的案例，但并非属于五服制度范畴，因为一是仅限于为父母守丧，未涉及其余亲属；二是守丧时间仅限于下葬（既葬卒哭）之前，而并非儒家提倡的三年丧。而且对皇室宗亲的限制与其说是法律，不如说是皇帝的家法。但这一强制性的道德规范对未列入强制对象的官吏与百姓则是一种警示性与示范性的软法。

对五服制度感兴趣始于汉宣帝，其因刘贺违背守丧规制被废帝位而偶然登基，自然对导致其即位合法性的儒家守丧制度乃至整个五服制度产生了浓厚兴趣。于是“元康二年（公元前64年）西汉宣帝登石渠阁，集群臣讲论丧服”，其中谏大夫王章画了一幅“鸡笼图”以解释九族的含义，宣帝恍然大悟：“朕见之豁如也”[⑤]。此后召开的著名的石渠阁会议集中当时的高端学者全面讨论儒家经典，其中重要的议题就是研究五服制度。[⑥]

清人赵翼《廿二史劄记》指出，两汉时官吏尚未受到守丧制度的约束，即使为父母服丧，也是“行不行听人自便”。[⑦] 三年丧风气始于汉武帝时丞相公

---

② 《汉书·高惠高后文功臣表》。

③ 《汉书·景十三王传》。

④ 《汉书·霍光传》。

⑤ （元）龚端礼：《五服图解》。

⑥ 参见笔者《西汉石渠阁会议考论》一文，收入笔者著：《五服制度与传统法律》一书，商务印书馆2013年版。

⑦ 赵翼：《廿二史劄记》卷三“两汉丧服无定制”条。

孙弘为后母服丧三年,其后有成帝时薛修,哀帝时河间惠王良、原涉、刘茂等,虽寥寥无几,但确实受到舆论的赞扬甚至朝廷的表彰,以致到东汉时为父母守三年丧成为官僚士大夫的一种时尚,人数明显增多,甚至还有为伯父、叔父、兄姊服期丧解官去职的。民间也有为取得“举孝廉”资格而沽名钓誉服丧的,如《后汉书·陈蕃传》所记的青州平民赵宣,居墓道中守丧二十余年,乡邑称孝,州郡礼请,结果陈蕃查访发现其五个子女都是在守丧期间所生,于是“怒而办其罪”。

可以说两汉是儒家守丧制度逐渐形成为道德风尚、舆论赞许的时期,也是朝廷与官僚士大夫渐对五服制度产生兴趣,认为其具有稳定社会、醇化风气的道德风向标作用,因而研究讨论、著书立说成为时尚,但不具有强制性,对不顺应潮流之人并无约束力。也就是说,这一时期五服制度处于提倡、示范的软法时期。

三

魏晋南北朝时期是五服制度中的守丧制度、服叙制度从软法向硬法的转化时期。

汉代大致在汉武帝独尊儒术之后,有一种解释儒家经典的学问著作称为“章句”,如《汉书·艺文志》记载的“易经章句”“尚书章句”“公羊章句”等,东汉后期,儒家的章句家们意识到法律的重要性,开始对法律产生兴趣,于是纷纷用儒家思想来解释法律,所写的书就叫“律学章句”,马融、郑玄等当时的儒学名家几乎一无例外地参与了这股潮流。据《晋书·刑法志》称:“叔孙宣、郭令卿、马融、郑玄诸儒章句十有余家,家数十万言。凡断罪所当用者,合二万六千二百七十二条,七百三十三万二千二百余言。”统计如此精确,可见当时人的重视,而且法律上也确实是依此来断罪的。因为数量太多,“言数益繁,览者益难”,无所适从,于是到曹魏明帝时,“天子于是下诏,但用郑氏章句,不得杂用余家”,由是郑玄的律学章句取得了正统的合法地位。由于文献的缺失,我们现在无法判断汉末曹魏时郑氏章句中有无涉及五服制度的内容。

西晋泰始四年(公元268年)颁布《晋律》,《晋书·刑法志》称其“竣礼教之防,准五服以制罪也”,这是文献中第一次明确记载的五服入律,论者据此认为《晋律》是历史上第一部儒家化的法典。《晋书》为唐人所撰,唐人对什么是“准五服制罪”从无明确定义，据笔者所查与两晋相关的文献，晋时仅有家庭内父母子女兄弟姊妹相犯定罪量刑不同的案例，以及亲属株连“夷三族”的记载，那么似此案例战国秦时已有，不足为晋时始“准五服制罪”之证据。笔者以为“准五服制罪”至少必须同时具备如下两个条件：第一，必须出现家庭以外亲属的特定名称，如期亲、大功亲、小功亲、缌麻亲、袒免亲、五服亲之一的字样。第二，必须是出现在刑事法典中，否则无所谓“制罪”。但晋时没有一个案例同时具备以上两个条件，可以认为唐人的这一记载是并不准确的。

但两晋时却有五服入法的记载，如晋《假宁令》规定：“亲冠，假三日；五服内亲冠，给假一日。并不给程。”[⑧]冠是指男子成年礼。这里同时出现“亲”和“五服内亲”的字样，前者应指家庭内成员行冠礼，可以给假三日；后者指五服内缌麻以上亲属行冠礼，可以给假一日；但路程不另外给假。这是服叙入于行政法的记载。另外在守丧制度上五服入法也有体现。晋初武帝司马炎率先为其父司马昭守三年丧[⑨]，群臣仿效，守丧制度逐渐成为官僚士大夫的强制性规范。据《晋书》记载的案例看，两晋时期不仅为父母必须守三年丧，而且为期亲也要守一年丧。晋惠帝元康二年（公元 292 年）下诏：“（期亲、大功亲）下殇（8—11 岁夭折为下殇）、小功可以嫁娶。”[⑩]换言之，期亲丧、大功亲丧均不得嫁娶。两晋时多有官吏因期亲丧违禁嫁娶、丧中宴客作乐等行为被罚以免官、削爵、罚俸之案例[⑪]，从处罚手段看，均为行政处罚。处罚程序一般为清议举报——御史台或丞相司直（均为中央监察机构）弹劾——皇帝批准处罚。可见属于行政法而非刑法（律）范畴，可以说是五服入法而非五服入律。处罚的前提在于是否有人举报或弹劾，如东晋时权臣谢安“期、功之惨，不废妓乐”[⑫]，权臣桓玄“期服之内不废音乐”[⑬]，就无人敢于举报与弹劾。

守丧制度入律始于北魏。据《魏书·礼志》记，延昌二年（公元 513 年）春，偏将军乙龙虎因父丧守丧已满二十七月，请求返回部队领军，结果被尚书左仆射元珍弹劾，认为乙龙虎守丧期内有一个闰月没有除去，现仍在守丧

⑧ 《太平御览》卷六三四引。
⑨ 《晋书·礼志》。
⑩ 《通典·礼典》卷六十“周丧不可嫁女娶妇议”条。
⑪ 参见丁凌华：《五服制度与传统法律》，商务印书馆 2013 年版，第 248—249 页。
⑫ 《晋书·王坦之传》。
⑬ 《晋书·桓玄传》。

期内而要求返职宿卫，是犯了“冒哀求仕”罪。“元珍上言，案《违制律》：‘居三年之丧而冒哀求仕，五岁刑。’龙虎未尽二十七月而请宿卫，依律结刑五岁。”可见《北魏律》已有三年丧的明确规定，而且严格执行，可见此时的守丧制度已列于法律。

服叙制度也在南朝宋时入于法律。据《通典》卷一百六十七载，刘宋时余杭人薄道举犯了抢劫罪，“《制》：‘同籍周亲(即期亲)[14]补兵。’”即同一户口簿上记录的期亲亲属均要连坐流放边远地区谪戍。《制》是律的补充法，可见此时服叙制度已入于刑法。当时的司法机构认为道举的叔母因依制补兵，两个儿子(道举的堂兄弟)虽与道举为大功亲，但应随母补兵。这时御史中丞何承天提出异议：叔母虽为期亲，但叔父已死，妇人有三从之道，既嫁从夫，夫死从子，堂弟为大功之亲，本不应补谪，叔母应随子赦免。这是一个详尽讨论五服服叙制度的案例。

以上两个案例，说明五服制度在南北朝时已部分入于法律，具备了硬法的特征。只是守丧限于三年丧的范围，期亲以下的守丧仍属于软法；服叙已涉及期亲的范围，期亲以下亲属尚未关注。

四

隋唐是五服入律、全面“准五服制罪”的时期。今存《唐律疏议》，可以说是“准五服制罪”原则的最好模本。

先从守丧制度入律看。古代五服入律的一般规律，都是先守丧入律，后服叙入律。在《唐律疏议》中，涉及守丧的律文有九条，其中五条规定于《职制律》：一是“匿丧”罪，即指得知五服内亲属死亡的消息，而故意隐匿不举哀的行为。远至缌麻卑幼亲丧，近至父母夫丧，凡匿丧分别处以笞刑四十至流刑二千里的刑罚。二是“居丧释服从吉”罪，即指守丧期间脱下丧服、穿上吉服，提前结束守丧的行为。从缌麻卑幼丧到父母夫丧，分别处以笞刑三十至徒刑三年的刑罚。三是“居丧作乐、杂戏”罪，即指守丧期间弹奏乐器、玩耍棋牌等行为。对“居丧作乐”之处罚同于上述“释服从吉”；对“居丧杂戏”之处罚，仅限于居父母夫丧，徒刑一年。四是“居丧参与吉席”罪，即指守丧期

---

[14] 周亲，唐以前称期亲，唐时避玄宗李隆基讳改为周亲。期亲的范围主要包括祖父母、叔伯父母、兄弟、未嫁姊妹、妻、子女、孙子女、侄子等，即今天一般称为近亲的范围。

间参与礼宴之席。仅限于居父母夫丧，杖刑一百。五是“居父母丧求仕”罪，即指居父母丧期间求取功名，参加礼部科考或吏部铨试的行为。视情形不同处以徒刑一年或三年的刑罚。三条规定于《户婚律》：一是“居丧嫁娶”罪，即指守丧期间身自嫁娶、为人主婚、为人媒合的行为。从期亲丧到父母夫丧，视不同情节处以笞刑四十至徒刑三年的刑罚。二是“居父母丧生子”罪，即指所生子女为二十七月丧期内怀胎者，徒刑一年。三是“居父母丧别籍异财”罪，即指为父母守丧期间兄弟分户或分财产的行为，各处徒刑一年。一条规定于《诈伪律》，即“父母死诈言余丧不解官及诈称亲死”罪，指官吏父母死诈称期亲丧以逃避解官守丧的行为，徒刑二年半；另亲属未死而诈称已死，以骗取丧假以规避（战争、罪发等）者，视亲属远近尊卑分别处以杖刑七十至徒刑三年的刑罚。以上守丧律文九条，《职制律》五条与《诈伪律》一条均为针对国家工作人员，涉及亲属涵盖整个九族五服范围；《户婚律》三条则针对所有人群，涉及亲属仅涵盖父母夫及期亲即近亲范围，可见唐代法律在守丧行为的规范上，对官吏严而对百姓宽。针对官吏的条文对百姓则是警示与提倡的软法。

再从服叙制度入律看，《唐律疏议》12 篇 502 条中，凡出现亲属关系称呼（如父母夫、叔伯父母、姑、兄姊等）的条文达 154 条，占全律比重为 31%。其中以期亲、大功、小功、缌麻、袒免等五服名称出现者达 81 条，占全律比重为 16%，可见称唐代是五服制度全面入律，并不为过。从其内容看，主要体现在亲属相犯、亲属特权、亲属株连、亲属婚姻、亲属杂坐五个方面。[15]

从法律执行的有效性来看，大体上服叙法用于量刑，守丧法用于定罪。服叙法是衡量亲属关系亲疏尊卑的量刑标准，一般在罪名确定的情况下才会适用，当时的司法官吏对服叙普遍都比较熟悉，难有作弊之余地，依律量刑，标准又极为明确，执行上很少会发生偏差，可以说是硬法。守丧法是衡量行为是否构成犯罪的定罪标准，其对象又主要针对官吏，因此在司法上真正依律定罪的极为罕见，法律形同虚设而成为虚法。以上述九条守丧法为例，笔者翻查史料，发现执行情况极为软弱，甚至皇室带头违律，以及诏令与律冲突等，更是难以实施。真正执行的案例寥寥几条，如“匿丧”罪，《旧唐书·李渤传》记，殿中侍御史李钧“以母丧不时举，流于施州”；又如“居丧参与吉席”罪，唐宪宗元和十二年（公元 817 年），驸马都尉于季友“坐居嫡母丧与进士刘师服宴饮”，结果于季友被削官爵、笞四十、忠州安置，刘师服也被笞

---

[15] 详见丁凌华：《五服制度与传统法律》，商务印书馆 2013 年版，第 219—224 页。

四十、配流连州。[16] 这样的处罚比律中规定的“杖刑一百”要重得多，可见当时司法之随意性。相反权臣守丧违律而不处罚之例更多，唐德宗时宰相崔损之姊出家后死于寺庙，崔损既不吊唁，也不举哀，以至“士君子罪之”，也未见朝廷处罚。[17] 高宗时宰相李义府丁母忧，被朝廷夺情起复后本应继服心丧，却在朔望哭假时穿便服与他人游山玩水，也未见被弹劾“释服从吉”罪。[18] 朝廷也屡见违律，如唐中宗时特制许“自妃主及命妇、宫官，葬日请给鼓吹”[19]，明显违背禁止“居丧作乐”的律条。唐德宗贞元年间，驸马都尉张茂宗居母丧，德宗诏茂宗起复并与义章公主完婚。[20] 唐宪宗崩，穆宗即位，“穆宗荒于酒色，才终易月之制（守丧满二十七天），即与勋臣饮宴”。[21] 可见守丧法律对于皇室与权臣是没有约束作用的，守丧制度在全面入律的同时已有向虚法演化的趋势。

五

宋代法律沿袭唐律，在司法上对官吏“匿丧”与“冒哀求仕”的处罚力度加强，但对其他守丧违律之行为一般不加干预，司马光《书仪》卷六注：“今之士大夫居丧，食肉饮酒，无异平日。又相从宴集，靦然无愧，人亦恬不为怪。”这种选择性司法其实也是虚法。

明清法律在五服制度方面主要变化有三：

一是守丧法律的简化与轻刑化。朱元璋时制定的《大明律》在守丧法律方面作了部分调整：第一，删除“居丧生子”的罪名，认为其不合情理。第二，减轻量刑幅度，较唐宋律减刑大致在二至七等之间。如“居父母夫丧身自嫁娶”罪，唐宋律徒刑一年半，明律杖一百。第三，缩小守丧的亲属范围，除个别涉及期亲尊长外，均限制在父母夫丧的范围。第四，取消唐宋律中官、民守丧法律的区别，将守丧条文均置于“户律”“礼律”中，而在专门针对官吏的“吏律”中已无守丧法的条文。但明清时在守丧违律方面几乎找不到处罚的

---

[16] 引自顾炎武：《日知录》卷一五。
[17] 参见《旧唐书·崔损传》。
[18] 参见《旧唐书·李义府传》。
[19] 《旧唐书·唐绍传》。
[20] 《旧唐书·张茂宗传》。
[21] 引自徐乾学：《读礼通考》卷一一六。

案例，而士大夫笔记中关于民间守丧风俗日下的感叹却比比皆是[22]，可见明清守丧法也全面演变为虚法。

二是服叙法的精确化。由于服叙在法律量刑上至关重要，司法官吏在实践中多有不明，故明清律首篇《名例律》中均列服叙图七幅，计为：本宗九族五服正服之图，妻为夫族服图，妾为家长族服之图，出嫁女为本宗降服之图，外亲服图，妻亲服图，三父八母服图。明清时在司法上涉及服叙标准时日益重视，力求精准。[23]

三是丧服服饰制度入律。明清律《名例律》中均列"丧服总图"，首次在法律上规定了丧服服饰的材料与制式，但规定极其简约：斩衰三年，用至粗麻布为之，不缝下边；齐衰，用稍粗麻布为之，缝下边；大功，用粗熟布为之；小功，用稍粗熟布为之；缌麻，用稍细熟布为之。这一"丧服总图"实际只具有民风上的提倡指导意义，而无司法实践上的意义，在460条律文中也无一条针对此图的惩治内容。这样的律条应属于软法而非虚法。

六

以上阐述的古代五服制度从儒家思想转化为道德与礼制、再转化为法律的过程，笔者以为可梳理出以下一些规律：

第一，思想转化为法律的途径一般都经历以下的几个阶段：(1) 在野派思想的提出并遭遇普遍抵制，但这一思想有一批顽强的信徒坚守与传播，而且这一思想一定有一些外在的行为模式可以判别。譬如春秋战国时期的儒家及其创立的五服制度。(2) 新的统治者认识到这一思想的价值，开始根据统治需要研究、充实、传播这一思想，使之成为道德评判标准，并将其外在的行为模式确立为制度（礼制），这就具备了基础性软法的特征。同时在统治集团内部首先强制性实施，使其成为统治合法性的理论依据，譬如汉代在皇室宗亲范围内实施守丧制度。(3) 扩大强制适用的范围，如魏晋时将守丧制度从皇室强制扩大到官吏阶层。(4) 软法全面演变为硬法，如南北朝及隋唐时期守丧制度与服叙制度全面入律，至《唐律疏议》而集其大成。

---

[22] 参见丁凌华：《五服制度与传统法律》，商务印书馆2013年版，第279—286页。

[23] 参见郑秦、赵雄主编：《清代"服制"命案——刑科题本档案选编》，中国政法大学出版社1999年版，第1页。

第二，以礼入律的过程其约束对象一般都是自上而下逐步扩大的，因为统治者也认识到贵族除高贵的血统外其行为也理应高尚的道理，在等级制社会中，高等级的集团必须占据道德制高点，以作为其占据权力制高点的合理依据。

第三，道德注重自我约束，其驱动力来自于内心的自觉自省，其约束力是非强制的个人觉悟与社会舆论；礼制注重外在行为的规范性，其实施的驱动力仍来自于内在的道德，其约束力可以是强制的也可以是非强制的，但高层的示范性是必不可少的，否则礼制必然失去其存在的合理依据而无法推行；而法律仅注重外在行为的合法性，其实施的驱动力来自于权力，其约束力虽然是具有强制性的，但某些特殊成员却可依仗权力或法律的特殊条款而规避惩罚，在等级制社会中尤其如此，因而道德与礼制一旦成为法律，在权力的操控下，高层的示范性荡然无存，“法之不行，自上犯之”，最终这样的法律必然成为虚法。

第四，道德与礼制着力于内在自省，法律则着力于对外在行为的监督与指控的可操作性。同时道德追求最高目标而法律追求最低目标，因此以礼入律必然使礼制降低标准以俯就法律。譬如根据《礼记》的记载，守丧的标准很多是只能靠自觉而无法由他人监督的：丧期内不能饮酒食肉，夫妻不能同房，卧处寝苫枕块，非变除时不能洗澡等；有些标准更是难以量化统一的：丧期内形容的憔悴程度，哭丧声音的哀戚成分，言辞不加文饰的判断等等。因此在以礼入律的《唐律疏议》中，守丧行为演变为九条可监督与指控的操作性条款：禁止居丧饮酒食肉转化为禁止参与吉席，禁止夫妻同房转化为禁止丧内生子，禁止娱乐活动转化为禁止作乐杂戏等。从唐以后的守丧实践来看，礼制一旦成为法律，或者说某些软法一旦成为硬法，整个社会的道德水准反而下滑。

第五，礼制纳入量刑标准（如服叙制度）尚能对法律产生一定影响（譬如卑幼侵犯尊长较常人加重量刑，依五服关系越近量刑越重；尊长侵犯卑幼较常人减轻量刑，依五服关系越近量州越轻），尊卑相犯量刑有别在传统等级制社会中本来就是量刑原则之一，服叙入律后只是使这一原则进一步细化量化，使法律文字的表述更为简明而已。但道德纳入定罪标准（如守丧制度）往往使法律处于尴尬境地：一方面要体现对贵族官僚的道德标准应高于普通民众，因此法律上设置了区别化对待，对官严而对民宽，同时偶尔的抓一两个贵族官僚的典型，以选择性司法来证明法律的严肃性；另一方面又不能引起整个贵族官僚阶层的反感，因此以律外设法的形式来缓解贵族官僚的道德压力，如规定“金革夺丧”“夺情起复”制度[24]，使三年丧实际压缩为百日丧。这就使律典条文形同虚设成为虚法，结果与立法者的期望相悖，反而严重降低了贵族官僚的道德形象。

第六，从五服制度的历史发展来看，其在汉武帝以后的强制皇室宗亲百日守丧的道德示范阶段，在魏晋时期的强制官吏行三年丧及为期亲守丧的道德扩大化示范阶段，以及南朝时服叙制度纳入量刑标准，其社会效果都是比较好的。而在守丧制度纳入定罪标准的唐宋以后，反而扩张了人性的伪善，助长了社会尤其是官场的虚浮风气。可见道德与礼制只有在软法阶段其社会效果最好，一旦成为硬法，往往演变为虚法。

---

[24] 朝廷以战事需要为理由，强制官吏停止守丧，称为“金革夺丧”。朝廷以政务为理由，强制官吏提前结束守丧，称为“夺情起复”。对皇帝及皇室成员以身负公事国务为重提前结束守丧，则称为“公除”。

“软法”定义：从传统的“礼法合治”说起

马小红*

“礼”与“法”就字义而言，在近代中国经历了一个互为消长的过程。

先说“礼”的字义由“长”而“消”的演变。“礼”是中国古代文化的核心。对此中外学人都不会持有异议。中国的古人以“中国者，礼义之国也”①而自豪。而近现代学者也无不将“礼”作为中国传统文化的根本。古代社会的“礼”，内涵十分丰富。包括意识形态、价值观、制度、习俗等等，其中也包括了我们今天所说的法的价值、法的精神，甚至包括了我们今天所说的宪法、民法等内容。但近代以来，礼的内涵则大大萎缩了，人们更多地将其作为举止得当的一种日常文明生活习惯。有学者指出：“今天人们往往只把‘礼’看作是日常生活中文明行为的规范。”②

再来看“法”的字义由“消”而“长”的演变。近代的“法”，走了一个与“礼”反向的发展途径。古代社会中“法”字的内涵远不如现代社会丰富。在政治法律意义上，狭义之法，常常专指刑罚；而广义的法，则泛指“制度”。但在近代中国，“法”字的内涵在人们对礼的批判中快速拓展，许多古代社会以礼表达的价值观、思想、制度、规范等等，在近代被法所吸纳。当我们对礼大加鞭挞并批判古代法缺乏理念及学理支撑时，忽视了古代法的理念恰恰蕴含在礼中。

通过礼、法字义的演变，我们会感到礼在中国古代社会所扮演的角色与现代社会法所承担的角色有着相似之处，所以中国古代被誉为“礼仪之邦”；或者也可以反过来说，法在当代社会扮演（或将要扮演）的角色与古代社会

---

* 中国人民大学法学院教授。

① （唐）徐彦：《春秋公羊传注疏》，隐公七年。

② 丁鼎：《礼：中国传统文化的核心》，载浙江大学古籍研究所编：《礼学与中国传统文化——庆祝沈文卓先生九十华诞国际学术研讨会论文集》，中华书局2006年版，第1—5页。

中礼的角色也大致相同。尽管就目前状况而言,法治社会的达成尚需要艰苦的努力。因此,无论是古代社会的“礼治”,还是“法治”,抑或是“礼法合治”,都与现实中的法治有着千丝万缕的关联。

“软法亦法”观点的提出与研究,无疑为我们分析古代社会法的结构和特点提供了新的视角;同时也为在现实法治的发展中更好地借鉴中国古人的经验与智慧,寻求古今相通,甚至中西相通的“法”之共识提供了新的思路。本文欲从分析中国古代社会的礼治、法治、礼法合治切入,寻找或发现中国古代社会的“软法”,为“软法”定义并寻求当代社会中“法”的共识。

从有文字可征的公元前16世纪的商朝算起,至公元1911年清朝覆灭,中国古代经历了近四千年的发展。就法律的发展而言,中国古代经历了三个阶段,即三代的“礼治”、春秋战国至秦的“法治”、汉中期确立并此后一直相沿至清朝的“礼法合治,以礼为主”。这三个阶段的法各有特点,若以软法、硬法的理论加以分析,礼治偏重软法,法治偏重于硬法,礼法合治则强调软法、硬法的结合。

一、礼　　治

“礼治”一词的发明,应该始自梁启超。在《先秦政治思想史》中,梁启超用“礼治”概括了儒家的思想,认为:“良好的政治,须建设于良好的民众基础之上。而民众之本质,要从物质精神两方面不断的保育,方能向上。故结果殆将政治与教育同视,而于经济上之分配亦甚注意。吾名之曰‘人治主义’或‘德治主义’或‘礼治主义’。”③值得注意的是,梁启超在《中国法理学发达史论》中将礼治主义的含义解释为“自然法”,而对人治主义的解释为“能应用自然法以制人定法”。④

笔者同意梁启超用“礼治”概括儒家的理论,尤为同意梁启超认为中国古代礼治、德治、人治是一个开放性体系的观点,即礼治并不排斥法治。

---

③　梁名超:《饮冰室合集》(第9册)《专集之五十·先秦政治思想史》,中华书局1989年版,第64页。

④　梁名超:《饮冰室合集》(第2册)《文集之十五·中国法理学发达史论》,中华书局1989年版,第72页。“儒家固甚尊人治者也。而其所以尊之者,非以其人,仍以其法。固儒家崇拜古圣人者,谓古圣人为能知自然法,能应用自然法以制人定法也,故儒家者,非持简单肤浅的人治主义,而实合人治法治以调和之者也。”

笔者赞同梁启超用“礼治”描述儒家思想与中国古代法的特征，是因为古籍中虽然未能见到“礼治”这个词，但有关“礼为国之根本”的论述在儒家的经典和史书中确实是比比皆是。如：《左传·僖公十一年》记内史过言：“礼，国之干也。礼不行则上下昏，何以长世”是言治国不可无礼；《礼记·坊记》言：“夫礼，坊民所淫，章民之别，使民无嫌，以为民纪者也”是言治民不可无礼；《礼记·曲礼》：“人有礼则安，无礼则危”是言人之言行不可无礼等等。

儒家的礼治理论主要渊源于三代治国经验的总结。三代因而被称为礼治的时代。

首先，三代的礼治是一个一脉相承并不断发展的体系。孔子说：“殷因于夏礼，所损益可知也；周因于殷礼，所损益可知也。”[⑤]又言：“周监于二代，郁郁乎文哉，吾从周。”[⑥]由此可见，西周的礼治是在夏、商二代礼治的基础上发展起来的。周对夏商之礼的借鉴、“损益”主要表现在用“德”充实了礼治的内容，勾通了神意与王权，创出了“天命移易”的观念。周人所说的“德”对统治者来说最重要的莫过于“保民”。《尚书·周书》的许多地方都强调“德”与“民”的关系是得民心者有德，失民心者失德，因此天命与民的关系也是得民心者得天命，失民心者失天命。[⑦] 周人的礼治将政权正当性由“帝”（天）一元而发展为“帝”与“德”二元。德，在西周不仅成为政权合法性的基础，而且也成为宗法制下，每一个人，尤其是贵族必须遵守的法度。

其次，三代的礼治是一个兼容并蓄的体系，其由两个主要部分构成。第一是“礼义”，核心内容则是建立在“亲亲也、尊尊也、长长也。男女有别”[⑧]基础之上的人伦道德——忠、孝、节、义。[⑨] 第二是礼制（仪），即礼的外在表现形式，即礼的制度、条文、规范，其中也包括法制、刑制等。

礼义与礼制（仪）在“礼治”体系中占据主导地位的显然是前者，即礼义，故三代史料言刑必言德。如：《尚书·吕刑》记：“惟敬五刑，以成三德。”“朕敬于刑，有德惟刑。”在《尚书·康诰》《酒诰》《召诰》等诸篇中，也皆体现出了敬礼、敬德的思想及刑罚目的在于辅助道德的实现。王国维总结道：“周之

---

⑤ 《论语·为政》。

⑥ 《论语·八佾》。

⑦ 如《尚书·康诰》：“惟乃丕显考文王，克明德慎罚，不敢侮鳏寡，庸庸，祇祇，威威，显民。”《无逸》：“知稼穑之难难。”“知小民之依。”《酒诰》：“人无于水监，当于民监。”等等。

⑧ 《礼记·大传》。

⑨ 《史记·太史公自序》索引：“亲亲父为首”“尊尊君为首”。可见，亲亲重孝，尊尊重忠。

制度典礼乃道德之器械。""周制刑之意,亦本于德治礼治之大经。"⑩程树德亦认为:"三代皆以礼治,孔子所谓殷因于夏礼,周因于殷礼,是也。《周礼》一书,先儒虽未有定说,而先王遗意,大略可现。"⑪

以软法的观点来看,西周时期趋于完善了的礼治体系显然是一个软法为主的体系,这不仅是因为礼义在礼治体系中的主导地位与导向作用,而且还因为礼制或礼仪的实施主要靠教化、引导,而不具有严格的形式法律的特征。

二、法　　治

礼治体系在春秋时期发生了变化。这一变化的原因是多方面的,比如生产力的发展,私田的出现,新的利益集团的形成。春秋战国时期,权力先下移至诸侯,形成春秋五霸"挟天子以令诸侯";再下移至大夫,形成战国七雄逐鹿中原。礼治的破坏,是先从制度开始的。礼制所规定的朝觐纳贡制度春秋时久废不用,与周王室关系最为密切的鲁国以知礼闻名,但在春秋二百三十二年间仅仅朝觐了三次。春秋中期以后,诸侯的势力也走向衰弱,大夫不仅敢僭越公室,而且对王室也极为藐视。鲁国的季孙、仲孙、叔孙三家大夫公然不顾礼制的规定,将诸侯才有权祭祀的"公庙"设于私家。季氏还在自家的庭院中享用只有天子才能享用的"八佾"之舞,祭祀了只有天子才有权祭祀的泰山。孔子论及季孙的所作所为,十分愤慨,斥责道"是可忍,孰不可忍"。⑫

为了秩序的重建,诸子学说并现于世,春秋战国成为学派林立,观点纷呈的思想多元化时代,也是法思想发展的黄金时代。诸子百家从各自的立场出发,对法的概念、性质、作用以及发展趋势提出了自己的主张,其中对中国传统法律影响最为深远的莫过于儒、法两家。尽管儒家与法家在主张一统、维护君权、维护社会等级制度方面并不对立,但在法的主张方面却各自独树一帜。儒家主张改良礼治体系中的不合于事宜的制度与仪式,维护礼治体系中的礼义。因此在《论语》及《春秋左传》中我们常常可以看到当时人

---

⑩ 《王国维遗书》(第2册)《观堂集林·卷十·殷周制度论》,上海古籍书店1983年版,第14—15页。

⑪ 《九朝律考·汉律考》。

⑫ 《论语·八佾》。八佾,按礼制的规定为六十四人组成队列的舞蹈,只有天子才有权享用。

对礼与仪的区分,《礼记·大传》总结先秦儒家对礼治变革的主张为:“立权度量,考文章,改正朔,易服色,殊徽号,易器械,别衣服——此其所得与民变革者也。其不可变革者则有矣:亲亲也,尊尊也,长长也,男女有别——此其不可得与民变革者也。”儒家认为,衡量制度善恶的标准是“礼义”。周礼的可贵之处,在于最大程度地体现了礼义。法制也是如此,必须体现礼义的精神。若失去了礼义的精神,法就失去了存在的价值;若违背了礼义的精神,法就成为不祥之物。

而主张以法代礼的法家,则与儒家不同。他们更为注重法律的形式而不是实质。法家立法的依据主要是“力”而不是“理”,所以法家主张“法出一门”,即由国家政权颁行法律。法家立法的目的主要是富国强兵而不是惩恶扬善,所以法家的法要统一的是人们的言行,而不是人们的是非观。由此,法家更注重法律形式的完善,强调法律的公开。韩非对“法”的定义是:“法者,编著之图籍,设之于官府,而布之于百姓者也。”[13]法使“万民皆知所避就”[14],而且可以使“吏不敢以非法遇民,民不敢犯法以干法官”[15]。与儒家对法的论述相比,法家的法可谓是刚性的硬法。法家欲将天下网罗于法中,用国家颁行的法解决一切问题,包括用法表达富国强兵的需求,表达国家的需求,表达统一政权需求。

公元前221年,漫长的儒法之争以法家的胜利而暂告结束。推行法家理论最为坚决,变法最为彻底的秦国以风扫残云之势统一了中国,建立了历史上唯一以“法治”自诩的统一王朝。统一后的秦王朝[16],继续以法家理论为指导,崇尚严刑峻法。秦始皇出巡常常刻石以颂秦政,几乎每次都要提到法的建设及法的功绩。《史记》记载公元前219年,始皇登泰山,其刻石自赞秦政:“治道运行,诸产得宜,皆有法式。”又登琅琊,立石刻辞,其中有:“除疑定法,咸知所避”“欢欣奉教,尽知法式”“端平法度,万物之纪”之语。公元前218年,登之罘,刻石,辞曰:“大圣作治,建定法度,显著纲纪”“普施明法,经纬天下,永为仪则”[17]等等。从1975年湖北云梦出土的《云梦秦简》来看,秦“皆有法式”决不是一句溢美之词。尽管秦律早已佚失,但从《云梦秦简》看,便足以证明秦律的缜密。《云梦秦简》中有近30篇秦律的内容,农业、军事、

---

⑬ 《韩非子·难三》。

⑭ 《商君书·定分》。

⑮ 《商君书·定分》。

⑯ 秦王朝的统一政权建于公元前221年,亡于公元前206年。

⑰ 参见《史记·秦始皇纪》。

手工业、官吏职责等诸方面皆有法可依。

秦王朝的法治，尤其是被统治者推向极端的法家理论有着致命的弱点，这就是单纯地强调尊法而忽视了尊法环境的营造，忽视了法的复杂性。这种以国家是非为是非，不论善恶的法，在诸国兼并的战争中由于其明确而严厉，对于统一国人的言行又有着立竿见影的功效。但在战争结束后，法仍然作为统一言行的权力工具而存在时，弊病由此产生。秦法最为显著的弊病是简单地将刑罚作为“皆有法式”的后盾时，由此而形成了“暴政”的特征。陈胜吴广揭竿而起时由衷发出的感叹是“天下苦秦苛法久矣”[18]，而“伐无道，诛暴秦”成为秦末社会的共识。

在评价法家之“法”的时候，我们应该注意两个方面，一是先秦法家所言之“法”，是维护君主集权制的法，法家的“法治”尽管在春秋战国时期对秦的统一与社会发展起到了积极的推进作用，但其与我们今天的“法治”有着根本的不同，其既不体现“民主”的精神，也不承认法律具有“至上”的权威。二是法治与三代礼治的区别。可以说秦代的法治是反传统之道而行的。对于礼治所强调的“理”，秦统治者不以为然，法家斥儒家的教化为迂阔之论，一味崇尚“力”。在礼治体系中“得民心者得天下”，在法家法治体系中成了“力多者人朝，力寡者朝于人”。

倒是太子扶苏对史无前例的秦朝的强大有着清醒的认识，他觉察到法治并不万能。秦朝的统一，使贵族制转化为官僚制，礼治转化为法治，但对“法治”曾抱有无限希望的人们对现实中的“法治”却是极度失望的。他以太子的身份劝诫始皇：“天下初定，远方黔首未集，诸生皆诵法孔子，今上皆重法绳之，臣恐天下不安，唯上察之。”[19]但不幸的是秦始皇并未采纳他的建议。暴政在二世即位后愈演愈烈，“法式”成为天下人的刑网。上至皇室公卿，下至黎民百姓，无不为繁法酷刑所困扰。当陈胜、吴广揭竿而起时，范阳人蒯通对范阳令说：“秦法重，足下为范阳令十年矣。杀人之父，孤人之子，断人之足，黥人之首，不可胜数。”[20]秦王朝终于葬送在此起彼伏的农民起义风暴之中。秦统一后享国仅 16 年，可谓短命而亡。自秦之后，中国古代史上无复有敢以“法治”而自诩的王朝。

---

[18] 参见《史记·陈胜世家》。

[19] 《史记·秦始皇纪》。

[20] 《史记·张耳陈余传》。

三、礼法合治

汉承周、秦之后，对周、秦两代历史经验与教训的总结格外用心。周王朝六百余年的礼治盛世与秦统一后16年而亡的法治给汉人以深刻的印象。因此，汉代的政治家、思想家几乎一边倒地倾向礼治，主张恢复传统。秦因法治而亡也成为汉人的共识。《汉书·刑法志》总结道："至于秦始皇，兼吞战国，遂毁先王之法，灭礼谊之官、专任刑罚，躬操文墨，昼断狱，夜理书，自程决事，日悬石之一。而奸邪并生，赭衣塞路，囹圄成市，天下愁怨，溃而叛之。"秦的夭折使汉人重新认识到了礼的价值。汉初思想家贾谊重提："道德仁义，非礼不成；教训正俗，非礼不备；分争辩讼，非礼不决；君臣、上下、父子、兄弟，非礼不定；宦学事师，非礼不亲；班朝治军，莅官行法，非礼威严不行；祷祠祭祀、供给鬼神，非礼不诚不庄。"[21]

经过春秋至秦，法的制度发展也日臻成熟，其在实践中也颇具成效。不管汉人如何诋毁秦朝，然而完全恢复礼治，抛弃秦制不仅不必要，而且不可能。法家理论的缺陷在于只追求制度的功效，而对制度，尤其是法的精神、价值极少阐述。这一理论的缺陷，为汉儒融合礼法，复兴礼义和礼教留出了空间。在汉儒看来，法制，尤其是偏重刑罚的"律"若失却了礼的精神，就等于丢失了灵魂。汉代中期的贤良文学们认为"二尺四寸之律"，古今相同，但殷、周用之则治，秦用之则乱，原因在于"汤、武经礼义，明好恶，以道其民，刑罪未有所加，而民自行义，殷、周所以治也。上无德教，下无法则，任刑必诛，劓鼻盈蘽，断足盈车，举河以西，不足以受天下之徒，终而以亡者，秦王也"。[22]三代礼治的精神在人们对传统的怀念中，在汉儒对秦法的批判中重新登上历史舞台。

汉代之后的礼法融合主要有两条途径，一是立法以儒家提倡的伦理道德为指导，二是在司法实践中引经决狱，体现礼所提倡的精神。如董仲舒以"《春秋》之义，父为子隐"为由，认为养父包庇犯罪的养子而"不当坐"。[23] 汉

---

[21] 《贾谊集·新书·礼》。《礼记·曲礼上》亦有此语。《礼记》成书于汉，《曲礼》原文已佚，《礼记》中《曲礼》为汉儒整编而成。参见(清)皮锡瑞著：《经学通论·三·三礼》，此段话可以看成是汉儒对礼的重要性的论证。

[22] 《盐铁论·诏圣》。

[23] 参见《通典·礼·二十九》。

宣帝时,"子首匿父母,妻匿夫,孙匿大父母"皆不为罪成为定律。[24] 自汉时起,礼法融合的进程始终没有停止。儒家的精神,法家的制度构成中国传统法的主要内容。从汉至清,礼与法实为一个统一的"共同体"。在一般情况下,礼与法并不矛盾,轻礼势必导致乱法,而轻法也必然会导致礼的衰败。

汉中期礼法合治体系的重建,是在儒家中庸理论指导下完成的。也是在对周秦历史经验的总结中完成的。出于汉人之手,假托孔子之言的《中庸》说:"中者,天下之大本也;和者,天下之达道也。致中和,天地位焉,万物育焉。"孔子之言、儒家之说确实可以避免诸家的极端,使社会在稳定中向前发展。就法的体系而言,礼法合一既强调法律的传统,强调法律与道德的相辅相成,也不排斥法律形式上的完善。但与法的表现形式相比,儒家显然更为注重法的实质精神。在礼法合一的体系中,礼显然处于主导的地位。

四、"礼法合治"的分析

综上所述,"礼法合治"中的"法"多指由国家颁行的制度法令。用软法的理论划分,属于"硬法"。而"礼法合治"中的"礼"则多属于软法,用梁启超的话来说是属于"建立在良好的民众基础上",须"不断保育"方能发展向上的法。

礼治与法治有诸多的不同的偏重,比如在对政权合法性的认识方面,礼治更强调"理",而法治更强调"力";在制度的执行方面,礼治更强调制度的变通性,而法治更强调制度的划一性;在法的价值观方面,礼治更强调法律与道德须互为表里,而法治更强调法对权力的维护等等。由此,我们可以看到"礼法合治"中的"礼"多指法的价值观,其注重的是法的善恶,法的合理性以及法对自发形成的社会秩序的保护。

在礼法合治的体系中,礼常常作为立法不足的"救济"而出现,起着"上位法"的作用。这就是汉代"春秋决狱"盛行、魏晋纳礼入律、唐律的解释"一准乎礼"的原因。《通典·选举志》记载了这样一条选官规定:"不习经史无以立身,不习法理无以效职。举人出身以后当宜习法,其判问请皆问一时事、疑狱,令约律文断决。其有既依律文,又约经义,文理弘雅超然出群,为第一等。其断以法理,参以经史,无所亏失,粲然可观,为第二等。判断依

---

[24] 参见《汉书·宣帝纪》。

法,有文彩,为第三等。颇约法式,直书可否,言虽不文,其理无失者,为第四等。此外不收。"这一选官标准说明,无论是疑狱,还是法条所不在的时事,"经史""经义""法理"都是裁断的最高标准。二十五史的《孝友传》《列女传》《游侠转》《忠义传》中的大量案例也直接证明了"礼"的这种作用。

在礼法合治的体系中,法的作用同样未被忽视。尽管汉之后由于对法家严刑峻法的批判,在一定程度上造成社会对法律,尤其是刑罚副作用的过度警惕,并出现了"重礼轻法"的现象。[25] 但应该厘清的是,所谓的"轻法"指的是轻视法的制度,而不是法的精神。而且如果全面考察汉之后的社会,"轻法"也并非是社会的主流意识,即使在文人书生间,对法的鄙薄也不占主导地位。不同于法家"以法为教""以吏为师",也不同于秦王朝以"焚书坑儒"极端手段统一禁锢人们的思想,统一人们的言行,汉中期的思想统一是以儒家学术为本,杂糅各家学说有利于时势者的统一。众所周知,汉武帝虽"罢黜百家",但以孔子学说为信念的儒生与以精通法家的文吏始终同朝为官,各有其职。曹魏时下令郡国贡举,也并不排斥法家,只要"儒通经术,吏达文法,则皆试用之"。[26] 唐至明,科举中皆设有"明法"科。唐代"明法科"的考试"试律七条,令三条,全通为甲等,通八为乙第"。[27]宋代苏轼的《戏子由》中有"读书万卷不读律,致君尧舜终无术"[28]之诗句;而清代乾嘉学派的重要人物、经学大师孙星衍在《重刻故唐律疏议序》[29]中也坦言"读书不读律之言非通论也"。明清时官吏读法已不仅仅是要求,而是律的规定,清代《大清律例·吏律·公式》"讲读律令"条规定:"凡国家律令颁行天下,官吏务要熟读,讲明律意,剖决事务,每遇年终,在内外官各从上司官考校,若有不能讲解,不晓律意,罚俸一月,吏笞四十。"在日常的司法实践中,国家颁行的法令具有最高的权威。比如民间契约在大多数情况下由乡规民约制约,这就是民间社会普遍认可的"官有律令,人从私约"。但若私约被一方背弃,诚信原

---

[25] 古代社会中确实有视法吏为俗吏,视断狱理讼为俗务的轻法现象。比如许多人不屑于学律读法,甚至不愿担任关涉审判职务的现象。唐代元澹曾深受狄仁杰器重,玄宗时被选派"出为刺史,兼关内按察使"。元澹却自以为书生,"非弹治才,固辞"。后又四次被委任以大理卿之职,也都以"不乐法家"之由而坚辞(参见《新唐书.儒林传》)。清田文镜也曾不无忧虑地论道:"每见少年州县,喜恃聪明,或于无事时,学书学画,讲弈讲诗,津津然自诩为能。而问之以律例,则呐呐不能出口者。"(《钦定州县事宜.讲读律令》)

[26] 《通典·选举二》。

[27] 《新唐书·选举志》。

[28] 《苏轼诗集》(第2册),中华书局1982年标点本,第325页。

[29] 载刘俊文点校:《唐律疏议》,中华书局1983年版。

则受到破坏时,国家的法令便会干预。《唐律》有"负债违契不偿",规定对不遵守私约者处以笞、杖刑,并"各令备偿"。[30] 同时,民间私约一般允许掣夺欠债不还者的家资抵债,为防止债主掣夺过量,旁人乘火打劫,《唐律》又有"负债强牵财物"条,规定若"强牵财物,过本契者,坐赃论"。[31] 如果说"人从私契"是约定俗成的软法,那么"官有律令"则是国法对发自民间债务关系秩序的补充,这种补充的原则是公平,即不允许欠债不还,也不允许"强牵财物"过当。[32]

综上,我们可以将"礼法合治"体系中的"礼"视为软法,"法"则可以视为"硬法"。礼与法的关系是相辅相成,互相补充的。如此,我们就可以明白汉以后的礼法之教为何会在全社会取得那样高度的共识。

五、什么是"软法"

在此我们应该从法史的角度对"软法"有一个较为明确的定义。正如法的定义至今也众说纷纭、莫衷一是一样,软法的定义也一定会成为法理学领域中聚讼不已的课题。这也许就是软法研究的理论与实践价值之所在。

首先,"软法"是古今中外法律中的客观存在,是自然而然形成的。古代社会中礼治的成分可以说大部分属于软法的范畴。在解释"礼治主义"时,梁启超引用日本法学家穗积陈重的研究,认为:"原始社会者,礼治社会也。举凡宗教、道德、惯习、法律,悉举而包诸礼仪之中。无论何社会,皆礼治先于法治,此征诸古代史及蛮地探险记而可见者也。支那古代,谓礼为德之形。礼也者,行为之有形的规范,而道德之表彰于外者也。当社会发展之初期,民智蒙昧,不能依于抽象的原则以规制其行为,故取日用行习最适应共同生活者,为设具体的仪容,使遵据之,则其保社会之安宁,助秩序的发达,最有力焉。故上自君臣、父子、兄弟、夫妇、朋友,下逮冠、昏、丧、祭、宫室、衣服、饮食、器具、言语、容貌、进退,凡一切人事,无大无小,而悉纳于礼之范围。夫礼之范围,其广大如此。此在原始社会,其人民未惯于的生活者,以

---

[30] 《唐律疏议·杂律》。

[31] 同上。

[32] 在契约关系的保障与裁判方面,乡规民约与国家法令的互为补充参见乜小红:《中国中古契券关系研究》,中华书局2013年版,第十五章;李功国主编:《中国古代商法史稿》,中国社会科学出版社2013年版。

此制裁之而甚有效，至易见也。及夫社会确立，智德稍进，人各能应于事物之性质，而为适宜之自治行为，无取复以器械的形式制驭之，而固定之礼仪，或反与人文之进化成反比例，此礼治之所以穷而敝也。”[33]梁启超认为，穗积陈重有关“礼治主义之起原、发达及其得失，言之殆无余蕴矣”。[34] 由此可见，“礼治”是古代社会发展中存在的普遍现象。其内容包括了宗教、道德、惯习、法律及人类社会的生活习俗。礼治是古代社会中是最有力、最有效的治理手段。在近代“人文之进化”“秩序的生活”社会中“穷而敝也”。尽管笔者不能同意梁启超及穗积陈重将礼治视为近代法治的对立物的观点，但是赞成他们对礼治起源的描述和论断，即礼治是法律文明伊始便存在的秩序。如果我们将礼治视为软法，那么软法就是一种客观的存在。

其次，软法是法体系中不可或缺的，在中国古代“礼法合治”的体系中，更是如此。以往我们误认为中国古代法律体系是“以刑为主”的，一个重要的原因在于我们未将“礼”纳入法的研究领域中。在对“法”的定义中，人民大学教授孙国华曾精辟地指出法是“理”与“力”的结合。如果将这一观点用于分析中国古代社会，我们可以看到“理”，正是儒家强调的法的价值观及最终追求。而“力”正是法家所强调的法具有的强制力特征。法的“理与力”，在中国古代社会正表现于“礼法合治”之中。因此，近代思想家严复认为：“盖在中文，物有是非谓之理，国有禁令谓之法，而西方则通谓之法，故人意遂若理法同物，而人事本无所谓是非，专以法之所许所禁为是非者，此理想之累于文字者也。中国理想之累于文字者最多，独此则较西方有一节之长。西方‘法’字，于中文有理、礼、法、制四者之异译，学者审之。”[35]又言“西人所谓法者，实兼中国之礼典。中国有礼、刑之分，以谓礼防未然，刑惩已失”。[36]如果用软法的理论分析，礼所倡导的善法信念及将伦理道德规范化的乡规民约等皆是“法”的范畴。

再次，在中国古代，礼作为软法当然也有着诸多的规范条文，如对帝王官吏的约束，对家族间及家族成员关系的规范等。[37] 但更为重要的是，礼凝

---

[33] 《法学协会杂志》第二十四卷第一号论文《礼与法》——梁启超文原注。

[34] 《饮冰室合集》(第2册)《文集之十五·中国法理学发达史论》，中华书局1989年版，第77—78页。

[35] 《严译名著丛刊·孟德斯鸠法意》(上册)，商务印书馆1981年版，第2—3页。

[36] 同上书，第7页。

[37] 关于中国古代社会乡约家规的资料，可参见一凡藏书馆文献编委会编：《古代乡约及乡治法令文献十种》，黑龙江人民出版社2005年版；最新的研究成果见何淑宜：《香火：江南士人与元明时期祖传统的建构》，台湾稻香出版社2009年版；田涛：《徽州民间私约研究及徽州民间习惯调查》，法律出版社2014年版。

聚了社会对法的共识,营造了社会尊礼守法的环境。《明史·礼》与《清史稿·礼》中记载的"乡饮酒礼"便是这样一种礼法合一的制度。乡饮酒礼始于西周,其仪式在不同时代有所不同,但其一直沿用到明清;乡饮酒礼规定官府每年按时将乡绅、宗室、村民聚在一处,宣讲人伦和律令。乡饮酒礼的目的在于淳厚风俗,和睦邻里,息讼止争。清代的乡饮酒礼还规定主持乡饮酒礼的"司正"在开场时须"扬觯(举杯)而语曰:恭惟朝廷,率由旧章,敦崇礼教,举行乡饮。非为饮食,凡我长幼,各相劝勉。为臣尽忠,为子尽孝,长幼有序,兄友弟恭,内睦宗族,外和乡党。毋或废坠,以忝所生"。此后,再由生员"赞'读律令'":"律令,凡乡饮酒,序长幼,论贤良,别奸顽。年高德劭者上列,纯谨者肩随。差以齿。悖法偭规者,毋使参席,否以违制论。敢有譁(哗)噪失仪,扬觯者(司正)纠之。"[38]

正如法国启蒙思想家伏尔泰所言,这种礼法合一的"法"的作用较之于国家颁行,以"力"为后盾并形式完备的惩罚性法律(硬法)的作用更大。因为其不仅可以惩恶,而且可以扬善。对礼法合治的社会作用的认识,西方思想家反倒有着"远观庐山"的认识,伏尔泰言:"在别的国家,法律用以治罪,而在中国,其作用更大,用以褒奖善行。若是出现一桩罕见的高尚行为,那便会有口皆碑,传及全省。官员必须奏报皇帝,皇帝便给应受褒奖者立牌挂匾。前些时候,一个名叫石桂(译音)的老实巴交的农民拾到旅行者遗失的一个装有金币的钱包,他来到这个旅行者的省份,把钱包交给了知府,不取任何报酬。对此类事知府都必须上报京师大理院,否则要受到革职处分;大理院又必须奏禀皇帝。于是这个农民被赐给五品官,因为朝廷为品德高尚的农民和在农业方面有成绩的人设有官职。应当承认,在我们国家,对这个农夫的表彰,只能是课以更重的军役税,因为人们认为他相当富裕。"[39]

近代以来,我们在学习、仿效西方法律时,忽视对自身传统的总结,对西方形式法律格外关注,对"礼法合治"中的"礼"一味批判。我们强调法的"自上而下",强调法的规范表现形式,强调法是国家政权"制定"的。礼不仅被摒弃于法之外,而且被认为是现代法治发展的历史包袱和阻力。这种狭隘的法观念致使现实中的硬法与软法脱节,造成法律制度虽然逐渐完备,但法的价值观却难以达成共识;法令一统,但守法环境却将一统的法令束之高阁。软法的研究,在中国古代法研究领域中就是应该拓展法的视野,将"礼"

---

[38] 《清史稿·礼》,( )内字为笔者加。

[39] 〔法〕伏尔泰:《风俗论》(上册),梁守锵译,商务印书馆1997年版,第217页。

纳入法的研究范畴中，如果将礼视为中国古代的软法，我们可以这样描述软法的特点：软法是自下而上形成的，其核心是社会对法的共识，并由共识而营造出尊法的社会环境。

六、借鉴礼法合治，从传统中寻找共识

“礼法合治”是汉人总结了周之礼治与秦之法治而形成的法律体系。也是一个符合社会实际，可以有效避免礼治、法治各自的缺陷而软法、硬法有机结合，互为补充的体系。这一体系又经两千余年的精心调整而日臻完善。研究礼法合治对于软法的理论意义，并不只在于说明软法在法的体系中不可或缺及其重要作用，而在于中国古人的经验和智慧也许能够为我们现实的法治提供切实有效的借鉴。比如，在凝聚法的共识方面，如果今人说到“法治”能如同古人说到“礼治”的话，现实中法治精神的确立将不再会成为难题。就软法而言，我们应该借鉴以下传统，并从中找到现实中法的共识。

就法的理念而言，“和谐”——安定社会、调和矛盾而不是激化矛盾——是中国古代法所追求的最高境界。在对和谐的追求中，礼治背景下的中国古代法独到之处在于强调弘扬人们的“善性”，比如：通过朝廷官府的倡导、精神及物质的适当鼓励、社会风尚的熏陶等，养成人们自律的习惯，以达到和谐的境界。由于强调弘扬善性，中国古代法律构成了一个道德与法律相为表里，以道德为基础的法律。只有与道德要求相一致的法才能得到社会的广泛认同。虽然近代以来，道德与法律不分成为一些学者抨击的对象。但在中国古代正是这种法律与道德的相为表里，使人们在守法的基础上有了更高的目标追求。这种追求和谐的法理念，弱化了法的“暴力”，平衡了人与自然、民族之间及人与人之间的关系。

就立法而言，礼治背景下的立法注重法的善恶，认为“法不仁不足以为法”。西周时的《吕刑》就将法分为“祥刑”和“虐刑”，使天下祥和之法即善法，致天下大乱之法即恶法。道德是检验法律善恶的标准。古人强调法律与道德相为表里，违背了人们共同价值观的法律会受到社会质疑而被搁置。当法条与法的精神发生矛盾时，中国古代强调的是断案官吏必须明“经史”“法理”（儒家经典或礼治提倡的原则），即法律的精神，而不是拘泥于条文。立法的最高境界是一部法律融天理、人情于一体。合礼与否，是善法与恶法

的分水岭。唐律之所以为后世奉为圭臬,原因在于其"一准乎礼"。明末清初启蒙思想家黄宗羲甚至将善法称之为"无法之法",即植根于人们心中的大法。[40]

此外,"礼法合治"的立法智慧同样值得我们借鉴。古代社会"礼法合治"体系正是基于对"法"有限性认识的基础上形成的。大凡国家制定法律,必有其漏洞和弊病,世上无"无弊之法"是古人的共识。其实即使在"十里不同风,五里不同俗"的农业社会解体的今天,我们也无法企及用"法"来解决所有的问题。在中国古代,礼作为软法不仅可以用灵活多样的规范弥补硬法的漏洞,而且可以在法的共识基础上纠正硬法因世事变迁等原因而出现的弊端,增强了法的开放性和与时俱进的能力。"礼法合治"将自下而上形成的礼与自上而下颁行的法有机地结合在一起,国家并不过多地干涉民间自发形成的秩序,而是借助这种秩序,奠定了法的基础。[41]

通过对古代礼法合治的分析及软法的定义,我们应该认识到,如果将现代法治机械地理解为国家制定法的完备及实施则是片面与不符合实际的。现代法治的"法",应该是软法与硬法的结合,其中也包括了法的主流价值观与社会共识。现代法治与古代礼法合治的相通之处,我想借用经济法领域的研究成果来说明,史际春教授言:"在当代社会化条件下,仅凭'有法可依、有法必依'已不足以实现法治,还要保证法能够适应复杂动态的经济社会运行,形成良性、友好的互动关系。为此,发现并纠正'错法'就是一种常态的现象及工作。'错法'迫使立法者反思立法的过程和机制,推动科学、民主立法;'错法'纠正则可调动社会各系统、各领域的主体或群体理性地商讨纠错的办法,凝聚共识和主流价值。如此社会成员相互之间及其与公共管理之间达致和谐有序,将把我国的法治推向一个新的高度。"[42]在纠正错法过程中,宪法的矫正作用正如古代社会礼的作用,尽管因为时代的不同,礼与宪法无论形式还是内容都有了很大的不同。

---

[40] 参见(清)黄宗羲:《明夷待访录·原法》。

[41] 其实我们应该反思近代以来,尤其是我们单纯地将法律视为国家颁行的统治阶级意志的体现时,国家制定法对民间秩序的过度干预导致了法律与社会实际的脱节。这一方面的研究可参见李启成:《外来规则与固有习惯》,北京大学出版社2014年版。

[42] 史际春、孙天承:《经济法中的错发现象》,载《南京大学学报(社会科学版)》2015年2期。

试论传统礼治文化秩序与现代软法治理秩序的融合[*]

高家伟[**]

在我国推行软法治理模式的新思路和新动力既可以在面向未来、借鉴西方发达国家成功经验的移植过程中产生，更有可能在回味过去、发掘在长期历史进化过程中逐步积淀下来的厚重的传统文化因素中产生。有选择地借鉴和吸收礼治传统文化中的优秀因素，有助于将现代软法规范的发现、解释和适用的法治过程与传统礼治文化素养的教化过程结合起来，将现代软法治理的制度大厦建立传统礼治文化秩序的坚实基础之上。下文沿着这个思路进行探索。

一、引言：中西方法律文明的差异

为了将中国的礼治文化传统与西方软法治理的实践经验对接起来，有必要梳理一下两类法律文明样式的根本差异。

任何一个国家内部的社会秩序都是由多种多样的亚秩序类型按照性质

---

* 软法理论基础的薄弱与礼治传统知识的欠缺使本文贻笑大方在所难免。礼学方面的主要参考文献：彭林译注：《仪礼全译》，贵州人民出版社 1997 年版（主要是第 1—118 页，亦即前四篇士冠礼、士相见礼、乡饮酒礼、乡射礼）；吕友仁、吕咏梅译注：《礼记全译 · 孝经全译》（上下卷），贵州人民出版社 1998 年版；蒋南华、罗书勤、杨寒清译注：《荀子全译》，贵州人民出版社 1995 年版；马小红：《礼与法：法的历史连接》，北京大学出版社 2004 年版；朱筱新：《中国古代的礼仪制度》，商务印书馆 1997 年版。论文的写作受到清华大学礼学研究中心的彭林教授、中国人民大学法学院的马小红教授、山东师范大学齐鲁文化研究院的丁鼎教授的指教，受益良多，在此特表谢意。

** 中国政法大学“2011 计划”司法文明协同创新研究中心研究员、诉讼法学院教授、博士生导师。

上的差异与功能定位的互补关系在长期演化过程中自然形成的一个分层次、多维度的社会秩序结构体系。传统的文化秩序与现代的法律规范秩序并存和互动是任何一个国家社会秩序的共同之处。在法律规范秩序的层面,实行刚柔并济的策略原则,建立柔性的软法治理与刚性的硬法治理的动力学结构,是世界各国法律秩序的共同之处。从目的定位来看,严格约束各级官吏的公权力,有效保护公民的基本权利,在官吏与国民之间建构默契协作的公私协作关系,建构公平正义的公共秩序,是中西方现代法制建设的共同目标。这些共同点使中西方法律文明的交流显得必要,使中国礼治的文化传统与西方的软法治理经验相互结合成为可能。

但是,在观念导向和路径设计上中西方法律文明存在明显的差异,有些方面甚至截然相反。中国古代传统法律文明的一个显著特点是以吏治为重心,实行"德治""礼治"与"法制"的"三位一体"。

首先,在吏治与民治之间的主从关系上,中国古代封建帝国始终将礼仪规范约束的重点放在吏治上,各级官吏在文化素质、知识能力等方面明显高于平民百姓,在伦理道德要求与礼仪规范的约束等方面明显地严格于平民百姓。通过严格的吏治带动民治,官吏忠诚廉洁自然会带动国民孝顺本分,官吏严格遵循庙堂仪礼的约束会自然地带动国民遵循礼俗的约束。在封建帝国的统治集团看来,这才是有利于国家长治久安的官民关系安排。

其次,在德治、礼治与法治的功能关系安排上,中国古代封建帝国始终实行德治为宗旨、礼治优先于法治的"三位一体"功能关系,以个人伦理道德观念修养的提高为核心,将日常礼仪规范的约束与严明的刑律惩戒结合起来。

德治的着眼点是官吏的职业伦理素质培养,亦即忠、孝、仁、义、智、信、勇、严等个人主观修养的提高。礼治的着眼点是对官吏日常施政行为的约束,主要是通过为了确保统治集团的内部秩序而针对不同角色、场合和事物性质所制定的礼仪规范体系。这些繁琐复杂的礼仪规范之所以必要,是为了彰显和维护其中的德治内涵,即礼义。这种外在的礼仪规范约束与内在的德治修养的表里统一,是吏治的理想目标。

中国古代所言之法制的主要内容是刑律(刑治),主要对象是"庶民"。若官吏因犯案而达到了要动用刑律的程度,实际上意味着(至少暂时地)被褫夺了作为统治集团成员的身份。因此,对吏治而言,刑律是最后的保障手段,是备而少用的,最好是备而不用。相对德治而言,法制是必要的最后手段,优先考虑的日常治理手段是礼治。

可见，德治与礼治犹如飞鸟之两翼，相互之间存在主观与客观、观念与行为、目的与手段的辩证统一关系，在相互平衡之中为吏治提供前进的动力；而法制（刑治）的作用类似鸟之尾翼，意在为德治和礼治提供方向性或者底线性的保障。由此一来，围绕着吏治这一重心，德治、礼治与法治之间形成了一种优化平衡的动力学结构。

上述分析显示出封建帝国千年统治的独到智慧。用此眼光反观西方国家的社会秩序结构，可以发现其中也存在法治（国家法律规范的约束）、礼治（日常礼仪规范的约束）与德治（道德伦理教化）的因素，但是在三者功能定位和主从关系安排上可谓与中国完全不同。西方法学界普遍秉持的立场是法治在社会秩序的建构中起（绝对）主导作用，法治与德治、礼治在目的指向、功能定位、调整范围、适用方法等方面截然分离，法律者只负责“法治”（法律规范的制定和实施），立足点是保护公民个人的基本权利不受官吏公权力的侵犯。德治（道德教化）被认为完全属于个人的精神自由领域的事项，一个人奉行何种道德伦理的观念完全由其个人决定，日常的说教、引导和示范是由社会力量（例如教会、家庭和学校）进行的，官吏不承担此类职责。西方社会中日常交往的礼仪规范也很多，家庭生活礼仪、宫廷交往礼仪、职场交往礼仪等可谓繁琐而又严密，但是，这被认为是地方社会生活的文化秩序现象，主要由民间力量负责进行研究、整理和传播，是与法律秩序分离的一种文化秩序，而非法律秩序的内在组成部分。这就是说，道德观念和礼仪规范在调整人们的行为中也起着重要的作用，但对法律规范的发现、解释和适用而言，只是一种可用于启发法学家认识的知识来源和社会渊源，其本身不是法律规范。虽然第二次世界大战以后出现的新自然法学派学者强调法律的道德性内涵[①]，试图将伦理价值的判断引入到法律判断过程之中，但西方法律界主流的立场仍然是以法治为主，将法治与礼治、德治分离开来，并且无意于建构所谓的“三位一体”关系。

在古代中国统治者看来，将法治建设的重点放在民治（公民基本权利的保护）而非吏治（对各级官吏日常行为的约束）上，进而剥离德治的内核而（空）谈礼治（礼仪规范的约束）和法治（法律规范的约束），简直是不可思议，甚至可能构成国策上的根本失误。

反过来，从西方现代法治的视角来看，中国古代封建帝国重视对官吏公

① 例如〔美〕富勒：《论法律的道德性》，郑戈译，商务印书馆2005年版，尤其是第40—111页（第2章 道德使法律成为可能）。

权力的约束，忽视对公民个人基本权利的保护，制度安排的重心是错位的；将伦理道德的教化放在社会秩序建构的核心地位，注重柔性的礼治文化秩序建设，而轻视刚性的法律秩序建构，没有确立法制在建构和维护社会秩序中的（绝对）主导地位，这种制度安排的动力学结构是失衡的。

面对如此巨大的反差，要将我国的礼治传统的精华与西方法治的精神融合起来，去发现具有既具有中国特色、又具有世界先进性的软法治理道路，是一个极为艰难的现代法治建设工程，其艰巨性、复杂性远远超出了个人的能力。但是，这不妨碍有志者知难而上，进行一些哪怕是注定要失败的理论尝试。笔者认为，我国的软法治理机制应当以新型官民合作关系的建构为着眼点，以培育现代法治公民理性为立足点，将中国礼仪传统与西方软法治理中的智慧因素结合起来，建构一套中华法系文明特色与世界先进性兼备的软法规范体系。下文的论述在这一思路下展开。

二、作为传统文化秩序的仪礼规范体系

任何社会规范都是分门类、分层次的，不同门类的社会规范各有其独特的适用条件和主体范围；在不用层次的社会规范体系中，又包含了诸多更为细致的规范效力层次。中国古代的礼仪规范也是如此，它是一个门类齐全、层次分明、内容细致、意在对人类生活的各个领域进行全方位调整的行为规范体系。理解这一点有助于把握中国传统礼治文化秩序的精华因素。

（一）礼治的主体类别和规范层次

根据笔者的粗浅理解，按照主体身份、效力等级、尤其是成熟完备程度等方面的标准，古代礼仪可以大致分为民间礼俗与士族仪礼两个最为基本的层次和类别。作为民间习俗的礼仪扎根于地方居民的日常生活，是地方居民根据当地的自然环境地理条件，为了便利日常的生活和交往而约定俗成的，具有自然、实用、简单、分散、多变的特征，“风”（自然进化）、“俗”（乡土气息）、“朴”（质朴）、“实”（实用）、“多”（多样）等方面的属性突出，门类很多，但层次性不明显。与此不同，士族仪礼则是学者们出于维护君主统治权威、彰显士族作为统治集团成员的特殊身份和素质要求，在比较各地礼仪实践、吸收地方礼仪风俗合理因素的基础上，而整理出来的一整套用于调整士族成员日常家居生活和朝廷公务行为的仪式和礼节，内容系统、完整、细密，语

言优雅、晦涩、幽深，教化国民、象征权威、约束行为等方面的功能平衡兼备，以“优”(理性自觉)、“雅”(审美教养)、“威”(君主权威)、“严”(宏大森严)、“一”(统一完备)为指向。与民间礼俗相比较，士族仪礼的规范体系不仅门类齐备，而且内部等级层次分明，用于调整皇室成员关系的皇家士族仪礼自然是其中的最高层次类别。

从《礼记・礼运篇第九》《荀子・礼论篇第十九》的有关仪礼来源及其进化过程的叙述来看，民间礼俗是士族仪礼的社会起源，士族仪规是民间习俗的理性升华。前者是后者的活力源泉，而后者又成为前者进化的示范。两者之间在几千年的历史长河中始终维系着互相借鉴、互相吸收、开放对流的互补关系。

与礼仪规范两大基本层次类别划分相对应的“士”与“民”两大身份等级的划分。“士”是对作为统治阶级的士族集团成员身份的简称，分为诸如公、侯、伯、子、男的爵位等级和九品中正制的官位等级；“民”是作为被统治对象的农、工、商等从业劳动者，属于社会的最底层，有财产多寡的区别而没有身份上的等级贵贱之分。对士与民之间的区别，荀子在《礼论篇第十九》中有言：“不法礼，不足礼，谓之无方之民；法礼，足礼，谓之有方之士。”按照笔者的理解，“有方之士”是指受过良好礼学教育、通过考试或者荐举而获得“士”的头衔的人才，他们具有较高的礼治文化自觉性，因而在言行上能够自觉地遵循《仪礼》规范的严格约束，谓之“有方”。而“无方之民”指没有受过良好的礼学教育的平民百姓，他们虽然也在日常生活中遵守地方非正式的礼俗，但缺乏必要的文化自觉性，随意性比较强，难免粗鄙，因而“无方”。

由此可以发现作为礼经之本的《仪礼》和《礼记》是礼仪从民间习俗迈向士族礼仪的集大成之作，主要用于调整士族官吏集团成员的家庭生活(生活礼仪)和公务行为(朝廷礼仪)。在笔者看来，这种将日常生活礼仪与朝廷公务礼仪作一体化调整的做法是“家国一体”“修齐治平”等治国方略的典型体现。

从现代民主法治的眼光来看，士族集团内部等级森严、尤其是士与民之间泾渭分明的身份区别，是中国古代礼治传统中的封建等级特权的糟粕因素，应当坚决地剔除掉。在此基础上，就会发现这种区分具有相当积极的启发意义：

(1) 有助于认识(现代)礼仪规范秩序的层次性建构规律。对官吏的公职礼仪规范约束在目的取向、功能定位、程式设计、繁简尺度、约束程度等方面应当有别于对公民的日常生活礼俗规范约束，前者的主要目的在于规范公务人员的日常公务行为，提高作为国家统治集团成员的文化自觉性，确保公共行政文化的统一性，维护统治集团内部的基本道德共识，因此应当尽可能地细致、严格、全面与统一，力求形成类似“三礼”那样的《公职仪礼大典》。民间习俗则正好相反，应当突出地方文化的多样性、日常生活的便利性、新型社群生活方式的试验与创新等功能，无需严格、细致与统一，但整理形成不同地方的《民间礼俗手册》对提高地方居民交往的自觉性还是必要的。

(2) 有助于认识区分官吏与公民在践行礼治文化秩序方面的不同作用分工规律。在现代法治国家中，官吏与公民在法律面前是完全平等的，依法享受相同的人格尊严和基本权利保护，从事不同职业的只是“革命分工”不同而已，没有任何法外特权。但是，这并不意味着对官吏与公民的素质要求和功能定位没有区别，官吏在推行礼治文化秩序方面应当起主导和示范的作用，而百姓则是传承礼治文化传统并且推动其不断革新的主力军和生力军。相对而言，对公务人员的礼学文化素养的要求应当远远高于一般公民。

(二) 有方之士与士族仪礼

士族仪礼规范用于调整统治集团内部秩序，约束各级官吏的日常施政行为。它们虽然以刑律惩戒为后盾，但本质上属于以说服与教化为目的的柔性治理规范。

在长期的思考和学习过程中困扰笔者一个问题是：士族仪礼作为柔性治理规范，何以产生如此巨大的约束力和凝聚力，得以在交通和通信极为不便的条件下维系帝国统治的权威性与稳定性？

从不同角度思考，可以给出不同的答案。在笔者看来，核心关键首要的一条在于“士”字。因为经、史、子、集“四部之学”的知识体系是由“士”来创建、解释和传播的，各种礼仪规范的拟定、解释和执行主要是由作为“士”的各级官吏来负责进行的。上自君主、下自低级官吏，虽然身份有别、官级不同，但他们都具有一个共同的、基础的、让他们每一个人都在内心深处引以为自豪的社会身份，那就是“士”！从“成熟男子”这一创字的本意来看，“士”是一个文化主体性概念，是古人为了对理想的社会人格进行凝练概括而形成的一个术语，其中蕴含着中国古人对理想人格的追求，蕴含着统治集团成员的基础共识。君主与各级官吏虽然在身份和官位上差别很大，但他们接受相同的经学教育，具有共同的理想人格追求和伦理道德观念，因此具有默契合作所必需的语言和文化观念基础。

笔者接下来思考的问题是：为了维护帝国统治的权威性与稳定性，传统礼学在培养“士”的素质方面具有哪些作用?

首先,礼学的教化有助于培养国民作为人的社会自觉性。凡笔者接触到的古代礼学经典在阐述礼治的宗旨(礼义)时莫不首先强调礼治的人性论基础是建立在人与动物之间的区别上的,人之所以要遵循礼仪规范,首先是为了彰显人类与动物之间的本质区别。孟子作为人性善论的代表,荀子作为人性恶论的代表,在推崇礼治时所基于的人性论立场不同,但两者在强调人与动物的区别方面却是一致的。古人非常清醒地看到,人类在原始自然属性和本能方面多与动物类似,但在作为社会成员的道德自觉性和伦理约束性方面,人类与动物则是天壤之别。《仪礼》所记载的繁琐而又复杂的礼节和仪式之所以被设计出来,其初衷就是为了彰显作为人类本质的社会属性,促使国民提升自己作为一个理性社会成员的道德自觉性。对此,《礼记·曲礼上第一》中一段经常被引用的章句指出:

> 鹦鹉能言,不离飞鸟;猩猩能言,不离禽兽。今人而失礼,虽能言,不宜禽兽之心乎?夫唯禽兽无礼,故父子聚麀。是故圣人作礼以教人,使人以有礼,知自别于禽兽。

其次,礼学的教化有助于明确作为文明之邦的一介合格臣民应有的文化自觉性。笔者在阅读古代礼学经典时发现其中莫不贯穿着一种大度的豪气,一种对礼仪之邦的泱泱大国文明的深入骨髓的自豪感。虽然这些自豪的气度之中不免带有某些歧视的因素,但是,其中强调文明与野蛮区别的因素却包含人类智慧,有助于提高人类社会文明进步的自觉性。在古代礼学圣贤看来,要成为一个文明大国的合格臣民,仅仅明确了人与动物之间的区别是远远不够的——这只是作人的最后底线,突破此底线则会被视为禽兽而加之以刀兵;作为一个礼仪之邦的文明大国的合格臣民,更需要注意文明人与野蛮人的区别主要在于礼治,因此在日常的生活和工作中都要遵行相应的礼节和仪式。明显地违反约定俗成的民间礼仪规范,或者不遵守明文规定的庙堂之规,则会被视为野蛮人而被动用刑罚。

荀子在《修身篇第二》中将礼仪作为培养儒雅气质、去除粗野低俗习气的主要方法:“容貌、态度、进退、趋行,由礼而雅,不由礼则夷固僻违,庸众而野。”这是从微观日常修身的层面突出了文明人与野蛮人之间区别。

至于从宏观的高度上审视华夏文明之国与周边夷狄之国在文明发达程度上的区别,孔子在《论语·八佾第三》中作出了一个很有分量的论断:“夷狄之有君,不如华夏之亡也。”意思是说,夷狄之国即使有君主治理,也不如华夏之国在没有君主治理时那样井然有序，因为华夏之国有完备的礼治文化秩序，而夷狄之国则没有。可见，是否崇尚并且建构的礼治文化秩序是华夏文明之国与夷狄野蛮之国的主要区别所在，而作为华夏文明之国的臣民应当清醒地意识到这一点。

再次，礼学的教化有助于是培养国民成为统治集团成员——各级各类官吏——应当具备的职业伦理素质和专业知识能力。中国古代的礼学教育是经学教育的组成部分，其特点是通才教育与专才教育的相结合、职业教育与素质教育相结合。学子们要领会和把握《仪礼》所记载的各种繁琐复杂的礼仪旨趣，除了学习《礼记》之外，还必须同时学习《尚书》《诗经》《春秋》《易经》等方面的基础理论知识。只有综合地引用经学各科的知识，才能读懂《仪礼》和《礼记》的旨趣。在这个教学的过程中，学子们一方面逐渐积累了为官施政所需要的基本知识和技能——例如语言表达能力、思维分析能力、是非判断能力、尤其是审美的艺术眼光等，另一方面逐渐涵养了有利于巩固统治的忠、孝、仁、义、严、勇的责任伦理素质。看到这一点，有助于理解在经济科技、交通通讯等条件极为不便的条件下，大国统治何以安然维系千年，而且势力范围不断扩大了。

作为人的自觉性，作为文明之邦臣民的自觉性，作为士族成员的自觉性，这三种自觉性层层叠加起来，“无方之民”进步为“有方之士”，成为了对维护帝国统治不仅有用而且可靠的人才，这正是传统礼学教育的特殊作用所在。可见，要在中国担任公职、进入国家公务员队伍，必须接受基本的礼学教育，否则，难以具备在中国从事公职的基本文化素质。

(三) 地方居民与民间礼俗

士族仪礼维系了统治阶级集团内部和谐秩序的依据，但是对帝国统治的权威性和稳定性而言，民间秩序的和谐稳定同样重要。作为“无方之民”的平民百姓虽然缺乏必要的知识能力和文化自觉性，不能主导礼治文化秩序的建构过程，但是却是士族集团推行礼治的地方社会基础，民间礼俗作为国家礼治文化秩序的组成部分是不可或缺的。

为了理解民间礼俗在礼治文化秩序中的特殊作用，有必要考察一下它所需要的自然和社会条件：

(1) 相对封闭的地理环境。这是民间礼俗得以形成的自然条件。民间礼俗的首要功能是引导地方居民根据本地的自然地理条件合理地安排日常生活。只有在相对封闭的地理环境中，特殊类型的自然地理资源因素才能有效地集中起来促进礼俗的产生。在完全开放、没有稳定地界的地方，自然资源因素流动性大、变动频繁，不利于习俗的生长。

(2) 相对稳定的人际交往。这是民间礼俗得以形成的必要人际条件。礼俗是地方居民日常的生活经验长期积累下来的自然成果，其中蕴含着丰富的地方文化历史知识和浓厚的地方道德观念，尤其是包含着很多只有当地的居民才能懂得的复杂繁琐的礼仪规范。只有在人际交往的范围相对清晰、人际交往的方式相对稳定的情况下，人们之间才能真正相互理解，有关礼仪行为规范的基础共识才能形成。反之，在频繁流动的人群中，人们的利益关系变动不居，不能相互依存，因而无法、也没有必要形成长期稳定的礼仪规范。

(3) 相对明确的文化自觉性。礼节和仪式是表面的行为规范，在繁琐复杂的礼仪规范背后都蕴含着特定的精神追求，在古代称之为“礼义”，在现代则通常称之为价值观念导向。基本的价值观念导向明确既是地方居民文化自觉性的一种表现，也是礼仪规范得到地方居民自觉遵守的一种观念动力。在价值观念模糊、混乱、多变的情况下，地方居民之间就会缺乏基本的道德共识，而礼仪规范就会成为没有内在精神内涵的空壳。

可以看出，单纯地靠群体生活的现实利益是不能形成地方习俗的。只有在相对封闭的地理环境中，在长期稳定的人际交往过程中，在具备较高程度文化自觉性的人士的指引下，作为一个地方文化秩序的民间礼俗才有可能形成。

从民间礼俗的形成条件中，可以发现其中所蕴含着如下文化秩序要素：

(1) 丰富的地方生活常识。这是礼俗中蕴含的知识要素。

(2) 牢固的道德情感纽带。这是礼俗中蕴含的情感要素。

(3) 基本的交往规范共识。这是礼俗中蕴含的规范要素。

(4) 稳定的价值观念追求。这是礼俗中蕴含的观念要素。

(5) 潜移默化的精神约束力。这是礼俗中所蕴含的效力要素。

笔者认为，这五大要素凝聚在一起时，形成的不仅仅是用于调整地方日常生活秩序的一套礼俗规范，而且更为重要的是会塑造出一种文化主体性意义上的“地方居民”人格。这是推行礼治所需要的基础国民素质或者说是基础人格特质，对缺少这种基础文化素质的国民群体——例如，人际关系变动频繁、道德观念多元散乱、情感纽带松弛破碎、地方知识缺乏盲目、短期行为导向的流民群体，无法推行以柔性规范约束为主的礼治。

(四)德治理想:士民沟通协作的基本观念媒介

通过前文的思考可以发现,古人推崇的、作为文明之邦的大国礼治文化秩序是以“士”与“民”各自的主体性人格素质的培养为基石的,作为官吏必须是有明晰的祖国身份认同感和士族阶层共同体基本利益意识的“有方之士”,作为百姓则必须是有恒产恒心的“地方居民”,双方身份差异泾渭分明,各自遵循不同的礼仪规范。但是,两类人要成功地互动对流,两级文化秩序之间要进行功能上的衔接与整合,从而形成完备的帝国礼治文化秩序体系,则有赖于共同的德治话语系统。笔者认为,中国古代德治话语系统的要点是:

(1)天人合一的自然正义观。礼治之所以被古人推崇为基本的文化秩序是因为它符合自然界的秩序,人类的文化秩序是自然界的自然秩序在人类社会的表现,因此只有符合自然秩序的文化秩序才是道德的、正确的、可行的,也就是说,才是正义的。对此,荀子在《礼论篇第十九》中指出:

> 礼有三本:天地者,生之本也;先祖者,类之本也;君师者,治之本也。……故礼,上事天,下事地,尊先祖而隆君师,是礼之三本也。
>
> 天地以合,日月以明,四时以序,星辰以行,江河以流,万物以昌,好恶以节,喜怒以当。以为下则顺,以为上则明,万物变而不乱,贰之则丧也。

荀子的此类论述甚多,限于篇幅不能一一引用。综合考察,不难看出其基本的思路都是通过自然的属性来说明人的属性,进而将自然界的秩序延伸成为社会的秩序,以说明等级尊卑礼仪的合理性。从现在民主法治观点来看,其中等级尊卑的封建性糟粕是应当剔除的,但其中主张天人合一、自然与人文和谐的自然正义观念还是值得传承的。

(2)家国一体、天下大同的角色责任伦理观。家国一体的观念非常典型地体现在《大学》有关修齐治平的主张中:

> 古之欲明明德于天下者,先治其国;欲治其国者,先齐其家;欲齐其家者,先修其身;欲修其身者,先正其心;欲正其心者,先诚其意;欲诚其意者,先致其知,致知在格物。物格而后知至,知至而后意诚,意诚而后心正,心正而后身修,身修而后家齐,家齐而后国治,国治而后天下平。自天子以至于庶人,壹是皆以修身为本。其本乱而末治者否矣,其所厚者薄,而其所薄者厚,未之有也!此谓知本,此谓知之至也。

天下大同的理想分为两个层面：

一是《礼记·礼运篇第九》中所描述的因科学的劳动分工与公平的利益分配而形成的社会有机团结状态：

> 大道之行也，天下为公。选贤与能，讲信修睦，故人不独亲其亲，不独子其子，使老有所终，壮有所用，幼有所长，鳏寡孤独废疾者皆有所养。男有分，女有归。货恶其弃于地也，不必藏于己；力恶其不出于身也，不必为己。是故谋闭而不兴，盗窃乱贼而不作，故外户而不闭，是谓大同。

二是《尚书·周书·洪范篇》中作为第七条基本国策“稽疑”而描述的天、地、神、君、臣、民之间在基本制度设计和重大决策方面形成了广泛共识和理性合意的“大同”状态，亦即：

> 稽疑：……汝则有大疑，谋及乃心，谋及卿士。谋及庶人，谋及卜筮。汝则从，龟从，筮从，卿士从，庶民从，是之谓大同。身其康强子孙其逢。吉。汝则从，龟从，筮从，卿士逆，庶民逆，吉。卿士从，龟从，筮从，汝则逆，庶民逆，吉。庶民从，龟从，筮从，汝则逆，卿士逆，吉。汝则从，龟从，筮逆，卿上逆，庶民逆，作内吉，作外凶。龟筮共违于人，用静吉，用作凶。

相比较之下，前者的大同侧重于外在客观层面的利益和谐，而后者的大同侧重于内在主观认识层面的广泛共识。将这两个方面结合起来，更有助于理解七项德治目标之间的整体关系。忠、孝、仁、义、礼、智、信、勇、严之所以被封建帝国的统治阶级推崇为人臣的基本道德素质，是因为他们将天下、邦国等视为家庭不同层级的放大，治家与治国的规模虽然不同，但基本的道理是相通的。家庭中的角色分工与朝廷中的角色分工是原理相通的，其中蕴含着从整体（需要）看待个体（作用）的所谓整体主义的思维方法。从天下大同看邦国富强安定，从邦国富强安定看家庭和谐，从家庭和睦看个人修养，由此在塑造个人的伦理要求与打造社会公共性的理想需要之间建立了一个流畅运行的动力学链条。

（3）德主刑辅、先礼后法的国家法制观。德主刑辅、先礼后刑的治国方略体现在《尚书》的所有篇章中，从传位层面的“天命有德”到日常施政方面的“天秩有礼”“日宣九德”（《尚书·虞夏书·皋陶谟篇》）都是如此。

关于礼治与法治之间的主从先后关系，荀子的主张很有代表性。他在

《王制篇第九》中指出："听政之大分：以善至者待之以礼，以不善至者代之以刑。两者分别，则贤不肖不杂，是非不乱。贤不肖不杂则英杰至，是非不乱则国家治。"在《君道篇第十二》中指出："至道大形：隆礼至法，则国有常。"在《性恶篇第二十三》中，荀子以人性恶论为基础，指出礼法并用的重要性："古者圣人以人之性恶，以为偏险而不正，悖乱而不治，故为之立君上之執以临之，明礼义以化之，起法正以治之，重刑罚以禁之，使天下皆合于治，合于善也。"综合其要点可以看出，礼治与法治都是必要的，各自适用于不同的对象和情况，但礼治原则上优先于法治而处于主导地位。

天人合一的自然正义观，家国一体、天下大同的社会责任伦理观，德主刑辅、先礼后法的国家法制建设观，三个方面关联互动，为民间礼俗与庙堂仪礼之间的互动整合奠定了哲学、伦理学与方法论方面的共识基础。

（五）权力理性：礼治文化秩序的理性内核

从中西方法律文明对比的角度进行思考，中国传统的礼治文化秩序本质上是一种以权力理性为核心基石的社会秩序安排。无论是民间的礼俗还是士族的仪礼，都是国家统治权力体系的某种象征，礼仪规范的内容和效力等级与相应的国家统治权力的内容和等级之间存在对应的关系，因此，礼仪规范的效力最终归结为国家统治权力。一旦进入礼治的文化秩序之中，就会发现，在温文尔雅的审美学背后，蕴含的不仅是国民主体性文化的认同感，而且是对以君权为核心的国家统治权力体系的敬畏之心。

毫无疑问，权力理性作为人类社会的一种理性类别是完全必要的，因为权力作为一种在地方、中央等不同的层面上进行整体统筹、统一协调、集中决断是维系一个社会存在与发展的不可或缺的公共职能，而唯上、等级、特权、忠诚等是权力理性的基本规范要求。中国传统的礼治作为一种文化秩序，之所以能够成功地延续千年之久，在于从日常行为规范的层面全面地回应了社会对权力这一特殊公共职能的理性需求，尤其是回应了以君主权威为顶端的国家统治权力体系的规则理性需求。从这一点来看，正如以刑律为后盾的国家法律秩序那样，以德治为宗旨的礼治文化秩序也是权力理性的必要规范表现形式。只要人类社会离不开权力理性，那么，就离不开礼治文化秩序。相对于西方的法律文明而言，中国古代法制建设的特殊成功之处在于建立了完备的礼治文化秩序。笔者认为，将传统礼治的文化秩序纳入现代国家法治秩序之中，与国家法律秩序之间形成良性互动的关系，是中国现代法治建设走向完善的必由之路。

按此，对以德治、礼治和法治三位一体关系为基础的传统礼治文化秩序，可以作如下图1：

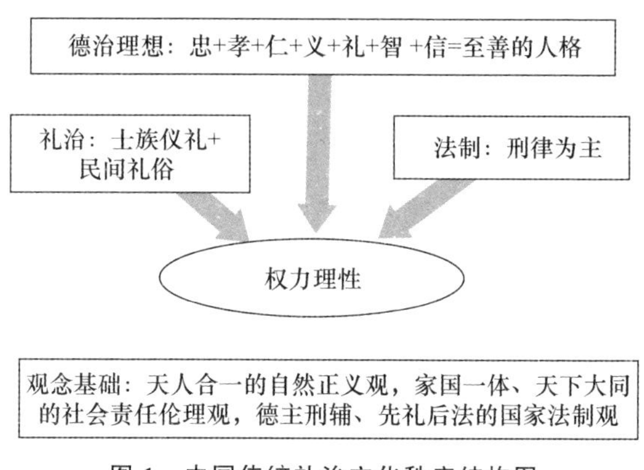

图1　中国传统礼治文化秩序结构图

三、作为法律秩序的软法规范体系

从软法理论所倡导的主体多元平等、过程协商合作、方法灵活多样等主张来看，软法治理实践的侧重点在于国民的民主法治素养，例如，契约自由观念、协商合作能力、理性计算能力、讲求规则意识等。推行软法治理模式不只是一类特殊法律规范的发现、解释和适用的过程，更是官民相互激发契约文化自觉性，相互促进商谈与合作理性的一种特殊类型的法治素质培育过程。

（一）中西方的两个分水岭

源自西方法治实践的软法治理模式本质上是一种法律规范秩序而非文化秩序。在西方社会中也有诸如礼仪风俗之类的文化秩序，但法律的规范秩序在整个社会秩序体系中处于主导地位。法律秩序与文化秩序之间的主从关系安排是中西方法律文明的一个分水岭，这是理解西方的软法治理经验时需要明确的一点。

进一步思考下去会发现，西方的软法治理理论根植的文化传统土壤也与中国的礼治传统大不相同，甚至相反。在中国礼治文化传统背后隐藏着的是根深蒂固的权力观念，极为注重等级身份特权，士族官吏被认为具有更高的道德修养和专业知识，国民通常是被开导、说服、教化的对象，官与民之间没有进行平等协商合作的身份资格。因此从本质上来说，中国古代的礼治文化秩序仍然是以等级、支配、命令、强制等为本质要素的权力秩序，是权力秩序中比较柔性的一类，或者可以说是一种柔性化的权力秩序。

与此不同，西方现代的软法治理实践根植于契约文化秩序的土壤，其软法治理理论本质上是新型社会契约法治观念在公法领域中的体现。软法治理理论之所以能够在硬法占绝对主导地位的古典法律体系中异军突起、发展壮大，根本的原因在于相对于以权力观念为基础的硬法而言，软法能够更好地彰显西方传统契约文化的精神内核，从而更加接近法律作为一种社会行为规范体系的原初本质。是以权力文化为基础建构权力型的法治体系，还是以契约文化为基础建构契约型法治体系，这是中西方法律制度的另一个分水岭。

把握这两条分水岭一方面有助于认识中西方软法治理理论的区别，亦即现代西方法律学界倡导的软法治理模式原本是建立在契约法治观念的基石之上的，而我国的软法治理模式实际上是建立在权力法治观念的基础之上；另一方面有助于认识中西方软法治理理论的共同内核，亦即软法治理的本质在于私法契约观念在公法治理领域的渗透或者延伸，是用契约文化来克服权力文化弊端的一场法律变革运动。

由此，软法治理的契约理性内核终于彰显出来了，下面从法律的角度进行具体描述。

（二）契约法治的基本规范内容

从法律的角度来说，权力和契约是人类社会普遍存在的两类交往规范形式，都是人类规则理性的体现。契约理性之所以有别于权力理性者，在于契约法治的基本规范内容。下文尝试应用当代的新社会契约理论作为分析工具，探讨契约法治的基本规范内容。

面对契约（文化）在现代工业社会日渐走向死亡的警示，麦克尼尔在《新社会契约论》一书的开篇[②]强调了契约的起源：

（1）作为生活共同体的社会。作为人们展开其日常生活的共同体组织形式：

> 社会自始至终都是源头，这是契约的现代研究之中最容易忘记的事实……要理解什么是契约，我们就必须摆脱自己强加的智识隔绝状

② 〔美〕麦克尼尔：《新社会契约论》，雷喜宁、潘勤译，中国政法大学出版社1994年版，第1—4页。

> 态,接受一些基本的事实。没有社会创造的共同需求和爱好,契约是不可想象的;在完全孤立、追求功利最大化的个人之间的契约不是契约,而是战争;没有语言,契约是不可能的;没有社会结构的稳定,契约——仅从字面上看——也是不可思议的。[③]

(2) 劳动的专业化和交换。互惠的交换以劳动专业化为基础,这是因为专业化使人们相互依赖,从而建立各种各样的“可度量的”“互惠的产品分配过程”。当然交换可以通过平等、自由、开发的市场机制进行,也可以通过诸如“中央配给制”之类的等级化封闭的权力机制进行。但是,离开了专业化的分工和互惠交换,契约就不可能产生。

(3) 选择自由。自由选择是契约与权力两类主要社会互惠交换机制的根本区别所在。“没有意志自由——真实的、想象的或者假定的意志自由”[④],契约在概念上就不能与纵向的分工与交换机制区分开来。

(4) 未来意识。契约本质上是一种面向未来进行选择性筹划的行为。如果没有可供选择的余地,那么,契约失去可操作的意义;但是,如果没有值得去追求的未来理想远景,那么,契约则会是一场毫无意义的闹剧。对此,麦克尼尔指出:

> 在一个社会中有了专业化和交换,同时有了某种选择性,就有了契约的雏形。但是,只有加上第四个根源,自觉的未来意识,契约才能真正成熟。[⑤]

出于对契约社会根源的上述认识,麦克尼尔在随后的论述中尝试重构新时代的(社会)契约基本规范。笔者参考学界的有关论述[⑥],将麦克尼尔有

---

③ 〔美〕麦克尼尔:《新社会契约论》,雷喜宁、潘勤译,中国政法大学出版社1994年版,第1—2页。

④ 同上书,第3页。

⑤ 同上。

⑥ 麦克尼尔教授有关新社会契约基本规范的思考分为两个层面:一是古典个别契约的层面,包括了11个要素,即人身关系(基于身份的角色关系)、人数(个人和群体)、度量性和精确性(例如货币和价格机制)、契约性团结的社会基础(基本的公共秩序安全、稳定的市场交易秩序)、过程(开端、持续契与终结)、未来合作(承诺及其履行)、利益分配(利益的分享、成本的分担)、计划(约束力)、责任、可转让性(权利和责任的转让)、态度(有关利益冲突、统一体、时间和风险的认识和立场)。二是当代关系契约的层面,涉及其中8个因素的变动和修正,即可度量性和精确性提高,契约性社会团结的来源拓展,计划趋于复杂长期和全面,约束力更富于弹性,责任的落实机制多样化,可转让过程的标准化与集团化,态度的多元化,权力、等级和命令的大幅度滋长。

对麦克尼尔教授的论述,季卫东在《关系契约论的启示》(作为代译序载于《新社会契约论》)一文中作了简要的提示。另请参见于立琛:《契约方法论——以公法哲学为背景的思考》,北京大学出版社2007年版,第25—26页(援引琼斯教授归纳的10个要点)。

限新型社会契约的论述要点归纳为如下互动一体的六个方面：

（1）有关主体身份和角色的规范。契约当事人基于劳动分工机制、利益交换机制和社会团结机制而获得的社会成员身份和被赋予的功能角色。

（2）有关平等互惠交换的规范。为了平等地交换劳动产品，实现互惠的目的，而必需的交易行为规范、劳动价值度量标准、成本分担与利益分享的规范等。

（3）有关自由选择与转让的规范。主要是保障当事人可以自由转让权利、义务和责任的契约自由规范，其核心是当事人进行理性承诺的意志自由。

（4）有关理性商谈与合作的规范。为了确保契约意思表示的真实性、合理性、完整性而进行理性商谈的规范，主要是通常所说的讨价还价的程序性规范。

（5）面向未来计划执行的效力规范。为了确保承诺的兑现与合同的切实履行而设定的行为方式规范、违约责任规范以及以某种强制力为后盾的权力规范。

（6）有关维护社会和谐的规范。个人之间的契约只有在不妨害社会公共利益的情况下才能得到社会的承认和保护，因此有关符合社会公共利益的规范是新型社会的必要组成条款。这方面的典型是所谓的公序良俗原则。

（三）作为契约理性基础的文化自觉性

从法律文化的角度，将前述的各种契约规范综合起来考察，可以发现其中所蕴含的文化自觉性有：

首先，是社会共同体意识。社会作为生活共同体是一切契约类型的起点，无论是个人之间进行私益交换的经济契约，还是私人之间组成生活共同体的政治契约。签订和履行契约的过程不仅仅是人与人之间交换利益、平等互惠的市场交易过程，更是基于特定的社会角色分工而展开交往关系、共同筹划未来生活的社会塑造过程。契约的类型多种多样，契约的规则细致复杂，但九九归一在于人的社会属性。离开了人的社会属性，契约无从谈起。各种类型的契约规范，无论差别多大，但就其中所蕴含的角色定位、劳动分工、平等互惠、商谈合作等社会共同体意识而言，却是一致的、相同的。

其次，是民主法治观念。契约的社会起源和基本规范无一不折射出人类对尊严、自由、平等、诚信、秩序、效率等现代法治价值的追求，在任何一个契约中都蕴含这些法治价值；否则，就不是名副其实的契约，而很有可能是假借契约名义的战争。

再次,是商谈合作理性。契约不仅是当事人之间谋求现实的物质利益公平而进行讨价还价的理性商谈过程,更是当事人之间为追求社会地位的平等(其中尤其是人格尊严的平等)而力求权利与义务对应一致性的分工协作过程。没有商谈理性的支撑,合作理性也无从展开;相反,如果离开了合作的理性,商谈理性便无的放矢。

社会共同体意识、民主法治观念与互利协商合作习惯这三大契约文化观念支撑着前述六个方面的契约行为理性,构成了契约理性的完整内涵,而正是软法治理的契约理性内核所在。对此,可以作如下图2:

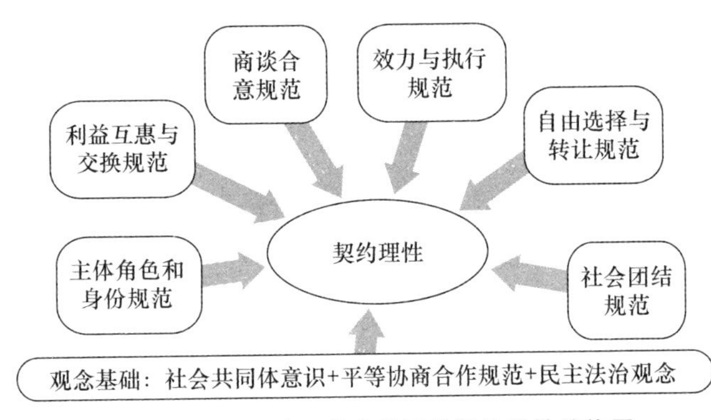

图2 作为软法治理秩序基石的契约理性结构图

四、结语:中西结合之路

上文通过比较分析,揭示了中国的传统礼治秩序与西方软法治理秩序之间的区别和优缺点。接下来的问题是如何将两者结合起来?笔者认为:

(一)以建构新型官民合作关系为立足点

前文的比较分析表明,在精英统治集团与普通民众之间、社会各阶层成员之间建立起一种常态化的开放对流、相互理解、分工协作关系,提高社会治理的效率,维护社会公共秩序的稳定是中西方共同追求的社会治理目标。这就是说,社会命运共同体的不同成员按照不同的角色分配进行分工与协作是权力理性与契约理性的共同点。无论是契约理性还是权力理性都是人类社会作为一个整体存在和发展所需要的协作理性,所不同之处在于展开协作的主体地位安排、利益分配结构、行为规则约束不同，尤其是利害关系人各方达成共识的过程设计不同。权力过程的特点是集中统一、单方决断，而契约过程的特点是分散多元、分别决断。

两类理性并无绝对的优劣之别，也并非绝对地相互排斥。但是，无论是从有效保障人权这一现代国家法治建设的根本宗旨来看，还是从建立市场经济、发挥市场在配置资源的优先基础决定性作用这一改革开放的基本国策来看，契约理性在性质和功能上都优先于权力理性。也就是说，契约理性是权力理性的基础，应当优先于权力理性而存在。将契约理性确立为权力理性的基石，将权力理性建立在契约理性的基石之上，将命令、支配、服从、忠诚的权力法则建立在平等、协商、合意、诚信的契约过程之上，这正是现代法治区别于古代法制的关键所在，从而也是现代软法治理的理性基石所在。

从这一点来看，将传统礼治的文化秩序因素吸纳到现代软法规范体系之中，意在建立以契约理性为基础、以权力理性为辅助的新型官民合作关系。官与民之间作为法律人格的主体地位的平等性是这一新型合作关系的起点，官与民之间的身份差异不再是等级特权的差异，而只是因角色担当不同而形成的社会分工差异，双方合作关系的展开首先要遵循的是契约理性规范，而相关的权力理性规范需要通过平等互利的协商过程转变为基于理性合意的共识，才能得到有效的承认和遵守。这意味着，以权力理性的传统礼治文化秩序要进入现代法治秩序之中，成为现代法律秩序的内在组成部分，必须经过契约理性的过滤与改造。

为此，需要克服两个难题：

首先，是协调权力文化与契约文化之间的差异与冲突。等级、唯上、服从的权力文化习惯与平等、协商、合作的契约文化偏好之间似乎存在着一种截然的对立，冲突在所难免，而心理观念、思维方法层面的冲突恐怕远远胜于规范适用和解释层面的冲突。

其次，是假设前提的转变。西方软法治理实践根植于契约文化传统，其隐含的前提是各方主体地位平等，并且享有充分的选择自由。与此不同，中国的礼治传统根植于权力文化传统，注重教化与引导的方法，其隐含的假设前提是统治集团的精英们——主要是掌握权力的官吏或者拥有权威的长老们——作为履行教化与示范的一方当事人在知识、修养、能力和地位等方面(一定)高于接受教化的其他各方当事人，而后者则在各方面通常低于前者，因此是被教化、甚至是被规训的对象，其选择自由受到传统教育法意义上的特别权力关系限制。

笔者认为，即使克服了上述两大难题，完全用契约理性取代权力理性是不可能的，但是，用契约文化来软化和改造权力文化，进行观念的转变仍然是可行的。

（二）以培育公民的现代契约法治观念为着眼点

转变观念的关键在于培育公民的现代契约法治观念，这是将传统礼治的文化秩序精华吸纳到现代软法规范体系中而必须完成的基础工作。

前文的比较分析表明，公民主体理性的激发和培养是传统礼治文化秩序与现代法治秩序的另一个结合点所在。无论是契约理性还是权力理性，归根结底是人的主体理性，是从不同的方面所揭示的人作为一种社会存在的主体理性。对健全的现代法治公民人格培养而言，权力理性与契约理性是不可或缺的、相辅相成的。两者的相通之处在于公民作为社会共同体成员的角色意识和伦理观念，两者都立足于人之社会主体理性的培养与发扬，而且都以社会角色的责任伦理规范为核心。但是，侧重点和假设前提不同。西方软法治理实践侧重于人作为现代法治国家公民的普遍规范主体理性的激发，而中国的礼治传统侧重于华夏文明之邦区别于蛮夷之邦的特殊民族主体理性的培养。

笔者认为，中西方在公民主体理性培养上这一差异不但不矛盾，反而是相得益彰的互补关系。这就是说，我国的软法规范体系建设应当是公民的社会角色责任伦理意识的培养和引导为出发点，一方面传承中国古代礼治传统中注重民族主体理性培养的优秀因素，另一方面吸取西方现代软法治理实践中注重规范主体理性激发的先进因素，从而将软法规范的发现、解释、适用和执行的过程改造为一个培养和激发现代法治社会公民理性的法律教育过程。任何法律体系或者法律制度的建构都必须以人性论——亦即对人性的某种认识、主张或者假设——为出发点，而健全的现代法治社会公民理性则是软法规范体系建设的人性论基石。

（三）建构中国传统特色与世界先进性兼备的软法规范体系

为此首先需要注意的是文化秩序与法律秩序之间的界限，注意法律的规范渊源与社会渊源之间的区别。传统的礼治规范体系作为一种文化秩序，本质上属于道德规范秩序的范畴，是制定和解释法律的一种社会渊源和知识来源，而非直接的规范渊源。仪礼规范要成为国家法律秩序，必须经过法律发现，借助于法律解释的技术，从庞杂的仪礼规范之中提炼出具有法律意义的行为规范，并且赋予法律的效力。

反向来说就是，不能未经法律思维的中介，未经过法律方法的分析与改造，而直接将传统仪礼规范或者礼俗当作软法规范来援引和适用。

其次，注意软法规范体系与硬法规范体系之间的区别。两者之间既界限分明，又功能互补。硬法的规范体系以权力文化为基础，以人性恶的理论假设为前提，注重单方面的命令手段，直接以国家强制力为后盾。与此不同，软法的规范体系是以契约文化为基本观念基础，以人性善的伦理学假设为前提，注重应用协商（商谈、沟通、约谈）与合作（协议、契约、合同）的方法。与此相应，传统的仪礼之中既有软法性质的规范，也有硬法性质的规范，因此，在应用法律方法从仪礼规范或者民间礼俗之中提炼出法律规范时，还必须注意仪礼规范本身也存在软硬程度的不同。

中国古代的"礼法合治"思想及其当代价值

丁 鼎 王 聪*

在中国传统文化体系中,"礼"与"法"是国家治理的两大基石。二者相辅相成,共同对社会秩序发挥着调节、约束的功能。

"礼"是指规范社会、人生的典章制度和行为规范。"礼"产生于氏族部落时期一些具有原始宗教性质的活动。后来,随着人类社会的发展,"礼"的内容逐步扩大化、系统化,人类社会生活其他方面的礼节仪式也逐步被纳入"礼"的范畴。也就是说,礼的内容和意义逐渐扩大,从宗教领域逐步扩展到政治、法律和社会伦理领域,并最终发展成为中国古代维持社会、政治、伦理秩序,巩固等级制度,调整人与人之间各种社会关系的规范与准则。法产生于礼之后,是从"礼"中衍生出来的,故《管子·枢言》云:"法出于礼。"①礼被赋予了强制力便是法。"礼"是一种社会道德教化工具,"法"是一种事后的惩罚措施。正如《大戴礼记·礼察》所说:"礼者禁于将然之前,而法者禁于已然之后。"②礼和法都是人们的行为规范,礼依靠道德教化的方式引导人们别贵贱、序尊卑;而法则依靠强制力使人们共同遵守礼的有关规范,从而达到社会安定有序的目的。礼与法虽然存在差异,但它们都在各自的领域内发挥着自己维持社会秩序的作用。

在周公制礼作乐后的"礼治"时代,"法"作为礼治体系的一个组成部分而存在。礼治体系最大程度地发挥了道德教化的作用,而法(刑)则在礼治的框架之内对社会的违礼行为发挥着约束和惩戒作用。春秋战国至秦代是

---

* 丁鼎,山东师范大学齐鲁文化研究院教授、博士生导师,中国孔子研究院"尼山学者"特聘研究员。主要从事儒家经学与中国古代文化史的教学与研究工作。王聪,历史学硕士,现任职于山东省德州市齐河县政府办公室。

① (清)黎翔凤:《管子校注》(上),中华书局2004年版,第246页。

② (清)王聘珍:《大戴礼记解诂》卷二,中华书局1983年版,第22页。

“法治”形成和确立的时代。这一时期“礼坏乐崩”，礼、法分离。原本附属于“礼”的“法”日益得到统治者的重视，并逐步获得了独立的发展时机，并最终发展成为秦王朝的统治思想。

礼与法虽然经历了从夏商周三代到春秋战国时期由“合流”到“分流”的变化，但在中国古代社会数千年的发展中，却始终不离不弃。二者之间的关系，既是对立的，又是统一的。礼与法之间，既有斗争的一面，又有相辅相成的一面。历代统治者往往采用礼法互补的方式进行社会治理。正如曾宪义先生所说：“夏王朝将礼法结合，凭借礼的精神统治力量强化法的镇压职能，依靠法的强制力推行礼的规范，从而为统治阶级构筑了严密的统治罗网，并影响了中国数千年。”③

在某种意义上可以说，我国古代的社会治理思想主要呈现为“礼法合治”的思想范式。这种“礼法合治”的思想范式对我国古代数千年的社会发展产生了重大而深远的影响。有鉴于此，我们拟在本文中对我国古代的“礼法合治”思想进行一番考察和探讨，并探寻其中所蕴含的对于我们现代国家治理的当代价值。

一、中国古代“礼法合治”思想产生的思想基础与历史演进

（一）“礼法合治”思想产生的思想基础

中国古代“礼法合治”思想的产生有其深厚的思想基础。

春秋战国时期，法家逐步从儒家中衍生出来，形成了相对、并立的儒、法两家。法家虽然源于儒家，且法家与儒家在主张大一统、维护君权、维护社会等级制度方面并不对立，但儒、法两家关于礼法、德刑的关系却有着各自不同的价值判断。在治国方略的选择上，儒家主张“礼治”，而法家推崇“法治”。早期儒、法两家关于“礼治”与“法治”的碰撞、交锋和论战，为后世“礼法合治”思想的形成奠定了基础。

实际上，孔子虽然极力推崇礼治、德治，但在他的思想中已经蕴含着“礼法合治”的萌芽。孔子说：“道之以政，齐之以刑，民免而无耻；道之以德，齐

③ 曾宪义主编：《中国法制史》，北京大学出版社2000年版，第24页。

之以礼，有耻且格。”[④]由此可知，在孔子的思想认识中，作为治国的工具，除了礼之外，还有刑。这里所谓的刑，实际上就是法。类似看法，在许多先秦儒家文献中都有所体现，如《礼记·明堂位》就说：“礼、乐、刑、法、政、俗，未尝相变也。”[⑤]《礼记·乐记》又说：“故礼以道其志，乐以和其声，政以一其行，刑以防其奸。礼、乐、刑、政，其极一也，所以同民心而出治道也。”[⑥]《荀子·成相》说：“治之经，礼与刑，君子以修百姓宁。明德慎罚，国家既治四海平。”[⑦]可见“礼法合治”的思想一直是儒家经典的基调。

但以孔子为代表的儒家所倡导的“礼法合治”思想并不适应春秋战国时期“礼坏乐崩”的形势，因而难以得到当时君王的青睐。而法家所倡导的“法治”思想却备受关注，甚至大行其道。法家的代表人物如李悝、商鞅、韩非等，重视法律的作用，突出法律在国家治理过程中的主体性作用，强调使用严刑峻法治国，与儒家提倡的“礼治”或“礼法合治”的思想大异其趣。法家思想为秦所推崇，但秦王朝虽然统一天下，却二世而亡。秦的短命使得汉朝统治者开始反思。他们认识到面对日益激化的社会矛盾，单靠严刑峻法，难以维持国家的长治久安，于是便试图寻找新的治国方法。经历了汉初黄老之学短暂的统治之后，汉武帝最终确立了“罢黜百家，独尊儒术”的治国方略，使儒学一举成为两千多年中华文明的主流思想。由此，儒家所提倡的“礼法合治、德主刑辅”的思想才真正被统治者贯彻到治国之中，并发展成为一种轮廓清晰的政治实践。汉代“礼法合治”的政治实践实际上也可以看作是一个礼、法合流的历史过程。正如张晋藩先生所指出的那样：“礼法合流的具体表现是：以礼为主导，以法为准绳；以礼为内涵，以法为外貌；以礼防范于先，以法惩治于后；以礼移民心于隐微，以法彰善行于明显；以礼夸张恤民的仁政，以法渲染治世的公平；以礼行法从而减少推行法律的阻力，以法行礼使礼具有凛人的权威。礼法结合的发展轨迹显示了它的社会作用不断加强，它对社会文化的影响不断深化，它所塑造的中华法系的特征，不断鲜明。”[⑧]

---

④ （宋）邢昺：《论语注疏》卷二，（清）阮元校：《十三经注疏》，中华书局1980年影印版，第2461页。

⑤ （唐）孔颖达：《礼记正义》卷三一，（清）阮元校：《十三经注疏》，中华书局1980年影印版，第1492页。

⑥ （唐）孔颖达：《礼记正义》卷三七，（清）阮元校：《十三经注疏》，中华书局1980年影印版，第1527页。

⑦ （清）王先谦：《荀子集解》卷一八，中华书局1988年版，第461页。

⑧ 张晋藩：《论礼——中国法文化的核心》，载《政法论坛》1995年第3期。

“礼法合治、德主刑辅”思想在汉代由思想理论落实为政治实践，标志着儒、法两家思想经过长期的斗争与融合终于形成了一套行之有效的治国方略，它代表了一种兼容并蓄的政治心态，这样就既避免了纯儒家的迂阔柔弱，也避免了纯法家的苛察严酷。公开倡导儒家的礼治学说，说明统治者已经清楚地认识到教化人心和控制思想的重要性，这是治国技巧更加圆熟的标志；在政治实践中推行法家的法治思想，说明统治者已经洞察到传统儒家空洞的政治理想主义的弊端，而具有了清醒的政治现实感。于是，“礼法合治、德主刑辅”的思想最终成为中国古代国家治理的主导思想。

（二）“礼法合治”思想的历史演进

虽然早在先秦时期，以孔子为代表的儒家就已经奠定了“礼法合治”的思想基础，但综观我国古代“礼法合治”思想的发展历程，可知“礼法合治”思想的形成并被主流社会所接受并不是一蹴而就的。“礼法合治”思想萌芽于春秋战国时期，形成于秦汉之际，确立于汉武帝时期，并一直在我国古代各个历史时期得到不同程度的实践和调整。如果把我国古代“礼法合治”的社会实践看做一个长期的历史运动，那么，在一定意义上可以说这个历史运动是一个“由法家造就其躯体”“儒家赋予其灵魂”的运动。⑨

如果说，孔子所谓“道之以政，齐之以刑”是我国古代“礼法合治”思想的基石，那么战国时期的“礼下庶人”“刑上大夫”则开启了“礼法合治”时代的到来。战国末期的荀子既“隆礼”又“重法”，突出了礼法并重的思想。荀子要求将“礼”法律化，从而引法入礼，把体现奴隶主贵族利益的旧礼改造成维护新兴地主阶级利益的新礼。

虽然儒家的“礼法合治”思想至西汉武帝时期才为主流社会所接受并得以全面付诸社会实践，但在西汉初期所奉行的“黄老之学”实践上也在一定程度上为“礼法合治”的社会实践作出了很大的贡献。汉代初年，社会经济残破，百废待兴。当时的统治者有鉴于秦王朝奉行严刑峻法以致二世而亡的教训，便将主张清静无为、与民休息、垂拱而治的黄老之学奉为治国方略。汉初的黄老之学是道家的一个派别，它是在道家思想的基础上吸收了儒、法、阴阳等学派的思想而形成的派别。黄老之学在政治上最主要的特点是清静无为，主张因俗简礼、宽刑简政、刑德并用、轻徭薄赋、与民休息。汉初最早根据黄老思想理政的是政治家曹参。曹参任齐相时曾请教于治黄老之

---

⑨ 参见陈顾远：《中国文化与中华法系》，台湾三民书局1969年版，第201页。

学的胶西盖公。盖公将无为而治的黄老思想概括为“治道贵清静而民自定”。[10] 曹参用黄老术治齐九年，齐国大治。后来，曹参于惠帝二年继萧何为相国，又把黄老之术这套治国方针推行于全国。后来，继曹参为相的陈平也“本好黄帝、老子之术”。[11] 汉初执政的文帝、景帝及窦太后都程度不同地尊崇黄老之学。应劭《风俗通义·正失》载：“文帝本修黄、老之言，不甚好儒术，其治尚清静无为。”[12]《汉书·外戚传》则说：“窦太后好黄帝、老子言，景帝及诸窦不得不读老子尊其术。”[13]汉代初年统治者虽然矫正了秦王朝实行的严刑酷法，奉行黄老之学，但并非实行黄老之术的专制，而是“明倡黄老，辅以儒教，暗用法家”。[14] 也就是说，汉代初年的国家治理虽然表面上是以黄老之学为指归，但实际上并非黄老之术的专制，而是在黄老思想框架下兼用儒、法的治国之术，也就是礼、法兼用。因为，一方面黄老之学本身就吸收了儒家和法家的一些治国思想，另一方面黄老无为而治的社会实践也为儒家、法家治国理念的发展预留了空间。汉代初年著名思想家贾谊的“礼法合治”思想就充分地反映了这一点。贾谊从治国、安邦、理民的高度提出了加强礼治的主张。他认为礼是治国之本，“礼者，所以固国家，定社稷，使君无失其民者也。主主臣臣，礼之正也；威德在君，礼之分也；尊卑大小，强弱有位，礼之数也”。[15] 同时，贾谊也很重视法。他认为礼与法各有不同的作用，二者不可偏废。他甚至认为在某种意义上法制比礼义更重要。他说：“仁义恩厚，此人主之芒刃也；权势法制，此人主之斤斧也。势已定，权已足矣，乃以仁义恩厚因而泽之，故德布而天下有慕志。”[16]在他看来，权势法制是实行礼义的前提。没有权势法制，仁义只能付诸空谈。显然，在贾谊的治国思想中，儒家的礼治思想和法家的法治思想的影响都是很明显的。

到了汉武帝时期，以董仲舒为代表的新儒家顺应时代要求登上历史舞台。董仲舒首先提出统一思想，独尊儒术，同时在阴阳思想的指导下提出以德治为主，德刑兼备的治国思想，亦即以礼为主、礼法结合的治国方略。他说：“天道之大者在阴阳，阳为德，阴为刑；刑主杀而德主生。”[17]他认为君主遵

---

[10] (西汉)司马迁：《史记》卷五四，中华书局 1957 年版，第 2029 页。
[11] (西汉)司马迁：《史记》卷五六，中华书局 1957 年版，第 2062 页。
[12] 王利器：《风俗通义校注》卷二，中华书局 1981 年版，第 96 页。
[13] (东汉)班固：《汉书》卷九七(上)，中华书局 1962 年版，第 3945 页。
[14] 刘泽华、葛荃主编：《中国古代政治思想史》，南开大学出版社 2001 年版，第 179 页。
[15] (西汉)贾谊：《贾谊新书》卷六，上海古籍出版社 1989 年版，第 44 页。
[16] (西汉)贾谊：《贾谊新书》卷二，上海古籍出版社 1989 年版，第 18 页。
[17] (东汉)班固：《汉书》卷五六，中华书局 1962 年版，第 2502 页。

循天道治国，就必须实行德治。所谓德治实际上就是儒家所倡导的礼治。礼治主要有两方面的内容：其一是行教化。董仲舒说：“圣人之道，不能独以威势成政，必有教化。”[18]他认为教化就像堤防一样维护着社会纲常伦理。如果堤防毁坏，必然伦理溃败，奸邪横行，“是故教化立而奸邪皆止者，其堤防完也；教化废而奸邪并出，刑罚不能胜者，其堤防坏也”。[19] 因此帝王“南面而治天下，莫不以教化为大务”。[20] 教化的目的是教育引导社会各阶层认可并服从儒家倡导的纲常伦理。其二是施仁政。他要求统治者要尽可能防止社会两极分化，以免形成严重的贫富对立。统治者应该使“民财内足以养老尽孝，外足以事上共（供）税，下足以畜妻子极爱”。[21] 因为只有通过实行仁政，保障民众的基本生活需求，才能维护社会秩序的正常运转。

董仲舒主张“德治”与“礼治”，但并不排斥“法治”（刑罚）。他主张礼法结合、德主刑辅。当然，在董仲舒的“礼法合治”思想中，礼与法二者的地位不是均等的，而是“德主刑辅”，就是以礼治为主，以法（刑）为辅。他认为治理国家应该“大德而小刑”[22]，“务德而不务刑”。[23] 他认为不应该专任刑罚，应该以“礼”为主。他说：“刑之不可任以成世也，犹阴不可任以成岁也。”[24]否则，就是“逆天，非王道也。”[25]至于二者的施用比例，应该如同天之“暖暑居百，而清寒居一。德教之与刑罚，犹此也”。[26] 董仲舒“礼法合治、德主刑辅”的思想得到汉武帝的认可，并被确立为汉王朝官方正统思想。此后，汉王朝的治国方针基本上都以这种“礼法合治、德主刑辅”的思想为圭臬。正如后来汉宣帝对其“好儒”的儿子刘奭（元帝）所说：“汉家自有制度，本以霸王道杂之，奈何纯任德教，用周政乎？”[27]宣帝所谓“霸王道杂之”，实际上就是礼、法合治。“霸道”，就是指法治；“王道”，就是指礼治，也就是指“德教”与“周政”。

汉王朝所奉行的这种“霸王道杂之”的礼法合治方针为后世历代王朝所

---

[18] （西汉）董仲舒：《春秋繁露》卷一一，中华书局 1975 年版，第 387 页。
[19] （东汉）班固：《汉书》卷五六，中华书局 1962 年版，第 2503 页。
[20] 同上。
[21] （东汉）班固：《汉书》卷二四（上），中华书局 1962 年版，第 1137 页。
[22] （西汉）董仲舒：《春秋繁露》卷一一，中华书局 1975 年版，第 400 页。
[23] 同上。
[24] 同上。
[25] 同上书，第 401 页。
[26] （西汉）董仲舒：《春秋繁露》卷一二，中华书局 1975 年版，第 434 页。
[27] （东汉）班固：《汉书》卷九，中华书局 1962 年版，第 277 页。

沿用，甚至形成一种传统的治国理政范式。唐高宗时期，由长孙无忌、李勣等在隋代《开皇律》和唐初《武德律》《贞观律》基础上修订而成的《永徽律疏》（即传世的《唐律疏义》）集中体现了“礼法合治、德主刑辅”的治国理念。《唐律疏义》是传世的我国古代最早、最完整的一部成文法典。本法典最重要的特色就是“一准乎礼”！[28] 所谓“一准乎礼”，一方面是指本法典的编撰以儒家倡导的“礼教”作为立法的指导思想；另一方面是指在法律实践中的定罪量刑也以“礼教”为依据和标准。它总结了汉魏晋以来立法和法律实践的经验，不仅对主要的法律原则和制度作出了细致的解释与说明，而且尽可能引用儒家经典中有关“礼”的论述作为律文的理论根据。正如《唐律疏义》卷一《名例》所讲：“德礼为政教之本，刑罚为政教之用。”[29]在唐律体系中，为礼所肯定的便是合法的；礼所不容许的，即为法令所禁止的。唐律中的许多条目，如十恶、八议、犯罪存留养亲、子孙不得别籍异财等，都是礼在法典中的体现。无怪乎四库臣在《唐律疏义》提要中说：“唐律一准乎礼，以为出入，得古今之平。”[30]

唐律的编纂完成说明自汉代开始以来，“礼法合治”的思想和实践历经数百年的演化过程，至唐代臻于完善，基本上实现了“礼”与“法”的合一、法律规范与道德规范的统一。唐律的“一准乎礼”，是中华法系与其他法系相区别的主要特点。

“礼法合治”思想在宋明时期得到进一步发展和完善，在宋明理学的影响下形成了理学法律观。理学法律观认为礼与法是“天理”的派生物，其实质都是“天理”的外在表现。如二程说：“万物皆只是一个天理，己何与焉？至如言‘天讨有罪，五刑五用哉！天命有德，五服五章哉！’此都只是天理自然当如此。”[31]朱熹则说：“礼者，天理之节文，人事之仪则。”[32]“礼字、法字实理字。”[33]他们从理学的视角说明了礼、法（刑罚）与天理的内在联系。此外，朱熹还在《论语集注》中解释德、礼、政、刑关系说：“子曰：‘道之以政，齐之以刑，民免而无耻；道之以德，齐之以礼，有耻且格。’愚谓政者，为治之具。刑

---

[28] （清）张廷玉等：《明史》卷九三，中华书局 1974 年版，第 2279 页。

[29] （唐）长孙无忌等：《唐律疏议》卷一，中华书局 1983 年版，第 3 页。

[30] （清）永瑢、（清）纪昀主编：《四库全书总目提要·史部·政书类二》卷八二，中华书局 1965 年影印本，第 712 页。

[31] （北宋）程颢、（北宋）程颐：《二程集》卷二（上），中华书局 1981 年版，第 30 页。

[32] 黎靖德编：《朱子语类》卷六，中华书局 1986 年版，第 101 页。

[33] （宋）朱熹：《晦庵集》卷四八《答吕子约》，文渊阁：《四库全书》第 1144 册，商务印书馆 1986 年影印版，第 436 页。

者，辅治之法。德礼则所以出治之本，而德又礼之本也。此其相为终始，虽不可以偏废，然政刑能使民远罪而已。德礼之效，则有以使民日迁善而不自知。故治民者不可徒恃其末，又当深探其本也。”[34]显然，在朱熹看来，德与礼是治国的根本，实施德、礼，人们就会自觉地守法，迁善远罪；而政、刑则相对说来处于“末”即处于辅助的地位，只是一种辅助统治的方法。贤明的统治者不应舍本求末，而必须坚持德主刑辅，才能治理好国家。

二、中国古代“礼法合治”思想的社会功能

在“礼法合治”的国家治理模式中，“礼”与“法”（刑）都是国家制定的规范。但是，二者的关系并非平行的，而是以“礼”为主、以“法”（刑）为辅。具体说来，就是“法”（刑）据“礼”而制，“法”（刑）为“礼”而设。也说是说“礼”是“法”（刑）的指导思想，“礼”所包含的思想是国家意识形态的体现；“法”（刑）的制定必须与“礼”的指导思想相统一，违“礼”即违法，就需要用“法”（刑）来强制矫正之。“礼法合治”的思想与实践在中国古代社会治理中发挥了巨大功用。当然，“礼法合治”的社会功能并不是“礼治”功能与“法治”功能的简单相加，而是二者相辅相成、相得益彰，亦即呈现出一加一大于二的情势。约略说来，“礼法合治”思想的实践主要有如下三方面的社会功能：

（一）教化功能

“礼法合治”最主要的社会功能之一，就是其伦理教化功能。这一功能的实现虽然主要由“礼”来承担，但是“法”也在其中承担着一定的任务。正如《礼记·经解》说：“夫礼禁乱之所由生，犹坊止水之所自来也。故以旧坊为无所用而坏之者，必有水败；以旧礼为无所用而去之者，必有乱患。……故礼之教化也微，其止邪也于未形，使人日徙善远罪而不自知也，是以先王隆之也。”[35]“礼法合治”的教化功能教育和引导人们从最基本、最常见的社会生活行为开始，一切按照儒家经典规定的行为模式来确立个人的生活方式，个人行为要严格遵循礼法划定的标准。“礼法合治”思想为人们的社会生活

---

[34] （宋）朱熹：《四书章句集注·论语集注》卷一，中华书局1983年版，第54页。

[35] （唐）孔颖达：《礼记正义》卷五〇，（清）阮元校勘：《十三经注疏》，中华书局1980年影印版，第1610页。

构筑了一张不可逾越的、疏而不漏的恢恢“天网”。这张网由礼与法交织而成，内礼外法，既是对社会成员自身的严格要求，又是对社会集体的约束。在“礼法合治”思想的严密和全面的控制、统治之下，社会个体的人性和自由不可避免地会受到限制和压抑。但我们也应该看到，“礼法合治”的控制网络通过其教化功能可以在较少使用暴力强制手段的情况下，使社会各阶层的人们能够心悦诚服地把生存欲望保持在礼、法限定的安全范围内，自然欲望被忠、孝、仁、义、礼、智等伦理道德观念所取代。这样就有助于全社会形成共同的伦理道德观以及统一的价值判断准则，使社会各阶层在日常生活中自觉地规范自身行为，使之符合“礼”与“法”的要求，从而化解各种社会矛盾，调节各种社会关系，使具有不同利益诉求的社会各阶层、各群体能够最大限度地和平共处于一个矛盾而又统一的社会之中。更为重要的是，通过“礼法合治”的教化功能，忠君爱国与遵礼守法等观念深入人们的骨髓，社会各阶层对现行制度的反抗意识就会被压缩到最小的限度，这样就会在一定程度上减少或避免危害社会统治秩序的越轨行为的发生，有利于社会秩序的稳定和有序发展。

（二）政治功能

我国古代历代统治者不仅依靠军事的强制力量来维护和巩固社会秩序，而且更多地把“礼法合治”作为一种政治手段用于社会治理。具体说来，就是首先利用一套有关衣、食、住、行、婚、嫁、丧、祭的礼仪对人们的日常生活进行限制和规范，将“礼制”付诸实践，依靠“礼”来维持“尊尊亲亲”“尊卑有序”的社会秩序。然后再辅之以“法”的强制力来维护和推行“礼”的实施。当然，一旦发生了违“礼”行为，光凭道德教化是难以惩禁的，因为社会教化不具备强制力，只能依靠人的内心自省来维持或恢复正常秩序。于是统治者便将“礼”付诸于“法”，通过“法”的强制性来贯彻和推行“礼”的规范，从而通过“礼法合治”，达到维护和巩固社会统治秩序的目的. 也就是使社会各阶层的成员自觉地或被强制地处在一个上下有等、尊卑有序、贵贱有别的等级体系中。

“礼法合治”思想的政治功能不仅表现在统治阶级对下层民众的管理上，还表现在对统治阶级自身的约束上。统治者在利用“礼法合治”思想加强对社会成员思想监控、行为调控的同时，其自身也不可避免地会受到“礼法合治”思想潜移默化的影响和规范。一方面，统治阶级为了维护“礼法合治”思想的权威性，因而在施政上要尽可能遵循“礼”与“法”的规则，不敢过分随意妄为;另一方面,当统治阶级严重违犯“礼”与“法”的规范要求时,往往会受到社会其他阶层的批评和反对,甚至是暴力反抗。因此,“礼法合治”思想在一定程度上起到了限制君权、保障下层民众部分政治权利的作用。在“礼法合治”的政治格局中,“礼”与“法”所指向的是一整套社会规范和道德规范,虽然其主旨是对封建等级秩序的维护,但其中所蕴含的自我修养等道德内涵无疑也会对统治阶级本身进行约束,从而使统治阶级不至于随心所欲、为所欲为。统治阶级与被统治阶级在“礼法合治”思想引导下,找到双方权利与义务的“平衡点”,有助于整个社会政治格局保持一种动态的稳定。正如王建芹先生所说:“无论如何,传统中国‘礼法合治’的治理传统延亘数千年,虽然说礼治中蕴含着对等级和尊卑等封建秩序的肯认,无疑属于历史的糟粕,而法治则流于维护封建统治的‘严刑峻法’但就其思想本质而言,其本质上重于‘德’而轻于‘法’的文化脉络却是值得肯定的。‘德主刑辅’,‘为政以德’,‘正己修身’,‘政得其民’等都能给后人以重要的启示。同时以‘礼治’和对传统的尊重来组织社会,无疑属于成本最低的社会治理模式。”[36]

(三)法律功能

“礼法合治”思想得以实施之后,“礼治”与“法治”的功效相得益彰。与单纯实施“法治”相比,法律规范发挥着更大的作用,渗透到社会生活的各个层面和角落。在“礼法合治”的国家治理模式之下,“法”(刑)据礼而制,“法”(刑)的制定必须与“礼”的指导思想相统一。国家制定法律时往往将“礼”所要求的内容直接法律化,“礼”的施行受到国家法律的保障。“礼”寓于“法”之中,看似无形,却时刻发挥着巨大的约束力,这一点突出表现在对婚姻、家庭关系与继承制度以及其他一些伦理关系的规定上。例如法律规定婚姻的成立必须遵循同姓不婚、父母之命、媒妁之言的规定,婚姻的解除也必须符合“七出”“三不去”的原则,这些规定和原则原本均出于“礼”,后来转化为法律条文,更增强了其强制约束力,并对中国古代社会生活产生了持久而深远的影响。

“礼法合治”思想在家法族规的实施上作用尤为明显。家法族规既是“礼”在家族管理中的应用,也是传统法律的重要组成部分。国家承认家法族规在维持社会秩序、调解社会矛盾时所发挥的作用。家法族规的一些内

---

[36] 王建芹:《中国特色社会主义法治还需关注其道德内涵——中国古代治理文明中“礼法合治”思想的启示》,载《哈尔滨市委党校学报》2015年第1期。

容，本身就是“礼”。如《礼记·内则》篇记载子事父母、妇事公婆的“家法”以及《周礼·地官·大司徒》所载“以乡八刑纠万民：一曰不孝之刑，二曰不睦之刑，三曰不姻之刑，四曰不弟之刑，五曰不任之刑，六曰不恤之刑，七曰造言之刑，八曰乱民之刑”[37]的“族规”。这些“礼”的条文不仅成为后世家法族规的条文，也成为后世刑律的条文。古代许多家法族规不仅体现了“礼”的精神，而且得到了“法”的认可和确认，从而大大增强了其权威性与控制力。一旦出现了违背家法族规的情况，不仅要受到“礼”的谴责，更要受到“法”的制裁。礼、法与家法族规的统一，一方面提升了家法族规的地位，另一方面，丰富了“礼法合治”思想的内容，扩大了其影响范围，尤其是对中国古代法治建设产生了深远影响。

总之，中国古代“礼法合治”思想的实践有着特殊的机制：法律与礼相融合，礼与法律相促进，形成中国古代社会特有的约束机制。“礼”的规则融进国家刑法之中，施行受到国家法律的保障，体现和发挥着法的约束作用。

三、中国古代“礼法合治”思想的当代价值

（一）“礼法合治”思想对社会主义核心价值观建设的启示

我国古代“礼法合治”思想可以为当代社会主义核心价值观的建设提供宝贵的历史借鉴。实现中华民族伟大复兴的中国梦，必须要有中国人自己的价值观，也就是要有中国特色的社会主义核心价值观。习近平总书记指出：“人类社会发展的历史表明，对一个民族、一个国家来说，最持久、最深层的力量是全社会共同认可的核心价值观。核心价值观，承载着一个民族、一个国家的精神追求，体现着一个社会评判是非曲直的价值标准。”[38]要培育有中国特色的社会主义核心价值观，必须深入到中华民族几千年来所创造的不朽文化之中，把长期以来我们民族形成的积极向上的思想文化充分继承和弘扬起来，只有这样，才能培育出属于中国人自己的“价值观”。因此我们要重视中华传统文化研究，继承和发扬中华优秀传统文化。而“礼法合治”

---

[37] （唐）贾公彦：《周礼注疏》卷一〇，（清）阮元校勘：《十三经注疏》，中华书局1980年影印版，第707页。

[38] 习近平：《青年要自觉践行社会主义核心价值观——在北京大学师生座谈会上的讲话》，载《人民日报》2014年5月5日。

思想正是中华优秀传统文化的重要内容之一。“礼法合治”思想不仅在社会治理中发挥了重要作用，其中所蕴含的许多思想观念，如“以民为本”的观念、“和为贵”的精神、“为政以德”与“德主刑辅”的思想等，都是我们今天所倡导的“富强、民主、文明、和谐，自由、平等、公正、法治，爱国、敬业、诚信、友善”二十四字社会主义核心价值观的天然基因。

无论是在外在要求还是在内在精神上，“礼法合治”思想与二十四字社会主义核心价值观都有着天然的联系。可以说社会主义核心价值观就是在中国传统文化(包括“礼法合治”思想)的基础上的精神升华，是为适应当前社会发展，解决现代社会新问题而提炼出来的。当下，我们重温中国传统“礼法合治”思想的流风余韵，借鉴世界其他国家和民族具有普世价值的法律文化的有益资源，端正对待礼与法的态度，协调礼与法之间的关系，将二者有机统一起来，并将其运用到核心价值观的建设之中。只有这样才能培育出有中国特色的社会主义核心价值观，从而实现社会和谐稳定，国家长治久安。

(二)“礼法合治”思想对社会主义法治建设的启示

2014年10月20日至23日召开的中国共产党十八届四中全会审议通过了中共中央《关于全面推进依法治国若干重大问题的决定》。《决定》提出的总目标是建设中国特色社会主义法治体系，建设社会主义法治国家。这是自1978年党的十一届三中全会以来，首次将“以法治国”作为全会的主题，反映了作为执政党的中国共产党在全面深化改革关键时期的重大政策考量。

中共中央《关于全面推进依法治国若干重大问题的决定》非常正确地指出：“国家和社会治理需要法律和道德共同发挥作用。……既重视发挥法律的规范作用，又重视发挥道德的教化作用，以法治体现道德理念、强化法律对道德建设的促进作用，以道德滋养法治精神、强化道德对法治文化的支撑作用，实现法律和道德相辅相成、法治和德治相得益彰。”[39]这说明依法治国要想发挥最佳效用，必须处理好法律与道德之间的关系。法律与道德之间的关系，实际上也可以看作是“法”与“礼”的关系，因为在某种意义上可以说德与礼是相通的：礼是外在的行为规范；德是内在的符合“礼”的道德情感。

---

[39] 《中共中央关于全面推进依法治国若干重大问题的决定》，载《人民日报》2014年10月29日。

“礼”是维护社会秩序和良好风气的基本准则。在礼的形式下，体现着道德的情感和要求。对社会来说，道德建设要通过礼来落实，礼是社会风气、文明程度的标尺。而“礼法合治”思想恰好为我们更好的理清道德与法律之间的关系提供了有价值的思考。在中国古代社会治理体系中，往往礼法并用，以礼施法减少了推行法的阻力，以法作为“礼”的保障措施又增强了礼的约束力，通过礼法合治保证国家机器的有效运转，从而达到治理国家，实现社会稳定的目的。在道德与法律的关系中，法律是社会治理的底线，法律的判决是解决矛盾的最终方式。但一个和谐的社会决不能仅仅依靠法律的强制力，还要有道德（礼）的教化和约束。在社会主义法治与和谐社会建设过程中，我们应该充分认识到这种关系：法律的实施有赖于道德的支持，道德是法律实施的内在心理基础。另一方面，法律是道德建设的支柱，道德发挥作用需要法律的强制力做后援。道德与法律二者取长补短，相辅相成。因此，依法治国必须重视德治（亦可谓之礼治），坚持法律和道德建设的协调发展。

一个国家要保持社会秩序稳定、实现良好的社会控制，在完善法制的同时，也必须建立与社会形态相适应的社会道德规范体系；而且，只有当国家法律规范体系同社会道德规范体系两相协调时，国家法律规范才具有实施的社会基础，社会控制方能取得预期的效果。建设社会主义法治国家，必须正确处理推进法治建设与深化精神文明建设的关系。必须坚持依法治国与以德治国有机统一。法律的实施主要靠国家强制，具有刚性；而道德（精神文明）则主要通过教化提高人们的自律，属于柔性。实践中，法治和德治可以刚柔并举、相辅相成。

（三）“礼法合治”思想对我国国家治理模式和治理能力现代化的启示

2014 年 10 月 13 日下午中共中央政治局就我国历史上的国家治理进行第十八次集体学习。习近平总书记在主持学习时强调：“历史是最好的老师。在漫长的历史进程中，中华民族创造了独树一帜的灿烂文化，积累了丰富的治国理政经验，其中既包括升平之世社会发展进步的成功经验，也有衰乱之世社会动荡的深刻教训。我国古代主张民惟邦本、政得其民，礼法合治、德主刑辅，为政之要莫先于得人、治国先治吏，为政以德、正己修身，居安思危、改易更化等等，这些都能给人们以重要启示。治理国家和社会，今天遇到的很多事情都可以在历史上找到影子，历史上发生过的很多事情也都可以作为今天的镜鉴。中国的今天是从中国的昨天和前天发展而来的。要治理好今天的中国，需要对我国历史和传统文化有深入了解，也需要对我国古代治国理政的探索和智慧进行积极总结。”[40]习近平总书记的这一讲话，揭示了当代中国推进国家治理体系与治理能力现代化的举措基于深厚的历史文化底蕴。一个国家想要维持稳定的社会秩序，必须选择一套适合本国国情的社会治理模式。中国古代用“礼法合治”思想来治理社会的成功经验，对于我们现代化国家治理无疑具有宝贵的参考借鉴价值。我国古代“礼法合治”思想中固然存在着许多过时、落后的思想因素，如等级观念、对“三纲”的过分强调等等，但其提倡礼治与法治并举、道德与法律并重的治国思想和治国模式值得我们认真地总结和批判地继承发扬。这套国家治理模式在我国古代社会发展史上发挥过巨大作用。它构筑起内、外两套约束机制。内则依靠礼，用礼来净化和统一人心，形成共同的价值观；外则依靠法，用法来震慑不法行为，划定安全范围，保障社会秩序的正常运转。

“礼法合治”是中国古代思想家和政治家们经过长期实践而总结形成的一套治国模式。在“礼法合治”思想的影响下，中国古代社会维持了长久的稳定状态，由此可以得出结论：“礼法互补可以推动国家机器有效地运转。”[41]目前我国全面深化改革进入到“深水区”，社会转型进入关键期，在社会治理方面也出现了许多前所未有的新问题、新挑战、新困难。无疑，我国古代“礼法合治、德主刑辅”的治国思想会对我国当代国家治理模式和治理能力现代化提供宝贵的政治智慧和法律资源，促进社会政治、经济、文化的和谐发展，从而促进我国全面建成小康社会，实现伟大复兴的中国梦。

---

[40] 《习近平在中共中央政治局第十八次集体学习中强调：牢记历史经验历史教训历史警示，为国家治理能力现代化提供有益借鉴》，载《人民日报》2014年10月14日。

[41] 张晋藩：《中国法律的传统与近代转型》，法律出版社1997年版，第34页。

礼、法合一与中国的法律传统
——以秦汉法律简牍文书为切入点的讨论

杨　华*

一、对瞿论的质疑

瞿同祖《中国法律与中国社会》①是中国法律史、社会史研究的名著。它从家族、婚姻、阶级、巫术与宗教等几个方面证明，中国古代法律特别注重身份，法律明文规定，“生活方式因社会和法律身份不同而有差异”、“不同身份的人在法律上的待遇不同”。中国古代的法律自从被儒家化之后，家族主义和阶级概念便始终是其基本精神和主要特征，它们代表法律和道德、伦理所共同维护的社会制度和价值观念，就是古人所谓“纲常名教”。

瞿著认为，礼治与法治之争，实际上就是“差别性行为规范”与“同一性行为规范”之间的争斗。“以礼入法”的过程，实际上就是“同一性的法律成为有差别性的法律”的过程。他将这个演变过程分为三个阶段：第一，秦汉之法律为法家所拟定，纯本于法家精神。春秋战国以降，以封建制度为背景的儒家政治思想逐渐落伍，与时代格格不入。法家则应运而生，为国君所重。当时各国法律多由此辈制定，汉律亦全袭秦旧。例如，那里没有“刑不上大夫”的实践。第二，法律之儒家化在汉代已开其端。汉武帝标榜儒术以后，法家逐渐失势，儒家抬头，欲藉政治、法律使儒家精华成为国家制度。自贾谊开始，儒生开始介入法律的制定和解释过程。王充就曾感慨：“法律之家亦为儒生。”而司法断案多引用儒家伦理，“引经决狱”成为普遍的司法活动，儒家思想在法律上一跃而为最高原则，与法理无异。第三，儒家有系统

* 武汉大学历史学院教授、博士生导师。

① 瞿同祖：《中国法律与中国社会》，中华书局1981年版。

地修改法律始自曹魏时期。曹魏而后每一新朝成立，必改订新法。法典的编制和修订落入儒臣之手，于是他们趁机尽量将儒家之礼糅杂到法律条文里。此种程序自魏、晋便已开始；而北魏尤为关键；北周律完全模仿《周礼》，其儒家化之努力最为积极；隋律"多采后齐之制"，又兼采魏、晋以来法律，所以隋律实来自齐律、魏律。唐代以后，便"一准乎礼"了。

最后，瞿著的结论归结为，"儒家以礼入法的企图始于汉代。……中国法律之儒家化可以说是始于魏、晋，成于北魏、北齐，隋、唐采用后便成为中国法律的正统"。

瞿著于1947年出版后，一直为国内外法学界、汉学界所称道，其结论被广泛引用，几乎成为一般法律史著述的主要叙述框架。然而，近二十年来，随着秦汉简牍所载法律文书的多批出土，以及相关研究的不断深入，关于援礼入法的起始时间问题受到了不小的挑战。质疑的逻辑和史证主要来自以下几个方面：

第一，秦汉法律简文中存在大量对"不孝"行为的定罪，可见当时法律对孝道的维护。

云梦睡虎地秦简《封诊式》(案例汇编)中，专门有"告子"一案，就是普通士伍控告其子"不孝"的案例[②]：

> 爰书：某里士伍甲告曰："甲亲子同里士伍丙不孝，谒杀，敢告。"即令令史己往执。令史己爰书：与牢隶臣某执丙，得某室。丞某讯丙，辞曰："甲亲子，诚不孝甲所，无它坐罪。"【50、51】

控告亲子对自己"不孝"，官府必须派人前往捉拿("往执")，经过审问定罪后要处死("谒杀")。那么哪些属于"不孝"呢？张家山汉简《二年律令·贼律》[③]：

> 子贼杀伤父母，奴婢贼杀伤主、主父母妻子，皆枭其首市。【34】
>
> 子牧杀父母，殴詈泰父母、父母、假大母、主母、后母，及父母告子不孝，皆弃市。【35】
>
> 贼杀伤父母，牧杀父母，殴詈父母，父母告子不孝，其妻子为收者，

② 睡虎地秦墓竹简整理小组：《云梦睡虎地竹简》，文物出版社1990年版。以下引用是书，只注简号，不另标注页码。

③ 彭浩、陈伟、工藤元男主编：《二年律令与奏谳书：张家山二四七号汉墓出土法律文献释读》，上海古籍出版社2007年版。以下引用是书，只注简号，不另标注页码。

> 皆锢，令毋得以爵偿、免除及赎。【38】

可见，杀害、“牧杀”（未遂）、殴打、詈骂长辈（包括父母、祖父母、继祖母、女主人）都属于“不孝”，凡是父母告子“不孝”罪成立，都要治以死罪（“弃市”）。罪犯的妻、子都受到连坐，且不能以爵位、金钱等赎免。

《二年律令·户律》记载了分家之后，孙子对祖父母同居时孝养不敬的处罚条款：

> 孙为户，与大父母居，养之不【337】善，令孙且外居，令大父母居其室，食其田，使其奴婢，勿贸卖。孙死，其母而代为户，令毋敢遂（逐）夫父母及入赘。【338】

若孙子对祖父母赡养不善，将会被强制驱逐，由祖父母占有其田宅和奴婢。崔永东认为，这就是《唐律》及后代其他法律中把对祖父母、父母“供养有缺”定为“不孝”罪的源头。④

关于老人控告子女不孝，还有一些细节规定。比如，云梦睡虎地秦简《法律答问》规定：

> 免老告人以为不孝，谒杀。当三环（宥）之不？不当环（宥），亟执勿失。【102】

这是说，达到60岁或65岁以上的老人控告子女不孝⑤，必须立即受理，拘执不孝之子。而相同的控告，到了汉初，关于是否立即受理，则有不同规定。张家山汉简《二年律令·贼律》规定：“年七十以上告子不孝，必三环之。三环之各不同日而尚告，乃听之。”【36】也就是说，必须经过不同日期的三次反复控告，才准予立案。

对于“不孝”罪的教唆犯，张家山汉简也有惩处的规定：“教人不孝，黥为城旦舂。”（《贼律》【36、37】）《奏谳书》对之作了更详细的说明：“教人不孝者，次不孝之律。不孝者弃市，弃市之次，黥为城旦舂。”【181、182】

第二，秦汉法律简文对家庭伦理的维护非常严格，与儒家思想完全相合。

秦汉法律简文中出现的“非公室告”和“家罪”，是学者们关注较多的话

④ 崔永东：《出土文献的法学价值》，载《政法论坛》（中国政法大学学报）第24卷第2期（2006年3月）。

⑤ 《汉旧仪》：“秦制二十爵，男子赐爵一级以上，有罪以减，年五十六免。无爵为士伍，年六十乃免老。”

题。“非公室告”见于云梦睡虎地秦简《法律答问》：

> “公室告”何也？“非公室告”何也？贼杀伤、盗它人为“公室”；子盗父母，父母擅杀、刑、髡子及奴妾，不为“公室告”。【103】
>
> “子告父母，臣妾告主，非公室告，勿听。”何谓“非公室告”？主擅杀、刑、髡其子、臣妾，是谓“非公室告”，勿听。而行告，告者罪。告者罪已行，它人【104】又袭其告之，亦不当听。【105】

“非公室告”是指子女、臣妾因受到父母、主人的侵害，而控告父母，这种控告不仅不予受理，反而要追究告诉者的罪责。张家山汉简《二年律令·告律》承袭了这条律文：

> 子告父母，妇告威公，奴婢告主、主父母妻子，勿听而弃告者市。【133】

正如睡虎地秦简的整理者已经指出，中国古代法律向来禁止子告父母、奴婢告主[⑥]。《唐律疏议》卷二十三：“诸告祖父母、父母者，绞。”即是与之相应的条款，其疏议曰：“父为子天，有隐无犯。如有违失，理须谏诤，无令陷罪。若有忘情弃礼而故告者，绞。”[⑦]这说明，以下告上、以卑告尊，历来为传统伦理所不斥。

与之相似的，是秦简《法律答问》中的“家罪”条：

> “家人之论，父时家罪也，父死而甫告之，勿听。”何谓“家罪”？“家罪”者，父杀伤人及奴妾，父死而告之，勿治。【106】
>
> 何谓“家罪”？父子同居，杀伤父臣妾、畜产及盗之，父已死，或告，勿听，是谓“家罪”。【108】

律文规定，父亲生前伤杀他人和奴妾、儿子杀伤父家臣妾或家内自盗，在父亲死后都上告无效。那么，父亲活着的时候儿子尚且不能控告他，其死后的免罪更属必然。

儒家向来提倡为亲属之间的容隐（容许、隐匿），其最著名的文献原点，即是《论语·子路》中孔子与叶公的对话，当儿子发现父亲“攘羊”时，关于是否应当举报，孔子的回答是：“父为子隐，子为父隐，直在其中矣。”这成为历代亲亲互隐的思想基石，也是历代以容隐入法的理论根据，北宋邢昺为这段

---

⑥ 睡虎地秦墓竹简整理小组：《云梦睡虎地竹简》，文物出版社1990年版，第118页。

⑦ 刘俊文：《唐律疏议笺解》，中华书局1996年版，第1623页。

话作注时说：

> 子苟有过，父为隐之，则慈也；父苟有过，子为隐之，则孝也。孝慈则忠，忠则直也，故曰直在其中矣。今律，大功以上得相容隐，告言父祖者入十恶，则典礼亦尔。[8]

秦汉律文中子不告父、卑不告尊的原则，与这种儒家容隐传统可以对应，所以，有不少学者指出，相关秦汉律文正是儒家精神的反映，“有儒家思想影响的痕迹”，是“儒家道德法律化的一个显例”，是“儒家刑法思想影响的结果，而与法家刑法思想没有关系”。[9]

实际上，传世文献对于汉代实行亲亲相隐之制早有记载。西汉宣帝地节四年二月，颁布了一条遭父母和祖父母之丧而勿复徭役，令子孙安心“收敛送终，尽其子道”的诏书。三个月后，又颁诏书：

> 父子之亲，夫妇之道，天性也。虽有患祸，犹蒙死而存之。诚爱结于心，仁厚之至也，岂能违之哉！自今子首匿父母，妻匿夫，孙匿大父母，皆勿坐。其父母匿子，夫匿妻，大父母匿孙，罪殊死，皆上请廷尉以闻。[10]

从这两条连续颁发的诏书看来，提倡孝道是西后中后期的国家主流思想，父子、祖孙、夫妻之间互相隐匿罪证的诏令，只不过是国家推行这种意识形态的一个环节。

第三，出土汉律中呈现出完整的养老制度，与上古礼书所记的养礼之礼可以互证。

汉高祖、文帝、武帝等朝，都曾颁布诏书，实行养老政策。文帝时规定：“八十以上，赐米人月一石，肉二十斤，酒五斗。其九十已上，又赐帛人二匹，絮三斤。”[11]武帝时建元元年下诏：“民年九十以上，有受鬻法，为复子若孙，令得身率妻妾遂其供养之事。”[12]

---

⑧ （清）阮元校勘：《十三经注疏》，中华书局 1980 年影印版，第 2507 页。

⑨ 〔韩〕金烨：《〈秦简〉所见之“非公室告”与“家罪”》，载《中国史研究》1994 年第 1 期；崔永东：《出土文献的法学价值》，载《政法论坛》（中国政法大学学报）第 24 卷第 2 期（2006 年 3 月）；崔永东：《出土法律史料中的刑法思想》，载《北京大学学报》1999 年第 1 期；曾加：《张家山汉简法律思想研究》，商务印书馆 2008 年版，第 110—115 页。

⑩ 《汉书》卷八，《宣帝本纪》。

⑪ 《汉书》卷四，《文帝本纪》。

⑫ 《汉书》卷六，《孝武本纪》。

1959年和1981年分别出土于甘肃武威磨嘴子18号汉墓的《王杖诏书令册》和《王杖十简》，是汉宣帝、成帝时期的养老诏令和对侮辱受杖老人的判决记录。其中的部分优抚条文是：

> 制诏御史：年七十以上，人所尊敬也，非首杀、伤人，毋告劾，它毋所坐。年八十以上，生日久乎？
>
> 年六十以上无子为鳏，女子年六十以上无子为寡，贾市毋租，比山东复。
>
> 夫妻俱无子男为独寡，田毋租，市毋赋，与归义同，沽酒醪列肆。
>
> 高年赐王杖，上有鸠，使百姓望见之，比于节；吏民敢骂詈长者，逆不道，得出入官府节第，行驰道中；列肆贾市，毋租，比山东复。
>
> 制诏御史：年七十以上杖王杖，比六百石，入官府不趋；吏民有敢殴辱者，逆不道。[13]

由这些简文大致可以看出：年六十以上的孤寡老人，经商时可以免税（"贾市毋租"），可以免除徭役（"复"）；七十岁以上老人，可以领受王杖，凭此鸠杖可以比照六百石秩级享受待遇，可以出入官府，入官府时不必小跑示敬（"不趋"），可以在驰道（皇帝专用车道）上行走，可以经商免税；吏民见持鸠杖者必须尊敬，如有殴辱詈骂持鸠杖者，以"逆不道"罪论处。

以上这些措施与汉初以来的养老法令一脉相承，也与先秦的古礼相通。《周礼·地官·大司徒》："以保息六养万民：一曰慈幼，二曰养老，三曰振穷，四曰恤贫，五曰宽疾，六曰安富。"养老是安民定邦的重要国策之一。古礼中对不同年龄的老人，有不同程度的优渥待遇，例如备粥、备肉、衣帛、侍寝、执杖、安车、免租、免役、问疾等。《礼记·内则》中专有养老之礼，其中与执杖有关的内容是："五十杖於家，六十杖於乡，七十杖於国，八十杖於朝，九十者，天子欲有问焉，则就其室，以珍从。七十不俟朝，八十月告存，九十日有秩。五十不从力政，六十不与服戎，七十不与宾客之事，八十齐、丧之事弗及也。"在鸠杖、朝仪、服役、饮食等方面的优待措施显然是汉代养老诏令的滥觞。

---

[13] 考古研究所编辑部：《武威磨咀子汉墓出土王杖十简释文》，载《考古》1960年第9期；考古研究所、甘肃省博物馆编：《武威汉简》，文物出版社1964年版，第140—147页；礼堂：《王杖十简补释》，载《考古》1961第5期。陈直：《甘肃武威磨咀子汉墓出土王杖十简通考》，载《考古》1961年第3期；李均明：《秦汉简牍文书分类辑解》，文物出版社2009年版，第205—209页；臧知非：《"王杖诏书"与汉代的养老制度》，载《史林》2002年第2期。

第四，秦汉法律简文中存在着大量“同罪异罚”现象，其议罪方式与儒家经典的规则相合。

《周礼·秋官·小司寇》载有“八辟”或“八议”，这是儒家根据身份而减免、赦免其犯罪者刑罚的规定：

> 以八辟丽邦法，附刑罚：一曰议亲之辟，二曰议故之辟，三曰议贤之辟，四曰议能之辟，五曰议功之辟，六曰议贵之辟，七曰议勤之辟，八曰议宾之辟。

意指王亲宗室、故旧朋友、贤有德者、有道艺者、有大功勋者、贵族、憔悴事国者、不臣之宾这八类人，在量刑时可以减免。“八议”中有不少在秦汉法律简文中都有所见，常被提及的是以下几个方面[14]：

(1)“议贵”的例子，见于云梦睡虎地秦简《法律答问》：

> 内公孙无爵者当赎，得比公士赎耐不得？得比焉。【185】

内、外公孙都是宗室皇亲，无爵的公孙犯了可赎之罪，可以与公士一样减处赎耐之刑。正如整理者所指出，《汉书·惠帝纪》载：“上造以上及内外公孙、耳孙有罪当刑及当为城旦、舂者，皆耐为鬼薪、白粲。”汉初承袭了这条为王族减刑的法律，并延及耳孙(重孙)。张家山汉简《二年律令·具律》所载与之略同：

> 上造、上造妻以上，及内公孙、外公孙、内公耳玄孙有罪，其当刑及当为城旦舂者，耐以为鬼薪白粲。【82】

《二年律令》的议亲减罪范围似乎更加扩大了，延及皇亲之玄孙(重孙之子)。

(2)“议爵”的例子见于云梦睡虎地秦简《法律答问》：

> 将上不仁邑里者而纵之，何论？当系作如其所纵，以须其得；有爵，作官府。【63】

这是说在押送为恶于乡里的犯人时，如果放走犯人，押送人要如同被他所放走的犯人一样被“系作”，但是如果押送人是有爵者，则可减轻为到官府服役。由于秦人的爵位一般靠军功获得，因此，这些因爵议刑的律文也可视为“议功”一部分。张家山汉简《二年律令·贼律》也有类似的议爵之律文，

---

[14] 相关研究很多，可参郝铁川：《中华法系研究》，复旦大学出版社1997年版，第1—56页；曹旅宁：《秦律新探》，中国社会科学出版社2002年版，第273—277页。

例如：

> 下爵殴上爵，罚金四两。殴同列以下，罚金二两【28】[15]。

同样是殴击伤人之罪，爵低者殴击爵高者，与高爵者殴低爵者或同爵者互殴相比，其罚金要多一倍。上引《二年律令·具律》减罪的对象包括上造（二十等爵之第二级）和上造之妻，也是议贵的显例。

（3）“议宾”的例子见于睡虎地秦简《法律答问》：

> 何谓“赎鬼薪鋈足”？何谓“赎宫”？臣邦真戎君长，爵当上造以上，有罪当赎者，其为群盗，令赎鬼薪鋈足；其有腐罪，赎宫。其他罪比群盗者亦如此。【114】
>
> “真臣邦君公有罪，致（至）耐罪以上，令赎。”何谓“真”？臣邦父母产子及产它邦而是谓“真”。何谓“夏子”？臣邦父、秦母谓也。【178】

具有少数民族血统的“臣邦戎君长”，如其爵位在上造以上，犯罪后可受到部分优待，可以减轻为“赎鬼薪鋈足”；而当判为腐刑的，可减轻为“赎宫”。这些归附秦人的番邦，若犯耐罪以上徒刑，可以用金钱赎罪。正如整理者所指出，这与秦国兼并巴中后对当地民族赐爵优待的政策一致：“及秦惠王并巴中，以巴氏为蛮夷君长，世尚秦女；其民爵比不更，有罪得以爵除。”[16]

同罪异罚现象，还见于秦简律文中常提及的“葆子”。二千石以上官吏任满三年后可以提名一子为郎官，称之“任子”[17]，这实际上是一种荫子选官制度。秦律中称之“葆子”：“葆子狱未断而诬告人，其罪当刑为隶臣，勿刑，行其耐，又系城旦六岁。”【110】也就是说，对当判隶臣之刑的葆子，可不加肉刑，而减受耐刑并拘系服役城旦六年。

由上可见，秦律所体现的刑法原则，并非全如法家所谓“刑无差等”“不别亲疏，不殊贵贱，一断于法”，而体现了强烈的身份等级观念。正如栗劲《秦律通论》所指出，秦律在量刑时轻重有别的身份等级观念，可在亲属关系、主奴关系、官民关系、尊卑关系等几方面得以显示。具体而言，法律保证作为家长的父亲在家庭中的统治地位和对子女在政治和经济上的支配权利，甚至生杀予夺的权利；在保证夫权的权利下，给妻以相对平等的权利；秦

---

⑮ “列”字，原释作“死”，从《二年律令与奏谳书》改释，第100—101页。

⑯ 《后汉书》卷八六，《南蛮传·巴郡南郡蛮》；《睡虎地秦墓竹简》，第120页。

⑰ 《汉书·哀帝纪》：“除任子令。”注：“应劭曰：任子令者，《汉仪注》：吏二千石以上，视事满三年，得任同产若子一人为郎。……师古曰：任者，保也。”

律保证奴隶主对奴婢的私刑权，臣妾对主人人身和财产的任何侵犯，都受到严厉的刑罚；同是逃亡罪，同是监领犯人致人逃亡，同是在军队中冒领粮食，而官吏与百姓则不同罚；同一种犯罪，有爵者与士伍不同罚，有爵者可赎刑，执行刑罚时有爵者可受优待。[18]

从以上几方面可以看出，后世法律中所谓“儒家化”的要素，基本在秦汉法律简文中都有所见，瞿氏得出的结论“儒家以礼入法的企图始于汉代。……中国法律之儒家化可以说是始于魏、晋，成于北魏、北齐，隋、唐采用后便成为中国法律的正统”，显然不够准确了。换言之，如果说中国法律存在“儒家化”现象的话，至少可以前至秦汉时期。

二、礼、法并用的实践可上溯至秦汉

秦汉法律中有“儒家化”的因素，是否意味着儒家精神是秦汉法律的立法基础？换言之，秦汉时期法律的根本精神，究竟是儒家的，还是法家的？对此存在不少争论。

如前所述，金烨、崔永东、曾加等学者指出秦汉法律的儒家特点。同持此论者不在少数，例如，赵恒慧指出，汉代法律维护呈现出强烈的儒家化特征（以父权为中心的亲权和家庭关系），“在唐代转化为成文法之前，已在汉代的司法实践中为儒家化的司法官吏发挥”。[19]

然而，也有学者对此提出异议，认为秦汉法律的根本精神是法家思想。例如，郝铁川在其著作《中华法系研究》中专辟有“汉唐间法律未曾儒家化”一节，并一再申言，法家创立的《法经》《秦律》与后代法典一脉相承，历代封建法典的指导思想——三纲、连坐、法自然等，来源于法家学说，“法家学说是历代封建法典的指导思想”。[20] 曹旅宁认为，秦简禁止子控告家长，是对传统习惯的尊重，与罗马法的某些内容无异。后世之法皆袭自秦法，儒家学说在秦国的影响有限。[21] 于振波认为，秦律中“家罪”和“公室告”的相关规定并非源自儒家精神，法家在维护君权的前提下，同样强调忠、孝，提倡孝行而打

---

[18] 栗劲：《秦律通论》，山东人民出版社 1985 年版，第 222—236 页，第四章第三节“罪罚中的身份等级观念”。

[19] 赵恒慧：《试论两汉与亲属有关的司法程序》，载《南都学坛》第 22 卷第 5 期（2002 年 9 月）。

[20] 郝铁川：《中华法系研究》，复旦大学出版社 1997 年版。

[21] 曹旅宁：《秦律新探》，中国社会科学出版社 2002 年版，第 90—93 页。

击不孝,秦简中的"非公室告"与"家罪"不能视为儒家的容隐思想。[22]

最系统的批评来自杨振红教授。她认为,从目前出土的秦及西汉前期的法律简的内容来看,它们反映了一个共通的法律原则,即因贵贱、尊卑、长幼、亲疏的不同而待遇不同的差异性原则。秦汉律从根本上是由社会等级秩序和家庭伦理秩序共同组成的等级性法律。秦汉律的基本框架、原则和内容为商鞅所确立。秦汉律所蕴含的家族主义和"阶级"概念的特质,是从其建立伊始就已经存在了,而不是法律儒家化的结果。法家不仅不反对贵贱、尊卑、长幼、亲疏之别,更非主张弃"礼"不用,而是力图以法律制度来建构尊卑有别的差别性社会。韩非子不排斥礼;秦始皇厉行法家政策,但是,他不仅不反对贵贱尊卑有序的礼制,而且力图建立这样的礼制社会。礼与法从来不是对立的关系,对立的只是儒法两家的社会主张。自战国秦以来中国古代法律所表现的等级性和家族主义,其实就是李悝、商鞅等创制的不同于西周旧礼的新"礼",在这套新礼中,中华民族自古以来形成的祖先崇拜、重视血缘的家族主义和等级分明的"阶级"观念,依然是构成其核心内容的基干。[23]

确实,关于秦汉法律的根本精神是儒家,抑或是法家,是一个无法量化、难有确解的问题。为了破除此前的部分陈见,以下再略作补论。

第一,在秦律的用语中可以找到儒家思想的直接证据,但很多都是当时的"普世价值",不能据之说明秦律就是儒家化的法律。例如,秦律中专门提及"不仁"之罪:

> 将上不仁邑里者而纵之,何论?当系作如其所纵,以须其得;有爵,作官府。【63】(云梦秦简《法律答问》)
>
> 亡、不仁其主及官者,衣如隶臣妾。【96】(云梦秦简《秦律十八种·金布律》)

"不仁邑里"是指为恶乡里,"不仁其主"是指不忠于其主人、以下犯上,为之判罪理所当然。众所周知,"仁"和"不仁"是儒家的重要概念,孔、孟对之论述颇多:

---

[22] 于振波:《从"公室告"与"家罪"看秦律的立法精神》,载《湖南大学学报》第19卷第5期(2005年9月)。

[23] 杨振红:《从出土秦汉律看中国古代的"礼"、"法"观念及其法律体现——中国古代法律之儒家化说商兑》,载《中国史研究》2010年第4期。

子曰："人而不仁，如礼何？人而不仁，如乐何？"（《论语·八佾》）

子曰："好勇疾贫，乱也；人而不仁，疾之已甚，乱也。"（《论语·泰伯》）

子曰："不仁者不可以久处约，不可以长处乐。仁者安仁，知者利仁。"（《论语·里仁》）

孟子曰："君仁，莫不仁；君义，莫不义。"（《孟子·离娄下》）

孟子曰："仁则荣，不仁则辱。今恶辱而居不仁，是犹恶湿而居下也。"（《孟子·公孙丑上》）

后代"十恶"中的"不义"之罪显然与"不仁"有关，指谋杀尊长业师、匿丧不哀之类，其解释是："礼之所尊，尊其义也。此条元非血属，本止以义相从，背义乖仁，故曰'不义'。"[24]可见"不仁不义"在中国传统法律中的影响之深。但是梳理先秦典籍，可以看到，鄙弃"不仁"者绝非限于儒家，墨子、韩非对之也多有言及：

法不仁，不可以为法。（《墨子·法仪》）

苟亏人愈多，其不仁兹甚矣，罪益厚。（《墨子·非攻》）

今有人于此，窃一犬一彘则谓之不仁，窃一国一都则以为义。（《墨子·鲁问》）

千金之家，其子不仁，人之急利甚也。（《韩非子·难四》）

君不仁，臣不忠，则不可以霸王矣。（《韩非子·六反》）

夫人臣必仁而后可与谋，不忍人而后可近也。不仁则不可与谋，忍人则不可近也。（《韩非子·内储说上》）

可见，先秦诸家对"不仁"均持否定态度，绝不能据之而强调秦律的儒家性质。推而思之，像忠、孝、敬、信、尊长、慈幼之类的观念，恐怕也是上古以来中国的"普世价值"，以其入法，也不能作为秦汉法律"儒家化"的证据。

第二，秦国、秦朝虽然以法家思想立国，但也注重礼制和礼治，礼、法兼用是秦汉政治的特点。早在秦国统一天下之前，也十分注重礼制，云梦睡虎地秦简和里耶秦简都有关于秦人祭礼的资料，秦人诸畤郊天，祭祀祖神和先

---

[24] 刘俊文：《唐律疏议笺解》，中华书局1996年版，第64—65页。

农神，祭后埋牲，以动物内脏五腑祭祀，这些与“三礼”文献所记无别。[25] 秦人早期的祖庙已得发掘，其形制及与之配套的祭祀坑都同中原地区的上古礼制可以互证。[26] 李学勤已经指出，云梦睡虎地秦简《秦律十八种·田律》、青川木牍《为田律》、张家山汉简《二年律令·田律》与《吕氏春秋·十二纪》《礼记·月令》一致，还可以上溯至《周礼·地官·山虞》。如田亩制度、职官名称（如内史）、徒刑名称（如隶臣妾、舂、鬼薪、白粲）也可上溯到《周礼》。[27]

秦朝号称法治，但是从秦始皇巡游所勒刻石即知，他非常重视以礼治国。他封禅泰山后的刻石铭有“贵贱分明，男女礼顺，慎遵职事。昭隔内外，靡不清净”之句，在琅琊台的刻石铭有“尊卑贵贱，不逾次行”之句，在会稽的刻石铭有“防隔内外，禁止淫泆，男女洁诚”之句[28]。这些内容都显示出“儒家化”的礼治倾向。

诚然，商鞅、韩非子确实对“礼”有过激烈的批评[29]，但是他们批评的是浪费资源、伪饰人情的礼，对于维护君权、巩固统治的礼却从不反对：

> 法者，所以爱民也；礼者，所以便事也。是以圣人苟可以强国，不法其故；苟可以利民，不循其礼。（《商君书·更法》）
>
> 简侮大臣，无礼父兄，劳苦百姓，杀戮不辜者，可亡也。（《韩非子·亡征》）

《史记·礼书》明载，秦统一天下后，“悉内六国礼仪，采择其善，虽不合圣制，其尊君抑臣，朝廷济济，依古以来”。精通礼仪的叔孙通便是仕于秦朝的“待诏博士”。云梦睡虎地秦简出土的《为吏之道》，是秦朝官吏的为官处世诫条，反映了秦朝政府对其官吏的道德要求，其中有曰：

> 宽容忠信，和平毋怨，悔过勿重。慈下勿陵，敬上勿犯，听谏勿塞。……怒能喜，乐能哀，智能愚，壮能衰，勇能屈，刚能柔，仁能忍，强

---

[25] 杨华：《睡虎地秦简〈法律答问〉第25—28号简补说》，载《古文字研究》（第二十八辑），中华书局2010年版；彭浩：《睡虎地秦简“王室祠”与〈齐律〉考辨》，载《简帛》（第一辑），上海古籍出版社2006年版；张春龙：《里耶秦简祠先农、祠窨、和祠隄》，载《简帛》第二辑，上海古籍出版社2007年版。

[26] 陕西省雍城考古队：《凤翔马家庄一号建筑群遗址发掘简报》，载《文物》1985年第2期；韩伟：《马家庄秦宗庙建筑制度研究》，载《文物》1985年第2期；滕铭予：《秦雍城马家庄宗庙祭祀遗存的再探讨》，载《华夏考古》2003年第3期。

[27] 李学勤：《秦律与〈周礼〉》，载李学勤著：《简帛佚籍与学术史》，江西教育出版社2001年版，第110—117页。

[28] 《史记》卷六，《秦始皇本纪》。

[29] 见《商君书·勒令》、《韩非子·解老》等篇，礼乐被法家视为亡国的“六虱”之一。

> 良不得……吏有五善：一曰忠信敬上，二曰清廉毋谤，三曰举事审当，四曰喜为善行，五曰龚恭敬多让。五者毕至，必有大赏。……为人君则怀，为人臣则忠，为人父则慈，为人子则孝，能审行此，无官不治，无志不彻，为人上则明，为人下则圣。君怀臣忠，父慈子孝，政之本也；志彻官治，上明下圣，治之纪也。㉚

这些为官箴言中的道德信条，如宽容忠信、上慈下孝、君怀臣忠、为善谦让，与先秦儒家的核心思想大为相合，很难说是属于法家，还是属于儒家。所以有学者认为，它们是儒法结合的产物。㉛ 在新近公布的岳麓书院藏秦简中，也有一篇自题为《为吏治道及黔首》的文献，内容与之相类，例如，同样有为吏之"五善""五过"之类，但也有部分不同，如"正而行修其身，祸与福邻。欲人敬之必先敬人，欲人爱之必先爱人"【61 正—64 正】、"为人友不争"【85 正】等句。㉜ 不仅对官吏如此要求，对百姓也以孝行相尚，云梦睡虎地秦简《日书》中有"丁亥生子，工巧，孝"的占辞，可知当时官民、朝野都是以孝道为基本道德标准的。岳麓书院秦简《为吏治道及黔首》中有"黔首不田作不孝"【13 正】之句，使人联想到汉代儒家化之后的察举科目"孝悌力田"。

以法家治国的秦朝注重礼治，而汉武帝以后以儒家治国时，又特别注重法治。汉宣帝"所用多文法吏，以刑名绳下"，一语道破治术的根本："汉家自有制度，本以霸王道杂之，奈何纯任德教，用周政乎！"㉝

总之，不存在所谓"儒家化的法律"，也不存在所谓"法家化的法律"。在秦汉法律中，礼与法同时作为治理国家的手段，是融合使用的。

三、礼、法合一的理论可上溯至先秦

"礼、法并用"的法律实践是否起源于秦汉时代？恐亦未必。如向前追溯，则会发现，它是先秦以来"礼、法合一"理论的必然结果，并非秦汉时期的向壁独创。

先秦思想家认识到，礼与法的都是治国的重要手段。荀子说，"礼义者，

㉚ 睡虎地秦墓竹简整理小组：《云梦睡虎地竹简》，文物出版社 1990 年版。第 167—176 页。
㉛ 高敏：《云梦秦简初探》，河南人民出版社 1979 年版，第 229 页
㉜ 朱汉民、陈松长主编：《岳麓书院藏秦简》（壹），上海辞书出版社 2010 年版，第 108—149 页。
㉝ 《汉书》卷九《元帝本纪》。

治之始也”“法者，治之端也”。[34] 礼与法的最终目的其实并无二致：

> 礼以道其志，乐以和其声，政以一其行，刑以防其奸。礼、乐、刑、政，其极一也。(《礼记·乐记》)

“礼乐、刑法、政俗”是一个国家文化的全貌，在战国时人看来，鲁国之所以被称为“有道之国”，就是因为它据有“王礼”，诸要素未曾变化。[35]

虽然礼、法都是治国的重柄，但二者又有所区别，要点在于：

第一，礼的功能在于“防乱”，法的功能在于“止乱”；礼防于“将然之前”，而法则“禁于已然之后”：

> 夫礼，禁乱之所由生，犹坊止水之所自来也。故以旧坊为无所用而坏之者，必有水败；以旧礼为无所用而去之者，必有乱患。(《礼记·坊记》)

> 礼之教化也微，其止邪也於未形，使人日徙善远罪而不自知也，是以先王隆之也。(《礼记·经解》)

礼通过教化提升人性，使人自觉克制其私欲，正心向善，不待政治强制力的实施而达到规范社会的效果，其“止邪于未形”的功能如同“治病于未病”一样。

第二，同是治理国家的手段，礼与法有软、硬之别，法治依靠他律，礼教则培养自律。孔子说：

> 道之以政，齐之以刑，民免而无耻；道之以德，齐之以礼，有耻且格。(《论语·为政》)

仅仅依靠来自外部的法律强制，凡人为了“畏罪远邪”，只能产生“遁心”[36]，不会形成内在的道德自觉。即使暂时“免而无耻”，一旦遇到不良环境，缺乏监督，难免作奸犯科。宋代邢昺疏谓：

> 言君上化民，不以德而以法制刑罚，则民皆巧诈苟免，而心无愧耻也。……言君上化民，必以道德。民或未从化，则制礼以齐整，使民知有礼则安，失礼则耻。如此则民有愧耻而不犯礼，且能自修而归正也。

---

[34] 《荀子·王制》，《荀子·君道》。

[35] 《礼记·明堂位》。

[36] 《礼记·缁衣》：“夫民教之以德，齐之以礼，则民有格心。教之以政，齐之以刑，则民有遁心。”

所以儒家主张，通过教化来提高百姓的道德水平和是非判断，使社会秩序趋于安平。孔子说："上好礼，则民莫敢不敬。"[37]孟子把自上而下的教化比喻为风吹草上，荀子反对"不教而诛"，都强调礼义教化的社会功能。

以上观念，与现代软法的理念大致相切，不啻为先哲圣贤发明遗教后人的精神财富。

研究者大多强调或夸大儒、法之别，难免有所误解。礼与法，都是治理国家的手段，二者互济为用，缺一不可，正如孟子所说："徒善不足以为政，徒法不能以自行。"[38]儒法两派思想家也未将礼、法决然对立。例如，被称为法家始祖的管子，将礼、义、廉、耻称为"国之四维"，并强调说："四维张则君令行，教训成俗而刑罚省。"[39]相应的，在儒家思想中也存在着"王子犯法，与庶民同罪"的传统，《礼记·文王世子》说："公族之罪，虽亲，不以犯有司正术也，所以体百姓也。"像汉代"强项令"董宣惩治湖阳公主、历代削藩抑藩这样的史例，也是符合礼法的。法家之重礼已见前论，另外值得注意的是，战国时期的法家大多师出儒门。史载孔子死后，儒分为八，其思想义理也分散到各地，并在中原开出法家的花朵：

> 七十子之徒散游诸侯，大者为师傅卿相，小者友教士大夫，或隐而不见。故子路居卫，子夏居西河，子贡终于齐。如田子方，段干木、吴起、禽滑釐之属，皆受业于子夏之伦，为王者师。是时独魏文侯好学。[40]

中原三晋成为法家的策源地，魏文侯尊师子夏，从受教于子夏的"河西学派"走出了一批由儒家入法家的改革家。吴起、李悝即为其代表，后者曾为魏文侯相。另据《史记》，吴起也是曾子的学生（"尝学于曾子"），历经鲁、魏，最终在楚完成"变法"之业。韩非和李斯都是荀子的学生，其法家治术无疑也是脱胎于儒。

一般论著对中国法律史的叙述是，夏商西周是礼治时代，春秋至秦朝是法治时代，汉代中期以后是礼法融合的时代。[41] 似乎西周有一个庞大完善的礼治系统，而到了春秋战国转而为法治取代，由"礼治秩序"转变为"法治秩

---

[37] 《论语·子路》。
[38] 《孟子·离娄上》。
[39] 《管子·牧民》。
[40] 《史记》卷一二一，《儒林传》。
[41] 曾宪义、马小红：《中加传统法的结构与基本概念辨正——兼论古代礼与法的关系》，载《中国社会科学》2003 年第 5 期。

序”了。这其实是不小的误解。

其一，春秋战国之际的“礼崩乐坏”并非礼制的中绝。历代旧说都将春秋战国之际的社会巨变看作“礼崩乐坏”，其实这种“崩坏”只不过是王纲解纽、礼制下移，历史走过了“礼乐征代自天子出”到“礼乐征发自诸侯出”，再到“陪臣执国命”的过程。政治中心的下移，也带来了礼制的下移，低级贵族僭礼越规，享受了高级贵族的礼遇。这种“暴发式”的“据礼”，反而带来礼器数量的众多和礼器风格的繁复。实际上，从礼乐器的出土数量来看，春秋战国远远多于西周；从礼器的组合来看，春秋战国时期也远比商代、西周更为完备。有学者认为：“春秋以来，天子、诸侯、大夫的力量逐渐削弱并发生变化，就使全部的礼陷于土崩瓦解，不能再发挥它的作用。这时，代之而起的就是新兴地主阶级的法治。在礼崩溃之后，变法的同时也进行更礼，改造了奴隶主阶级的旧礼，成为新兴地主阶级的新礼。”[42]这是既对又不对的说法，新阶级的上升固然制定了“新礼”——法，但是并不代表旧礼土崩瓦解、不再发挥作用了。

其二，在实际运作层面来看，礼制和法治也没有决然分离。例如，吴起在楚国变法，虽然因公元前 381 年楚悼亡的去世而殉国车裂，但他制定的法律制度显然在楚国开花结果了。这由包山楚墓（下葬年代为公元前 316 年）出土的大量法律文书可见一斑，其诉讼程序、司法组织已相当严密，不少法律原则可与其后的秦、汉法律文书构成源流关系，足见楚国法律制度之规范、成熟。然而，在与之同时或稍后的楚国社会，却流行着大量的儒家文献，例如郭店楚墓（下葬年代约为公元前 300 年）所出的儒家文献包括《缁衣》《忠信之道》《尊德义》等十多篇。上博简、清华简据信也是出于楚地（书法字体判断和简牍材质分析），其年代也在战国中后期，其中也以儒家文献居多，有些甚至可与“四礼”中的传世礼学篇章直接对读，如《缁衣》《武王践阼》《民之父母》《天子建州》等。这说明，法律制度与儒家思想可以并行不悖，并不构成非此即彼的对立和分离。

例如，前述《周礼·大司徒》《礼记·内则》所载的养老礼，在被视为是法家文献的《管子·入国》篇中，也有几乎相同规定：

> 所谓老老者，凡国都皆有掌老。年七十已上，一子无征，三月有馈肉。八十已上，二子无征，月有馈肉。九十已上，尽家无征，日有酒肉。

---

[42] 栗劲：《秦律通论》，山东人民出版社 1985 年版，第 121—122 页。

死，上共棺椁。劝子弟精膳食，问所欲，求所嗜，此之谓老老。

《管子》把“老老”作为“九惠”之教的首教，而除了《大司徒》《内则》篇外，儒家文献《礼记·大学》《荀子·修身》也都强调“老老”。

总之，秦汉时期的“礼、法并用”，可以向前追溯至先秦时期的“礼、法合一”。在先秦诸子的理论设计和春秋战国时期的政治实践中，礼与法都不是决然对立的两个范畴，二者融合互补，共同发挥作用。

四、从习惯法看中国古代的礼法关系

全世界法律史的演进历程，大致都经过了不成文法到成文法的阶段。英国著名法律史家梅因(Henry Sumner Maine)认为，法律的起源和发展分为自发和自觉两个阶段，从习惯到习惯法，再到成文法典，这是人类经历的共同道路。他说：

> 在希腊、在意大利、在西亚的希腊化海岸上，这些法典几乎到处都在同一时期出现，这所谓同一个时期，我的意思当然并不是指在时间上的同一时期，而是说在每一个社会相对地进步到类似的情况下出现的。在我所提到的几个国家中，到处都把法律铭记得在石碑上，向人民公布，以代替一个单凭有特权的寡头统治阶级的记忆的惯例。……罗马法典就属于上面所说的那一类法典，这类法典的价值不在于其分类比较匀称或用词比较简洁明了，而在于它们为众所周知，以及它们能使每个人知道应该做些什么或不应该做些什么的知识。[43]

梅因把罗马的“十二铜表法”视为人类最著名的成文法范例。当代美国法律史家昂格尔(Roberto. Mangabeira Unger)把人类的法律史分为习惯法、官僚法和法律秩序三个阶段他认为，习惯法是反复出现的个人与群体之间相互作用的模式，是一种自发形成的、相互作用的法律。习惯法阶段，国家尚未从社会中分离出来。到官僚法阶段，国家与社会已经分离，法律开始由政府制定并强制实施。历史上各文明都经历了官僚法这个阶段，但是最

---

[43] 〔英〕梅因：《古代法》，沈景一译，商务印书馆1964年版，第9页。

后只有欧洲文明才在某种特殊的条件下创造出“法律秩序”(即近代法制体系)[44]。

与梅因不同,昂格尔对中国法律史着墨较多。昂格尔认为,中国的习惯法时期是西周到春秋部分时期(截止于前6世纪中叶),这时的封建制相当于欧洲的封建主义;中国的官僚法时期是春秋后期经战国,到秦统一(公元前6世纪到公元前221年)。[45] 他直接将礼与习惯法联系起来,他说:“礼的概念充分体现了中国封建社会中法的含义,而且,礼支配儒家思想的全部观念。”其原因或表现在于:第一,礼是等级性的行为准则,它们根据个人相对的社会地位而支配人们之间的关系。“此时的中国封建社会(指真正意义上的“封邦建国”时期,与时下中国学术话语中的秦朝以后“封建社会”不同——引者)类似于古代罗马、日本和奥斯曼帝而不同于中世纪的欧洲。”第二,礼是内在于特定社会状况和地位的习惯性的行为形式,期待某一等级成员在特定情况下如何行为与关于他们应当如何行为的认识之间并没有严格的界限。这些标准支配着或确定着在个人生活中占很大部分的持久性的关系。第三,礼不是实在的规则,从某种意义上讲,它甚至根本就不是规则。第四,礼不是一种公共的规则,礼不是国家制定的,“每一种社会等级、社会关系和社会地位的人都会在内部执行自己的法律”。[46] 他对礼、法关系也有认识:“儒家提倡回归那种体现伦理典范的习惯礼仪,而法家主张扩充官僚政治以及强制执行官僚法。”[47]

尽管梅因和昂格尔的理论受到不少批评[48],但是有三点值得注意:一是指出人类古代法律体系的形成,有一个固定的时间界标,梅因称之为成文法,昂格尔称之官僚法;二是在成文法或官僚法之前,有一个习惯法阶段,它对人类历史产生过重要影响,但随着文明的进展,人类会超越它;三是中国的“礼”类似于西方的习惯法。

借助以上认识,可以思考中西法律文化的异同所在。就时间而言,罗马《十二铜表法》是罗马元老院于公元前450年完成的,自从有了这一成文法

---

[44] 〔美〕R. M. 昂格尔:《现代社会中的法律》,吴玉章、周汉华译,译林出版社2001年版,第45—54页。

[45] 同上书,第89页。

[46] 同上书,第88—91页。

[47] 同上书,第101页。

[48] 关于对昂格尔的批评,可参安守谦:《不可思议的西方?昂格尔运用与误用中国历史的含义》,载高道蕴、高鸿钧、贺卫方编:《美国学者论中国法律传统》,中国政法大学出版社1994年版。另参见梁治平:《清代习惯法:社会与国家》,中国政法大学出版社1996年版,第1—29页“导言”。

典，法律不再依靠贵族的记忆，而成为普遍遵循的条文。中国最早的成文法，一般认为始于郑国子产的铸刑书，《左传》记载，鲁昭公六年（公元前536年）“郑人（子产）铸刑书”，晋国叔向写信劝止，未遂。23年后，鲁昭公二十九年（公元前513年），“晋赵鞅、荀寅帅师城汝滨，遂赋晋国一鼓铁，以铸刑鼎，著范宣子所为刑书焉”，受到孔子的批评。在时间上，中西方成文法的首现时间差不多。

在子产、范宣子、赵鞅等人之前，中国古代并非没有规则，但那是“礼”。例如，文献中常常讲到“先王之法”：

> 今陈国道路不可知，田在草闲，功成而不收，民罢于逸乐，是弃先王之法制也。（《国语·周语中》）
>
> 夫先王之法志，德义之府也。（《国语·晋语四》）
>
> 以九贡之法致邦国之财用，以九赋之法令田野之财用，以九功之法令民职之财用，以九式之法均节邦之财用。（《周礼·司会》）
>
> 遵先王之法而过者，未之有也。（《孟子·离娄上》）
>
> 先王之法曰：“臣毋或作威，毋或作利，从王之指；无或作恶，从王之路。”（《韩非子·有度》）
>
> 成王幼，不能莅阼，周公相，践阼而治。抗世子法于伯禽，欲令成王之知父子君臣长幼之道也。（《礼记·文王世子》）

这些所谓“先工之法”，基本是上古的礼制，《文王世子》之例最为代表，周公让伯禽演习的所谓“世子法”，实际上就是世子之礼。不过，这些“先王之法”无所不包，几乎涵盖了上古文化的所有方面，正如亚里士多德所说：“积习所成的‘不成文法’比‘成文法’实际上还更有权威，所涉及的事务也更为重要；由此，对于一人之治可以这样推想，这个人的智虑虽然可能比成文法为周详，却未必比所有不成文法更广博。”[49]

上古礼制甚至也形诸文字。上古建筑，在大门两旁有象魏（即阙），专门用来张贴法令，《周礼·天官·大宰》之职，是“正月之吉，始和布治于邦国都鄙，乃县治象之法于象魏，使万民观治象，挟日而敛之”。郑玄注：

> 大宰以正月朔日，布王治之事於天下，至正岁，又书而县于象魏，振木铎以徇之，使万民观焉。小宰亦帅其属而往，皆所以重治法、新王事也。凡治有故，言始和者，若改造云尔。

---

[49] 〔古希腊〕亚里士多德：《政治学》，吴寿彭译，商务印书馆1983年版，第169—170页。

这种张贴于象魏墙上的“法令”，与子产、赵鞅等人所铸的刑书不同，与李悝的《法经》之类更是不同，它可能与上古的颁朔之礼有关，仍是习惯法的一种。

在罗马成文法取代习惯法之后，旧有的习惯法也曾跟成文法典有过一段交织期或斗争期：“习惯是为群众所遵守的，但他们当然未必能理解它们所以存在的真正原因，因此，也就不可避免的要创造出迷信的理由以说明它们的永恒存在。于是就开始着这样一种过程，简单地讲，就是从合理的惯例产生出不合理的惯例。”[50]叔向批评子产，孔子批评赵鞅，其指归都在于“复礼”，反映了旧礼向新法过渡的交织或斗争。

不过总体而方言，在西方法律史上，从习惯法向成文法的转换相当明显，二者的区别也非常明显：

> 当法律一经制成“法典”，所谓法律自发的发展，便告中止。自此以后，对它起着影响的，如果确有影响的话，便都是有意的和来自外界的。[51]

然而在中国传统文化中，成文法典出现后，习惯法不仅没有“中止”，而且一直伴随着成文法的实施而存在着，这就是中国古代礼法交织、礼法合一的实质。

《孟子·离娄》：“《诗》云：‘不愆不忘，率由旧章。’遵先王之法而过者，未之有也。”孟子言此时，已至战国中叶，以李悝为代表的成文法典（官僚法）在各国都已流行。然而，孟子仍然崇尚“旧章”和“先王之法”，这无疑是习惯法影响所致。《孝经》说：“非先王之法服不敢服，非先王之法言不敢道，非先王之德行不敢行。”这与孟子的追求是一致的。

众所周知，就文字训诂而言，中国古代指代法律的用语极多，《尔雅·释诂》：“典、彝、法、则、刑、范、矩、庸、恒、律、戛、职、秩，常也。柯、宪、刑、范、辟、律、矩、则，法也。”其中既包含了成文法的内容，也包含有习惯法的内容。无论在中国古代成文法典出现之前，还是出现之后，它们都是混用无别的。这多少也有助于说明，在成文法出现之后，中国人并没有将成文法与习惯法截然分开。

这不仅仅是儒家的一种复古史观，实际上在法律的操作层面，礼法也互

---

[50] 〔英〕梅因：《古代法》，沈景一译，商务印书馆 1964 年版，第 11 页。

[51] 同上书，第 13 页。

相渗透、互相补充的。《礼记·曲礼上》：

> 道德仁义，非礼不成，教训正俗，非礼不备。分争辨讼，非礼不决。君臣上下父子兄弟，非礼不定。宦学事师，非礼不亲。班朝治军，莅官行法，非礼威严不行。祷祠祭祀，供给鬼神，非礼不诚不庄。是以君子恭敬撙节退让以明礼。

“班朝治军，莅官行法”之类的政治运作，都要靠礼来加以维护，颇有习惯法来辅助成文法的意味。《月令》是一种关于阴阳变化、四季行事的“时宪”，无疑是习惯法，但是其孟春之月的行事是“命大史守典奉法”，其孟秋之月的行事是“命有司修法制，缮囹圄，具桎梏，禁止奸，慎罪邪，务搏执。命理瞻伤，察创，视折，审断。决狱讼，必端平。戮有罪，严断刑”。春囚秋斩的刑狱节奏，在历代司法实践中都有反映，无疑是古老习惯法的遗存和影响。

中国的习惯法从未中断，一直到清代仍然沿用。这是与西方法律传统的根本不同之处。梁治平指出：

> 虽然官府并不以行规、族约以及各地方俗例为“法”，更不会在审判过程中受其拘束而予以严格适用，事实上却常常将其决定建立在民间既存的规约、惯例和约定上面，当这些规约、惯例和约定并非明显与国家法上相应原则相悖时尤其如此。从某种意义上说，官府所适用的即是法律。不但习惯与法律，而且民间法与国家法的界线也变得模糊起来。[52]

中国人真正意识到习惯法与成文法的区别或冲突，那要晚到晚清立法改革时的“礼法之争”。张之洞、劳乃宣为代表的“礼教派”，与沈家本、杨度为代表的“法理派”之间，争论激烈，实际上是中西法律体系、法律观念的争论，可以视为其后不久爆发的“东西文化论争”的一个前奏。

综上，通过考察秦汉时期的法律简文，可以看出，后世法律中所谓“儒家化”的要素，基本在秦汉法律简文中都有所见，瞿同祖“中国法律之儒家化可以说是始于魏、晋，成于北魏、北齐，隋、唐采用后便成为中国法律的正统”的结论不够准确。至少在秦汉时期的法律中已存在大量儒家内容，“礼、法并用”的实践可上溯至秦汉时期。然而并不存在所谓“儒家化的法律”，也不存在所谓“法家化的法律”。在秦汉法律中，礼与法同时作为治理国家的手段，

---

[52] 梁治平：《清代习惯法：社会与国家》，中国政治大学出版社1996年版，第19页。

是融合使用的。再向前追溯,“礼、法合一”的理论可上溯至先秦。在先秦诸子的理论设计和春秋战国时期的政治实践中,礼与法都不是决然对立的两个范畴,二者融合互补,共同发挥作用。中国传统法律也与西方法律史一样,走过了由习惯法向成文法(官僚法)的演进道路,然而,中国古代成文法典出现后,习惯法并没有如西方那样“中止”,反而一直伴随着成文法的实施而存在着,这就是中国古代礼法交织、礼法合一的实质。

中国古代礼法关系新论
——以春秋战国至唐代为中心

岳纯之[*]

礼法关系是中国法制史上的一个老问题，也是每本中国法制史教材都要涉及、每个研究中国古代法制史的人都要经常面对的问题。对古代礼法关系，我在长期的教学和研究中，也断断续续做过一些思考，只是一直没有机会连缀成文，最近阅读有关论文，颇受启发，一些蛰伏已久的想法又再度被"激活"，遂草成此文，略抒己见，不妥之处，请各位读者指正。

一、什么是礼

什么是礼？这是任何关于礼的研究所必须要回答的首要问题，而恰恰是在这个问题上，我们似乎陷入了一种众说纷纭的境地。《左传》鲁昭公二十五年条说："子大叔见赵简子，简子问揖让周旋之礼焉。对曰：是仪也，非礼也。简子曰：敢问何谓礼？对曰：吉也闻诸先大夫子产曰：夫礼，天之经也，地之义也，民之行也。天地之经，而民实则之。则天之明，因地之性，生其六气，用其五行。气为五味，发为五色，章为五声，淫则昏乱，民失其性。是故为礼以奉之：为六畜、五牲、三牺，以奉五味；为九文、六采、五章，以奉五色；为九歌、八风、七音、六律，以奉五声；为君臣、上下，以则地义；为夫妇、外内，以经二物；为父子、兄弟、姑姊、甥舅、昏媾、姻亚，以象天明，为政事、庸力、行务，以从四时；为刑罚、威狱，使民畏忌，以类其震曜杀戮；为温慈、惠和，以效天之生殖长育。民有好恶喜怒哀乐，生于六气。是故审则宜类，以

* 南开大学法学院教授、博士生导师。

制六志。哀有哭泣，乐有歌舞，喜有施舍，怒有战斗；喜生于好，怒生于恶。是故审行信令，祸福赏罚，以制死生。生，好物也；死，恶物也；好物，乐也；恶物，哀也。哀乐不失，乃能协于天地之性，是以长久。简子曰：甚哉，礼之大也！对曰：礼，上下之纪，天地之经纬也，民之所以生也，是以先王尚之。故人之能自曲直以赴礼者，谓之成人。大，不亦宜乎？简子曰：鞅也请终身守此言也。”按照这段记载，在赵简子的心目中，揖让周旋等礼仪就是礼，而子产、子大叔则认为这些揖让周旋之礼仪是仪，而非礼，在他们看来，礼应该是“天之经也，地之义也，民之行也”“上下之纪，天地之经纬也，民之所以生也”，是无所不包的自然规律、人间大道。而早在鲁昭公五年（公元前537年），一个叫女叔齐的人，也表达过类似的看法：“公如晋，自郊劳至于赠贿，无失礼。晋侯谓女叔齐曰：鲁侯不亦善于礼乎？对曰：鲁侯焉知礼？公曰：何为？自郊劳至于赠贿，礼无违者，何故不知？对曰：是仪也，不可谓礼。礼所以守其国，行其政令，无失其民者也。今政令在家，不能取也。有子家羁，弗能用也。奸大国之盟，陵虐小国。利人之难，不知其私。公室四分，民食于他。思莫在公，不图其终。为国君，难将及身，不恤其所。礼之本末，将于此乎在，而屑屑焉习仪以亟。言善于礼，不亦远乎？君子谓：叔侯于是乎知礼。”[①]子产、子大叔、女叔齐之后，在关于什么是礼的问题，仍然聚讼，一直到今天，或说礼就是礼仪，“礼是行动的准则”[②]，或说礼“有礼之意，有礼之具，有礼之文”[③]，或说“礼者，法度之通名，大别则官制、刑法、仪式是也”[④]，或说礼“是以礼治为核心，由礼仪、礼制、礼器、礼乐、礼教、礼学等诸方面的内容融汇而成的一个文化丛体”[⑤]，或说礼“是无所不包的社会生活的总规范，融习俗、道德、政治经济制度、婚姻制度、思想准则为一体”[⑥]，或说“礼是中国传统文化世代相沿的主要形态”，“礼……兼有生活方式、伦理风范、社会制度的一体化内容，成为绵延数千年的传统文化模式”[⑦]，依然没有一个统一的说法。那么，礼到底是什么呢？

首先，我认为礼仪就是礼。礼仪，也叫礼数、礼文，是对各种场合下人们

---

① 《左传》鲁昭公五年条。

② 金景芳：《谈礼》，载《传统文化与现代化》1997年第1期。

③ 黄侃：《礼学略说》，载《中央大学文艺丛刊》1936年第2卷第2期。

④ 章炳麟：《礼隆杀论》，载《检论》1916年第2卷。

⑤ 杨志刚：《中国礼仪制度研究》，华东师范大学出版社2001年版，第21页。

⑥ 刘泽华：《先秦礼论初探》，载陈其泰等编：《二十世纪中国礼学论集》，学苑出版社1998年版。

⑦ 刘志琴：《礼——中国文化传统模式探析》，载《天津社会科学》1987年第6期。

行为的外在形式性规定，尽管从前面的引文可以看到，子产、子大叔、女叔齐都强调礼仪是“仪”而非“礼”，否定了礼仪的“礼”的属性，然而，从先秦以来，一个基本的事实是，人们在谈到礼的时候，这所谓的礼通常就是指礼仪。孔子是先秦礼的最大鼓吹者，在集中反映其思想的《论语》一书中，有75次[⑧]提到“礼”。从这75处来看，多数是在孔子的谈话中提到了“礼”，如：“子曰：殷因于夏礼，所损益可知也；周因于殷礼，所损益可知也；其或继周者，虽百世可知也。”[⑨]“子贡欲去告朔之饩羊。子曰：赐也，尔爱其羊，我爱其礼。”[⑩]“孔子曰：天下有道，则礼乐征伐自天子出；天下无道，则礼乐征伐自诸侯出。”[⑪]等等，但也有十余处是在别人的问话或叙述中提到的，如：“有子曰：礼之用，和为贵……有所不行，知和而和，不以礼节之，亦不可行也。”[⑫]“子夏曰：……君子敬而无失，与人恭而有礼。”[⑬]“宰我问：三年之丧，期已久矣。君子三年不为礼，礼必坏；三年不为乐，乐必崩。”[⑭]等等。从这些“礼”的使用语境来看，无论是孔子还是其他人，他们强调的一般都是礼仪或外在的行为约束。《仪礼》是公认的古代礼经，也是“三礼”中严格意义上的礼经，杨向奎先生说：“中国古代所谓《礼》或《礼经》指今《仪礼》言，而《周礼》为《周官》，《礼记》只是《礼经》的传。”[⑮]而翻阅一下《仪礼》就知道，其中所记并不是经天纬地、治国理民的大道理，而完全是各种场景下人们言谈吐纳、进退周旋的行为规定：“筮于庙门，主人玄冠朝服，缁带素韠，即位于门东，西面。有司如主人服，即位于西方，东面，北上。筮与席、所卦者，具馔于西塾。布席于门中，闑西阈外，西面。筮人执策，抽上韇，兼执之，进受命于主人。宰自右少退，赞命。筮人许诺，右还，即席坐，西面；卦者在左。卒筮，书卦，执以示主人。主人受视，反之。筮人还，东面；旅占，卒；进告吉。若不吉，则筮远日，如初仪。彻筮席。宗人告事毕。”[⑯]等等。秦汉以降各朝各代多有编纂礼典的举动，而其礼典所规定的也无非是各种具体行为的仪节，以唐代著名礼典《大唐开元

---

⑧ 杨伯峻《论语译注》统计为74次，应是因为“子曰：君子博学于文，约之以礼，亦可以弗畔矣夫”一语在《雍也篇第六》和《颜渊篇第十二》两见，扣除了一次。

⑨ 杨伯峻译注：《论语译注·为政第二》，中华书局2009年版，第21页。

⑩ 杨伯峻译注：《论语译注·八佾篇第三》，中华书局2009年版，第29页。

⑪ 杨伯峻译注：《论语译注·季氏篇第十六》，中华书局2009年版，第172页。

⑫ 杨伯峻译注：《论语译注·学而篇第一》，中华书局2009年版，第7页。

⑬ 杨伯峻译注：《论语译注·颜渊篇第十二》，中华书局2009年版，第122—123页。

⑭ 杨伯峻译注：《论语译注·阳货篇第十七》，中华书局2009年版，第186页。

⑮ 杨向奎：《宗周社会与礼乐文明》，人民出版社1992年版，第293页。

⑯ 《仪礼·士冠礼》。

礼》为例，其最初的目标就是编纂一部新《仪礼》，尽管这样的目标并没有完全达到，但其内容在性质上则与《仪礼》一脉相承，毫无二致，下面是该书中关于六品以下人等婚礼纳采的规定："先使媒氏通书女氏，许之，乃致纳采之礼。前一日，主人设宾次于大门外道右，南向。其日大昕，使者至女氏大门外，掌次者延入次，主人公服受其礼于正寝。掌事者布神席于室户外之西，右几。使者公服，出次立于大门外之西，东面。主人立于东阶下，西面。傧者立于主人之左，北面，受命出立于门东，西面，曰：敢请事。宾曰：吾子有命，贶室某也（吾子，女父；某，婿名）。某有先人之礼，使某也请纳采（上某，婿父名；下某，使者称也）。傧者入告，主人曰：某之子惷愚，又弗能教，吾子命之，某不敢辞。傧者出告掌畜者，以雁授宾，退立于后，左手执之，主人迎于大门外之东，西面，再拜，宾不答拜。主人揖宾以入，宾从入。主人入门而右，宾入门而左。至于次门，主人又揖入。至内霤将曲揖，当阶揖。至阶，主人曰：请吾子升。宾曰：某敢辞。主人曰：固请吾子升。宾曰：某敢固辞。主人曰：终请吾子升。宾曰：某敢终辞。主人升东阶，当阿，西面。宾升西阶，当阿，东面。宾曰：敢纳采。主人阼阶上，北面再拜，进立楹间，南面。宾进立于主人之西，俱南面。宾授雁，降自西阶以出。"[⑰]在这段文字中，非常琐细地规定了作为婚礼第一礼纳采的言谈吐纳、进退周旋。这种情况不仅限于婚礼中的纳采，其他吉、宾、军、嘉、凶中的各礼也均是如此。面对如此众多的事实，却硬要说礼仪不是礼，岂不荒唐！今天在我们的日常语言中，还有很多词汇含有"礼"字，如礼貌、礼数、礼节等等，这些词汇都包含有外在仪节的意思，之所以如此，并不是我们误解了古人，以至于"礼所表达的内涵远比古代社会狭隘"[⑱]，而恰恰是礼本身就是指这种外在的礼仪，而礼貌等现代词汇所包含的外在仪节之意不过是古义在今天的延伸。

既然如此，那么，如何理解上面提到的子产、子大叔、女叔齐等所谓礼仪是"仪"而非"礼"的说法？实际在我看来，无论子产、子大叔还是女叔齐，都没有否定礼仪的礼的属性，他们只是以夸张的语言提醒人们不要拘于形式，而忘记礼仪背后所包含的大义，拘于细琐，而忘记治国理民的初衷。否则，如果如子大叔、女叔齐所言，否定礼仪为礼，那么那些所谓的自然规律、人间大道又何所附丽？又何以称为礼？

其次，礼义、礼具并不是一个与礼仪并列的礼的独立部分。礼义，或作

---

⑰ （唐）萧嵩等：《大唐开元礼》卷125，《嘉礼·纳采》，民族出版社2000年版，第593页。
⑱ 马小红：《中华法系中"礼""律"关系之辨正》，载《法学研究》2014年第1期。

礼意,《礼记·郊特牲》说:“礼之所尊尊其义也。失其义,陈其数,祝史之事也。故其数可陈也,其义难知也。知其义而敬守之,天子之所以治天下也。”在这里,提到了礼义的问题。从这段话来看,所谓礼义,就是礼作为一种外在的行为规范所包含的内在含义。根据我的观察,礼义可以分为两个层面,一是对某一或某组具体礼仪规定的解释,比如《礼记·三年问》具体解释了服丧时间尤其三年之丧的问题,《冠义》《昏义》具体解释了冠礼和婚礼的含义,通常所说的礼义就是指此。像这样的所谓礼义,已经内在地包含于礼仪当中,只要有某种礼仪,就必然会有与之相应的某种礼义,礼义或有时而不彰,但绝没有无礼义的礼仪,因此,礼义不宜作为礼的一个独立的部分。二是作为整个礼制的基本原则的礼义,比如亲亲、尊尊等,它们贯彻于整个礼制当中,自然也属于礼的内容,但由于它们也是附丽于礼仪或礼制,而且就其作为一种观念而言,也并不是仅仅属于礼,而是为社会其他规范体系所共享,因此,似也不应单独作为礼的一个独立部分。

礼具,也叫礼器,就是实施礼仪规定所必须具备的器具,“凡吉凶礼乐,自非物曲,固不足以行之,是故祭有祭器,丧有丧器,射有射器,宾有宾器。及其辨等威,成节文,则宫室车旗衣服饮食皆礼之所寓,虽玉帛钟鼓非礼乐之至精,舍之则礼乐亦无所因而见”[19],而反过来说,礼具也只有在礼仪中才能显示出其礼的意义,因此,礼具也应该是礼仪的一个必要组成部分,而不是一个与礼仪并列的部分。

再次,礼学、礼治、官制、法律等不属于礼。礼学是研究礼的学问,礼治则是以礼作为治国方式并由此而形成的一种体现礼的原则和要求的社会秩序。礼学对人们认识礼和遵循礼无疑有着重要意义,礼治则是将礼由书面规则推进到行动规则的过程或事业,就此而论,将礼学和礼治也置于礼的范畴之中,不无道理。不过,如果从规范的角度来看的话,礼学、礼治都非行为规范,如果将它们也置于礼的范畴之中的话,这就类似于将法学和法治也称作法律,又显得有失伦类,正是因此,还是不将礼学、礼治列入礼的范畴中为好。官制、法律,从发生学的角度说,它们可能与礼曾经有过共同的起源,而且在后世也仍然存在着某些相互的影响,但作为不同的规范体系,至少在春秋战国时期已经有所分化。比如我们前面提到的《论语》,其中虽然重视礼,

⑲ 黄侃:《礼学略说》,载《中央大学文艺丛刊》1936年第2卷第2期。

认为“先王之道斯为美，小大由之”[20]，“不知礼，无以立”[21]，但并没有将礼看作无所不包的总规范，孔子说：“道之以政，齐之以刑，民免而无耻；道之以德，齐之以礼，有耻且格。”[22]从这句话来看，在孔子的眼里，作为治国的工具，除了礼之外，还有政、刑、德。[23] 在以后的历史发展中，政、刑、德等也仍然是与礼齐头并进，并没有为礼所并吞。各种正史诸志在《礼仪志》之外，往往还设有《职官志》《刑法志》等，之所以有这样的史志体例，正是因为在现实的政治活动和社会活动中，礼并不是包罗一切的总规范。这里需要特别提到《周礼》，它主要是记载官制，却有“礼”之名，这也许是人们将官制、法律也视作礼的一个重要根据，但凡是对《周礼》稍有了解的人都知道，《周礼》本名“周官”，是西汉末年刘歆改为《周礼》，而刘歆的这种对“礼”的用法，与我们看到的先秦以来对礼的通常用法并不相同。曾有人比附《礼记·礼器》“经礼三百，曲礼三千”的说法，认为《周礼》就是“经礼”[24]，但这样的说法早已经被前人所否定，宋人朱熹说：“经礼三百，便是《仪礼》中士冠、诸侯冠、天子冠礼之类，此是大节，有三百条。如始加，再加，三加，又如‘坐如尸，立如齐’之类，皆是其中之小目，便有三千条。或有变礼，亦是小目。”[25]清人孙诒让说得更清楚：“盖《周礼》乃官政之法，《仪礼》乃礼之正经，二经并重，不可相对而为经、曲。”[26]后世不少学者在提到《周礼》一书时，坚持使用“周官”一名，应不仅仅是因为《周礼》本名“周官”，而且也因为该书内容主要是关于设官分职，与礼关系不大。

---

[20] 杨伯峻译注：《论语译注·学而篇第一》，中华书局2009年版，第7页。

[21] 杨伯峻译注：《论语译注·尧曰篇第二十》，中华书局2009年版，第209页。

[22] 杨伯峻译注：《论语译注·为政篇第二》，中华书局2009年版，第11—12页。

[23] 类似看法，先秦不少文献都有所体现，如《礼记》就说“礼乐、刑法、政俗未尝相变也”，又说“故礼以道其志，乐以和其声，政以一其行，刑以防其奸。礼乐刑政，其极一也，所以同民心而出治道也”。

[24] （汉）郑玄注，（唐）孔颖达疏：《礼记正义》卷23，《礼器》，第207页，载清阮元校：《十三经注疏》，中华书局1980年影印版，第1435页。

[25] （宋）黎靖德编，王星贤点校：《朱子语类》卷87，《礼四·小戴礼·礼器》，中华书局1986年版，第2243页。

[26] （清）孙诒让：《周礼正义》（第一册），商务印书馆1934年版，第3页。

二、礼是否是根本法

礼，是中国古代的社会规范，古人认为其作用非常之大，前文已有涉及，而《礼记·曲礼上》说得更加透彻明白："道德仁义，非礼不成。教训正俗，非礼不备。分争辨讼，非礼不决。君臣、上下、父子、兄弟，非礼不定。宦学事师，非礼不亲。班朝治军，莅官行法，非礼威严不行。祷祠、祭祀、供给鬼神，非礼不诚不庄。是以君子恭敬撙节，退让以明礼。鹦鹉能言，不离飞鸟。猩猩能言，不离禽兽。今人而无礼，虽能言，不亦禽兽之心乎？夫唯禽兽无礼，故父子聚麀。是故圣人作，为礼以教人，使人以有礼，知自别于禽兽。"在这里，礼被看成是最重要的教化手段，是人与动物的区别所在。那么是否因此，我们就可以将礼看成根本法呢？

在这里，为了讨论的方便，我们有必要先弄清楚什么是根本法。"根本法"一词，可以在两种意义上使用，一种是严格的法律意义，一种是比喻意义。严格的法律意义上的根本法，是指规定国家根本制度和人民基本权利、具有最高法律效力的法律，这也就是一个国家的宪法。对此，已经是学界甚至国人共识，无须赘述。比喻意义上的根本法，如卢梭在《社会契约论》中说：在政治法、刑法、民法"这三种法律之外，还要加上一个第四种，而且是一切之中最重要的一种；这种法律既不是铭刻在大理石上，也不是铭刻在铜表上，而是铭刻在公民们的内心里；它形成了国家的真正宪法；它每天都在获得新的力量；当其他的法律衰老或消亡的时候，它可以复活那些法律或代替那些法律，它可以保持一个民族的创制精神，而且可以不知不觉地以习惯的力量代替权威的力量。我说的就是风尚、习俗，而尤其是舆论"。[27] 在这里，卢梭所说的"真正宪法"，我们也可以说是根本法，但这种根本法显然是比喻意义上的，因为风尚、习俗、舆论，即使是按照卢梭自己"法律乃是公意的行为"[28]的法律定义，它们也不可能是宪法，当然也就不是根本法，而卢梭之所以称之为"真正宪法"，无非是以比喻的方式强调风尚、习俗、舆论的重要性。

如果从比喻的意义上说礼是中国古代的根本法的话，我们没有任何讨论的必要，因为无非就是一个比喻，由于每个人立场、学识等各个方面的不

---

[27] 〔法〕卢梭：《社会契约论》，何兆武译，商务印书馆2003年版，第70页。

[28] 同上书，第47页。

同，对每个事物的重要性的判断也往往会有所不同，因此说礼是根本法或非根本法，均无不可。但如果从严格的法律意义上来说的话，称礼为根本法则显然不妥，因为无论从形式上说，还是从内容上说，礼都不具备根本法的特征。

首先，礼不具备根本法的形式特征。纵观世界各国宪法，许多国家的宪法都具有迥异于一般法律的形式特征，主要表现为要经过特殊的制宪程序、特殊的修宪程序以及一定时间内的唯一至上性，而古代的礼显然缺乏这样的特征。以唐代礼为例，从贞观礼到显庆礼再到《大唐开元礼》，其编纂和修改与一般的律、令乃至史书并无不同。尤其值得注意的是，唐朝的贞观礼和显庆礼居然可以同时有效，“贞观、显庆二礼，皆行用不废”，而且在适用时还可以“每有大事，皆参会古今礼文，临时撰定”[29]，这是作为根本法所绝对不允许的。此外，在中国古代，如果父母被别人无端杀害，子女有为父母复仇的义务，这是儒家的说教，也是礼的规定，然而，当礼与法发生冲突的时候，也并不总是屈法申礼，比如后文即将提到的唐代同蹄智寿复仇案、徐元庆复仇案、余常安复仇案，都是依照法律而不是依照礼对复仇者作出了死刑的终审判决。即使那些表面上符合礼的终审判决，也并没有显示出礼的至上性。比如唐太宗时，有个叫王君操的，“其父隋大业中与乡人李君则斗竞，因被殴杀”，贞观年间，君操长大成人，遂寻机“密袖白刃刺杀之”[30]，还有个叫卫无忌的女孩，“其父为乡人卫长则所杀”，“从伯常设宴为乐，长则时亦预坐，无忌以砖击杀之”[31]，唐高宗时，有个叫赵师举的，“父为人杀”，后师举“手杀仇人”[32]，在这些复仇案中，复仇者最终都被“特诏原免”。[33] 但在这些个案中，我们看到，第一，尽管复仇者被最终原免，与礼的要求基本相符，但并不是因为礼的至上性，而是皇权的至上性，是“特诏”或皇权使复仇者最终得以免于刑法制裁。在唐朝以前或以后，史书中还有一些复仇免罪的案例，这些案例中的当事人之所以被免罪，有的是由于州郡县等地方政府的判决，但多数也是由于皇帝特诏或恩赦[34]，如《宋书》记载的钱延庆复仇案、《魏书》记载的孙

---

[29] 《旧唐书》卷21《礼仪志》，第818页。

[30] 《旧唐书》卷188《孝友传》，第4920页。

[31] 《旧唐书》卷193《列女传》，第5141页。

[32] 《新唐书》卷195《孝友传》，中华书局1975年标点本，第5585页。

[33] 《旧唐书》卷188《孝友传》，第4920页。

[34] 可参阅霍存福：《复仇者的命运与复仇案的结局分析》，载《复仇·报复刑·报应说》，吉林人民出版社2005年版，第三章第二节之四。

益德复仇案、《宋史》记载的李璘、甄婆儿、刘斌复仇案等等，莫不如此，这种情况也表明，尽管在面对礼与法的冲突时，不同的人会作出不同的选择，但就多数案件的处理来看，在礼与法的关系上，是不存在礼的至上性的，正是因此，才需要皇帝斟酌情况，作出裁决，而不是相关机关直接依礼处理。第二，尽管在这些案子中，复仇者被特诏原免，但都是个案处理，并没有宣布相关的法律无效，或者对法律作出相应的修改。当然，在唐律中有禁止受害人亲属与杀人凶手私下和解的规定："诸祖父母、父母及夫为人所杀，私和者流二千里；期亲，徒二年半；大功以下，递减一等。受财重者，各准盗论。虽不私和，知杀期以上亲，经三十日不告者，各减二等。"[35]在这条规定中，严禁受害人亲属与杀害自己父母、祖父母、丈夫及其他亲属的凶手"私和"，在某种程度上体现了儒家和礼的"弗与共戴天"[36]的要求，但其并未允许私人复仇，相反它要求受害人亲属要及时"告"，也就是向国家提起告诉，通过"告"，然后由作为公权力机关的国家对凶手依法实施惩罚，从而间接实现复仇的目的。这也就意味着，如果再次发生复仇案件，如果没有皇权的特别介入，依礼行动的复仇者一般仍然要受到法律的严厉制裁。在这里，我们与其说礼至上，还不如说法律至上，与现代宪法的至上性更是不可同日而语。

其次，礼不具备根本法的实质特征。宪法之所以被称作根本法，除了形式特征外，就内容来看，也不同于一般法律，其所规定主要都是关于国家的基本制度和人民的基本权利。礼是古代中国的社会规范，是在人民日常生活和风俗习惯的基础上慢慢形成的，不可能完全按照现代宪法的形式特征来要求它，因此，如果其在内容上具有根本性的话，也可视作根本法。而就礼的内容来看，它所涉及的恰恰都是大到国家小到个人的各种活动具体仪节，这些仪节通常并不带有根本性，比如前面提到的《仪礼》《大唐开元礼》的规定，中间省略某些环节或有所权变，恐怕并无不可。欧阳修在《新唐书·礼乐志》中说："由三代而下，治出于二，而礼乐为虚名"，"自汉以来，史官所记事物名数、降登、揖让、拜俛、伏兴之节，皆有司之事尔，所谓礼之末节也。然用之郊庙，朝廷自搢绅大夫从事其间者皆莫能晓习，而天下之人至于老死未尝见也。况欲识礼乐之盛，晓然谕其意，而被其教化以成俗乎"？这种情况，也恰恰说明礼的内容并不带有根本性，不能称之为根本法。

---

[35] 岳纯之点校：《唐律疏议》卷17《贼盗律》，上海古籍出版社2013年版，第282页。

[36] （汉）郑玄注，（唐）孔颖达疏：《礼记正义》卷3《曲礼上》，第22页，载阮元校：《十三经注疏》，中华书局1980年影印版，第1250页。

当然，论者称礼为根本法，并不是着眼于那些繁琐的礼仪，而是着眼于礼所体现的价值观或其所包含的思想观念，认为“礼作为中国古代法的核心价值观，是在中华法系形成后延续下来的”，“礼所提倡的人伦道德，即忠孝节义，不仅是社会主流思想和统治者倡导的主导思想，而且也是法律的核心价值观”，“作为法律的核心价值观，礼在中华法系中同时还具有‘根本法’的性质和作用”，“中华法系中，礼作为根本法的地位，不因统治者的喜好而改变，它根植于民众心中，是衡量一切是非，并高于一般法律制度的大法”。[37]但如果是这样的话，我认为更不能称礼为根本法。理由有二：第一，价值观或伦理道德能称为法吗？在人类社会发展的早期，道德、法律等社会控制手段可能是混合在一起的，但至迟到西周以后，道德、法律等已经开始分道扬镳，孔子政刑德礼的说法就是这种分化在观念上的反映。分化以后的道德与法律，关系依然密切，道德可以转化为法律，法律通常也要符合道德，但道德与法律毕竟是两种不同的社会控制工具，看不到或者否定二者之间的联系固属不妥，而过分夸大这种联系，或过分夸大其中某一种的作用，以至于忽视、忘记或混淆了它们之间的区别，也显然不对。礼所体现的那种价值观，尽管深刻影响了中国古人的行为、心灵和制度，以至于今天我们仍然能够感受到这种影响，但它毕竟属于道德范畴，因为这种价值观及其巨大影响，就称礼为法律，称礼为根本法，在逻辑上是不能自洽的。第二，如果礼因为包含了古人的价值观就可以称为根本法的话，那么，所有的法律是否也都可以称为根本法？因为礼并不是古人价值观独有的表现形式，法律也同样是古人价值观的表现形式，汉代的律令科比、唐朝的律令格式，无不是从古人的价值观生发出来的。如果礼可以“高升”为根本法，这些真正属于法的东西没有理由还“屈居下位”。

事实上，在礼是否为根本法的问题上，也许我们首先应该要问的是：礼是法律吗？关于什么是法律，这又是一个聚讼已久的问题，近代以来，国际学术界更是形成了古典自然法学、分析法学、社会学法学、马克思主义法学等众多流派，各抒己见，让人眼花缭乱。尽管如此，从形式上将法律定义为国家立法机关制定或认可的由国家强制力保证实施的社会规范，还是大体可以为多数流派所接受的。根据这一定义，法律至少有三个不同于其他社

---

[37] 马小红：《中华法系中“礼”“律”关系之辨正》，载《法学研究》2014年第1期。

会规范的特征:(1) 国家创制性,(2) 国家强制性,(3) 普遍规范性。[38] 所谓国家创制性,就是说法律不是自发形成或由任何民间组织等创立的,而是由作为社会公共权力机关的国家制定或认可的,用英国法学家约翰·奥斯丁的话说,就是来自于"主权者"[39]或"政治优势者"。[40] 这样一种概括,置诸整个人类历史的长河中,可能并不准确,但就有国家以来的历史而言,则应当是适用的。所谓国家强制性,就是说作为国家设立的行为规范,法律具有强制执行的效力,"它普遍地强制要求为一类行为,或者不为一类行为"[41],而"在自己要求没有被服从的情形下,可以对另外一方施加不利的后果或者痛苦,并且具有施加的力量以及目的"。[42] 所谓普遍规范性,就是说法律是一种可反复适用的普遍规范,而不是仅仅针对某人某事的个别命令,对此,约翰·奥斯丁有相当清晰的阐述:"如果一个命令具有普遍的行为约束力,而且对之服从的行为主体也是普遍的,那么,这个命令就是法,或者规则。反之,如果一个命令只是针对个别行为具有约束力,而且对之服从的主体也是个别的,换句话说,它所规定的内容对行为以及人们对其表现的服从,都是特殊化的、个人化的,那么,一个命令就是具体的或个别的。"[43]持此三条来衡量礼的话,那么礼是不是法律呢?

从传说中的周公制礼作乐开始,一般王朝都要由官方组织人力编纂礼典,或奉《仪礼》《礼记》为经典。在中国古代并没有今天这样立法权和行政权的明确分化,官方编纂或奉为经典,可以说基本上就类似于现代法律为立法机关制定或认可,因此,说礼符合法律的第一个形式特征,应无问题。礼作为一种社会规范,不仅仅是针对某个人或某个阶层的,而是对全体社会成员的共同要求,因此,礼也应符合第三个特征。但其是否符合第二个特征,具有国家的强制性呢?在古代,由官方组织编纂、体现了官方意志的东西并不少见,比如史书就是其中一种,但它除了通过对载入史实的干预而影响人们对历史的认识和是非的评判外,本身并没有法律的强制力。礼,也是如此,它也是通过《仪礼》《礼记》以及官方编纂的各种礼书为人们的行为提供

---

[38] 关于法律的定义和特征,参考张文显主编:《法理学》第五章第二节《法的基本特征》(高等教育出版社 2007 年版)、张文显主编:《法理学》第四章第三节《法的基本特征》(高等教育出版社 2011 年版)和舒国滢主编:《法理学阶梯》第二章第三节《法的特征》(清华大学出版社 2012 年版)。

[39] 〔英〕约翰·奥斯丁:《法理学的范围》,刘星译,中国法制出版社 2002 年版,第 368 页。

[40] 同上书,第 29 页。

[41] 同上书,第 30 页。

[42] 同上书,第 18 页。

[43] 同上书,第 25 页。

了一个可资遵循的模式，但并不都具有法律的强制力，欧阳修说："由三代而上，治出于一，而礼乐达于天下；由三代而下，治出于二，而礼乐为虚名。"[44]这话虽然不无夸张，但作为一位严肃的史学家，自身就置身于我们所探讨的那种社会之中，他的话理应比今人的种种论述受到更多的信任和尊重。韩愈说，"余尝苦《仪礼》难读，又其行于今者盖寡，沿袭不同，复之无由，考于今，诚无所用之。"[45]韩愈的话可能也不无夸张，但他的话却与欧阳修的遥相呼应，再次触及了礼的"虚名"问题，揭示了古代礼所存在的不切实用的一面。"是否具有国家强制性，是衡量一项规则是否是法的决定性标准。如果一部'法'虽然是由国家机关制定的，但人们千百次违反它却不受任何制裁，很难说它是真正意义上的法。"[46]如果礼在很多情况下是"虚名"，没有律、令之类法律的强制力的话，我们还能称之为法律吗？还能称之为根本法吗？

三、出礼是否入刑

礼虽然不是根本法，甚至不是法，但毕竟是一种行为规范。按照奥地利法学家凯尔森的说法，"规范表示这样的观念：某件事应当发生，特别是一个人应当在一定方式下行为"。[47] 由于礼是由民间风俗习惯演变而来，后来又被写入"经"中，甚至由官方运用国家权力统一制定礼典，因此，礼不仅一般性地要求"某件事应当发生"，或"一个人应当在一定方式下行为"，而且带有较强的导向性。既然如此，如果违反了礼会导致什么后果，承担什么责任呢？有一种广为人所接受的说法，叫做"出礼入刑"，也就是违反了礼的规定就会受到刑法的制裁，但在古代，是否真的出礼就入刑呢？

出礼入刑，也叫失礼入刑，最早见载于东汉王充的《论衡·谢短篇》和《后汉书·陈宠传》，其文分别如下："古礼三百，威仪三千，刑亦正刑三百，科条三千，出于礼，入于刑，礼之所去，刑之所取，故其多少同一数也。今礼经十六，萧何律有九章，不相应又何？""永元六年……宠又钩校律令条法，溢于

---

[44] 《新唐书》卷11《礼乐志》，第307页。

[45] 马其昶校注，马茂元整理：《韩昌黎文集校注》卷1《读仪礼》，上海古籍出版社1986年版，第39页。

[46] 张文显主编：《法理学》，高等教育出版社2007年版，第78页。

[47] 〔奥〕凯尔森：《法与国家的一般理论》，沈宗灵译，中国大百科全书出版社1996年版，第39页。

《甫刑》者除之，曰：臣闻礼经三百，威仪三千，故《甫刑》大辟二百，五刑之属三千。礼之所去，刑之所取，失礼则入刑，相为表里者也。今律令，死刑六百一十，耐罪千六百九十八，赎罪以下二千六百八十一，溢于《甫刑》者千九百八十九，其四百一十大辟，千五百耐罪，七十九赎罪。”

从这两段记载可以看出，第一，出礼入刑，原作“出于礼，入于刑”，或“失礼则入刑”，其意思都是指违反了礼的规定，就会受到刑法的制裁。第二，出礼入刑可能是当时流传已久的说法，应不是王充或陈宠的独创。第三，在王充的话中，只是笼统提到“古”代，并无具体所指，因此“古”代是否确实出于礼入于刑也就无从考察。而在陈宠的话中，则明确提到了《甫刑》。《甫刑》，即通常所说的《吕刑》，是西周中期编纂的法律，关于这部法律的性质，有的人认为是刑法典，也有人认为是规定赎刑的单行条例，莫衷一是。《尚书》中有《吕刑》篇，有人认为此即西周中期编纂的《吕刑》，也有人认为它仅是西周中期编纂的《吕刑》的发布文告。[48] 但不管《吕刑》性质如何，也不管《尚书·吕刑》是否即西周中期的《吕刑》，失礼则入刑的说法都是可疑的，因为《尚书·吕刑》如果不是西周中期的《吕刑》的话，则西周中期的《吕刑》早已佚失，陈宠并没有亲眼目睹此书，他在上引文中所说《甫刑》“大辟二百，五刑之属三千”，是出自《尚书·吕刑》。既然如此，他怎么能够确知西周中期的《吕刑》果真失礼则入刑？如果《尚书·吕刑》就是西周中期的《吕刑》的话，《吕刑》仅是简单提到“大辟之罚，其属二百，五刑之属三千”，既没有详细列举这“二百”“三千”的具体名目，也没有指出它们与“礼经三百，威仪三千”的对应关系，他又怎么知道失礼一定要入刑？由此可见，失礼则入刑的说法虽然可能流传已久，但西周时期是否真的出礼入刑，连陈宠都无法确知。

虽然古代或西周是否出礼入刑，疑问重重，无从确知，但从王充、陈宠的话中我们可以明显感觉到，他所处的汉代，礼刑已经不存在完全的出入对应关系，其后各朝更是相去愈远。相比于以前各朝，唐代的主要礼经《仪礼》《礼记》和礼典《大唐开元礼》都完整保存下来，其律典《唐律》也至今完整如初，其其他形式的法律如令、诏等经过后人的复原辑佚等也大都或有相当一部分得以存留，其各种其他记载也较前代丰富，因此，唐代就成为考察古代礼刑关系的一个恰当时期，而从上述这些资料来看，唐代也并非完全礼刑出入对应，也就是说，出礼有的入刑，有的不入刑，甚至有的合礼也要入刑。

---

[48] 有关《吕刑》的各种争议可以参阅尤韶华：《归善斋〈吕刑〉汇纂叙论》上篇，载《〈吕刑〉要论》，社会科学文献出版社 2013 年版。

首先,出礼有的入刑。在唐律中,多数条文在礼书中并没有相对应的条文,但也有一小部分确实可以在礼书中找到某些相对应的规定,比如《职制律》规定:"诸大祀,不预申期及不颁所司者,杖六十;以故废事者,徒二年。牲、牢、玉、帛之属不如法,杖七十;阙数者,杖一百;全阙者,徒一年(全阙谓一坐)。即入散斋,不宿正寝者,一宿笞五十;致斋,不宿本司者,一宿杖九十。一宿各加一等。中、小祀递减二等(凡言祀者,祭、享同。余条中、小祀准此)。"[49]"诸大祀,在散斋而吊丧、问疾、判署刑杀文书及决罚者,笞五十;奏闻者,杖六十。致斋者,各加一等。"[50]"诸祭祀及有事于园陵,若朝会、侍卫,行事失错及违失仪式者,笞四十(谓言辞喧嚣、坐立怠慢乖众者,乃坐)。应集而主司不告及告而不至者,各笞五十。"[51]这些在《大唐开元礼》中都有一些相应的规定,如:"凡大祀斋官,皆祀前七日平明集尚书省受誓戒。其致斋日,三公于都省安置,所司铺设。其余官,皇城内有本司者,致斋于本司;无本司者,于太常郊社、太庙斋坊安置。"[52]"凡大祀,散斋四日,致斋三日。中祀,散斋三日,致斋二日。小祀,散斋二日,致斋一日。若散斋之日,昼理事如旧,夜宿止于家正寝,惟不得吊丧、问疾,不判署刑杀文书,不决罚罪人,不作乐,不预秽恶之事。致斋,惟祀事得行,其余悉断。"[53]《户婚律》规定:"诸居父母及夫丧而嫁娶者,徒三年。……若居期丧而嫁娶者,杖一百;卑幼,减二等。"[54]"诸同姓为婚者,各徒二年;缌麻以上,以奸论。"[55]"诸妻无七出及义绝之状而出之者,徒一年半。虽犯七出,有三不去而出之者,杖一百。追还合。"[56]这些在《大唐开元礼》《礼记》等书中也都有一些相应的规定,如:"五服制度:斩衰,三年;齐衰,三年、杖周、不杖周、五月、三月。"[57]"取妻不取同姓,故买妾不知其姓则卜之。"[58]"妇有七去:不顺父母,去;无子,去;淫,去;妒,去;有恶疾,去;多言,去;窃盗,去。""妇有三不去:有所取无所归,不去;与更

---

[49] 岳纯之点校:《唐律疏议》卷9《职制律》,第153—154页。
[50] 同上书,第155页。
[51] 同上。
[52] (唐)萧嵩等:《大唐开元礼》卷3《序例下·斋戒》,第31页。
[53] 同上书,第31—32页。
[54] 岳纯之点校:《唐律疏议》卷13《户婚律》,第216—217页。
[55] 同上书,第219页。
[56] 同上书,第223页。
[57] (唐)萧嵩等:《大唐开元礼》卷132《凶礼》,第620页。
[58] (汉)郑玄注,(唐)孔颖达疏:《礼记正义》卷2《曲礼上》,第13页,载阮元校刻:《十三经注疏》,中华书局1980年影印版,第1241页。

三年丧,不去;前贫贱后富贵,不去。”[59]等等。礼之所去,刑之所取,出礼而入刑,就这些条文来说,洵为不诬。

其次,出礼有的不入刑。这里不妨以婚礼为例试加说明。在唐代,按照礼的规定,结婚需要经过六礼聘娶,即纳采、问名、纳吉、纳征、请期、亲迎。纳采,已见前文。问名,即男家使者询问女方的姓名,是男家使者在纳采之后所经过的仪节,与纳采可以说是同一程序中时间前后相继的两个阶段。问名仪节大体如纳采,但有些问话有所变化,男家使者说:“某既受命,将加诸卜,敢请女为谁氏?”女家家长说:“吾子有命,且以备数而择之,某不敢辞。”男家使者又说:“敢问名?”女家家长会告诉他:“某第某女,某氏出。”纳吉,即男家问得女子的姓名后,“归卜于庙,得吉兆,复使使往告之”。[60] 纳吉仪节一如纳采、问名,也是谈话内容有变,这时男家使者会说:“吾子有命,既命某加诸卜,占吉,使某也敢告。”女家家长则会说:“某之子不能教,唯恐弗堪,吾子有吉,某预在焉,某不敢辞。”纳征,即纳成,也就是订婚。纳征仪节也如纳采、问名,但这次不同的是,男家使者带来了厚重的聘礼:玄纁束帛、俪皮。玄是黑色,是天之色,纁是浅红色,是地之色,束帛是五匹帛,玄纁束帛就是玄三匹、纁二匹,象征天地相合,阴阳大备。俪皮,就是两张鹿皮,亦应有希图吉祥之意。面对这份厚重而吉祥的大礼,女家家长表示:“吾子顺先典,贶某以重礼,某敢不承命。”婚姻就此确定。请期,就是订婚以后,男家派使者向女家征询结婚日期,仪节一如既往的繁复,问话也一如既往的模式化,使者说:“吾子有赐,某既申受命,惟是三族之不虞,使某也请吉日。”对方则回答说:“既前受命矣,唯命是听。”等等。亲迎,也就是举行婚礼,这是整个六礼中最关键因而也是仪节最为繁复的一道程序。这一程序开始于新郎受父命迎娶新娘,而终于新娘被顺利迎娶入洞房,其间人员的行止,器皿的摆放,新郎在女家的礼貌请求,新娘家人的临别赠言,新郎家的各种婚庆活动,无不一一规定,其委曲细致之程度,远远超过前五礼中的任何一礼。[61] 对婚姻,古人是相当重视的,认为是百代之始、人伦之端,“合二姓之好,上以事

---

[59] 高明注译:《大戴礼记今注今译·本命第八十》,台湾商务印书馆 1977 年版,第 469 页。

[60] (唐)杜佑著,王文锦等点校:《通典》卷 58《礼》,中华书局 1988 年版,第 1645 页。

[61] 此处关于六礼的描写系据《大唐开元礼》,《仪礼》的记载与此大体相同,从《通典》《旧唐书》《新唐书》诸书的记载来看,唐代贞观礼、显庆礼应该也与此相同。此段引文如无特殊说明均引自《大唐开元礼》卷 125《嘉礼》。

宗庙,而下以继后世"[62],婚礼之所以搞得这么繁复,就是因为这个缘故。在唐律中,专门设置《户婚律》对婚姻活动进行了规范,也有一些与六礼稍有关系的规定,比如关于婚约、关于主婚,但总体而言,婚礼并没有直接的反映,并没有设立违反纳采、问名、纳吉等的相关罪名。事实上,根据我的考察,虽然唐代礼书对婚姻六礼都有明确规定,皇室人员结婚可能也会大体遵照执行,但在更多的情况下,纳采、问名、纳吉等作为独立的程序可能已经不再存在,至少不像礼书规定得那么繁复刻板[63],《旧唐书·杨玚传》说:杨玚"常叹《仪礼》废绝,虽士大夫不能行之。其家子女婚冠及有吉凶之会,皆按据旧文,更为仪注,使长幼遵行焉"。杨玚的做法之所以载入史册,就是因为其非同一般,而一般情况则是很多人并不按照礼的要求去做。对这些违礼现象,唐朝通常并没有惩罚措施,以至于这种情况日益蔓延,到北宋太宗时期,官定婚娶仪制,规定"士庶人婚礼,并问名于纳采,并请期于纳成"[64],南宋朱熹也将六礼改成纳采、纳币、亲迎三礼。六礼之外,按照礼的规定,还有一些其他婚礼程序,比如见舅姑、盥馈、婚会、妇人礼会等等,这些在法律中更是绝无踪影,在现实中也更不会完全按表操课。前面我们曾经提及礼的"虚名"问题,这种出礼不入刑在某种程度上也是"虚名"的一种表现。

再次,合礼有的也入刑。这方面最典型的例子就是我们前面提到的复仇问题。《礼记·曲礼上》说:"父之仇,弗与共戴天。"《礼记·檀弓上》说:"子夏问于孔子曰:居父母之仇,如之何?夫子曰:寝苫,枕干,不仕,弗与共天下也。遇诸市朝,不反兵而斗。"在这里,《礼记》规定了对待杀父母之仇的具体做法,这就是复仇,"弗与共戴天","不反兵而斗",一种以其人之道还治其人之身的自力救济。而同时,唐代法律却严厉禁止杀人:"诸谋杀人者,徒三年;已伤者,绞。已杀者,斩。"[65]"诸斗殴杀人者,绞;以刃及故杀人者,斩。"[66]在这里,唐律并没有区分复仇还是非复仇,从法律解释的角度说,这实际上意味着即使复仇杀人,也同样要面临死刑的制裁。而从司法实践来看,在唐朝复仇杀人,有的并未判处死刑,甚至被赦免,有的则确实被处以死刑。唐高宗永徽年间,有个叫同蹄智寿的,其父为族人所害,智寿与弟智爽后来

---

[62] (汉)郑玄注,(唐)孔颖达疏:《礼记正义》卷61《昏义》,第452页,载(清)阮元校刻:《十三经注疏》,中华书局1980年影印版,第1680页。

[63] 岳纯之:《唐代民事法律制度论稿》,人民出版社2006年版,第50页。

[64] 《宋史》卷115《礼志》,中华书局1977年标点本,第2740页。

[65] 岳纯之点校:《唐律疏议》卷17《贼盗律》,第278页。

[66] 岳纯之点校:《唐律疏议》卷21《斗讼律》,第332页。

在路上伺机将仇人杀死，这个案子“有司不能决者三年，或言弟始谋，乃论死”。[67] 武则天当政时，有个叫徐元庆的，其父为县尉赵师韫所杀，“后师韫为御史，元庆变姓名于驿家佣力，候师韫手刃杀之”，徐元庆被“正国法”。[68] 唐宪宗时，有个叫余常安的，“父叔皆为里人谢全所杀”，常安经过十几年的谋划，最终杀死谢全，复仇成功，当时“刺史元锡奏轻比，刑部尚书李墉执不可，卒抵死”。[69] 而那些没有被判处死刑的，也不是都全然免责，唐宪宗时有个叫梁悦的人，为父复仇，杀死仇人秦杲，“特敕免死决杖一百，配流循州”。[70]

既然出礼可能入刑，也可能不入刑，甚至有可能合礼也入刑，那么如何判断出礼或合礼是否入刑呢？一般认为，在中国古代曾有一个秘密法时代，那时“刑不可知，威不可测”[71]，刑罚带有很大的随意性。但至迟从春秋战国开始，随着国家治理水平的提高，我国就基本告别了秘密法时代，进入公开的成文法时代，法律制定出来后，都要以不同形式颁示天下，到了唐代，法律更明确规定：“诸断罪皆须具引律、令、格、式正文，违者笞三十。”[72]“诸违令者，笞五十（谓令有禁制而律无罪名者）。别式，减一等。”[73]在这种情况下，律、令、格、式等法律才是实施刑事制裁的主要依据，是否出礼或合礼并不是判断的标准。[74] 一种违礼或合礼的行为，要成为刑法制裁的对象，必须首先要转换为律、令、格、式等的规范对象，或与律、令、格、式等的规范对象具有可比附性，如果没有这种转换或可比附性，它就不太可能因为出礼或合礼而入刑，假使不顾“条制”，不“凭正文”，“或致乖谬”[75]，那么司法者就要根据其

---

[67] 《新唐书》卷195《孝友传》，第5585页。

[68] 《旧唐书》卷190《文苑传中》，第5024页。

[69] 《新唐书》卷195《孝友传》，第5587页。

[70] 《旧唐书》卷14《宪宗纪上》，第437页。

[71] （晋）杜预注，（唐）孔颖达疏：《春秋左传注疏》卷43，第342页，载（清）阮元校刻：《十三经注疏》，中华书局1980年影印版，第2044页。

[72] 岳纯之点校：《唐律疏议》卷30《断狱律》，第476页。

[73] 岳纯之点校：《唐律疏议》卷27《杂律》，第445页。

[74] 自20世纪日本学者仁井田陞复原唐令的工作以来，唐令的复原和研究一直受到学界重视，在这一过程中，学者们注意到一个现象，就是“唐礼与唐令的内容或相通，或相同；相通表现为礼令规范的衔接，相同则表现为同一规范礼令两存”（霍存福《论礼令关系与唐令的复原》，载《法学研究》1990年第4期），唐《祠令》《衣服令》《仪制令》《卤簿令》《丧葬令》等的许多内容都可以在唐礼中找到，而且很可能它们是来自于唐礼。这种情况表明，礼、令都是独立的社会规范，二者不存在主从关系，同时还表明只有令才具有法律的强制力，所以才需要将礼转化为令。

[75] 岳纯之点校：《唐律疏议》卷30《断狱律》，第476页。

出入人罪的情况,“若入全罪,以全罪论”[76],“从轻入重,以所剩论”[77],受到法律的追究。而我们上面所举的那些入刑的违礼或合礼行为,恰恰是要么因为礼仪规范和法律规范的竞合,受到礼和法的双重调整,要么符合了刑法的相关规定。

当然,我们也注意到,在古代,比如唐朝,除了要求定罪量刑须援引或比附律、令、格、式等外,还有“不应得为”的规定:“诸不应得为而为之者,笞四十(谓律令无条,理不可为者);事理重者,杖八十。”[78]对这条律文,《唐律疏议》解释道:“杂犯轻罪,触类弘多,金科玉条,包罗难尽。其有在律在令,无有正条,若不轻重相明,无文可以比附。临时处断,量情为罪,庶补遗阙,故立此条。情轻者,笞四十;事理重者,杖八十。”[79]据此,当政者对那些律令没有规定但又“理不可为”的行为也可以以“不应得为”的罪名予以处罚,这是否意味着会将所有违礼行为全部纳入刑法之中,或“所有礼教规则已因此条的概括规定,列为法律的内容”[80],“一切违背伦理义务的反道义行为,或违反基本生活秩序的举止……皆可归入‘不应得为’而援引此条予以科罚”[81],从而真正实现出礼入刑?我认为未必,因为礼的要求通常在《仪礼》《礼记》以及《大唐开元礼》等书中都有规定,也就是说,一般情况下,礼的规定都是常规性要求,如果真是有必要对某些违礼行为予以制裁的话,应该可以在律等法律形式中予以规定,因为按照唐律的刑罚规定,对犯罪的最低量刑是笞十,这在唐律中也有大量实例,如“诸之官,限满不赴者,一日笞十,十日加一等,罪止徒一年”[82],“诸同居卑幼私辄用财者,十匹笞十,十匹加一等,罪止杖一百”[83],“诸卖口分田者,一亩笞十,二十亩加一等,罪止杖一百”[84],等等。“不应得为”罪的最低量刑是笞四十,“笞十”的犯罪行为在唐律中都有涉及,“笞四十”甚至更重的“杖八十”的不可能反倒不规定。这种情况表明,有些可能的违礼行为唐律之所以不涉及,显然不是唐律完全无法予以事先的规

---

[76] 岳纯之点校:《唐律疏议》卷30《断狱律》,第477页。

[77] 同上书,第478页。

[78] 岳纯之点校:《唐律疏议》卷27《杂律》,第445页。又,“不应得为”的规定不仅见诸唐朝,唐朝以后的宋、明、清等朝也都有,详参高明士《唐律中的“理”》,载黄源盛主编:《唐律与传统法文化》,台湾元照出版有限公司2011年版,第15—17页。

[79] 岳纯之点校:《唐律疏议》卷27《杂律》,第445页。

[80] 黄源盛:《中国传统法制与思想》,台湾五南图书出版有限公司1998年版,第194页。

[81] 黄源盛:《中国法史导论》,广西师范大学出版社2014年版,第244页。

[82] 岳纯之点校:《唐律疏议》卷9《职制律》,第152页。

[83] 岳纯之点校:《唐律疏议》卷12《户婚律》,第202页。

[84] 同上书,第203页。

范，而是认为对其不适合适用刑事制裁。事实上，由于礼的细琐性特点，也的确不能完全出礼入刑，如果连民间日常生活的一些细小的违礼行为也都统统纳入刑事制裁的范围的话，单就国家的治理能力来说，就是一种无法承受之重。稍微仔细玩味一下就会发现，唐律“不应得为”的规定实际上也不是针对常规行为，而是针对那些非常规的一般预想不到的事件，因为一般预想不到，所以才无法作出常规性规定，才需要“临时处断”，《唐律疏议》各条疏议中有不少“不应得为”的例子，这些例子也的确都是属于“临时处断”的性质，而且大多数与礼无关[85]，正是因此，“不应得为”的规定可能会使某些特殊的违礼行为受到处罚，但亦不太可能改变刑法的方向，将所有违礼行为都纳入到刑法当中，做到完全的出礼入刑。

综上所述，中国古代的礼就是指一系列的外在礼仪规范。礼仪内在地包含了礼义和礼具，礼义和礼具正是通过礼仪才发挥了其沟通神人、规范行为、彰显尊卑亲疏男女长幼秩序的功能。礼作为一种社会规范，全面规定了不同阶层不同地位的各种人等处理人神关系、人际关系所应该遵循的行为模式，涉及从公到私的社会生活的各个方面，也正是在这个意义上，可以将礼视作“天之经也，地之义也，民之行也”，“上下之纪，天地之经纬也，民之所以生也”，但这并不意味着，礼就是包括官制、法律等在内的无所不包的总规范，因为道德、法律等社会规范同样涉及方面广泛，那么我们是否因此也可称道德、法律是无所不包的总规范？实际上，如前文所已经指出的，早在春秋战国时期，政、刑、德等就是与礼同时并存的治国手段和社会规范，在以后的历朝历代也依然如此。礼与官制、法律等可能曾经有过共同的起源，在后世也存在某些相互的影响，但这都不能成为礼包含官制、法律等的证据。礼并不是中国古代的根本法，它不具备根本法的形式特征和实质特征，甚至不完全具备法律的特征。如果以其包含了当时社会的主流价值观为由，遂认定其为根本法，则无异于将所有法律都上升为根本法，因为它们也都是以当时社会的主流价值观为基础，并且体现和服务于这种价值观的。在成文法时代，礼作为一种社会规范，如果违反了，可能会招致刑法的制裁，也可能不会，甚至有时行为合乎礼的要求，也会招致制裁，其判断的标准关键在于，这种行为是否同时违反了律、令、格、式等法律规范，如果违反了，就会出礼入刑，或合礼入刑，受到法律的制裁，否则即使出礼，也常常不会入刑。在一个礼、法等规范形式已有明确分化的成文法时代，用描述传说中的西周社会的

---

[85] 徐燕斌：《唐律“不应得为”罪新探》，载《兰州学刊》2008年第12期。

出礼入刑来概括后世的礼法关系,并不完全符合礼和法的历史实际。本文的研究,从所运用史料到潜在的历史背景,都是以春秋战国至唐代为中心的,之所以如此,一则是因为这段历史时期开始有了较为可靠的历史记载,而且随着时间的流逝,相关史料越来越丰富,可以用来清楚说明问题;二则是因为中国古代历史悠久漫长,在一个限定的历史范围中,可以进行更具体而确切的考察,降低论证中史料使用的随意性。至于更早的历史时期,则只能暂时付阙,因为历史研究是一种有一份史料说一份话的学术,在拥有足够的史料以前,付阙是最明智也最诚实的做法。

家的"律法"

——祖国与主权国家之辩

张　龑*

引　言

从来没有一个语汇,可以像祖国这样凝聚如此丰富的情感,流淌于文人墨客的笔端,却又始终是法政的关键词。西语世界中,无论英文的 Motherland,还是德文的 Vaterland 都是祖国的表达,二者又有着共同的拉丁文词源 patria,在 19 世纪之前,通行意思都是指"与祖先相关之事"。[①] 中文世界里,"祖"字历史悠久,甲骨文中即有记载,指生命的开端和祭祀祖先。将祖与国结合起来,基本上是西学东渐之后的近代故事。[②]因为生于斯、长于斯,人与特定的时空之间产生了固定的关联。然而,从观念上塑造这种关联虽源自西方现代性的冲击,却还有着鲜明的传统底色。祖国表达的关系并非单纯历史的、经验的关系,也非西方民族主义的文化移植,而是一种建立在中国的"家观念"基础之上[③],混合了神圣起源、历史以及理性反思的统一体。当现代人尝试通过自主意识来构建一个民族、一个主权国家的时候[④],家观

---

* 中国人民大学法学院副教授,法学博士。

① 参见〔英〕埃里克·霍布斯鲍姆:《民族与民族主义》,李金梅译,上海世纪出版集团 2006 年版,页 15。

② 据《辞源》记载,最早可追溯到《明史》:"默德纳,回回之祖国也。"若就国的古代意义来说,早在《论语·微子》中就有"父母之邦"的说法。

③ 此处谈及的是作为一种观念型态的"家",而非经验观察到的家庭(family)。也是因此,我们将西语里的 state 翻译成中文时,使用的是国(与)家,这使得中文的国家从一开始就具有祖国的含义。

④ 关于民族作为一个人造物,参见〔美〕本尼迪克特·安德森:《想象的共同体》,吴叡人译,世纪出版集团 2003 年版,第 4 页。

念时隐时现，藏身于民族与主权概念之后，为人所忽略。然而，这种忽略引发了很多问题，甚至成为各种现代性问题的根源之一。实际上，一种以家及其律法(*nomos*)[⑤]为内核的祖国不仅构成了每个民族国家想象的基础，亦是现代法治国家建构的鹄的。就我国来说，围绕着祖国有一系列复杂的概念家族，如天下、家国、华夏、炎黄子孙以及中国等。这些概念中混杂交织着传统中国的、旧欧洲的以及现代的各种不同流派的思想与观念。当不仅追求自由权利，而且构建统一秩序同时成为法学研究面临的不可分离的问题之时，形式化的法治观便不敷适用。换言之，所谓中国的法治建设问题就是如何在中国这一祖国实现法治，故澄清祖国这一概念实为当下法治中国建设的首要任务。[⑥]文章总体分为三大部分，先是提炼出一种家本位的政治秩序的基本律法，进而剖析祖国与主权国家之间的内在张力，最后重新诠释和构建人民主权、民族国家以及公民宗教的概念。

一、现代语境下祖国之缺位：世居之地与主权国家

祖国一词从未登上哲学思考的大雅之堂，之所以如此，部分源于对祖国的内涵不求甚解。然而，若想为其正名，则需表明其建立在一个稳固而独特的基础之上。构词上看，祖国是一个从家观念引申出的名词。作为一种观念形态，家是每个人得以存在的基本单元。一般来说，它包含至少三重维度：一是阴阳创生，二是世代养成，三是慎终追远。[⑦] 由此三个维度进一步衍生出一系列人与人之间的关联与行为法则。据此，每个国都是祖先所开创和建设的“家”，内含一种特定人群与特定空间之间彼此相生、世代养成的归属性与共生性的伦理关系。倘使说此种关系乃为祖国之真正含义，任何人

---

⑤ 选择Nomos(律法)而非当前法学普遍使用的norm意在表明，norm对应的是实然与应然两分法，这种区分方式建立在主体认知哲学基础之上；而nomos是一个古希腊语词，表达的是一个空间占有、分配和塑造等关系，使用nomos一来避免成为实然与应然两分法范式下的法律，二是文章探究的是家在空间和时间上的内在结构。关于这一概念，详见Carl Schmitt, Der Nomos der Erde(《大地的律法》), 5. Aufl., Berlin 2011, S. 36 ff.

⑥ 法治中国较之法治国具有更为丰富而复杂的内涵。建设法治国谈及的只是一种形式化的目标，不考虑每个国家的具体历史、文化以及其他要素，而法治中国则普遍性与特殊性的统一，法治中国建设需要回答的首要问题是作为祖国的中国如何成为一个法治国。

⑦ 从这三重维度出发，家庭只是家的一种表现形式，同样内含这三重维度的还有家园(home)以及具有部分维度的家乡(Heimat)。而且由此观察，家长专制只是家观念的一种极端表现形式。

谈及“国”都无法回避祖国之必要性。

进入现代以来，源自西方的文化将此种关系化约为一种单纯的主体自由意志关系或者说财产契约关系。现代性的标志在于，主体意识的觉醒成为重估一切价值的标杆，除了人—神关系发生了断裂，人—家关系也发生了实质性断裂。当人从家中解放出来成为独立的个体，生活秩序从此围绕着自由的个体来规划，家观念隐身不见。祖国从此成为一个白板，在这个白色的底板之上现代思想为其涂抹了各种人为的油彩。祖国要么被认为是一种完全自然的概念，不过是人类学、考古学等实证科学的对象；要么被理性构建为一种人民主权的共和国，在这个理想的国度里，抽象的自由民主与具体的时空边界紧张对立。同祖国最为接近的表达是现代民族国家，这种国家亦是从精神上去构造一个祖先作为政治体的起点，但却内涵并不清晰，时而表现为一种以血缘与人种为标志的共同体，时而表现为民族主权国家，可谓是现代以来最为复杂的一种政治形体，故为人称为“想象”的，而非理性的共同体。[8]

近代中国的面目非常模糊，却也并非无法辨识。它首先是第三种意义上的民族国家。20 世纪初一些学者重新塑造了炎帝和黄帝，由此中国从古代的“天下”转变为炎黄子孙世代居住的民族国家。[9]然而，凝结在现代中国之上的不仅仅是一种国族的建构。倘使说，这一重建构只是表明我们从此对于何为自己的祖国具有了明确的自觉意识。引自西方的政治哲学实际上还提供了另外一种新的神学思维的构建，现代中国是一个人民主权的国家。自从儒家文化在现代革命意识的考量下彻底失去意义之后，谁成为人民的合法代表，谁就是主人。一个多世纪以来，中国大地上围绕着谁是人民的代表上演了一幕又一幕激烈的争夺。然而，主权人民终究只是一种抽象的意志，构成了人民（身体）的还有民族和国民，凡自称是人民代表的组织所要代表的至少包含这两个不同层面。[10] 因此，这一争夺的背后，其实质既非应否由人民享有主权，也非不同民族之间的冲突，而是民族国家与人民主权的现代国家之间在“何为祖国”层面上的断裂。

这种断裂引发的既有其表层的冲突，如当年的国共两党之争只是对祖

---

⑧ 〔美〕本尼迪克特·安德森：《想象的共同体》，吴叡人译，世纪出版集团 2003 年版，第 6 页。

⑨ 沈松侨：《我以我血荐轩辕——皇帝神话与晚清的国族建构》，载《台湾社会研究季刊》1997 年第 28 期。

⑩ 尽管卢梭强调了主权意志（公意）不可被代表，但实践中却并不如此，因为主权意志与身体力量总是混在一起。参见〔法〕卢梭：《社会契约论》，何兆武译，商务印书馆 2010 年版，第 120 页。

国作为一个抽象的人民主权国家的统治权加以争夺。更深层次的斗争在于,作为祖国的人民与人民主权的人民之间有着深刻的断裂。前者既非神学意涵的人民,也非自由个体的集合,所对应的其实是一种以家秩序为基本组织法则的共同体(community),强调的正是国之中内含的共同体以及家的律法:人与国之间首先是一种养成性构成关系,继之才是证成性构成关系。之所以说是首先,因为任何意义上的“社会契约”都预设了一个前提,参与契约的人打算在这片土地上安家。祖国生成之后,人与家的关系有别于个体自由观念下的否定关系,而是一种辩证关联。[11]相反,主权人民则是一种形式化的神学构造,一方面,在现代契约理念意义上,人民是由成年理性个体组成的整体;另一方面,人民是上帝的替代物,故在主权人民内部始终有着一个巨大的缺口,弥补这一缺口通常被寄托在民族国家和民族主义的代表身上,可否成功则端赖于民族认同。故近代以来的国家理论多执着于两端,一方面担心民族主义沦为狭隘的种族主义,一方面担心个体自由走向无政府主义。所忽略的正在于,主权人民系由祖国人民构成。由此,任何人民主权的代表机构若要同时取得对祖国的统治权,都面临一个更为困难的任务:如何找到人民主权与祖国人民之间的契合点,只有达到这个要求,一国才能进入到一种稳定而同一的状态(state),用中文表达就是使祖国成为国一家。

二、家秩序中的律法——一种“家”的政治哲学

谈及祖国作为一个从家观念引申出的语词,具有独立的客观意涵,有赖于这样一个问题,是否存在一种关于“家”的政治哲学。现代以来,政治哲学以追求一种普遍的知识来为现实政治提供合法性为己任。正如 state 一词成为一个普遍的、超越时间和空间的抽象概念乃是现代的事情,若想断言存在一种家的政治哲学,至少要证明,家及其律法是一个具有普遍性的范畴。

传统儒家思想无疑是一套以“家本位”构建出的体系化理论,各项伦理规范莫不以家为根据,从家中提取出的规范成为实践政治和日常生活行为

---

[11] “人从家而生,为第一肯定;青年离家而走,而有第一次否定,是为自由之阶段;壮年独立成家,为否定之否定,亦为新的肯定的开始。”参见张龑:《论我国法律体系中的家与自由原则》,载《中外法学》2013 年第 4 期。

合法性的根据,这是传统儒家治理的实质。但是,面对近代西方自由思想的挑战,以新文化运动为标志,家及其律法无法再为政治生活提供合法性。实际表现是,它降格为一般社会科学的研究对象。相反,人民主权和人权成为现代国家和法律的合法性基础与行动法则。[12]同西方进入现代无非是在(基督)父权制与民主自由体制之间斗争一样[13],**中国法治的现代历程可以说是家律法与个体(自由)[14]律法之间的争夺**。很多人会认为,家律法已经逐步为个体律法所革除,也应该被个体律法全部取代。可是,实际情况并非如此,家律法在中国人的生活中并未完全失去作用,相反,在失去了家律法的约束作用的地方,个体的律法也不堪大用[15],尤其是谈及共同体的"统一"。就此来说,自由并非只对应个体,相反,家可能才是自由更匹配的概念,从家中获取自由才是现代公共生活真正的鹄的。

可是,如何证立这样一个命题并非易事。至少就当代思想来看,核心问题还在于,"家"是否同主体自由一样是一个超验意义上的或具有普遍性的范畴,从而可以成为实践行动的方向,为实践行动提供法则。相对于经验意义上的家,有没有一个形而上学的"家"。限于主题,此处无法全面展开论证,值得指出的是哲学界从本体诠释论和现象学方面已经有过非常建设性的尝试。[16] 本文仅就当代商谈哲学和伦理学的开创者卡尔—奥托·阿佩尔的思想加以论述。

康德无疑是现代哲学的起点。在康德哲学中,自由主要在先验自由和实践自由中的自由意志两个层面使用。[17]围绕着康德自由理念发生的争议非

---

⑫ 参见 Jürgen Habermas, *Faktizität und Geltung*(《事实与规范》), Frankfurt/M: Suhrkamp Verlag, 1998, S. 112.

⑬ 参见〔英〕洛克:《政府论》(下),叶启芳、瞿菊农译,商务印书馆 1964 年版,第 48 页。

⑭ 之所以用括号标出,意在指出个体与自由的结合其实是现代的叙事。由于个体本身是一个经验概念,而自由则是一个理念,二者结合本身就是一个断裂性组合。若一定为了二者的匹配而将个体理解为普遍抽象的个体,那么个体也就不再是完整的经验个体,而是一种纯粹精神性存在。

⑮ 如无论是在辛亥革命过程中,还是最近的改革开放之初,是家观念而非个体观念对于筹措革命以及经济建设资金发挥着积极作用。

⑯ 参见成中英:《易学本体论》,北京大学出版社 2006 年版;张祥龙:《孝意识的时间分析》,载《思想避难:全球化中的中国古代哲理》,北京大学出版社 2007 年版,第 241 页。最近且具建设性的家哲学的证成,参见丁耘:《生生与造作》,载《中国社会科学》2013 年第 4 期。

⑰ Kant, *Grundlegung zur Metaphysik der Sitten*, Frankfurt/M 1974, BA 107 ff.

常多,此处不多赘述,无争议的是,康德哲学是一种独白的主体之自由。[18] 在阿佩尔看来,当现代科学逻辑通过逻辑句法和语义学重构之后,康德哲学中的“先验自我(ich)”就显示出荒谬的一面,因为自我一定预设了他人的存在。因此,在先验世界中,谈及自由并非主体独白的自由,而是主体间的自由。结合哲学的语言转向,他提出了先天交往共同体的构想,从而为当代哲学开辟出一条商谈伦理的思想道路。[19] 由此,在哲学的语言学改造之后,独白的先验自我不复成为思考的基础,取而代之的则是一个由不同主体,即自我与他我根据“家观念”联结起来的共同体。倘使可以接受这样一种共同体哲学,那么,家及其律法就是一个具有客观性的范畴。当我们从广义上使用家概念,每个精神所对应的实体因为二者之间是一种生(养)成性构成关系而可以称其为“家”的话,那么,任何思想都需要语言这样一个家,自由的思想与它的语言之家就是在超验意义上相互养成的。同理,在康德超验哲学中,自由意志必然要与一个特定的身体通过养成性构成方可成为一个现实世界中独立的自我,故自我乃是自由意志的家。这样两种广义上的家最终都要回溯到一个更为根本的、狭义上的家。如阿佩尔所论,超验自我的自由必然是在一个商谈共同体中的主体间性的自由,那么,对应自由的便不是(成年)个体,而是共同体背后的“家”。家创生了有差异的主体,不同的个体在**世代养成**[20]与**交往证成**[21]的文化熏陶下进一步**化成**彼此不同的自我。[22] 故共同体和主体间性的基础首要的是家。任何人谈及主体间的自由和民主,

---

⑱ 黑格尔也认为,主体性(Subjektivität)原则是其所处时代的哲学的非凡之处,渗透于现代知识的各个方面。参见 Hegel, *Vorlesungen über die Philosophie der Geschichte III*, Frankfurt/M 1986, Bd. 20, S. 329. 同样,海德格尔以及福柯都将现代哲学作为主体哲学而加以批判。参见 Heidegger, Nietzsche, Bd. 2, Pfullingen 1989, S. 61.

⑲ 〔德〕阿佩尔:《哲学的改造》,孙周兴等译,上海译文出版社 2005 年版,第 85—86 页。另参见 Wittgenstein, *On Certainty*, trans. by D. Paul and GEM Anscombe, Oxford: Blackwell, 2004, § 126, 401, 456, 519.

⑳ “世代生成”语出克劳斯·黑尔德,参见克劳斯·黑尔德著:《世界现象学》,孙周兴编,北京三联书店 2003 年版,第 242 页。然而,在本文看来,“生成”表达的仍旧是一种纯粹自然的或机械的关系,“养成”则更好的表达了人与家之间那种相濡以沫的关系。前者内含的仍是自然与科技的生成法则,后者还包含慈孝友爱的伦理教化和养成法则。

㉑ 历来谈及公共意志,在西方学术背景下都脱不出理性证成的范式,在这一范式中,最具代表性的主要是契约合意和商谈合意两种形式。然而,从家哲学出发,除了理性证成之外,还有另外一种长期被忽视的范式:世代养成。如哈贝马斯的理想交往共同体,根本上是一种世代养成的永续交往共同体,它同理性证成一道成为具有典范性的公共意志的生成范式。就二者关系来说,从世代养成中提炼出的伦理规则是理性证成的契约或商谈规则的前提,而且,前者所包含的伦理规则,如诚信原则,贯彻的越好,契约与商谈规则的可实现程度越高。

㉒ 《周易·贲卦》有云:“观乎人文,以化成天下。”

对应的都是家这一更为基础的范畴。

归结起来,“家”包含如下几重含义。广义上的家意指每种精神性事物都必然需要一个实体作为共生的载体,至于这种载体的经验型态如何无关宏旨,重要的是,家表达的是共生载体的必要性和共生性。这一点即便对于西方基督教来说都非常重要,因为道成肉身是基督教沟通神性与人性的关键,肉身是广义的家的表达。但是,道成肉身内含的悖谬之处就在于,一方面,肉身预设了家,另一方面,道成肉身却受制于神学思维,即肉身不是生养与成长,而是灵魂附体。因此,在西方现代政治思想中,直接发生冲突的不是世俗理性与宗教神性的斗争,而是神学思维与家思维的断裂。某种程度上,我们可以断言,从启蒙哲学向语言分析哲学的转型是从神学思维向家思维的转变,因为语言哲学洞悉到思想与语言乃是一种共生、互养的家关系。当维特根斯坦坦言,所有哲学批判都是语言批评,事物之间的相似性乃以一种家法则组织和拓展——家族相似性[23],家不仅作为一个普遍范畴在西方哲学中获得了体现,而且,同自由相结合不再是个体主体的专利,通过批判的“家本位”同样可以是自由的。

狭义上家表达的是事物的创生、养成以及返本的律法。就创生来讲,它内含的是阴阳相生、生生不息的法则[24];就养成来说,它表达的是生而养之、教而化之的世代养成法则,如亲亲、孝慈的伦理法则[25];就返本来说,它表达的是慎终追远,祭祖思贤。[26] 在这些法则里,又可以区分出宗教性法则,即阴阳相生的天理与慎终追远的祖先祭祀,和世俗性法则,道德建构的理性法则以及慈孝生养的伦理法则。

据此,祖国是一种家哲学意义上的概念,无论是热爱祖国还是建设祖国都可以从家律法中得到合法性论证。同样,祖国对于生养于斯的人民也就负有相应的关爱与教化的义务。相较而言,主权国家表达的是一种神学思维与理性思维的混合物。人民作为现代的民主神成为国家的主权者,人民

㉓ Wittgenstein, *Philosophical Investigations*, trans. by G. Anscombe, Malden: Blackwell Publishers, 1958, § 60—83.

㉔ 如《易·系辞上》曰:“一阴一阳之谓道。”“生生之谓易,成象之谓乾,效法之谓坤,极数知来之谓占,通变之谓事,阴阳不测之谓神。”又《中庸》曰:“天命之谓性。”朱子注曰:“命,犹令也。性,即理也。天以阴阳五行化生万物,气以成形,而理亦赋焉,犹命令也。于是人物之生,因各得其所赋之理,以为健顺五常之德,所谓性也。”

㉕ 《礼记·丧服小记》曰:“亲亲、尊尊、长长,男女之有别,人道之大者也。”

㉖ 曾子言:“慎终追远,民德归厚矣”(《论语·学而》),在《礼记》中,相关的表述有,“反本修古,不忘其初”(《礼记·礼器》),“祭者,教之本也”(《礼记·祭统》)。

制宪被理解为一个时刻[27]，一个道成肉身的时刻，这给人们带来一个幻觉，以为现代主权国家的建设就是一个理性附身的过程。这一问题典型地表现在霍布斯的国家理论中，化解神学思维却使得个体与自由结合起来。

三、利维坦与祖国

再没有比《利维坦》一书更能把握和说明祖国转型为现代国家的复杂性。一面是国家强权，一面是海洋的自由精神，使得利维坦饱受争议。能够将利维坦放到人类精神史的视域中加以客观理解的，当推公法学家卡尔·施米特。

在施米特看来，霍布斯以利维坦这样一种海怪的形象作为国家的符号，意图实现宗教性目标——“原初的生活(对立)统一体”。[28] 借助利维坦这一“尘世的、会死的上帝”的形象，他完成了两个任务，一是将受基督教左右的国家解放为世俗的、依托大地的祖国；另一个则是，从以陆地为家转向以海洋为家。

世俗的(irdisch)就是大地的意思，世俗国家意味着放弃天国的幻想，踏实地过尘世的生活，以大地为祖国。当霍布斯将国家比喻成利维坦，一个圣经中所言的无比强壮、无比可怕的怪兽(《约伯记》第40、41章)，意在强调可对抗神权的人居之地。然而，利维坦并非一个完全的世俗之物，而是一个“会死的”上帝。这就使得霍氏国家观出现了神学与世俗之间的断裂。利维坦若是上帝，这个国必然不是人居之地，无法成为祖国。可利维坦又是一个凡俗之物，因为它会死去。由此，前面提及的神学悖论再次出现，上帝如何来到世间，假使一定要道成肉身，那么，天国变成尘世之国，就一定要产生一个受神学思维左右的国家，它无法成为一个人居之地。霍布斯自然意识到这一点。他进一步借用笛卡尔的机械主义认知理性来化解利维坦的神性。[29] 施米特借用伊舍里希(Escherich)的话对此加以说明：“人类的国家建立，其

---

[27] 〔德〕施米特：《政治的概念》，刘宗坤等译，上海人民出版社200年版，第32页，“现代国家理论中的所有概念都是世俗化了的神学概念”；Bruce Ackerman, *We the People*, *Foundations*, Harvard University Press, 1999, p. 88.

[28] 〔德〕施米特：《霍布斯国家学说中的利维坦》，应星、朱雁冰译，华东师范大学出版社2008年版，第51页。

[29] 同上书，第68页。

地基在于高度发达的大脑。只有通过这一无限可塑的中枢器官，才可能运用经验和有利于国家建立的洞识克服那些反对国家建立的巨大障碍。”[30]这样一来，霍布斯的作为高度发达的机器人的国家就成为上帝天国的世俗化表达。政治神学带来的断裂寄希望于理性科学来完成，祖国成为一门科学神学的对象。

1942年，施米特写了一本小书《陆地与海洋》，继续讨论利维坦所内含的陆地与海洋之争。利维坦是一个海洋怪兽，与之相对的是陆地怪兽比西莫特(Behemoth)。二者分别隐喻着海洋之国和陆地之国。

> 海洋帝国利维坦建立在平等的个体基础之上，而不是建立在不平等的群体(阶级)基础之上，其根本意图在于打击贵族，瓦解其以土地为基础的对于人、财、物的垄断和封闭，使他(它)们能够自由流动，并置于一个统一的中央权威之下。本质上，这是一个贵族制变成民主制的过程，也是一个比希莫特变形为利维坦的过程。[31]

一当天上之国降临凡间，它就需要选择一个特定的人与空间。利维坦意味着，人类从此不再以陆地为家，而是以海洋为家。相对于利维坦所表达的精神，最恰当的祖国形式就是海岛之国。

> 当英国向一个海洋性国家过渡时，它与其他世界的所有实质性的关系，尤其是与欧洲大陆诸国的关系发生相应的变化。……大不列颠岛本身，这个以纯粹的海洋性存在，像一条船或一条鱼，它可以向地球的任何一个地方游动，可以辐射到所有的大洲，成为海洋的女主人，发展为世界性帝国的中枢。[32]

在这个过程中，因为以海洋为家，所以海洋法则成为构建祖国的律法。陆地作为祖国的律法就此不敷适用。比如说，尽管英国、日本都是岛国，但进入现代之前采纳的都是陆地法，即古罗马法与中华法，故水土不服、沉寂千年。利维坦这个隐喻意味着，海洋律法从此成为主导律法。在这个取代过程中，经验上的陆地与海洋之争就表现为封建土地与自由财产之争[33]，社

---

[30] 〔德〕施米特：《霍布斯国家学说中的利维坦》，应星、朱雁冰译，华东师范大学出版社2008年版，第74—75页。

[31] 〔美〕汉密尔顿：《联邦党人文集》，程逢如等译，商务印书馆1997年版，第5篇。

[32] 〔德〕施米特：《陆地与海洋》，林国基译，华东师范大学出版社2006年版。

[33] 〔英〕梅因：《古代法》，沈景一译，商务印书馆1997年版，第96页。

会学上将其表述为社会与共同体之争[34],政治哲学上则将其抽象为主权国家与市民社会之争[35],而根本上,这些都脱胎于家律法与个体法律之争的命题。

1609年格老秀斯匿名发表《海洋自由论》,人类进入海洋时代,在利维坦这座巨大的海兽身上,英国人最先安家。日本的崛起可以视为受到海洋自由精神的激活,一当苏醒便快速崛起为世界强国。同理,海岛、半岛以及沿海成为经济发达之地。[36] 第一次世界大战之后,深陷陆地与海洋之争的泥淖的英国逐渐式微,这一接力棒随后被美国取得。伴随着这一历史进程,人权、自由等价值风行海上,家隐身于海洋的光环之下。然而,当家律法逐渐失去效力的时候,利维坦却难以成为祖国。失去了家律法的阻拦,海洋精神势头旺盛,甚至直接波及陆地,如城市发达的交通,家不再成为家,而是办公室、旅馆和实验室的代名词。即便通过科技弥补家的缺失,家却变成流动的家,诸如房车、豪华游轮乃至海洋上的陆基“航空母舰”。尽管人们并不曾忘记,海岛会淹没,海洋无法成为家,而科技带来的污染全面损坏了家。但是,神学思维影响下的科技毕竟带来了家与自由的一条出路,故今日自由与家的关系便不再表现为陆地与海洋之争,而是自由律法全面取代家律法,为了获取更多的自由,人类只能不断向外部世界和空间拓展,寻找新的家。

四、自由之邦——主权人民与祖国人民

“哪里有自由,哪里就是祖国。”卢梭率先喊出人生而自由的理念,然而,他的日内瓦祖国却没有领情,在《社会契约论》出版之后,取消了他的公民资格。卢梭之后,他的自由契约思想并未给法国带来安宁与秩序,相反,自由成为高高扬起的革命利器。于是,卢梭本身成为一个现代性问题:为什么美好的自由带来的却是毁坏、混乱和专制。问题其实出在他的意志自由与祖国的对立之上。

面对中世纪的宗教神权,卢梭和霍布斯一样都有着共同的任务,如何将

---

[34] 〔德〕费迪南德·滕尼斯:《共同体与社会》,林荣远译,北京大学出版社2010年版,第43页及以下。

[35] 〔德〕黑格尔:《法哲学原理》,范扬、张企泰译,商务印书馆1995年版,第197页及以下。

[36] 20世纪80年代的改革开放以来,我国沿海地区也率先成为经济自由贸易的示范区。

其加以世俗化。然而,二者虽然有着共同的神学困境,解决方案却大不一样。在《社会契约论》中,尽管卢梭开篇就对家庭这种人类最古老的社会形式加以批判[37],但还是缺乏系统性的提到两种人民:一是主权人民,二是祖国人民,历代生养于斯的历史人民。[38]每个现代国家都有其历史人民,都有其民族。相反,现代政治的主权者人民则是一种理论构造,内含特定的价值诉求——自由契约。由此在二者之间就产生一种紧张关系,自由契约的法则与祖国人民所包含的法则之间发生冲突怎么办?用卢梭自己的话说就是,"明智的立法者(主权人民)并不从创制良好的法律本身着手,而是事先要考察一下,他要为之立法的那些人民(祖国人民)是否适宜于接收那些法律"。[39]

思想史上,卢梭是公认的人民主权观念的缔造者。对应人民意志的是具有神学意涵的公意(general will)。具有此种意志的人民无疑是一种虚构的、居于天国的人民,因为公意乃是具有神圣性的事物,卢梭还特地为此种意志增加了一种内在精神——自由。自由是如此必要,以至于自由所在之处,才是祖国。在《献给日内瓦共和国》的信中,卢梭强烈地表达了他的这一主张:

> 假如对于出生的地方可以选择的话,我一定会选择这样一个国家作为自己的祖国……在那里,主权者和人民有着唯一的共同利益,整个国家政府机构的一切活动永远都只是为了人民的共同幸福,而这只有当人民和主权者是同一的时候才能做到。同时,在这里,人们对祖国的热爱,与其说是热爱土地、毋宁说是热爱公民。……这是一个立法权属于全体公民的国家,这也是一个既不属服别国,也无遭受别国征服恐惧的国家。总之,在这样的国家,人民拥有权利,获得自由、幸福。[40]

可是,卢梭看到了祖国要成为自由的祖国,主权人民的立法意志要同祖国人民的习俗相一致,却忽略了内在的冲突:若人民的立法意志是一种通过原初契约达成的公意,那么,它所对应的现实人民只能是个体或个体集合的特殊意志。这实际上成为现代以来整个政治哲学的一个基本困境,把人从城邦、村社、家族等传统的有机共同体中分解出来,转化为一个个孤立的、成

---

[37] 〔法〕卢梭:《社会契约论》,何兆武译,商务印书馆2010年版,第5页。
[38] 同上书,第55—65页。
[39] 同上书,第55页。
[40] 〔法〕卢梭:《献给日内瓦共和国》,载《论人与人之间不平等的起因和基础》,李平沤译,商务印书馆2012年版,第20页。

年的个体,然后再根据契约自由的原则,通过理性的计算将人们重新组织起来。在这个意义上,卢梭理论中的祖国不再是国,而是自由的市民社会。[41]可惜,在卢梭的《社会契约论》中,市民社会在政治结构里并没有地位。仅就自由契约来说,理性的个体不仅无法形成一个有机整体,工业资本还可在竭泽而渔之后自由地选择离开,公意的人民主权国家飘忽于尘世大地生活之上。祖国成了孤立个体的无根之国,政府打着公意的旗号掠夺祖国,这样一个祖国无论如何不能成为一个世代生活的人民寄身之所。为现代生活提供了崭新理念的卢梭,也为我们留下了一个精神上亟须缝合的裂缝:失去祖国的自由人民呼唤的是革命与流亡。

五、民族国家与法治

在抽象的主权人民与一国历史人民的断裂处,现代民族观念应运而生。卢梭之后,欧洲进入民族国家群雄争霸的时代,很多思想家都清晰地意识到人民主权与公民自由之间的断裂,典型如赫尔德:

> 我们不再有属于自己国家或民族的意识了,因而再也不需要有一个祖国……然后,我们将进入极乐世界,我们将进入人类的黄金时代,整个世界都只说同一种语言,我们只是一群羊,只有上帝一个牧羊人!天哪!我们的民族特性啊,你在何方?

民族一词有着极为复杂的出身。它仿佛一面镜子,映射出整个欧洲的家世。在前现代,民族还主要是指欧洲社会的贵族。之所以民族一词重新被发现和塑造,如赫尔德言,是因为世俗化之后,抽象的主权原则无法承受个体主义的离心作用,共同体作为一个整体被抽空了。民族的出现应对的正是这样一个问题,如何把不同的个体成员团结与凝聚起来。哲学家哈贝马斯也认为,民族一直致力于在彼此陌生的人们之间形成一种社会团结关系。[42]然而,当民族概念重新登上历史和政治舞台之时,它被赋予了不同的意涵,同人民主权之间形成了各种扭曲的关系。最主要的表现在两个方面,一

---

[41] 关于黑格尔对卢梭国家观念的批判,参见〔德〕黑格尔:《法哲学原理》,范扬、张企泰译,商务印书馆1995年版,第255页。

[42] Jürgen Habermas, *The Inclusion of the Other*, ed. by Ciaran Cronin and Pablo De Greiff, Massachusetts: The MIT Press, 1998, pp. 240, 249.

方面，它不再是特定的贵族群体的总称，而是外延从第三等级的资产阶级一直扩展到共同体全体成员，但即便如此，在人民主权的"人民"与民族国家的"国民"之间仍旧有着重大断裂[43]，这种断裂既源自神学与世俗化之间的断裂，更主要的是社会与共同体之间的断裂；另一方面，欧洲世界进入现代以来，并没有找到一种恰当的组织法则，可以用之解释和识别，缘何民族既不同于公民国家，还有别于市民社会。这使得民族常常同种族、极权国家相混淆，为二者背负骂名。

显然，民族有别于种族，后者完全是一个纯粹生物学意义上的概念，识别标准仅仅在于血缘与出身，而民族是一种文化建构，是有明确意识地或一定程度意识地通过家的律法来建构。参照家的三个基本维度，民族同样建立在创生—养成—返本的律法之上。每个民族都有自己的祖先(无论是历史的还是虚构的)，依赖人口不断的繁衍(失去人口的民族毫无意义)以及经济与文化(民族经济和文化互为表里)。有人或许会说，族群不等于民族，也不等于种族，那么，以这三个律法如何来区分族群与民族呢。从历史上诸形态来看，族群只是一种原初家律法适用的型态，在这个阶段，家律法仍旧在一种含混的意识中加以运用，如原始的宗教观念，祭祀祖先，世代更迭形成一些初步的文化与习俗。相比起来，民族则是一种理性反思后的自主建构。族群型态中的家律法经过改变、系统化以及承认而变得更为理性化，特别是从简单的世代生成变得更加注重世代养成，文明化成，从观念上建构祖先，如 20 世纪初"炎黄"成为想象出的祖先等等。就此而言，如果说族群是一种以家律法为组织法则的原初型态，那么，民族则是家律法为组织法则的发达型态，二者都属于家的扩大化。[44]

从这种家的民族观出发，反观现代主权国家，不难发现，大多现代国家都是自由律法建构出的主权国家与家律法建构出的民族的综合体。它成为现代世界各国的普遍型态：祖国—公民(gens-civitas)。每个国家既是一个法治国，又是一个父母之邦。在这种国家的治(织)理中，若将人民比作织料，而立法者是织布工，**法治的原理或法则大致有二：一是契约法则，不同的**

---

[43] 类似的断裂也存在于人权的主体与国内法的基本权利主体之间，从人权变成基本权利需要四个限缩：民族国家化、制度化、机构化与习俗化。参见张龑：《论人权与基本权利》，载《法学家》2010 年第 6 期。

[44] 关于族群与民族之间关联的历史社会学观察，参见〔德〕汉斯—乌尔里希·维勒：《民族主义》，赵宏译，中国法制出版社 2013 年版，第 53—55 页。概念上的考察，参见〔英〕安东尼·史密斯：《民族主义——理论、意识形态和历史》，叶江译，上海世纪出版集团 2011 年版，第 13 页。

陌生人因为契约而联合起来，在契约法则约束下展开关系，称为市民；二是家的法则，不同的陌生人因为家而相互关联，以家律法构建彼此的团结关系，称为同胞；两种原理的有机组合，构建出一幅经纶，称之为法治国家。若说家文化是中国的民族文化，那么法治中国就意味着，它是契约关系与团结（同胞）关系的构成物。这一经纶是否结实与优美，端赖于立法者的艺术。

六、祖国作为公民宗教——政治遗嘱与慎终追远

任何一个民族或族群都要面临生死问题。如何克服对死亡的恐惧就成为每个民族都要面对的宗教问题。启蒙思想家中，既有彻底的无神论者，也有晚年回归为基督徒者。尝试在两者之间寻找一条中间道路者当推卢梭。卢梭深刻地意识到，任何社会都需要一个宗教，自由和公意要想扎根于民族生活当中，仍然需要一个宗教，一种“公民宗教”。

> 一旦人们进入政治社会而生活时，他们就必须有一个宗教，把宗教维系在其中，没有一个民族曾经是，或者将会是没有宗教而持续下去的。假如它不曾被赋予一个宗教，它也会为自己制造出一个宗教来，否则它很快就会灭亡。[45]

可惜，卢梭的提醒并未受到后人应有的重视。他去世之后，公民宗教便被人渐渐遗忘了。两千多年后，美国社会学家罗伯特·贝拉在1967年发表了题为《美国的公民宗教》的文章。[46]他重拾卢梭《社会契约论》中的“公民宗教”这个术语，以期为世俗化社会提供宗教维度，克服四处弥漫的虚无主义。文章引发大量讨论，促生了对公民宗教的重新思考：公民宗教若不是某种特定的宗教，它的基础在哪里？

卢梭指出，公民宗教不等于历史上特定民族曾经拥有的民族宗教。[47] 民族宗教是一种直接写在国家典册中的宗教，它规定了这个国家法定的神祇、民族的守护者以及国家典章制度所规定的一系列宗教教义。这种宗教固然有其好处，可以把对神的崇拜和对律法的热爱结合在一起，从而化解基于主

---

[45] 〔法〕卢梭：《社会契约论》，何兆武译，商务印书馆2010年版，第四卷第八章。

[46] Robert Bellah, “Civil Religion in America”, *in American Civil Religion*, Harper&Row, 1974, pp. 21—44.

[47] 〔法〕卢梭：《社会契约论》，何兆武译，商务印书馆2010年版，第174页。

体自由而引发的现代政治认同感缺失的问题。可是,这种只为政治服务的民族宗教就其自身而言是不充分的、偏狭危险的。那么,卢梭看到什么才会如此批判呢。一个关键点就是,祖国自身的神圣性遮蔽在了民族宗教之下。因此,以民族宗教方式构建起来的祖国不再是祖国,而是民族宗教内部的天国。卢梭公民宗教的独具慧眼之处在于,它将神圣性从每个具体的宗教中剥离出来,如果说每个特定的宗教都是神圣性与特定教义的结合,那么,公民宗教表达的就只是"神圣性"的必要性。在这个意义上,公民宗教作为单纯的神圣性是各种宗教的"最小公约数",最低限度的"宗教性"。它的优点就在于宗教宽容,本质上属于意志自由和民族宗教的调和物。

可是,为什么每个民族都需要一个公民宗教,这个最低限度的"神圣性"的内涵是什么。卢梭显然没有给予直接的回答。卢梭能够提出公民宗教,从而使得现代国家不至于因为自由意志而分崩离析,德性败坏,已经足够伟大。可是,卢梭的公民宗教毕竟只是形式化和内容空洞的。[48] 如果不能揭示出公民宗教应有的内涵,公民宗教本身的意义则不免要打很大折扣。

如前述,人民主权是一个抽象的概念,由此构建起来的民主法治国无法回答,为什么一群人要长久生活在一起"相濡以沫"。表面上看,这个问题很是多余,因为每个民族人民都是一个自然而然的,同时也是无法放弃的共同体。但若从个体自由的角度来看,这种共同体便不是一个当然的存在,个体随时可以选择离开和放弃。在这个意义上,谈及任何一种社会契约,都预设了参与者打算从此以后以此地为家。进一步,围绕着社会契约构建的人民主权理论还有一个必须面对的问题,"设立政治的市民契约只约束订立这契约的那些人;父亲所订的契约,儿子必得重新承认"。[49] 也就是说,下一代人为什么不重新立约,而继承前一代人的契约。由此不难发现,现代人民主权的国家通过社会契约的范式来制定宪法,那么,**每部宪法都包含了横向和纵向两个基本维度,一是当代人的"公共合意"[50],一是具有历史文化纵深的"政治遗嘱"**。关键在于后者,政治遗嘱要追溯多远。倘使联系到家的第三个维度"慎终追远",那么这个遗嘱既可以视为开国者的遗嘱,也可以一直上溯到

---

[48] 参见 Robert Bellah, "Civil Religion in America", *in American Civil Religion*, Harper&Row, 1974, p. 29.

[49] 〔英〕罗素:《西方哲学史》(下卷),马元德译,商务印书馆 2013 年版,第 178 页。

[50] 比如尽管一国宪法具有相当的稳定性,但是不同历史时期进行宪法修改或提出修正案则是各国常例。

"历史上最初的约定"[51],如孔子曰"大道之行也,与三代之英,丘未之逮也,而有志焉"。[52] 其中所谓的三代,也即后来孟子所谓的"法先王",既可以解释为遵循"先祖的遗嘱",也可以理解为孔子这一代对于文明的体悟,从而确立了共同体的根本性律法,如张载所言:"为天地立心,为生民立命,为往圣继绝学,为万世开太平。"还可以理解为,为后代万世设定了政治遗嘱。因此,"慎终追远"与"法先王"以及由此得出的"大同社会"就是一种公民宗教。[53]宗教性在于"祖先"崇拜,公民性在于它不是简单的祖先崇拜,而是"法先王"之王道法,这种王道法具有足够的开放性,就在于它承认每代人自己的公民性,每代人都可以参与和重建先王法。与此同时,它主张历史和文明的连贯性,尊重先王法本身的立法意志。

当然这里有一个无法回避的现代与传统的断裂问题,表面看来确实如此,实则不然。欧洲的现代性不过是法古希腊之先王法,而美国则是法欧洲之先王法,观察我国历史,晚清之前的中国之所以被称之为世界历史上唯一没有断裂的文明,就在于法先王之法,虽历代损益,却无损其连贯性。有问题的是鸦片战争之后,取法西方与取法先王之间的冲突。然而,冲突双方之间具备一个共同的形式结构,就是都要"法先王",都要"慎终追远",都要为后代立万世法。这一点正是现代公民宗教的内涵所在,人类本身就是"创生、养成与返本"的生命体。**倘使将慎终追远的"远"做一个刻度的话,表达的正是人类各种宗教终极关怀的尺度:最远处即是对创生——造物主——的追问,而中间处,也即就生活秩序来说,则是对养成律法——共同体法则超验性——的追问,而最近处则是宗族祠堂以及各种对英雄与先贤的纪念或祭祀。**

结　　语

晚清以降,中国从古代的家国天下变成今日的海洋精神统领的主权国家,同现代西方国家一样经历了从神性国家堕落为世俗国家,从帝国退缩为

[51] 卢梭提到"论总需追溯到一个最初的约定",不过没有给予正面说明。参见卢梭:《社会契约论》,何兆武译,商务印书馆 2010 年版,第 17 页。

[52] 《礼记·礼运篇》。

[53] 公民宗教观念进入我国后,很多学者,如陈明、干春松等提出了儒教作为公民宗教的设想。参见陈明:《儒教之公民宗教说》,载陈明著:《文化儒学:思辨与论辩》,四川人民出版社 2009 年版;干春松:《宗教、国家与公民宗教》,载《哲学分析》2012 年第 4 期。

民族国家,进而又从比西莫特的陆地精神转向利维坦的海洋精神。因此,近代中国的国家与法律的现代化就是一个存在之家与精神自由之争的过程。在此过程中,祖国或新祖国便成为一个重要的命题。

在本文看来,每个祖国都是家律法与个体律法的对立综合体,是一个容纳自由意志的共生人群的父母之邦。在古代,天人合一表达的是一种以家为基础的生生不息的和慎终追远的公民宗教。在这个宗教里,人与人之间没有民族身份的差异,只有远近亲疏的同胞关系,社会结构是一个同心圆扩散的结构。[54]现代之后,中国从天朝大国降落为大地上空间有限的民族国家,由于失去了天的维度,无论是家律法还是从西方引入的道德法都失去了多半效力。与此同时,在世俗关系上,受制于海洋精神的影响,家律法进一步为契约自由法则激进地取代。源自西方知识、受基督神学思维影响的自由和法治由于丧失了家的三个维度,引发了一系列现代困境。曾经的祖国变成了当下这样一种污浊与离散的状态,尽管我们人民已经完全拥有对外主权,法律条文上也写下了自由和权利,但祖国不再是可世代生养存在之家,而是一个流动的驿站、工业的垃圾场以及战士的宿营地。

因此,重新观察祖国,透视出其内在的律法,有利于澄清当代一个基本的思想迷思,经验个体并非可与自由理念相匹配的适格主体。一种经过自由批判和重构的家秩序才是自由秩序的准确表达。所谓的消极自由,就是每个个体作为家内成员在免于国家强权干涉的同时还有充分的家内保障;积极自由则意味着,经过家内教化而成的个体到家外世界积极进取,发展自己的人格,目的仍是建一个新家。就此而言,从家秩序中提炼出的三个基本律法——创生、养成与返本——构成了在祖国实现法治的根本法则。

---

[54] 费孝通先生将此格局概括为“差序格局”。参见费孝通:《乡土中国 生育制度》,北京大学出版社1998年版,第24页。

泼粪阻止建房与固有习惯法

——以广西金秀大樟乡三古村快围屯的一起名誉侵权案为对象

高其才*

一、引　　言

2006年10月16日，广西壮族自治区金秀瑶族自治县大樟乡三古村快围屯发生了一起按照固有习惯法而泼粪阻止建房引起的民事纠纷。①

---

* 清华大学法学院教授、博士生导师。

① 在我国，泼粪行为并不少见。如2010年12月18日上午，云南昆明的"天骄北麓"房产项目迎来开盘。由于上百准业主的不满和抗议，让这次开盘显得格外谨慎和受到外界广泛关注。数十警察赶到现场维持秩序，为了防止不测，防暴警察也来到现场。中午12点39分左右，准房主们把早已准备好的两箱鸡粪洒在了售楼部的门口。顿时，现场出现了一点骚乱，在旁边维持秩序的警察开始前去阻拦。就在这时，一矿泉水瓶砸向售楼部大门，站在门口的一名保安拿着警棍朝着准业主们指了指，几个情绪激动的准业主向保安冲去，被维持秩序的警察拦下，在其他保安的劝说下，该名保安走进了售楼部。说起购买"天骄北麓"的房子，患有高血压的代阿姨苦不堪言，当她7月初从中介公司获知4800元一平方米就可以购买天骄北麓的房子时，义无反顾地交了1.7万元的转让金，并与这家中介公司签下合约。7月10日选房时，她交了20万元。本以为可以圆一个住房梦的她，每天都在盼着房子开盘，日子就这么一天天过去，代阿姨也没感到有什么烦恼。当12月1日获知她交了20万元参与团购的"天骄北麓"价格比当初和中介公司签下合约的房价高出一倍时，代阿姨蒙了。自12月4日起，代阿姨和上百团购者开始了维权。参见秦聪俊：《昆明一楼盘遭业主洒鸡粪 防暴警察赴现场》，载《都市时报》2010年12月19日，http://news.ifeng.com/society/2/detail_2010_12/19/3583949_0.shtml，2010年12月19日最后访问。

又如2014年12月下旬，郑州几个拆迁户家中遭不明人员泼粪，他们怀疑是当地城中村改造指挥部所为，此事经媒体报道后，引发社会关注。2015年1月7日，事发地城中村改造项目指挥部回应称，他们没有安排也没有委托任何机构或个人实施此事。目前，当地公安部门已介入调查此事。据记者了解，泼粪一事发生于郑州市金水区南阳路街道寺坡村，一位家中遭泼粪的寺坡村村民称，2014年12月21日23时左右，多名身份不明男子突然砸碎自家门窗，闯入屋内，拎来十几桶大粪在自家楼上倾倒。12月22日晚，他家再次遭到泼粪。据其反映，该村另外几户未搬迁的村民也遭遇过类似情况。参见李亚楠：《郑州数名拆迁户家中遭泼粪 当地警方介入调查》，http://news.sina.com.cn/c/2015-01-07/090831369855.shtml，2015年1月7日最后访问。

金秀瑶族自治县地处广西中部偏东的大瑶山区，成立于1952年5月28日，是全国最早成立的瑶族自治县。全县总面积2518平方公里，耕地面积21.57万亩，辖3镇7乡77个村民委，4个社区，总人口15.46万人，少数民族人口占全县总人口的78.5%，其中瑶族占34.4%。瑶族中有盘瑶、茶山瑶、花蓝瑶、山子瑶、坳瑶五个支系，是世界瑶族支系最多的县份和瑶族主要聚居县之一。全县山区面积2080平方公里，占总面积的80%。森林覆盖率87.34%，是广西保护得最好、面积最大的水源林区，是国家级珠江流域防护林源头示范县、国家级自然保护区、国家级森林公园、中国八角之乡。[②]

大樟乡位于金秀县境西南部，东与桂平市紫荆乡毗邻，南与武宣县东乡镇交界，西与象州县妙皇乡相邻，北与六巷乡、象州县百丈乡接壤。乡政府所在地距县城70公里。土地面积369.54平方公里，辖大樟、互助、玲马、三古、新村、花炉、瓦厂、双化等8个行政村，76个自然屯。2010年末，总人口12178人。境内东南部为低山，西北部为丘陵及小片平原、台地。全乡耕地面积1604公顷，其中水田448公顷、旱地1116公顷。

三古村民委员会辖三更屯、古朋屯、马安屯、快围屯、古懂屯等5个自然屯。大樟街到快围屯有23里路；快围屯有38户，170多人。[③]

2006年10月16日，大樟乡三古村快围屯发生了一起建房泼粪引起的纠纷。2010年8月21日，作者到大樟乡三古村快围屯访问了泼粪纠纷的双方当事人和有关村民，了解了泼粪阻止建房纠纷的基本情况，初步知悉了与此有关的固有习惯法及其现今表现。[④]

二、建房泼粪起纠纷

1964年出生的冯更奎与1959年出生的赵大根为亲兄弟，祖上留下来的宅地未曾分割清楚，两家对此处宅基地一直存在权属争议。2006年4月

---

② 瑶族固有习惯法的内容较为丰富，涉及瑶人生产和生活的各个方面，包括人法如社会组织与头领习惯法、婚姻习惯法、家庭及继承习惯法、丧葬宗教信仰及社会交往习惯法；物法如生产及分配习惯法、所有权习惯法、债权习惯法；保障法如纠纷解决习惯法、刑事习惯法等，核心内容为维持秩序、促进生产、禁止偷盗。详可参见高其才：《瑶族习惯法》，清华大学出版社2008年版。

③ 根据社会学的惯例，本文中的人名和部分地名进行了化名处理。

④ 本文所指的习惯法是独立于国家制定法之外，依据某种社会权威和社会组织，具有一定的强制性的行为规范的总和。参见高其才：《中国习惯法论》（修订版），中国法制出版社2008年版，第3页。

22日(农历3月25日)下午7时许,赵大根、赵青美(1962年出生)夫妇与冯更奎妻子赵春花(1963年出生)发生过争吵。近年来,冯、赵两个家庭因宅基地发生纠纷,曾经三古村民委员会调解但未果。赵大根曾经申请大樟乡土管所办证;因存在纠纷,大樟乡土管所也未予办理。

2006年10月16日(农历8月25日)11时许,赵大根择日后请赵桂成等帮忙,鸣放鞭炮后在其宅基地上放线准备下地基建新房时,为了达到阻止赵大根施工建房的目的,赵春花拿粪桶装大粪用粪瓢将粪便、粪水在赵大根准备建新房的地基内到处泼洒,导致赵大根、赵青美身上沾满了粪便、粪水。

赵大根、赵青美遭赵春花泼洒粪便、粪水后,冲上前去抢夺赵春花的粪桶,双方发生打骂推扯;在争抢过程中,赵大根、赵青美也向赵春花泼有粪便、粪水。后在亲属劝解下双方被拉开,停止了拉扯。赵春花丈夫冯更奎闻讯后来到现场,与赵春花的姐姐等一起将赵春花拖劝回家换衣服。

根据当地传统习惯法,宅基地遭泼洒粪便、粪水后,须3年后才能另外择日动工建房。事情发生后,赵大根、赵青美因赵春花遭宅基地泼洒粪便、粪水,便把建房所准备的钢筋、水泥、沙子、石头等建筑材料降价处理。

这一纠纷发生后,赵大根当天向三古村民委员会提请解决。三古村民委员会干部到现场进行实地调解,做双方当事人的思想工作,召集双方进行了调解,但双方当事人分歧极大,调解未能达成协议。

三、尊重习惯解纠纷

2007年1月24日,原告赵大根、赵青美向金秀瑶族自治县人民法院提交了“民事诉状”,起诉被告赵春花,认为赵春花在精神上的折磨和人格上的侮辱,情节恶劣。他们提出的诉讼请求为:(1)请求法院依法判令被告赔礼道歉并赔偿财产损失共计人民币7000元。(2)请求人民法院判令被告精神抚慰金人民币1000元。(3)本案诉讼费由被告支付。

2007年2月10日,被告赵春花向法院提交了“答辩状”,认为“被告为阻止原告的行为,是把粪水泼到纠纷的地上,而原告却直接冲过来抢过粪桶把粪便泼到我身上,给我头上、脸部、全身上下都是粪便粪水,还全家人围攻殴打我,反倒说是我先把粪便泼给他们,完全是颠倒是非,讲瞎话。我老公冯更奎来解救我又挨他们泼了一身粪便粪水,还拿石头和竹竿等物冲我们,我老公很忍气不还手,把我护着拉我回家,才避免事态恶化,原告诉状完全是恶人先告状”,提出原告诉请无事实依据;原告抢粪桶用粪便泼我两口子,粪便溅到自己身上完全是自己行为所致,与被告无关;至于说造成原告建材等项损失,要被告赔偿更是于理于法无据。同时,被告赵春花于2007年2月26日提交了“反诉状”,认为“本诉反诉被告人向人民法院所诉请求其是完全没有事实依据的,恶人先告状,其自己造成后果只能自行承担,其行为亦已侵害了反诉人的人格权益,应依法向反诉人赔礼道歉的同时赔偿经济损失和付给精神抚慰金”,对原告赵大根、赵青美提出反诉,反诉请求为:(1)依法判令反诉被告人向反诉人赔礼道歉,赔偿衣物财产损失费500元,精神抚慰金1500元,共计人民币2000元。(2)本案诉讼及其他费用由反诉被告人承担。

金秀瑶族自治县人民法院由三位法官组成合议庭审理此案。3月30日进行了开庭审理,双方当事人及其委托代理人到庭参加了诉讼,有两位证人到庭作证。

在审理过程中,审判员问:“你们有何风俗习惯?”原告回答:“有,像这种(屋基)就(无法)干活再建了,所备的料也不得已下降价格转让给他人,要过三四年都不能起,也无地起房了。”

在法庭辩论时,原告的委托代理人指出:“1. 原告的行为已构成了侵权,被告在实施侵权时,不顾后果,不顾场合,有意实施侵权行为,给当地风俗习惯造成了一种挑战,从原告的答辩状、反诉状上均得到证实,被告的行为已构成侵权。2. 原告的精神确已受到伤害,法院应支持原告的诉请。3. 原告的材料损失是实实在在发生了,是不能补救的。”

被告的委托代理人则认为:“原告的诉请没有事实依据,被告没有侵权。现争议地,尚属权属不清,未经政府确权,本应通过合法途径解决。被告的行为有点过激,但原告将粪泼到被告两公婆身上是错的。原告的行为构成对被告的侵权。有关证据问题,要依法,习惯不能大过法,请求驳回原告的诉请。”

原告方强调报告的行为“给当地风俗习惯造成了一种挑战”,而被告方坚持“要依法,习惯不能大过法”。双方在习惯、习惯法问题上针锋相对,态度各异。

最后原告赵大根、赵青美表示:“以后原告方再建房时,被告不要再去阻止的,可以就财产损失部分可以不要被告赔,至于精神抚慰金就适当给一点就可以了。另外挂红要个封包360元。”而被告则表示:“不同意。挂红,原告也泼粪我，我也要原告挂红。”[5]

显然，双方当事人都有气、都不服气，对立情绪非常明显，在诉讼请求方面互不相让，法院解决的难度十分大。

在查明事实后，法院认为，原、被告因宅基地权属争议，被告本应寻求合法途径进行解决，但被告在原告择日放线下地脚建新房时，为达到阻止原告建房的目的，采取向原告和宅基地泼粪便、粪水的极端做法，其行为不仅严重违反了社会公德，且侵害了原告的人身权利，致原告人格受到侮辱，构成对原告人格侵权，依法应对原告承担侵权责任。

同时，法院认为反诉原告认为反诉被告对其实施了侵权行为，其诉请理由并不充分，法院不予支持。

在调解无效后，法院于2007年4月12日作出判决：

（1）被告赵春花在本判决生效后15日内向原告赵大根、赵青美书面赔礼道歉，书面赔礼道歉内容须经本院审查，并张贴于本屯公开场合两天。如被告赵春花拒绝执行，由本院依法张贴与上述内容相同的公告，所需费用由被告承担。

（2）被告赵春花赔偿原告赵大根、赵青美精神抚慰金700元（限于本判决生效后15日内付清）。

（3）驳回原告赵大根、赵青美其他诉讼请求。

（4）驳回反诉原告赵春花的反诉请求。

此事虽然经过法院解决了，作者2010年8月21日访问调查时，有几位村民都告诉我他们两家现在都挺顺利的。但是赵大根、赵青美不敢在泼了粪的宅基地上盖房，而是另外找地盖房，泼了粪的宅基地就一直空置在那里。显然，财产方面是有一些损失的。而赵春花方也有冤气。[6]

四、总结与思考

这是一起受传统习惯法影响、按照固有习惯法而泼粪阻止建房引起的民事纠纷。按照当地固有习惯法，泼粪是瑶族历史上传下来的做法，意为叫你不

---

⑤ “挂红”为当地习惯法确认的一种赔礼道歉方式。

⑥ 赵玉莲强调是家婆（母亲）在处理上不太公平，她一辈子不服气的。2010年8月21日，赵玉莲告诉我：“我丈夫冯春金是上门的，本来小孩应该是一边姓一个的，我现在两个儿子一个女儿，全部跟我姓，不姓冯的了，不跟她们姓。”

吉利、不顺利,至少 3 年后才能重新建设。[7] 这一规范体现了某种迷信的观念[8],村民认为泼粪后就坏了风水、破了好事,以后诸事会不顺利。当地村民对此宁信其有,莫信其无,非常谨慎地予以对待和处理。在绝大多数村民看来,泼粪行为具有极为明显的主观恶意,属非常敌视的做法,一般人通常不会做。

在大樟地区,村民祈福求吉的心理十分普遍,某些迷信观念在当下的大众群体中仍然根深蒂固,因而泼粪行为的习惯法解释仍然为村民所接受。法院在审理这一案件时,没有简单地以"迷信""不科学"为理由否定民间对泼粪行为的习惯法解释,强调在农村、瑶区这样的社会环境下,泼粪行为既严重违反了社会公德,也使人格受到侮辱,因此判决支持、维护了固有习惯法。法院秉持了实事求是的态度,在判决时考虑侵害的手段、场合、行为方式、侵权行为的后果等因素,从社会角度而非仅从国家法律角度进行审理。

同时,法院的判决要求被告赵春花向原告赵大根、赵青美书面赔礼道歉,并将书面的赔礼道歉张贴于快围屯公开场合两天。这也是考虑泼粪行为对原告赵大根、赵青美在一定范围内造成了具体的不良社会影响,因而须在适当区域消除这种影响,恢复原告原有的社会形象,并且防止具有习惯法涵义的泼粪这种恶劣行为的再次发生,表明国家法院的明确态度。

值得注意的是,法院对这一习惯法规范的承认、支持是从维护社会公德角度做出的,并没有直接确认习惯法的效力。毕竟,这一习惯法规范与某种迷信观念相联系。但是,如果回避发生纠纷的这一直接原因,法院不正视这一状况,案件就不可能得到彻底解决。因此法官采取了较为明智的办法,进行了技术化的处理。国家法院这样对待习惯法,是符合我国法治建设现状的处理措施,值得肯定和借鉴。

---

[7] 按照这种习惯法规范进行行为的并非孤例。2010 年 8 月 21 日,我在朝阳屯一家小商店里,邻屯的一位妇女提到二三十年前她们村有一位父亲对自己的女儿泼粪,不过女儿不是亲生的。

[8] 在金秀地区,这种迷信观念引起的纠纷时有发生。如长垌乡平孟古友屯的黄天自与赵处明两家相邻,又是同族兄弟,关系甚密,平时是有酒大家喝,有忙互相帮的和谐局面,但现在两家却弥漫着紧张气氛,大有"鸡犬相闻,却老死不相往来"的态势。前几年,黄天自为了在村中树立"威风",在地摊上买些"风水仙书"学起"弄符",并经常在大小宴席上鼓吹自己如何会"弄符",扬言谁家和他过不去就"弄符"整谁,使得村民非常惧怕和憎恨他,特别是村上遇到什么不顺,就怀疑是黄天自所为。2010 年 9 月份,赵处明妻子不慎跌断了腿,赵处明怀疑是黄天自搞的鬼,对黄天自更加怨恨;为此两家经常相互破坏对方的生产经营。2011 年 7 月份,黄天自饮酒后又说"弄符"整赵处明家人断手断脚,赵处明妻子听到后就与黄天自对骂,赵处明及其大哥、侄子及黄天自之妻也掺到其中,双方气恼之下,针锋相对,恶语相加,在争执中赵处明用铁锹将黄天自的腿打伤,并恶狠狠地说:"你'弄符'使我老婆跌断腿,今天我也要把你的腿打断,看看谁厉害。"接报后,长垌司法所人员用 5 天时间经热心和真情的调解化解了这一场邻里纠纷。

“后礼法”阶段：中国现代法学的时间方位

喻　中*

中国现代法学的时间方位，也可以说是中国现代法学的历史方位。它旨在追问的是，中国现代法学处于一个什么样的历史条件下，这样的历史条件对于中国现代性的法学理论，将会产生什么样的影响，以及，中国现代性的法学理论对于这样的历史条件、历史方位，应当作出什么样的回应，等等。

一、从“礼法”阶段到“后礼法”阶段

要考察中国法学的历史方位，一个前提性条件，就是要确定历史的分段方法，因为，只有通过某种特定的历史分段方法，才可能确认中国法学所处的历史阶段。显然，这是一个可以从多角度切入的问题。因为，关于人类历史的分段，早已诞生了多种影响较大的理论。譬如，马克思关于历史发展的“五阶段说”，摩尔根关于“蒙昧阶段、野蛮阶段、文明阶段”的划分，雷海宗关于“封建时代、贵族国家时代、帝国主义时代、大一统时代、最后时代”的划分，等等。按照不同的历史分段方法，可以把中国法学置于不同的历史阶段当中。譬如，我们既可以说当代中国的法学处于社会主义阶段，也可以说它处于市场经济阶段、法制现代化阶段，甚至说它处于后现代阶段、后宗法阶段、转型阶段、过渡阶段，等等，似乎都可以成立。然而，着眼于中国法律与中国法学自身的演变、发展过程，当代中国法学更准确的历史方位，应当是“后礼法”阶段。这一界定意味着，现代中国的法学，是传统中国的“礼法之学”在当代中国的延伸。

---

* 首都经济贸易大学法学院教授、博士生导师。

在19世纪以前的传统中国，事实上存在着两类规范。第一类规范，规定人们应当做什么（譬如，应当“忠孝”）、不得做什么（譬如，“非礼勿言”）、可以做什么（譬如，“七出”）。对于这类规范，可以统称为“调整性规范”，即，人们的行为准则；第二类规范，是规定人们违反了第一类规范（行为准则）之后的消极后果，可以统称为“惩罚性规范”。如果说，第二类规范可以大致对应于传统中国的“律”（或“法”、“刑”，三者可以互训）的话，那么，第一类规范就可以大致对应于传统中国的“礼”。可见，现代中国的法律所承担的功能，在传统中国是由礼与法这两类规范来承担的。既然把传统中国的“礼制”与“刑律”加在一起，才可以对应于当代中国的法律，那么，只有把传统中国关于礼的研究与关于法的研究合起来，才可以大致对应于当代中国关于法律的研究。换言之，当代中国法学的研究领域，在传统中国是由“礼学”与“律学”（或“刑名之学”）两大部分组成的。从这个角度上说，传统中国存在着一个未经展开的“礼法之学”，在这样的“礼法之学”盛行的历史阶段，可以称为“礼法”阶段。

19世纪中叶以后，“礼”作为“调整性规范”的正当性依据逐渐开始丧失。1905年科举制度的正式废除，可以视为“礼”丧失正当性依据的标志性事件。三年后，当时的中国政府首次颁布了一部中国历史上从未有过的宪法文件，是为1908年的《钦定宪法大纲》。从那以后，在正式制度中，规定人们“可以做什么、不能做什么、必须做什么”的“调整性规范”，就由原来的“礼”转变成为现代新式的法律体系中的一部分；严格意义上的中国法学作为一种新生事物，就是在这个时期诞生出来的。在这个时期之前，可以称为“礼法”阶段；在这个时期之后，就进入了“后礼法”阶段。一百年来的现代法学，即为“后礼法”阶段的中国法学。这就是现代法学的时间位置或历史方位。

“后礼法”一词，既可以定义现代法学理论的时间位置或历史方位，同时也限定、塑造了现代法学理论的内在特质与外在形态。对于这个判断，可以从两个不同的方面加以分析：一方面，“礼法”阶段的历史遗留物对处于“后礼法”阶段的中国法学的影响；另一方面，“后礼法”阶段本身对于当代中国法学的挑战与期待。

二、“礼”的历史遗留物对“后礼法”阶段的中国现代法学的影响

在“后礼法”阶段,中国法学必须面对的一个客观事实,乃是“礼法”时代的历史遗留物。百年以降,虽然在政治的、国家的、正式文本的层面上看,传统中国礼法结合的规范体系已经被打破,“礼”的正当性依据与合法化基础已经坍塌,但是,“礼”作为规范的价值与功能,仍然在“后礼法”阶段的社会生活中潜在地发生着作用。一个显著的例证是:在广大的中国内陆腹地,特别是在传统的乡土社会,由“礼”衍生出来的规范,对于特定的社区群体,依然具有较为强烈的规范意义。换言之,对于某些社区、某些群体来说,关于“是与非”、“应当与不应当”、“可以与不可以”的界线,与其说是源于国家正式法律的规定,还不如说是源出于传统的“礼”。人们经常脱口而出的“天理”、“人情”,就是对这类规范的一个笼统化的表达。在当代中国,民间法或民间习惯法之所以成为一个与国家制定法并列的“规范群落”,民间法或民间习惯法的研究之所以成为饱受关注的一个法学研究领域,根源之一就在于:“礼”的历史遗留物依然在发挥着调整社会关系与规范社会秩序的功能。

“礼”的历史遗留物不仅塑造了当代中国的民间法或民间习惯法,同时也塑造着当代中国的政治习惯法或政治惯例。在传统中国,“礼”作为一个涵义宽泛的概念,既调整现代人所谓的民事关系,也调整现代人所谓的宪法关系、行政法关系。譬如,传统中国的君臣关系、皇位继承关系、中央与地方关系,诸如此类的政治关系,都属于“礼”调整的对象。

值得注意的是,在“礼法”时代,调整政治关系的“礼”,在“后礼法”时代则发生了分化:一部分被现代的宪法、选举法、组织法等宪法性法律所替代,另一部分则演化成为了政治习惯法或政治惯例。譬如,政党与国家的关系、政治协商的过程、政府首脑的酝酿过程、政党领袖的更迭及其对国家政治的实际影响,这样一些政治惯例,虽然并不明确而具体地载于国家的正式法律文本,但却是各种政治主体必须遵循的行为准则,即使是执政党的领袖,亦不能置之度外。然而,这些可以称作“政治习惯法”的规范,在中国法学领域内受关注的程度,远不如学者们所谓的“民间习惯法”或“民间法”——虽然,从实际功效来看,前者在现代中国社会所实际发挥出来的整体性影响,很可能大于后者。从这个角度上说,中国法学对于政治习惯法或政治惯例的忽

视，乃是一个值得警醒的缺陷。这种缺陷导致的一个负面后果是：现代法学描绘的政治秩序，并不是政治生活中的真实秩序；现代法学提炼的政治规范，并没有进入真正的政治生活；现代法学开出的诊断与处方，常常给人以隔靴搔痒之感。其原因就在于，对于政治领域中的习惯法及其引导的秩序，中国法学常常表现为熟视无睹或无动于衷。在这种“视而不见”的背后，是学者们对于“后礼法”阶段与“礼法”阶段在血脉上的关联，缺少足够的注意。事实上，着眼于规范的实际功能，现代中国的政治习惯法或政治惯例（宪法社会学的研究对象），在相当程度上，就是传统的“政治之礼”在“后礼法”时代的一种延伸。

因此，“礼法”时代之“礼”，并没有随着清王朝的覆灭而终结，它的历史遗留物对于“后礼法”时代的影响，尤其是它的秩序功能与规范意义，就在于昭示今日的中国法学：具有规范意义或法律功能的规则，既包括通过国家正式立法程序而产生的制定法，也包括民间习惯法与政治习惯法。中国法学在注意研究国家制定法与民间习惯法的同时，还有必要留心政治习惯法。换言之，中国法学同时面临着解释国家制定法、民间习惯法、政治习惯法这三重任务。

三、“后礼法”阶段的社会转型对于中国法学的影响

如果说“礼”的历史遗留物对中国现代法学的影响，主要体现了“礼法”时代对于中国法学的影响，那么，在“后礼法”时代，中国法学还必须面对的另一个问题，那就是“后礼法”时代的社会状况对于中国法学的挑战与期待。

与漫长的“礼法”时代相比，“后礼法”时代最显著的标志是“社会转型”，即，从农耕社会转向工商社会。从过程来看，这种社会转型是逐步展开的：自 19 世纪后期开始，东南沿海逐渐从地理意义上的边缘，变成了经济和文化意义上的中心或前沿。在这个过程中，以上海、广州、青岛为代表的沿海城市得风气之先，各种源于西方的新式器物与新式观念，都在这里登陆，并逐渐向内地蔓延。从象征的意义上说，这个过程一直延续至今。它使中国社会的转型过程，呈现出从东南延伸至西北的特点。

这种社会转型的法学意义，可以从两个方面来考察。一方面，在社会转型的过程中，无论是对社会还是对国家来说，工商业的重要性都越来越明显，传统农耕业的地位则相对降低。随着工业、商业与市场的日趋活跃，在

加剧了社会分工的同时,也促使整个社会的交往活动越来越频繁。如果说,在传统的“礼法”时代,盛行的是“男耕女织”,人们日出而作、日落而息,自给自足是那个时代的常态,人与人之间的交往——特别是陌生人之间的交往——相对较少,因而传统的“礼与法”还足以适应社会需要的话,那么,在现代中国的社会转型过程中,越来越频繁的交往活动使社会关系越来越复杂;为了保障交往秩序,就必须制定各个方面的交往规则。越来越多的民商事交往规则,就是在这种社会转型过程中应运而生的。整理、提炼、解释这些民事、商事规则,就由此成为了中国法学的一项使命。在这里,值得注意的是,这些萌生于中国土地上的交往规则,虽然也可以称为“民法”或“商法”,但它们却不能完全等同于古代罗马或现代欧美的“民法”或“商法”,原因很简单:在“后礼法”时代的“转型中国”,既不同于现代的欧美诸国,更不同于古代罗马;转型中国的各种历史条件,譬如孟德斯鸠谈到的气候、土地、生活方式、自由程度、宗教、性癖、财富、人口、贸易、风俗、习惯等等方面的因素,都决定了它将是一套极具中国个性的社会交往规则。因此,仔细阅读、深入理解转型中国的社会交往秩序,并从这些秩序中提炼、归纳出一整套社会交往的规则,乃是中国法学的一项时代使命、历史使命,同时也是中国法学对于转型中国的职责所系。

社会转型另一方面的法学意义体现在政治法方面。因为,在“后礼法”时代,除了市场与工商业的活跃,还伴随着国家能力的显著扩张。回想长达两千年的“礼法”时代,各个王朝普遍盛行的一个通则,是“皇权不下县”。“中央所派遣的官员到知县为止,不再下去了。自上而下的单轨只到县衙门就停了,并不到每家人家的大门前或大门之内的。”[①]至于县以下的空间,基本上都属于家族、宗族自理的范围,大量的社会公共事务,譬如水利、自卫、调解、互助、娱乐、宗教等等,都不是政府的事务,而是由社区组织来承担。在那个时代,我们可以看到很多中央官员或地方官员纵情山水、吟诗作赋、发展文艺才能的事例。这些现象,其实已从不同的侧面说明了国家权力的消极无为,以及国家能力的相对弱小。但是,到了“后礼法”时代,国家开始从消极变为积极,国家对于社会生活进行了前所未有的广泛干预。这种干预,既满足了国家的需要,也在一定程度上满足了社会的需要——虽然,这种干预也有一些走过头的时候。在国家的触角越伸越长的过程中,国家行使权力的领域也越来越多,国家的能力也越来越大。正是这种政治现实,促

① 《费孝通选集》,天津人民出版社1988年版,第127页。

成了与“民法”相对应的“政治法”的繁荣。[②] 因为，在国家权力、国家能力不断膨胀的过程中，国家主导的权力秩序要得到一个基本的维持，就需要更多、更细致的规则来予以保障与维护，这就是中国的政治法得以迅速生长的整体性背景。换言之，在法律领域，以宪政、行政法为主体的政治法之所以在现当代中国迅速崛起，并不单单是某种观念的产物，更不是西方公法的示范作用所致；当代中国的政治法不断发展的根源，在于转型中国的政治现实：国家权力、国家能力的扩张，期待着政治法规则给予有效的调整与规范。这种政治现实对于中国法学的挑战就在于：能否对转型中国的政治现实给予清晰而准确的把握？能否对这种政治现实进行规则化、体系化的表达？尤其值得注意的是，转型中国的政治现实还处于“体制改革”逐步展开的过程中，尚未达到定型或“终结”的状态，这就意味着，中国政治还有较大的变化空间。由于转型中国现实政治的发展方向，正是中国政治法的发展方面，那么，中国法学就需要审时度势地把握中国现实政治的发展方面，从而为中国的政治法寻找未来。因此，研究转型中国的政治法，就不能简单地从欧美诸国的公法制度出发，而应当从转型中国的现实政治出发；只有通过对现实政治秩序及其发展趋势的深刻把握，才能找到中国政治运行的真实规则，才能建立起具有中国个性和时代特征的中国政治法学。

四、兼容与兼顾的中国现代法学

在“礼法”时代，被正式称作“法”或“律”的规则体系，主要是现代所谓的刑法规范（除此之外，当然还有一些附属性的规则，譬如“格、令、律、式”，譬如具有行政法性质的“唐六典”，等等）。至于“礼法”时代之“礼”，尤其是“礼”的实质性内容，到了“后礼法”阶段之后，除了以上文所谓的“历史遗留物”的形式继续存在之外，在正式的现代法律体系中，基本上已被现代法学所谓的“公法规则”与“私法规则”所替代。这些在“后礼法”阶段制定出来的正式法律规则，无论从形式上还是从实质上看，基本上都是从西方传过来的。这些源于西方的法律规则在现当代中国的命运，大致可以分为两种：

有一部分正式法律规则，适应了中国社会与中国政治的需要，在转型中

② “政治法”与“民法”的两分法，出于孟德斯鸠，见〔法〕孟德斯鸠：《论法的精神》（上册），张雁深译，商务印书馆1961年版，第5页。

国的社会秩序与政治秩序中,发挥了较好的调整作用与规范功能。出现这种情况的原因在于:这些源于西方的法律规则,已经根据转型中国的情势,从实质上进行了自我调整,已经相当"中国化"了;或者是,中国社会与中国政治的某些领域、某些环节、某些层面,在转型的过程中,已经变得相当"西方化"了,这也使源于西方的法律规则适应了现当代中国的需要。[③]

但是,另有一部分正式的法律规则,则不能落到实处,形同虚设,处境尴尬,无论是权威性、强制性,还是有效性,都令人生疑。它们与中国政治现实与中国社会生活的关系,都比较疏远。这样的法律规则,既见之于"政治法",也见之于"民法"。造成这部分法律规则形同虚设的原因在于:在"后礼法"阶段的转型过程中,中国社会与中国政治的某些领域、某些环节、某些层面,还没有从实质上走出"礼法"时代,还没有挣脱"礼"的历史遗留物的约束。对于这种情况,正式法律规则的制定者没有给予足够的重视,导致了"新法律"不能真正进入某些实际的政治生活与社会生活。除此之外,还有一个原因是,在现代中国的法律体系中,本身就存在着一部分"象征性法律",这部分法律的意义,本身就不在于规范实际的政治生活与社会生活,法律的"制定"与"颁布"本身,就是立法者追求的主要目标,这部分法律在转型中国的命运,则更加令人玩味。

这两部分中国法律的命运,再次凸显了中国现代法学的时间方位,那就是"后礼法"阶段。在这个阶段中,一方面,传统的"礼"在形式上已彻底消退,在实质上还在某些领域、某些环节、某些层面上发挥着规范的作用,还在支配着某些群体的思维模式、情感模式、行为模式,这就意味着,"后礼法"阶段的中国法学还应当对传统的"礼与法"给予足够的关注。另一方面,在"礼法"时代逐渐转入"后礼法"时代的过程中,旧的"礼"将去但尚未全去,新的"法"正在建立但尚未得到普遍性的内心承认。在这样的历史坐标下,现代性的中国法学必须具有兼容性:看到新旧两种秩序,兼顾新旧两种规则;不能认为,"新社会了",一切都是新的。

---

③ 一个显著的例证是:吴经熊在中国的教会学校、在西方各国的法学院广泛地学习西式法理,于20世纪20年代回到上海之后,居然成了一个相当出色的中国法官(见吴经熊:《超越东西方》,周伟驰译,社会科学文献出版社2002年版,第129页)。这种现象背后的原因就在于:在那个时代的中国上海(部分地区),已经相当地西化了。

游走于“软法”和“硬法”之间的中国司法
——中国传统法律文化中“软法”对古代司法的影响

殷志文　李政军*

法律的生命不在于逻辑，而在于经验。司法是经验性极强的工作，法官首先要忠于法律，在查清事实的基础上，依据“硬法”作出裁决。但法官的判断又常常游走于“软法”与“硬法”之间，既要遵守由国家强制力确保实施的“硬法”，又要考虑到法学理论、法律精神，考虑到社会伦理道德、公序良俗等“软法”因素，“软法”不仅对中国古代司法影响很大，现代中国司法也留有“软法”的痕迹。

一、“软法”下的中国司法探源：文化对研究司法制度的方法论意义

文化是一个国家的软实力，“软法”又常常孕育在文化当中。文化内涵非常丰富，包括知识、信仰、艺术、道德、法律、风俗等要素，是人类适应其生存环境和改善其生产生活方式的结果。面对纷繁复杂的法律现象，似乎任何一种对法律的解释都不能给人们提供普遍信服的答案。于是，法学研究开始追求从全方位的视角来研究法律现象，把法律作为人类文化的现象来观察。在文化的框架里，法律成为整体文化的一个部分，文化同时也需要法律作为其存在的表现形式，“文化”也就对法律研究便具有了方法论意义。

从方法论角度来看待文化，法律作为一种文化现象，它不仅可以解决问题，同时也可以传达意义。法律除可以作为解决纠纷的手段和技术外，同时

* 殷志文，山东法官培训学院教研处副处长；李政军，山东法官培训学院教研处教师。

也可以作为体现价值和目的的一种符号。从文化视角来认识法律现象，就形成一种超越功能主义的方法，对法律进行更深、更广的文化解释。当然这种解释并非只是阐明法律制度的意义，更重要的是它揭示了法律与其他社会文化现象之间的关联性和互动关系，从而开阔了认识者的视野。因为在文化的框架内，可以综合考察法律与其他文化要素的关系，避免只见树木，不见森林，通过文化对法律进行诠释就会超越各种孤立的和机械的法律观。

司法制度既是一种重要的法律现象也是一种重要的社会文化现象。从文化角度研究中国司法制度要注意以下几个问题：

首先，要认识到文化对司法制度形成的基础性作用。每一种文化都有其特定的法律，而每一种特定的法律也都有其特定的文化。因此，构建中国司法制度必须立足于中华传统文化。

其次，弘扬传统文化，构建中国特色司法制度，要处理好“两个关系”。一是要处理好批判与继承的关系。对待传统文化要有科学、客观的态度，保持清醒的头脑，才能够认清当下兴起的“国学热”和对待传统文化的“虚无论”，才能够真正把握传统文化的精髓。中国传统文化经过数千年的历史积淀，博大精深，良莠并存。因此，要批判传统文化中的糟粕，继承其精华。二是要处理好“古”与“今”的关系。研究传统文化不是复古，而是为了解决现实问题和适应未来发展的需要，做到古为今用。

再次，要重视中西文化的交流。中华文化是世界文化的重要组成部分，中西文化互相影响，互相促进，尤其近现代西方文化对中国传统文化影响很大，因此，只有通过中西文化比较研究，才能够全面正确地认识传统文化的作用，防止全盘西化和盲目排外的错误倾向。对法律的文化解释，不仅使我们认识到世界各地法律文化的不同，辨明不同法律文化的优劣，更重要的是为促进不同法律文化之间的交流与沟通，为变革自身法治秩序打下基础。

二、中国传统法律文化：古代司法中“软法”的主要渊源

中国传统法律文化以历史悠久、特色鲜明、内涵丰富、影响深广而受到世界的尊重，被称为中华法系。作为中华民族智慧与理性的结晶和创造精神的体现，中国传统法律文化包含有许多跨越时空、历久常新的合理性因素，尽管其性质属于封建专制主义的法律文化，但其主流却是中华民族悠久法文化中的精华。在世界文明古国中，只有中国文明历数千年而未中断，原

因是多方面的,但中国传统法律文化对中国文明的传承发挥了不可忽视的作用,她与其他文化一起,共同构成了中国古代文明与社会发展的重要支持力量。因此,了解中国传统法律文化固有的合理性因素,总结其对司法的影响,对构建中国特色的社会主义司法制度具有积极的作用。

(一)礼法合一、德主刑辅的法律文化观念

"礼"起源于氏族社会末期的"起诸饮食""祀神祈福"的宗教仪式,因其具有因俗制宜的功能和精神威慑力量,逐渐被统治者改造为体现等级秩序的行为规范和统治手段,发挥了"别贵贱""序尊卑"等宗法等级秩序的功能。经过儒家系统化和规范化之后,礼符合了中国古代宗法社会的伦理要求,稳定了社会秩序,因而被统治者和老百姓所普遍接受。它不仅影响到社会生活的各个领域,调整着人与人之间、人与社会之间、人与国家之间的行为关系,而且礼与法的相互渗透与融合,更构成了中华法系最本质的特征和独特的中华法文化。在儒家思想指导下,礼与法不断融合,呈现出以礼为主导,以法为准绳;以礼为内涵,以法为外貌;以礼移民心于隐蔽,以法彰善恶于明显;以礼夸张恤民的仁政,以法渲染治世的公平;以礼入法使道德法律化,法由止恶而兼劝善;以法附礼使法律道德化,出礼而入于刑的饶有特色的法文化风貌。中国号称"礼仪之邦",中国传统社会被称为"礼法社会",因此,礼法合一,以礼入律可以说是中国传统法律文化的主要特征,两者相辅相成,互为配合,成为贯穿中国传统法律文化发展的主要线索。

礼作为中国法文化的核心,不仅规定了社会成员之间的亲疏远近、贵贱等差、长幼之别,而且也为整个社会规范和社会行为确立了明确的标准。礼的这种社会功能,经过汉代"春秋决狱",魏晋南北朝的"引礼入法",直至隋唐的"一准乎礼",浸透在中国古代法律之中,形成了中华法系鲜明的特征。儒家提倡"正心、修身、齐家、治国、平天下",强调道德修养和自律,相信人的内心有无穷的力量可以发掘。这种信念不仅存在于道德领域,还被广泛植入政治和法律领域,化政治和法律问题为道德问题。这种泛道德主义的倾向正是中国传统法律文化的核心所在。

古代中国的伦理法律中,道德几乎成为法律的化身。道德规范对法律世界介入如此广泛,以至于很难划分道德与法律的界限。道德的要求与法律设定的精神是相契合的,触犯法律的行为必然是不道德的,而有悖道德的行为是非法的,甚至是犯罪行为。在德刑关系上德教的地位又高于刑罚(法律),"德主刑辅"原则的确立和不断强化,充分反映了中国古代法制中道德

教化的永恒价值。所谓“德教者,人君之常任也,而刑罚为之佐肋焉”。[①]“法能刑人而不能使人廉,能杀人而不能使人仁……所贵良吏者,贵其绝恶于未萌,使之不为非,非贵其拘之囹圄而刑杀之也。”[②]所以“刑为盛世所不能废,而亦盛世所不尚”[③]。因此,治理国家应该“德主刑辅”。可以说,德治成为了衡量和评判全部法律制度的价值尺度,形成了泛道德化的倾向。当然,其负面作用也不可避免,如道德在发挥社会功能时,往往超出自己的功能界限,侵入法律进而在诸多领域取代法律,但道德不是万能的,用之解决一切法律、政治乃至经济、科学、文化、军事、教育、外交等问题,就会出现弊端,甚至根本无能为力,例如科技被视为“奇技淫巧”而与道德相悖,导致科技发展缓慢,并在近代落后了,其原因就在于自然科学领域在很大程度上是无法用道德来解决,甚至是与道德问题相冲突的。另外,古代道德法律的调整内容主要是身份制之下的亲情关系,强调的是“上下有等,尊卑有序”,如“亲亲相隐”“八议”“官当”等法律制度,这与现代平等互利的契约关系背道而弛,容易出现蔑视社会正义,无视法律尊严,导致人情大于法,最终动摇法律在治国中的地位,不可避免地为人治主义奠定了基础。

(二)重义轻利、义务本位的法律文化观

政治和法律是一对孪生兄弟,两者唇齿相依。一定的政治制度、政治形态决定了依附其中的法律的根本内容,因此要研究传统法律文化,必然要研究中国古代的政治制度。如前所述,中国一开始建立的就是集权专制的国家,而传统文化中“家天下”的思想又带来了以“天下为家”为准则构建的政治制度,形成了家国一体、父权与君权结合的政治结构。我国古代社会是以自给自足的自然经济为主导的,一个个的小农家庭是社会的细胞,在这种小家庭中,以长幼尊卑形成了一个相对独立的宝塔型的等级结构。这种家族式的宗法等级结构需要国家的认可和扶植,由无数个宗法家族构成的社会必然会架起宝塔型的“大家”,因此中国古代政权的架构,很大程度上是这种家族制度的模拟和扩大,也就是说以皇权为中心的国家政权拥有至高无上的地位。

以宗法关系作为维系社会的主要纽带并以此作为专制王权的社会基

① 《群书治要·吕言》。
② 《盐铁论·申韩第五十六》。
③ 《四库全书·政法类·法令之属按语》。

础，是中国封建社会结构的又一主要特征。在这种背景下，注重团结，强调国家利益，要求个人利益服从集体利益国家本位主义就有了坚实的经济基础和生存环境。而家族文化奉行的也是集体主义为主，更多地强调人的社会性质，在确认社会总体利益的前提下，从维护社会整体安宁的角度出发，来规定一般个人的权利和义务，而不是从确认个人的权利和义务出发，来维护社会秩序。当个人利益与集体利益、国家利益发生冲突时，会牺牲个人利益，即所谓“舍小家，保大家”。这种传统的集体主义观念，实际上是建立在传统文化“重义轻利”的基础之上的。

由于中国传统文化过于强调重义轻利，崇公非私，强调“存天理，灭人欲”，片面追求道德价值而竭力否定和贬低个人利益。“钱财如粪土、仁义值千金”“君子喻于义、小人喻于利”[④]成为千年古训，舍利求义，大公无私成为国人的行为准则。正因为传统文化将“义”和“利”严重对立起来，反对个人拥有自己的物质利益，认为利乃罪恶之源，导致个人的权利观念极度淡化，而义务本位却大行其道。儒家的义利观在今天的市场经济中大多受到批判，认为这种观念否认与限制了人们的私欲，与市场经济不相适应。但需要注意的是，儒家的传统义利观并没有把义和利绝对对立起来。孔子就说自己有求利之心：“富而可求也，虽执鞭之事吾亦为之。如不可求，从吾所好。”[⑤]“富与贵，是人之所欲也，不以其道得之，不处也。贫与贱，是人之所恶也，不以其道得之，不去也。”[⑥]只是孔子强调得利应符合“道”。荀子也承认：“义与利者，人之两有也。虽尧舜不能去民之欲利”[⑦]，从而肯定了伦理道德与物质生活皆为人的正常需要。但荀子义利观的着眼点并不局限于个人，而是整个国家、社会，他强调政府不与民争利，强调重天下之利才是义。“利者，众人所同欲也。专欲益己，其害大矣。欲之甚，则昏蔽而忘义理；求之极，则侵夺而致仇怨。”[⑧]总之，儒家主张见利思义，反对见利忘义，要求人们对自己的求利之心进行道德约束，在获利时不得损害他人的利益，否则就会助长人与人之间的争夺与冲突，进而影响社会的和谐与安宁。

---

④ 《论语·里仁》。
⑤ 《论语·述而》。
⑥ 《论语·里仁》。
⑦ 《荀子·大略》。
⑧ 《二程集·周易程氏传》。

(三) 息事宁人、平争止讼的法律文化心理

中国传统文化中“天人合一”的哲学基础造就了中国传统法律文化追求秩序和谐的理念,在传统中国人的世界中,人与自然是一个不可分割的整体,古人对自然的总认识便是和谐,对于中国人来说,和谐的便是好的。这并非单纯的审美意识,而是古人关于人生、社会、自然乃至宇宙的最高理想,也是古人解决一切纷争的出发点。和谐运用到社会关系方面,最简单的对应便是无讼,在传统中国人看来,诉讼被认为是一种破坏社会和谐秩序的极端方式,所谓“讼,终凶也”[9],因此,主张“讼不可长”“讼不可妄兴”,对破坏和谐的诉讼极力予以反对。

中国古代社会是以专制皇权为核心、以家庭为本位的社会,在这种家国同构的社会中,国家法律实际上是家规的放大,国家内乱或者国民争讼就成为家内不睦的延伸。国家和社会往往注重人的社会义务,重视集体、大局的利益,而忽视个人的权利,使个体成员的诉讼必然受到社会、家族和家庭观念的抑制,即通过牺牲个人权益而达到无讼的社会目标。

当然,中国古人所追求的没有纷争的无讼社会只能是一种理想,而难以成为现实,任何一个文明社会,都会存在财、利的争夺,也必然会有纠纷和诉讼,以致官方当局与士人阶层每每哀叹“世风浇漓”和“人心不古”。既然生活中冲突纠纷不可避免,那么如何尽量减少乃至消灭纷争?发生纷争后如何解决呢?古人主张利用调解来和平解决纷争。由于调解机制可以为当事人节约纠纷解决的成本,减轻当事人以及司法部门的讼累,又可以防止矛盾激化,有利于维护社会秩序的稳定和人际关系的和谐,因此古代全部司法制度都重视调停。从周代开始,官制中就设有“司万民之难而和谐之”的专门负责调解事务的“调人”之职,后来历朝官员百姓均乐于以调解来解决纠纷,如《大明律集解附例》规定:“各州县设立申明亭。凡民间有词状,许耆老里长准受理于本亭剖理”,即由里长、里正调处民间纠纷;清朝的《户部则例》规定了族长有查举该族良莠之权,其中就包括对宗族内部纠纷的调处权,其他中央和地方立法中涉及民间调解的内容更多。因此,直到今天,对于民事案件、轻微的刑事案件,无论是立法还是司法实践,都倾向于调解解决。可以说,中国传统法律文化一贯主张和为贵,强调社会和谐,“家国相通”“亲贵合一”,这种“和为贵”的精神使大量的纠纷通过亲戚、朋友等熟人及基层组织

---

⑨ 《周易·讼卦》。

的调解得以解决。“无讼即德”，人们力求建立一个没有纷争和犯罪，从而不需要法律或者虽有法律而搁置不用的社会。

（四）重人治、轻法治的法律价值判断

古人更注重人伦道德，特别是礼，可以说，古代法的价值就在于礼的实现，法虽然也有公平正义的追求，但公正的标准在于礼，而不是法。简言之，法是维护“礼”的实现的一种工具。由于古代中国的基本政治形态是君主专制，皇帝处于政治结构的金字塔顶峰，维护皇帝的权力、地位及尊严，树立皇帝至高无上的独尊地位，就成为中国古代社会一切法律制度的圭臬，因此，中国传统法律文化具有丰富的人治主义色彩。在权力与法律的关系上，古人认为权力大于法律，主张权力是法律产生的依据和存在的基础，法律要受权力的支配和制约，在此，法律实际上只是实现君主个人专制的工具，在法律与皇权之间，法律成为皇权的附庸而丧失独立存在的地位，法律的至高无上性被皇权的绝对神圣性所代替。

受泛道德主义的影响，认为“德礼为政教之本，刑罚为政教之用”。法律只是次要的辅助手段，道德教化才是目的。“法能刑人而不能使人仁，能杀人而不能使人廉”，法律成为了统治者用以“驭民”推行礼教的工具。这种以道德代替法律的后果，导致法律缺乏独立性和自治性，使法律丧失了其自身的独特个性与功能，法律在人民的生活中降至次要的地位。“中国人民一般是在不用法的情况下生活的，他们对于法律制定些什么规定，不感兴趣，也不愿站到法官的面前去。他们处理与别人的关系以是否合乎情理为准则。”[10]由于德治成为衡量和评判全部法律制度的价值尺度，因而就必将导致对法律的不信任，影响法律的权威，不利于民众法律信仰意识的养成，进而动摇法律在治理国家中的重要地位，不可避免地为人治主义奠定了基础。在这种制度下，法律只不过是统治者驭民的一种工具和暴力手段，人们只能无条件遵守、服从，而没有选择的余地，以至于人们谈法色变。这种狭隘的法律工具主义观，至今仍在人们的内心深处根深蒂固地存在着，法律工具主义也仍被一些执法部门奉为法宝，这就使法律的规范价值不能内化为人们自觉的行为准则，使人们无法对法产生亲近感和认同感，也就谈不上对法律的信仰，这种状况是不利于中国迈向法治社会的。

---

⑩ 〔法〕勒内·达维德：《当代主要法律体系》，漆竹生译，上海译文出版社1984年版，第487页。

三、传统法律文化背景下“软法”:古代司法运行的依据

中国有其独特的文化,到20世纪初西方的思想与制度输入时,数千年一脉相承,没有受到干扰。中国也有独特的法律思想观念,随着固有的文化而延续不断,应看到传统礼治、儒家思想、道家思想等“软法”因素对古代司法的影响。

(一)注重司法职官的伦理修养

中国古代社会特别是唐代以来,各级官吏主要是通过科举考试选任的,由于古代社会司法与行政的高度混同,掌握审判权的官吏是通过科举制选拔出来的行政官吏,科举制度是以儒家经典为考试内容,通过科举制选拔上来的官吏,往往具有深厚的国学修养,熟读“四书五经”,深受修身齐家治国平天下传统礼教的教化,而非具有法律专业知识背景的司法官员。

国家尤为强调司法官员的道德责任。例如,秦朝规定的“五善”标准:“一曰忠信敬上;二曰清廉毋谤;三曰举事审当;四曰喜为善行;五曰恭敬多让。”[11]即要求官吏在政治思想条件上要做到忠信敬上(对皇帝尽忠)、清廉毋谤(廉洁奉公)、举事审当(办事认真,处事妥当)、喜班善行(乐善好施)、恭敬多让(为人恭敬谦让)。唐代在前代的基础上对官吏进一步提出了“四善”的要求:“德义有闻,清慎明著,公平可称,恪勤非懈”。如果官吏“不勤其职,数有愆犯,或背公向私,贪浊有状”则依律惩治。国家不仅要求司法官员对国家尽忠,而且还要求他们对家族尽孝,因此封建统治者对司法官员也提出了家庭伦理方面的道德要求。比如官员在父母居丧期间,不得担任官职,而应该为父母守孝三年。所以我们可以看出古代对于司法官员的道德要求十分严格,相较于今天中国法官选任往往只注重政治、业务方面的考察来说更为全面和发达。但是,“国家对于刑官道德责任的强调,使得刑官的知识结构倾向于道德性知识和法律原理性知识;个人对于司法风险的规避,又使得刑官的知识结构倾向于政治性知识”。[12] 这就造成了中国古代的司法审判“道

---

[11] 《睡虎地秦墓竹简·为吏之道》。

[12] 任喜荣:《“刑官”的知识结构解析》,载《美中法律评论》2004年12月号。

德关怀甚于法理关怀，情理重于逻辑，实体重于程序”。[13]

（二）传统法律的道德化致使主流的道德标准成为裁判的依据

传统文化对传统法律影响的主要标志之一是法律的道德化。要明了中国固有的法律观念，必须从传统文化中“法”与“礼”两个概念谈起。传统“法”的概念事关犯罪与刑罚，无现代意义上的民法概念。法家从人性恶出发，主张治国最有效的办法莫过于赏善惩恶，法须公开，适用法律依法的客观标准为依据，不考虑个人身份与地位，“王子犯法与庶民同罪”。“礼”初指宗教仪节，后指贵族与社会的行为规则，再后推及于平民生活，最后扩及于社会生活的全部。以孔孟为代表的儒家学者，用人伦道德观来阐释“礼”。认为理想的社会基于人伦（即人与人的关系），人伦主要有五种：君臣、父子、夫妇、兄弟和朋友。为维持人伦，必须建立各种行为规则，即以“礼”名之，要求每个人在人伦中各尽其义务，要求君仁臣忠、父慈子孝、夫义妇听、兄良弟悌、朋友有信。儒家认为，每个人都生活在家族和社会中的人伦当中，只要人人守礼，人人遵守适合其身份地位的行为规则，天下自然太平。儒家虽然不否认刑罚的功能，但认为根除奸恶，长治久安，则唯赖礼教。

汉武帝时期，儒家思想被尊为正统，从此以后，儒家的礼教或道德思想开始广泛影响立法与司法。例如，唐律把个人在家族和社会中的身份地位，作为犯罪与否以及量刑轻重的决定性因素。在家族关系中，尊长如加害卑幼身体，或者不罚或减刑。反之，卑幼如加害尊长身体，必受刑并且常常加重刑罚。[14]

司法活动是一种实践性的判断活动，即法官根据实体法规则和程序法规则，对当事人提出的事实主张和法律主张，进行评断。在中国古代司法传统中司法判断标准的根本性特征是道德至上，道德伦理规范在法律规则面前具有绝对的优势地位，并且，这种实际上的司法判断标准在当时得到了观念上和制度上的认同和支持。[15]

（三）“春秋决狱”：古代司法“软法”运用的典范

古代官吏常常根据礼教或儒家经典直接处理案件，最有名的是汉朝董

---

[13] 孙笑侠：《两种价值序列下的程序基本矛盾》，载《法学研究》2002年第6期。

[14] 参见马汉宝：《法律思想与社会变迁》，清华大学出版社2008年版，第5—7页。

[15] 孙万胜：《司法制度的理性之径》，人民法院出版社2004年版，第85—86页。

仲舒根据《春秋公羊传》裁断案件。春秋决狱历史上又称引经决疑，或经义决狱。西汉中期，儒家思想受到重视，儒家经典的地位不断提高，董仲舒提出罢黜百家，独尊儒术的建议，而后他又进一步试图通过阐述儒家经典，特别是当时流行的《春秋》的思想来指导司法审判的实践，剖析判断当事人的是非曲直，矫正当时制度中存在的弊端。凡是法律中没有规定的疑难案件或以成文法判处有悖常理的案件，司法官直接依据儒家经典中的伦常大义来决断，故又称“引经决狱”，或“经义决狱”。

“春秋决狱”与中国古代传统哲学思想息息相关。中国哲学追求社会和谐、无讼，强调礼的重要性，法律处于从属地位。在法律的制定与执行之时，要尽量发扬人内心的善端，追求道德仁义。从而，用道德层面的东西来解释法律是不可避免的。“春秋决狱”在司法过程中将法律条文适当变通，使案件的处理结果顺乎自然、关乎人性、合乎情理，这显然是中国哲学价值追求的生动写照。

“春秋决狱”与中国古代礼法历史传统密接相关。“礼”在中国传统社会中占有极高的地位，伦理道德思想在每一个中国人心中已经根深蒂固，不可磨灭，人们往往不自觉地把“礼”当成一种约束自己和他人言行的统一行为规范。礼在很大程度上虽无法律之名，却以习惯法的形式发挥着法律的作用。由此，在这种思维方式和行事方式的强大惯性作用下，“春秋决狱”以儒家经义为断狱依据就有了其坚实的社会基础。

“春秋决狱”与西汉时期现实背景密接相连。秦王朝在建立政权之后，继续奉行法家严刑峻法的主张，导致各社会阶层、统治集团内部以及中央与六国残余势力的矛盾急剧激化，致使强大的秦王朝二世而亡，暴露了法家学说的弊端。秦二世而亡的历史教训促使西汉统治者开始寻求新的治国主导思想。于是，以道家“无为之术”为标榜，融法家“刑名法术”于其中的黄老思想受到汉初统治集团的青睐。“黄老”主张“与民休息，约法省禁”的政策，缓和了当时的社会矛盾，使国家的经济得到了长足的发展，政治上也比较稳定，人民生活得到明显改善，出现了“文景之治”的大好局面。然而，西汉中期，在这种无为而治思想的纵容下，地方割据势力大肆活动，从政治上和经济上扩充各自的实力，成为强化皇权、推行统一政令的巨大障碍。要消除此障碍，必须有与之相适应的治国思想理论。加之汉武帝很想在政治上有所作为，新的治国思想呼之欲出，而汉初黄老之学为儒学的恢复与发展提供了宽松的政治环境，儒学得以复兴并发展，董仲舒对先秦儒学进行修正、调整，形成了为现实政治服务的思想体系，在此基础之上提出“罢黜百家，独尊儒术”的政治策略，深得汉武帝赏识。

董仲舒是“春秋决狱”的首创者。当时廷尉张汤每遇到有关伦常的疑难案件，便向董仲舒请教。董仲舒便以儒家经典，特别是《春秋》所载的古老判例、故事或某种原则来予以裁定，并作《春秋决狱》二百三十二事，为当时司法官审判时所援引。此书大约在隋唐后失传，今《太平御览》《通典》仅存其零星片断。春秋决狱提出了原心定罪的刑罚适用原则，主要是根据案件的事实，探究犯罪人的动机来断案。如果他的动机是好的，那么一般要从轻处理，甚至可以免罪。如果动机是邪恶的，即使有好的结果，也要受到严厉的惩罚，犯罪未遂也要按照已遂处罚。首犯要从重处罚。董仲舒的这种思想对以后封建时代官吏审判案件起了指导作用，一般案件特别是民事案件，基层官吏审判时都是按照动机以及伦理道德来定罪量刑的，不是严格按照法律条文来定罪。

“春秋决狱”是西汉司法领域的大事件，它标志儒家思想对司法领域的渗透，标志着儒家的法律原则已处于高于法律的优越地位。“春秋决狱”的真正价值在于揭示了这样一个道理：对统治阶级来说，当无法律可依或虽有现成法条却显然不符合统治阶级法律意识的时候，以统治阶级法律政策和意识为指导，援引以往的判例及其所体现的某些原则来审理现行案件，这是“春秋决狱”创立“判例法”的贡献。

从中国司法的历史发展来看，“软法”的影响造就了中国司法极强的伦理性。一方面表现在司法职官要有较高的伦理修养，另一方面表现在伦理道德标准直接作为司法裁判的依据，且一直影响到现代的司法，现在的司法也强调法官的个人修养对司法权威生成的作用，强调公序良俗的价值判断，强调社会效果与法律效果的统一，社会效果与法律效果的统一实质上是社会道德价值判断与法律判断的统一。可见，中国传统法律文化为中国司法的发展提供了丰厚的滋养，也孕育了中国司法的独特品质。

充分发挥软法在法治政府建设中的作用

陈公雨　国　鹏　李　凤*

党的十八届三中全会明确提出了“推进国家治理体系和治理能力现代化”“建设社会主义法治国家”等全面深化改革的目标，提出“建设法治中国，必须坚持依法治国、依法执政、依法行政共同推进，坚持法治国家、法治政府、法治社会一体建设”。党的十八届四中全会提出了全面推进依法治国的指导思想、总目标、基本原则，明确要求“加快建设职能科学、权责法定、执法严明、公开公正、廉洁高效、守法诚信的法治政府”。随着法治国家、法治政府建设的步伐不断加快，法治已经成为党、政府、社会的共识，成为治国理政的重要方式。建设法治政府是依法治国重点和关键，必然要求行政权力的法治化。在这一进程中，既要发挥“硬法”的强制约束作用，也离不开“软法”的引导、规范作用。下面，笔者想就发挥软法在法治政府建设中的作用谈几点看法。

一、软法在推进法治政府建设中的重要意义

什么是法治政府？党的十八届四中全会界定为 6 个方面 24 个字，具体来讲，法治政府应当是守法合法的政府，是职能科学的有限政府，是廉洁高效的服务型政府，是诚实守信的政府，是人民的政府，是阳光政府，这是建设法治政府的内在要求。而我们所说的“软法”，是相对硬法而言的，其实两者都是国家治理的重要工具。一般认为，软法不具有法律强制约束力，就是我

* 陈公雨，山东省人民政府法制办公室巡视员；国鹏，山东省人民政府法制办公室依法行政指导处副处长；李凤，山东省人民政府法制办公室工作人员。

们通常所说的缺少“刚性”,但其作用不容忽视,是硬法的重要补充。相对于宪法、法律、法规等硬法而言,行政法学家姜明安教授将“公法的基本原则、宪法和行政法惯例、执政党的党内法规、宪法、法律中不具有强制性的条款、公民社会规则、司法判例、行政执法基准”等七种作为软法的表现形式。从近年来山东省法治政府建设的实践来看,从法治国家、法治政府发展趋势来看,需要政府、社会、公民一起努力,加快软法建设,这对法治政府建设意义重大。

(1)规范行政权力的行使,推进依法行政和法治政府建设的需要。党的十八届三中、四中全会,连续就全面深化改革、全面依法治国作出部署。从山东省推进依法行政、建设法治政府的实践来看,一直牢牢把握依法行政这条主线,省政府自1990年开始,连续制定了五个依法行政五年规划,目前还在起草第六个依法行政五年规划,这种具有引导、规范作用的具体规划,是典型的“软法”,对政府各个方面的行政行为,无论是政府立法、规范性文件制定、行政执法、行政监督等,明确了5年的发展方向、基本要求和推进路径,加快了山东法治政府建设进程。而全省各级行政机关坚持高起点谋划,多举措推进,认真抓好依法行政规划、计划和法律知识学习培训,推动法治政府建设各项任务落到实处,取得了重要的阶段性成效。山东省还将行政程序、行政执法基准等软法通过政府规章的形式予以固化。2011年,省政府出台了《山东省行政程序规定》,并积极推动贯彻落实,走在了全国前列,社会反响非常好。在《程序规定》中,山东省已经将党的十八届四中全会确定的公众参与、专家论证、风险评估、合法性审查、集体讨论决定的5项决策程序做了规定,并进一步规定了规范性文件制定、行政执法等各项程序。全省还连续三年开展“行政程序年”活动,各级行政机关及其工作人员特别是领导干部的法治理念和程序意识明显提高,依法行政、依法办事能力进一步提升,软法的作用得到了充分体现。

(2)加快政府职能转变,建设职能科学、廉洁高效的有限政府和服务型政府的需要。法治政府是有限政府,必须做到简政放权。一方面,政府积极推进权力瘦身,深化行政审批制度改革,推进工商登记改革,精简规范重点环节行政管理事项。党的十八届三中全会后,山东省委对深化行政审批制度改革作了重点部署,明确提出五年内省级行政审批事项在1/2左右的目标任务。山东省政府出台《关于推进政府职能转变简政放权减少行政许可的意见》,提出了本届政府职能转变的30条具体措施。山东省政府还出台了《省级财政专项资金管理暂行办法》,明确提出要在“十三五”前大幅度压减或取消竞争性领域专项。另一方面,向社会放权,鼓励各类社会组织承接政府退出来的管理事项。山东省推进社会组织登记管理制度改革,对行业协会商会类、科技类、公益慈善类、城乡社区服务类社会组织,实行直接登记,全省直接登记社会组织1500余个。还出台了《政府向社会力量购买服务办法》,明确政府向社会力量购买服务的具体措施和指导目录,推动社会组织健康发展。而软法正是通过社会组织、团体和事业单位等发挥作用,实现社会的自治、自理。政府提供基本公共服务尽量采用购买服务方式,第三方可提供的事务性管理服务交给市场或社会去办,实现政府与社会的互动。5月5日,中央全面深化改革领导小组第十二次会议审议通过了《中国科协所属学会有序承接政府转移职能扩大试点工作实施方案》,要求尽快形成可复制可推广的经验模式,为发挥软法的作用提供了广阔空间。

(3)创新社会治理机制,促进国家治理体系和治理能力现代化的需要。党的十八届三中全会提出,坚持系统治理,加强党委领导,发挥政府主导作用,鼓励和支持社会各方面参与,实现政府治理和社会自我调节、居民自治良性互动。对于政府来说,首先要改变治理意识从管理思维向治理思维转变,从政府一元、单向、刚性的管理转向政府、社会和个人的多元、合作、共治。特别是我国正处于社会转型期,各种矛盾和风险挑战层出不穷,人们的思想受到越来越多的外部冲击,这就要求我们创新有效预防和化解社会矛盾体制。现阶段,软法在解决社会矛盾纠纷中发挥着越来越重要的作用,如以调解、和解方式化解矛盾纠纷正在各种纠纷解决机制得以推广应用。近四年来,山东省每年办理行政复议案件一万件以上,调解和解率达25%以上。调解、和解具有程序便捷、形式灵活、有利于化解争议的优点,双方不用撕破脸皮,就可以化干戈为玉帛,直接将矛盾化解在基层、化解在初发阶段。山东省也初步建立了行政调解与人民调解、司法调解相衔接的大调解联动机制,提高了用法治手段化解社会矛盾工作水平。

二、当前软法在促进法治政府建设进程中存在的主要问题

应当看到,软法在推进依法行政、建设法治政府的进程中发挥着重要作用,已经取得了一定的成效。同时,也应当清醒地认识到,当前软法作用的发挥与法治建设形势任务相比,还远远不够,主要表现在:

（1）有的地方和部门特别是部分领导干部还没有树立依法执政、依法行政的法治理念，还不能树立并运用法治原则、法治思维、法治方式等“软法”观念，对法治依然存在“说起来重要，做起来次要，忙起来不要”的现象。特别有的地方，不遵守信赖保护原则，一个局长一条令，一个书记一张图，新官不理旧账，朝令夕改，出尔反尔，不兑现承诺，造成了政府失信。

（2）政府职能转变急待继续深入，软法的作用发挥不够充分。建设法治政府，必须实行政企分开、政事分开，政府与市场、政府与社会的关系应该区分明确。但目前来看，部分地方政府还在搞 GDP 崇拜，有的在大力招商引资过程中，为企业低价征地、帮忙建厂，进行“筑巢引凤”，而不是注重改善“法治环境”等软件。有的不懂得运用“软法”，管理理念和方式转变不到位，重审批、轻监管，甚至只许可、不监管，导致了“行政许可失败论”现象。政府转移出去的职能，因为社会组织力量薄弱，导致无力承接。

（3）软法自身的局限性影响了其作用的发挥。软法具有很多优点，同时也有模糊性、不稳定性和不可预测性、非连续性等消极作用。特别是软法制定主体的多元，涉及事项广泛，统一协调难度大，程序不严谨，再加上没有强硬约束，容易给人造成有法不依的印象。现实中，很多村规民约就形同虚设，没有发挥作用。还有的社会组织，在制定软法时，闭门造车，由工作人员起草出来，再由负责人审议通过，没有吸收成员集体讨论、协商，这种软法制定出来也不具有可操作性。这种情况还需要硬法对其制定程序加以约束，以保证其作用的发挥。

三、如何发挥软法在法治政府建设中的重要作用

党的十八大以来，习近平同志提出全面建成小康社会、全面深化改革、全面依法治国、全面从严治党的战略布局，开辟了我们党治国理政的新境界，意义重大。推进依法行政、建设法治政府是全面依法治国的重要内容，也是我省全面建设小康社会的重要任务。现在，距离党中央提出的 2020 年基本建成法治政府的目标，还有不足三年的时间，仅仅依靠“硬法”的强制性手段来推进这一进程是远远不够的，必须同时加强“软法”建设，用“软法”的力量补充不足，规范公权力的运行路径，促进法治政府建设的有序进行。

（1）全面树立法治思维和法治方式，营造软法助推依法行政的良好环境。领导干部要尊重法治、实践法治，重视法治建设各项工作，切实履行法

治建设第一责任人职责。各级各部门的主要领导要将法治建设工作纳入经济社会发展总体规划,科学编制依法行政工作规划和年度计划,与改革发展任务一起规划、一起部署、一起落实。要坚持软硬结合,把规划、计划落到实处,建立法治政府建设标准和考核制度,制定依法行政考核办法,将依法行政工作考核纳入科学发展综合考核体系。各级政府还应当落实依法行政报告制度,每年向党委、人大报告依法行政工作情况。要强化行政机关工作人员特别是领导干部的法治思维,落实领导干部学法制度,定期举办领导干部法治讲座,加强法律知识专题培训。开展法治宣传教育,充分利用各种行之有效的方式宣传法治,营造软法实施的良好法治氛围。

(2)政府主动推进简政放权,实现政府职能全面正确履行。"软法"的变动性更能适应现代复杂多变的社会生活,弥补"硬法"僵化性的不足。一是处理好政府和市场的关系,简政放权,改善营商环境。围绕使市场在资源配置中起决定性作用,加快转变政府职能,依法界定和规范政府的经济调节、市场监管、社会管理和公共服务职能,减少政府对微观事项的干预,形成权界清晰、分工合理、权责一致、运转高效、法治保障的机构职能体系。严格落实行政许可法,定期改废许可事项,克服"行政许可失败论"现象。要改进监管方式,多用事中事后,提倡柔性管理。落实"四张清单一个平台",实现省市县三级联网,构建新的权力运行体系。改进政府公共服务,逐步实现城乡均等化,对政府分内的事情,尽可能实行外包,购买服务,降低行政成本,做好"补短板""兜底线"的民生保障工作。二是理顺政府与社会的关系,大力培养社会组织,承接政府职能转移。要让社会组织不同群体利益的代表,自知自律的组织和市场的"宪兵", 成为与政府、市场并列的"第三方力量"。依法制定或修订有关法规和规章,改革社会组织管理制度,推进行业协会商会与行政机关脱钩,探索一业多会,着力去除行政化。要强化与公民社会的合作,通过各种组织和个人的参与形成一个合作的网络,分担各种公共事务和责任。要善用软法,为道德、民约等管理方式留出空间,要推进基层自治,不仅村民自治,而且大学、企业都要依照村规民约、章程自治。

(3)创新社会治理机制,发挥软法调解社会关系的作用。"硬法"与"软法"是调解社会关系的两只手,不可偏废其一,只有两只手同时起作用,才能达到理想的效果。综合运用"硬法"与"软法"这两种方式,回应社会多样化利益诉求。对于政府来讲,要善于运用各种法治手段,推动全体机关工作人员包括领导干部自身形成办事依法、遇事找法、解决问题用法、化解矛盾靠法的法治习惯。软硬结合,健全社会矛盾纠纷预防化解机制,完善调解、仲裁、行政裁决、行政复议、诉讼等有机衔接、相互协调的多元化纠纷解决机制。特别是要完善大调解工作机制，对于政府来讲，要充分运用行政调解手段。要确立行政调解的原则，本着当事人自愿、合法性与合理性相平衡、公平公正公开、回避等原则，不断扩大行政调解的范围，对涉及人身权、财产权的民事纠纷，一部分行政纠纷，信访事件等都可以纳入行政调解的范畴，进一步细化行政调解的工作程序，确保行政调解结果公平公正，明确行政调解的法律效力，赋予行政调解生效合同的法律效力。要创新工作方式，向社会购买行政调解服务，设立固定调解点，减少行政成本，提高调解效率。

（4）适应法治政府建设需要，不断完善软法体系。一是要针对软法的缺陷，对软法进行清理，运用法治思维、法治方式进行改造重构，定期进行清理，对其中与硬法相抵触、过时的条款，及时修改，不断健全完善，实现规范化、法治化。对于实践中行之有效的软法制度，可以逐步过渡到具有强制力保障执行的“硬法”范畴，使“硬法”更加适应社会的发展，更具操作性。二是要通过硬法来规范软法的制定、实施，保障其实效性。要制定相应的法律、法规，保障在制定、实施软法过程中，必须遵循正当的法律程序，要把公开征求意见、座谈讨论等作为程序，保障社会组织的成员广泛参与。三是深入开展软法理论研究。要高度重视软法的理论研究，适应法治政府建设的需要，从头研究软法，为法治政府建设实践服务，深入研究软法的制定主体、权限、程序、效力以及与硬法的关系等等。

礼法观念在民国乡村自治立法中的回归

荆月新*

背　景

从时间上，民国乡村自治以1915年河北定县翟城村自治为始端，以1935年国民党第五次全国代表大会制定《地方自治法规原则》，将保甲制融入乡镇行政体制为结束。从内容上，它特指这一时期所发生的以乡镇及其以下的农村地区为地域范围的、由中央或地方政府所倡导并推广的地方自治运动。①

从源流上，民国乡村自治本应是晚清地方自治的自然延续，众所周知，晚清地方自治的制度设计在总体上以近代西方和日本为模本，从这一意义上，亦可认为其是近代西方地方自治在近代中国的流变。但是，伴随晚清政府的覆亡，历经短暂实践的地方自治也随之结束。进入民国以后，地方自治作为地方政改方案被接受下来，但是在指导思想和具体的制度设计当中却出现了较大差异。无论是地方自行推广的乡村自治改革，或者中央政府推动的地方自治制度，西方范式的立法制度因受到广泛质疑而在诸多领域淡出，儒家的礼法思想重新回归，并成为民国乡村自治立法的一个特色。

---

* 山东师范大学法学院教授。

① 本文在此处将“乡村自治”定位于由中央政府或者地方政府推动的地方政制改革，以有别于19世纪20年代由梁漱溟、晏阳初、黄炎培等人在各地倡办的“乡村建设运动”，后者强调传统文化在乡村社会的复归与“农民教育”，尽管其中不乏“礼治”秩序的回归，但是，由于“乡村建设运动”开展的分散性、民间性并受其地域规模的局限，不具普遍性，本文未予评述。

一、礼法思想回归的表现

儒家所提倡的礼治秩序既是传统中国人日常的行为规范，同时也构成了中国政治文化的基础。晚清以降，以西方法制为模板的西法东渐运动对传统中国法制从形式到内容以及思想内核均形成强烈冲击，地方自治作为清末新政的一部分，是近代中国法制改革的重要组成，也未能例外。但是，民国时期的乡村自治却出现了礼法思想的现实回归，这种回归主要表现为宗族主义与息讼观念在民国乡村自治立法当中的重现。

（一）立法中的宗族主义色彩

与西方法律文化所强调的以公民个人作为法律关系的参加主体不同，以儒家的礼法秩序为核心价值与基本原则的传统中国法律文化，强调以“家庭”或者“家族”作为法律关系主体，从而形成中国传统法律文化当中集体本位的特色。反映在地方自治立法中，它强调以家族、家庭作为乡村自治的基本单位，并在很多时候以其作为权利和利益的主体。与之相适应，是以“户”“家”而不是“人”作为自治组织的基本单位，宗族主义的色彩由此表现得淋漓尽致。影响可谓俯拾皆是。如：1918年公布的《山西省修正各县村制简章》[②]第4条：“村内居民，凡足一百户者，应设村长一人，村副一人。”第8条：“村内居民，以二十五家为闾，设闾长一人，满五十家者，设闾长二人，户多者递加。”又如：1927年公布的《山西省村民会议简章》[③]第2条：“村内居民在20岁以上者均得参与村民会议，如村中习惯以每户出一人亦可。”1928年颁布的《县组织法》第7条：“凡县内百户以上之乡村地方为村，其不满百户者得联合数村为一村，百户以上之市镇为里。”再如：1930年7月7日国民政府修正公布的《乡镇自治施行法》第68条：“邻闾居民会议由闾长或邻长召集之，如有十户以上之要求，闾长应召集本闾居民会议，有二户以上之要求，邻长应召集本邻居民会议。”由于以“户”或者以“家”作为自治的基本单位，自治当中的权利与义务也多以“家庭”作为分配基准，这样，公民个人在乡村自治当中的利益诉求就被“家庭”或者“家族”掩盖，个人不再是权利主体，以公

---

② 本立法文本参见山西村政处编：《山西村政汇编》（卷1），1928年印本，第3页。

③ 同上书，第4—5页。

民个人为主体的利益诉求被以“家庭”“家族”为主体的团体利益取代。

除以家庭、家族作为自治的基本单位外，民国乡村自治立法当中还强调对祖宗、宗庙的尊重，这也成为宗族主义的显性表现。例如，相关立法即规定了对违反村约者到祖庙罚跪的惩戒制度，如 1925 年颁布的《山西省村禁约之规定及执行简章》[④]第 3 条对违反村禁约的处罚手段规定如下：“一、交纳村费十五元以下一角以上；二、习惯上之处罚，如就公庙罚跪或跪香，凡沿用习惯足资儆戒不涉凌虐行为者不妨酌用，但从前纠首社首相沿之吊打恶习，绝对严禁；三、训诫。”由此看来，传统中国家族法对乡村自治立法与执行的影响和渗透相当之深。

自治机构任职当中的家族“回避”制度也颇见宗族主义观念对自治立法的影响。1919 年颁布的《县自治法》中有关“县议员”任职回避的规定即表现出浓郁的“礼法”特色，该法第 16 条规定：“父子兄弟，不得同时任为县议会议员，若有父子兄弟，现为县参事会参事者，不得任为县议会议员。父子兄弟，同时当选者，应以子避父，以弟避兄。”[⑤]针对该法于 1921 年所颁布《县自治法施行细则》第 12 条则规定：“县自治法第 16 条所称兄弟，以期服兄弟为限。”[⑥]宗族主义的色彩跃然纸上。1921 年颁布的《市自治制》当中也有类似的规定。

在近代之前的中国社会，家族法规作为中国乡里习惯法的一部分，在传统中国社会素有“家族小宪法”之称，构成中国乡里制度不可或缺的内容，在千余年的王朝统治中发挥着稳定社会秩序，调解家族邻里关系的重要作用，与国家正式法同时存在，并作为正式法的重要补充，是一种准法律，也是封建“礼制”的产物。晚清入民以后，乡村自治立法将家庭法规的若干内容从“民间法”上升到“国家法”的范畴，从内心的道德约束演化为以国家强制力为实施保障，法律文化继承的角度而言，既是“礼治”秩序的回归，也是传统乡里制度的重现。

（二）息讼会的法定化

除宗族主义外，设置息讼会、强调以民间调解和公断的形式解决纷争，是民国乡村自治中“礼治”观念回归的另一个表征。“息讼”是乡土中国古老

---

④ 本立法文本参见山西村政处编：《山西村政汇编》（卷 1），1928 年印本，第 6—7 页。

⑤ 本立法文本参见王建学编：《近代中国地方自治法重述》，法律出版社 2011 年版，第 104 页。

⑥ 同上书，第 108 页。

文化的组成部分，反映了中国人的统治理想，是中国传统法律文化当中极富特色的一个内容，“乡土社会是个‘反诉讼’的社会(anti-litigation-societies)，因为一切以和为贵，即使是表面上的和谐，也胜过公开实际存在的冲突”。在排除诉诸正式的官方诉讼的前提下，传统中国的乡村社会为其成员提供了一系列建立在传统儒家伦理秩序之上的冲突解决机制，对于传统社会形态里的中国人而言，诉讼通常是最后的、不得不为之的选项：“非正式的调解(调处)往往由一个认识争执双方的人出马，对双方晓以利害。家与家间的争端，五服亲长者有劝和的义务，必要时加以仲裁。读过圣贤书的乡绅、族内受敬重的尊长，尤适担任调解者。如果仍然不成，制度化而正式的权威，如族长、乡长、行会领袖就必须扮演调解或仲裁甚或判决的角色，县衙门只是最后的选择而已。”[7]

“息讼”传统在民国依然延续，并未因地方自治这一西方法制文明的传入而消失，突出反映在山西地方自治当中。对于通过诉讼处理纷争，阎锡山持反对态度：“打起官司来不但耗费金钱，并且费时失业，即使幸而得到胜利，也是为子孙结怨，冤冤相报，得不偿失；输了官司，那就更不必说了……”[8]基于这样的指导思想，在山西村政改革当中，“息讼会”作为民事纠纷协调机构得以普遍设立。1927年8月18日山西省公署颁布了《山西省修订息讼会简章》[9]，对息讼会的组织机构、管辖范围、工作程序、公断与诉讼的衔接以及回避制度作出规定。在组织机构方面，它规定：“每编村设立息讼会一处，由村民会议于村民中选举公断员五人或七人组织之。”(第2条)“各附村有距主村较远或户口较多者，得设立息讼分会。”(第10条)“息讼会设会长一人，由公断员互推之，推定后连同公断员姓名报区转县备案。”(第3条)就息讼会的管辖范围而言，可谓相当广泛：“息讼会调解讼事，除命案外，凡两造争执事件请求调处者，均得公断之。”(第4条)公断案件的程序上，“公断时以公断员多数取决，可否同数时由会长决定之。”(第5条)息讼会的公断结果并不排除诉讼，对于公断结果不服的，当事人可以起诉，第六条规定：“公断后如有不服者，听其自由起诉。”从山西省关于息讼会的相关立法来看，在内容上并非近代地方自治推行的新内容，只是对以往息讼制度的继

---

⑦ 林端：《儒家伦理与法律文化——社会学观点的探索》，中国政法大学出版社2002年版，第9页。

⑧ 阎锡山：《阎主任手编人民政治训练课本》，太原绥靖公署主任办事处1936年印本，第38页。

⑨ 本立法文本参见山西村政处编：《山西村政汇编》(卷1)，1928年印本，第7—8页。

承，其目的和作用与传统的“息讼”规定也相同，即通过教化、礼俗、村规民约等途径解决民间纷争事项。时人曾云：“據云，饿死不做贼，屈死不告状，此为我国各行省通行之谚语。则诉讼一事之劳民伤财，废时误事，为人民莫大损失，可想而知矣。且损失愈大，则当事者所受之刺激，亦愈觉深刻。所以一经起诉，虽以伯叔兄弟之懿亲，往往衍为世仇。官府之判断，一时虽可强制，而含恨已深，随时皆有缠讼之动机，直至两败俱伤，同归于尽而后已。惟有息讼会，主其事者，皆系各编村素孚众望之老成人物，一经公判，则嫌怨之释，无不允从。盖以官府之折狱在法，尽法者未必尽情，息讼会则朝夕相处，真情可得，所以各编村自有此会，而诉讼日见其少。”[10]息讼会定分止争，维护秩序稳定的职能作用并无改变。“屈死不告状”是当时社会对诉讼主流态度，诉讼一事不仅费时费力，而且不利于家族稳定和人际关系的和谐，即便以公法断之，但法律条文生硬未有变通，难以根据不同情势对案件“量身定做”，作出合法、合情、合理的判断，而息讼会由德高望重的乡村长老进行调节，有利于乡里稳定。至1929年，山西省政府又颁布《实施村村无讼办法简章》，再次对息讼会的功能作用予以强调，息讼主义继续成为山西乡村自治的重要内容。

与山西省“村治”运动中的“息讼会”在功能上相同的，还有民国乡村自治当中的“调解委员会”。以山西省村政改革为模版的民国乡村自治，因应其解决乡里纠纷、维持乡间社会稳定的需求，在县以下普遍设立了调解委员会，称“区乡镇坊调解委员会”。据1935年司法院、行政院会同公布的《区乡镇坊调解委员会权限规程》[11]，调解委员会的权限范围极为宽泛，除民事纠纷以外，大量的刑事案件也可以诉诸调解委员会进行调解，据该《规程》第4条的规定，可以对以下各罪进行调解：“1. 刑法第二百四十四条及第二百四十五条之妨害风化罪；2. 刑法第二百五十五条及第二百五十六条之妨害婚姻及家庭罪；3. 刑法第二百九十三条及第三百零一条之伤害罪；4. 刑法第三百十五条第一项及第三百二十条之妨害自由罪；刑法第三百二十四条及第三百三十条之妨害名誉及信用罪；刑法第三百三十三条及第三百三十五条之妨害秘密罪；刑法第三百四十一条之妨害窃盗罪；刑法第三百六十一条之侵占罪；刑法第三百六十八条第二项诈欺及背信罪；刑法第三百八十条、第

---

[10] 沈云龙编：《近代中国史料丛刊》，台湾文海出版社有限公司1984年版，第100页。
[11] 本立法文本参见王建学编：《近代中国地方自治重述》，法律出版社2011年版，第261—262页。

三百八十二条至第三百八十四条之毁弃损坏罪。”在处理诉讼与调解的关系上，强调“调解优先”的原则，据该法第 4 条第 2 款规定：“前项各款之罪，于第一审辩论终结前仍得调解，但应由告诉人向法院撤回其告诉。”同一立法，还对调解委员会的组织构成以及调解程序作了规定。

除“息讼”的制度设计之外，对当时地方上对“息讼会”的制度实践，可举一例说明：“中阳村庄散涣，重大案件亦少，遇有会长或会员一二人能劝息者，即可劝息，不必开全体会，以期省时省钱，如不能劝息，另定日期开会公断之。知事及各组整理村范人员到村，遇有请求公断事件，即同该会处息之。各村息讼会均须设立和解案件簿，凡经公断案件，无论数人劝息，全体公断。及能了或不服，均须将案由及和解情形，登记备查。息讼会处理案件，应本自己良心及两造事实公道评断，不得稍有偏心袒护情事，不服息讼会处理之案，应听其两造起诉，息讼会人员不得参加于何造证人之内。各组整理村范人员，每次下乡，应按照规定表式，将各村息讼会情形详细填明，每 3 个月考核一次。各村息讼会会员，热心办理，著有成效者，得照村长副例核奖之，各村息讼会会员，遇事推诿，不热心办理者，得随时劝戒或申警之。”⑫

息讼主义从本质上是对道德规范的推崇，息讼会处理案件的依据并非由国家颁布的法律条文，而是“良心”“民情”等主观因素，“舆情”“家法”断案成为普遍现象。息讼主义在传统中国的基层社会治理当中，主要是以民间法或习惯法的形式出现的，像民国时期这样以国家正式法的形式出现，则是极为少见的。根据学者的考察，以晚清为例，调解息讼的主张主要体现在官箴吏训、家谱族约当中，或者官吏通过判词、批词、息词来宣扬调解息讼的主张，偶有地方以“告示”的形式来劝导“息讼”，勉强算得上是“地方立法”⑬，这与民国地方自治当中，直接以国家“制定法”的形式，通过近代的立法技术和立法程序，将调解息讼制度予以法定化、明示化相比，还是有较大区别的。

---

⑫ 参见沈云龙编：《近代中国史料丛刊》，台湾文海出版社有限公司 1984 年版，第 443—444 页。

⑬ 参见春杨：《晚清乡土社会民事纠纷调解制度研究》，北京大学出版社 2009 年版，第 43—46 页。

二、礼治思想回归的原因

乡村地区是传统政治法律文化传统积淀最为深厚的区域，儒家的礼治思想和礼治秩序对它的影响也最为深远。同时由于乡村地区的封闭性和保守性亦成为经济社会结构最为稳定的地区。在西法东渐的浪潮中，近代的中国乡村成为中西法律文化交集与博弈的场所。民国的乡村自治是伴随着对晚清以来地方自治实践的反思与自省进行的，在观念和制度设计层面，均充斥着对近代以来西化思潮与实践屡屡不能成功而产生的怀疑主义，同时也包含了对传统乡治文化回归的渴望。

（一）对西方文化的怀疑主义兴起，传统乡治文化回归

民国中前期，受第一次世界大战影响，对西方制度文明和精神文明的怀疑主义渐次高涨。就地方自治而言，无论学界还是政界都对清末以来的以近代西方地方自治为模板的地方制度改革表示了怀疑，特别是当这种改革未能成功达致人们预期的目标时，更为怀疑主义的滋生提供了丰沃的土壤。但是，与此同时，始于清末的地方自治浪潮并未因此停歇，晚清以来的政治实践已经证明原有的中央集权模式和基层社会治理模式不再符合彼时中国政治的需要，因此，开办与实施地方自治仍成为贯彻民国始终的政治改革目标之一。无论将其作为“宪政始基”，或者“训练人民行使四权的手段”，地方自治运动偶有中辍，但从未完全放弃。值得注意的是：无论翟城村自治，还是阎锡山的山西村制改革，乃至此后南京国民政府所倡导的乡村自治，在指导思想和制度设计上，儒家所提倡的礼法思想均有所回归。这种思潮恰恰是以第一次世界大战后的“西方文化怀疑论”为背景的。

第一次世界大战给人类带来了巨大的灾难，不仅造成西方世界经济的严重衰退和社会生活的极度贫困，也使得传统的价值观念和制度文明受到冲击和怀疑。当时的中国正值“五四”前后，“全盘西化”思潮盛行于知识阶层，面对西方世界对自身文明的“自我”怀疑，思想界也开始反思半个多世纪以来的“西化”运动。第一次世界大战结束前，杜亚泉即曾指出：“近年以来，吾国人羡慕西洋文明无所不至，自军国大事以至日用细微，无不效法西洋，而于自国固有之文明，几不复置意。然自欧战以来，西洋诸国日以其科学所发明之利器戕杀其同类，悲惨剧烈之状态，不但为吾国历史之所无，亦且为

世界从来所未有。吾人对于向所羡慕之西洋文明，已不胜其怀疑之意见。”⑭伴随第一次世界大战的结束，西方文化的“自我怀疑主义”再度高涨，在这样的背景下“东方文化救世论”的思潮兴起。1919 年，法国文学家罗曼·罗兰在致印度诗人泰戈尔的信中说：“大战之惨祸，已明白昭示欧洲文化弊病深重，非吸取东方文化之精髓，融东西文化于炉，不足以言自存。”⑮在这一思潮推动下，战后西方世界出现了一股“中学热”，“最近哲学名著，所不于四子书或五千言中，摭拾一二以壮者弥罕”。⑯

基于对西方文化怀疑的背景，晚清以来以西方近代法制为模板的改革运动，也被人们给予广泛的质疑。时人先是对晚清以来的崇洋媚外予以批评：“自庚子而后，情见势绌，东西各国留学生，殆无不横亘一种自馁之心而去。举凡自然或人生各科学，囫囵吞枣，一概承受，至于科学原理上，应加辨别民族特性、适用与否之先决问题，则不暇辨，亦不知辨。”接着对法制改革中的全盘西化予以反对：“一切法规悉为舶来品，而国仍不治，且有治丝益棼之势。”⑰

晚清政府开办的地方自治，尽管未完全照搬近代西方模式，而是以日本为模板。但相较于当时中国的政治法律与社会实践而言，地方自治在西化道路上的确迈出了相当大的一步。这一政治改革运动伴随晚清政府的覆亡而广受质疑。人们在对清末以来地方自治中的西化思潮进行批驳的同时，提出恢复本民族的传统：“而吾国但恢复民族精神，同时即恢复乡举里选制度，而加以周详之整理，所谓五家举一邻长，合五邻为举一闾长，合各闾举一村长及村副及职员若干，合各村举县官，或国民代表会员一人，或国民大会代表一人。此‘固定’的真实普通选举制度也。”⑱如此而来，恢复传统乡治的思想产生出来：“今果能恢复吾国上古时代以乡三物教万民而宾兴之良制，行见老吾老以及人之老，幼吾幼以及人之幼，出入相友，守望相助，有病相扶持，前之施之于一家而相长相养者，今则可推及于一村同戚同休，村村如是，而社会犹患不平成者未之有也。”⑲由此导致民国乡村自治的指导思想和制

⑭ 伧父（杜亚泉）：《静的文明与动的文明》，载《东方杂志》第 13 卷第 10 号，1916 年 10 月 10 日。

⑮ 转引自沈松侨：《五四时期章士钊的保守思想》，载《近代史研究所集刊》第 15 期，1986 年印本。

⑯ 孤桐（章士钊）：《原化》，载《甲寅》第 1 卷第 12 号，1925 年 10 月 3 日。

⑰ 尹仲材：《村制学通论讲义》，载氏著：《地方自治与村治学》，上海大中书局 1928 年版，第 1—2 页。

⑱ 同上书，第 23 页。

⑲ 《翟城村志》，台湾成文出版社 1968 年版，第 26 页。

度设计方面发生了若干变化。

翟城村自治的创始人米迪刚即对家族主义在乡村自治中的作用予以高度评价。他指出："家族制度既为吾国社会基础比较巩固之中坚，今后欲改良社会，仍须特别注意家族制度无疑，盖吾国家族制度于近世盛行之国家主义（按近世盛行之国家主义实人类之害绝非人类之福）似稍有不同，而于将来亟待发展，始能维持人类安宁幸福之社会主义（按此之所谓社会主义指中国社会改良主义而言非近世欧美人之社会主义也），实有百利而无一害，顾欲扩而充之，使真正利益得尽量表现于人群，渐成化行俗美之功，莫妙于将吾人平日对家人父子之情感推而及于乡党邻里。"[20]时人在论及何为"村自治组织之基本分子"的问题时是这样回答的："以个人为单位乎？以家族为单位乎？此问题吾人可以毫无犹疑的态度，简单作一答案曰：中国必应以家族为单位。"[21]"盖中华民族重视家族单位制，视一国犹大家庭，苟不本齐家之性情心理以治国者，质言之，即可斥之曰不成其为国矣。此国家二字联贯成文之涵义。固自如斯耳，明乎此以言村制，当可知民族思想中之村制为放大的家政。"[22]此种对于家族主义的重视在民国时代很有代表性，并将中国传统的儒家观念与西方权利义务观念置于想到对立的两面："村制者，居民恩义绸缪第一天性上之直接产物也，至于权利义务之规定，未尝不属于地方团体组织中一部分之成分，然并非吾国民族之第一天性。"[23]

（二）礼法思想和"无讼"观念根深蒂固

早在春秋战国时期，百家争鸣，各个流派思想迥异，但是对于最理想的统治状态，大都认为应该做到"和谐""大同"，即人与人、人与自然、人与社会和谐相处，安宁无争的朴素思想，"君子和而不同，小人同而不和"。[24]《论语》中还有"礼之用，和为贵"[25]的提法。孔子云："不患寡而患不均，不患贫而患不安，盖均无贫，和无寡，安无倾。"[26]其精神表现为"和谐"的条件最重要的不是富裕、强盛，而是人与人之间没有纠纷，和睦相处。反之，若人们总是相互斤斤计较，就容易产生纠纷，纠纷不易解决便会上升为诉讼。而诉讼，乃是

---

[20] 《翟城村志》，台湾成文出版社 1968 年版，第 26 页。

[21] 《现行关系村制法令及党纲党义讲义》，载尹仲材：《地方自治与村治学》，上海大中书局 1928 年版，第 38 页。

[22] 尹仲材：《村制学通论讲义》，载同上书，第 20 页。

[23] 同上书，第 23 页。

[24] 《论语・子路》。

[25] 《论语・学而》。

[26] 《论语・季氏》。

"和谐""无争"的大敌。因而,儒家倡导"无讼""息讼"。儒家精神认为,大家都应遵循礼制,淡泊名利,互尊互让,邻里和睦相处,天下大同,这才是理想的世界。"息讼"的思想应运而生。孔子也曾明确提出:"听讼,吾犹人也,必也使无讼乎!"[27]他认为,在审理案件方面,他与其他人并没有什么不同,但是他的目标在于使人们停止纷争,消除诉讼。这一思想随着儒家思想统治地位的确立而被奉为断案准则。在时人看来,如若所有人都"一准乎礼",遵守礼制,相互谦让,和睦相处,无争无讼,便能达到理想的和谐的统治状态。君子等道德高尚,举止合乎礼仪的人是不会"滋讼"的,只有那些道德堕落、扰乱秩序的"小人"才会有纷争。中国史上首位讼师邓析在当时则被评价为"好治怪说,玩奇辞……持之有故,言之成理,足以欺愚惑众"[28],最终招致被杀戮而公之于众的结局。儒家"无讼"思想的影响及于整个封建王朝。

随着西汉时期儒家思想统治地位的确立,伦理纲常日益支配和规范社会的发展,并逐步成为司法领域的最高评判标准,"礼法"也成为传统中国法律的特色,贯彻和捍卫儒家的伦理纲常也上升为传统中国维护秩序、处理案件的标尺与原则。随着西汉时期奉行的"春秋决狱"理念的发展,"原心论罪"的原则随之出现,它的基本精神可以概括为"志善而违于法者免,志恶而合于法者诛"。[29] 而明朝时期亦有类似主张提出:"明刑所以弼教,凡与五伦相涉者宜屈法以伸情。"[30]传统中国的律令规定,在维护封建伦理纲常秩序,维持作为社会基础的"家族"安定,重视长幼有序的宗族制度和强调万宗之主的天子在诸多方面拥有绝对的权威。

明朝名吏海瑞曾言:"词讼繁多,大抵皆因风俗日薄,人心不古,惟利是图,见利则竞。……各衙门日日听讼,讫不能止讼者乎?失其本也。"[31]这一观点在历朝统治者和社会公众当中均获得广泛认可。清代的汪辉祖也劝人们"止讼""求和":"词讼之应审者什无四五。其里邻口角,骨肉参商细故不过一时竞气,冒昧启讼……果能审理,平情明切,譬晓其人,类能悔悟,皆可随时消释,间有难理?后亲邻调处,吁请息销者,两造既归辑睦,官府当予矜全,可息便息。"[32]由此,传统中国的政治法律文化当中充满了"息讼"的意味,

---

[27] 《论语·颜渊》。
[28] 《荀子·非十二子》。
[29] 《盐铁论·刑德》。
[30] 《明史·刑法志》。
[31] (明)《海瑞集》(上册),见《革新条例·吏属》。
[32] (清)汪辉祖:《佐治药言》,载刘俊文、田涛主编:《官箴书集成》,黄山书社影印本1997年版。

比如，在立法上通过拟定和颁布种种法律条文，对其合法性加以确认，如《大清律例·刑律》中关于“教唆词讼”的规定，以此对教唆他人进行诉讼的行为予以处罚。除立法之外，在司法层面也予以贯彻和倡导，如在王阳明推行的《十家牌法》中就有这样的规定：“十家之内有争讼等事，同甲即时劝解和解，劝解无效才许见官。”“心要平恕，毋得轻易忿争；事要含忍，毋得辄兴词讼。”[33]

西方学者谈及传统中国的“息讼”制度时说：“在中国，每个人都通常向这种法律外机构和程序寻求指导和认可，而不是诉诸正式的司法制度。卷入后者通常被认为是一条走向灾难之路。”[34]时至民国，礼治观念依然根深蒂固，“和谐”精神与“无讼”思想仍然深刻地影响着人们的法律观念。由于“无讼”理念的深入，人们的价值观普遍认同“诉讼是道德沦丧的结果；一个人的道德越坏，就越喜欢打官司；一个地方、一个社会的普遍道德水平较低，那里肯定就会多讼”。[35]

传统中国“无讼”价值取向的形成，与儒家伦理纲常的教化是有密切关系的，还与它所独有的政治价值有关。儒家伦理追求的温良恭俭让，和睦、不争既是个人修养的要求，也是地方良好社会风尚的要求，礼制对于这一和谐的促进则产生了不可估量的作用，所谓“礼之用，和为贵”。在传统中国，政治基础的稳固需要培养出无欲无争、谦逊礼让的人民，而“无讼”正是适合了这一政治需求的产物。否则，尊卑有别、长幼有序的传统中国社会秩序必然会陷入混乱。传统中国法制的理念不仅在于公平断案、定分止争，且在于教化人民以争讼为耻，还能达到民风淳朴，天下和谐的理想社会。有学者指出，在这一时期，“所有想标榜自己政绩的统治者，几乎都不约而同地用‘几至刑措’‘刑措而不用’‘囹圄空虚’之类的话来为自己树碑立传，这体现了他们的一个共识，只有实现‘无讼’，才是实现了真正的、根本意义上的理想世界，才算是真正的政绩”。[36]

礼治观念和息讼思想在民国乡村自治立法中的再现，所代表的是民间习惯法的复苏，其核心在于以儒家的价值观念和伦理秩序来约束和管控整个民间社会，规范人们的社会行为。

---

[33] 《王文成公全书·卷十六》。

[34] 〔美〕德克·博德：《传统中国法律的基本观念》，刘健译，载张中秋主编：《中国法律形象的一面》，法律出版社2002年版，第9页。

[35] 范忠信、郑定、詹学农：《情理法与中国人》，中国人民大学出版社1992年版，第169页。

[36] 同上书，第165页。

(三)礼法思想赖以生存的经济与社会基础未变

辛亥革命对近代中国的改变,在于推翻了早已风雨飘摇的清朝廷,建立了民主共和制度。然而,它所带来的革命性变化并未及时迅速地投射于经济、社会、文化以及思想领域。激进的政治家和浪漫的知识分子所预想的翻天覆地的巨大转折,并没有在短时间内完成。中国的经济、社会乃至文化形态在相当长的时期内维持了原有的样态。甚至直到今天,与时人所追求的民主共和并不同质的政治与法律文化仍然顽强地生存着,甚而时有扩张的态势。

民国建元,政治体制的颠覆性变革并未能带来社会结构和经济结构的相应变化。外来的资本主义的经济形态与本土的以自然经济为表现形式的小农经济相比,无论在总量对比还是区域分布上,并未占到优势。土地的所有权形式未变,农民与土地之间的身份关系未变,即使在东部开埠较早的沿海城市,工业化的进程也只是刚刚起步,统一化的商品市场也未能形成,市民阶层也远未发育成熟,遑论其作为一支独立的政治力量登上并占据政治舞台了。

在广大的乡村地区,作为儒家伦理秩序存在基础的社会结构未有根本变化。除较为晚近的极少数移民村落以外,以同宗同姓的族人构成的村落成为民国时期乡村构成的基本特点。这些族人"通常以村落为单位,围绕着始祖或始迁祖的庐墓居住生活,形成宗族成员的小社区"。[37] 近代以降,宗族组织虽然已经逐渐瓦解,但他们的宗法观念、宗族意识以及聚族而居的习惯则保留了下来。"在自然经济时代,宗族在血缘上的认同、经济上的互助和地缘上的聚居,使所居地区形成了一个较为封闭的小社会。在宗族小社会中,有一套宗族的权力管理系统,族权管理着这个小社会中族人和他们的家庭。"[38]在这些地区,以儒家思想为核心的伦理纲常成为人们生活的基本规范,社区秩序的特征也是依赖以血缘关系为纽带的等级秩序。当纠纷发生时,人们首先想到的是以伦理道德作为纠纷解决的第一选项,法律通常是第二位乃至更次要的选项。"儒家伦理道德在调解纠纷的过程中所起的作用有时比法律大得多,能在更广泛的领域内整合社会关系,促进社会稳定与发

---

[37] 冯尔康等:《中国宗族史》,上海人民出版社 2009 年版,第 382 页。
[38] 同上书,第 383 页。

展。”[39]这就是为什么源于市民社会基础上才发达起来的西方地方自治制度在近代中国行不通的根本原因之一。终民国一代而言,传统中国乡村社会的治理传统和治理观念依旧根深蒂固,在封闭的乡村地区,这一点更是显而易见的。

两点启示

儒家的礼法思想在民国时期乡村自治当中的回归,是以西方范式的地方自治在近代的失败为背景的,是法律文化继受历史进程的一个片断,同时也是近代中国乡村社会治理领域的一次立法创新。对当今的法治建设而言,以下两点堪为启示:

一是,重新认识本土法律文化与外来法律文化的兼容性。

一般认为,在近代中国的西法东渐运动当中,由于外来法律文化与本土法律文化之间的异质性,导致了西方法律在引入中国的过程当中,遇到本土法律文化的阻滞,最终导致整个西法移植运动的失败。这里的所谓异质性,主要是东西方法律在价值取向以及价值观念上的不同,一个典型的例证便是中国法律文化当中的礼法观念,它强调人际关系当中的等级有序,强调个人对于家庭、社会和国家的服从,个人与集体之间是一种单向度的义务输出。而西方法律则强调人际关系当中的平等相待,在个人之间、个人与集体之间是一种权利互动。正是由于这种观念和价值基础的不同,导致外来法律文化与本土法律文化产生交集的场所,便会发生冲突和矛盾。我们发现,在这一观点背后,还隐藏着另一个更深层次的观点:东西方的法律文化存在不可弥合的对立性。这一点也是我们所惯常强调的,正因为如此,我们常常忽略了另外一点,即:本土法律文化与外来法律文化之间,在很多场合之下还具有兼容性。据1930年修订的《区自治施行法》第29条规定,区调解委员会,由调解委员若干人组成。而调解委员则于“公民中选举半数,于各乡镇调解委员中选举半数”。外来的选举制度与中国传统的“息讼”观念就这样自然地融合在了一起,并且取得了较为丰硕的乡村治理成果。

二是,重视作为“软法”的传统礼治与伦理秩序在当代乡村治理当中的作用。

民国时期乡村自治是对晚清地方自治进程的延续,所不同的是,这一时

---

[39] 春杨:《晚清乡土社会民事纠纷调解制度研究》,北京大学出版社2009年版,第195页。

段对晚清地方自治的过于西化进行了一些反思，且在这一时期，本土文化中的非宪政要素与舶来的西方制度文明之间的博弈与斗争更为显性。除了对近代以来的法律移植运动有所启示以外，还提示我们：在乡村社会治理当中，应当重视伦理秩序在社会治理中的作用。近代的中国社会转型当中，乡里制度也同样经历了一次大的转型，即：在清末废止以“职役制”为典型特征的“乡地制度”，以西方范式的“乡村自治”取而代之的历史过程。转型之前的乡里制度以“乡地”为主要的职役组织，在不同时期和地域，还曾以“里社”“保甲”和“乡约”作为辅助的职役组织，以协助“乡地”完成乡村治理。这一转型过程，从三个方面可以概括：第一，乡里制度法律文化的转型。转型之前的“职役制”为特征的乡地制度，是中国传统法律文化的一部分，法治理念中的“礼法”性也即伦理性、宗法性尤为突出，以乡村社会的和谐有序为价值追求，强调对纠纷的和解和调解，高扬“息讼”“止讼”的旗帜；转型之后的乡村自治，是“西法东渐”的成果之一，也是外国地方自治制度在近代中国的流变，突出法律至上的理念，并建立了以近代西方司法系统为模式的司法体系，主张“争讼”，并提倡以诉讼方式解决邻里乃至民间纠纷。第二，乡里制度法律规范的转型。由体现地域性、礼法性的习惯法为主模式向体现统一性、法制性的单一成文法模式转型。转型之前，除乡地组织的官制立法为成文法外，以习惯法为主要法律渊源，具有浓郁的地域色彩，且因为习惯法中往往渗透着礼法规范，或者本身就是以伦理道德为内容的传统习俗、宗族家规。因此，法律规范具有强烈的地域性和礼法性特点。转型之后，分散的习惯法被统一的中央立法取代，伦理规范逐步减少，单纯法制内容的成文法成为乡村治理的法律渊源，法律规范体系呈现统一性、法制性的特点。这一转型过程总体而言是失败的。一个重要的原因，就是因为单一的西方范式的成文法体系并没有完全为乡村社会所接受，或者说当时的中国乡村还没有能力完全接受这一抛弃了道德情怀和伦理约束的成文法律体系。这也从另一个侧面证明：对于乡村治理而言，传统的礼治秩序以及习惯法在乡村治理当中作用的不可替代性，即便到了今天，这一点仍不能被忽视。

寻找远古的礼
——以古文字为中心

武树臣*

《礼记·礼器》:“三代之礼一也,民共由之。”是说夏商周三个朝代的礼是一脉相承的。《论语·为政》也说过“殷因于夏礼”“周因于殷礼”。其实,在“殷礼”之前也许还应当加上夷礼。东夷民族的发明创造很多,其中就包括夷礼。夷礼的珍贵之处在于保留了母系氏族的生活习俗。殷民族是东夷的一支。商代甲骨文在形成过程中自然记录了东夷民族的风俗习惯。在古代,礼是非常重要和普遍适用的行为规范。礼和宗教信仰、祭祀仪式、巫术禁忌、风俗习惯水乳交融,因而具有强大的约束力。礼不仅起着法的作用,而且在国家政权和法律鞭长莫及的领域,发挥着实际的控制效能。西周以后的礼体现为父系宗法家族的伦理观念和行为规范,礼决定着中华法系的道德基础和价值方向,成为中华法系区别于世界其他主要法系的重要特征。在学术界,关于“礼”字的含义似乎早已成定论了。但是这些定论只解决了“礼”是什么的问题,还没有解决它是如何产生的问题。礼字的本义与礼的产生同样重要。因此笔者试图通过古文字来讨论礼的起源及其原生形态。那么,礼是如何产生的?礼字的原始含义又是什么?

一、“礼”的原形字

今天所见的“礼”是“禮”字的简化字。“禮”的原形字是“豊”和“豐”。东汉许慎《说文解字》:“禮,履也,所以事神致福也。从示,从豊,豊亦声。”

---

* 山东大学一级教授。

“豆,古食肉器也,从口,象形。凡豆之属皆从豆。”“豊,行礼之器也。从豆象形。凡豊之属皆从豊。读与礼同。”“豐,豆之豊满者也。从豆象形。一曰乡饮酒有豊侯者。凡豊之属皆从豊。”这些诠释向我们透露出以下信息:(1)礼与祭祀密切相关;(2)祭祀过程与酒食相关;(3)祭祀的对象是鬼神,故与血缘身份有关;(4)祭祀的目的是求福避祸,而福祸源于现实生活之经历,故与禁忌相关;(5)祭祀活动离不开钟鼓音乐,故礼与乐律有关。总而言之,礼是一种行为规范,是与宗法血缘、祭祀、禁忌等相联系的广泛适用的行为规范。

二、相见之礼:耦礼

《仪礼·士相见礼》详述士人相见馈赠、言语、周旋之礼。体现了主客之间平等、互尊、友好、和平的“相人耦”的精神。这种精神盖源于东夷风俗。

在甲骨文里面,有屈膝拱手侧立的“人”字,拱手正立的“大”字,两手搭膝席地而坐的“卩”字,高坐的“尸”字。这些字形都表现了东夷人的风俗习惯,其中蕴含着平等友好的善意。甲骨文当中还有许多双人组成的字,如“亻亻”“大大”“卩卩”“尸人”“人女”“亻子”“亻卩”等等,这些字形也不同程度地体现了“相人耦”的精神。从亻从二的“仁”就是在这种文化土壤中被酿造出来的。当然,重文符号“二”的产生是不可或缺的技术条件。

清代段玉裁在注释“仁”字时,直接吸收了东汉许慎、郑玄等人的研究成果:“仁,亲也。见部曰:亲者,密至也,从人二。会意。《中庸》曰:仁者,人也。注:人也,读如相人耦之人,以人意相存问之言。《大射仪》:揖以耦。注:言以者,耦之事成于此意相人耦也。《聘礼》:每曲揖。注:以相人耦为敬也。《公食大夫礼》:宾入三揖。注:相人耦。《诗·匪风》笺云:人耦能烹鱼者,人耦能辅周道治民者。正义曰:人耦者,谓以人意尊尊偶之也。《论语》注:人耦同位,人耦之辞。《礼》注云:人耦相与为礼仪皆同业。按:人耦犹言尔我亲密之词。独则无耦,耦则相亲。故其字从人二。孟子曰:仁也者,人也。谓能行仁恩者人也。又曰:仁,人心也。谓仁乃是人之所以为人也。与《中庸》语意皆不同。如邻切。忎,古文仁,从千心作。从心千声。[尸二],古文仁。或从尸。按古文夷亦如此。”①

① (东汉)许慎撰、(清)段玉裁注:《说文解字注》,浙江古籍出版社2006年版,第365页。

毋庸讳言,相见之礼是需要互赠礼物的。《礼记·曲礼上》:“礼不下庶人。”平民百姓经济上不富裕,故对他们不要求互赠礼物,体现了注重情谊的精神。

三、战争之礼:戎礼

《左传·成公十三年》:“国之大事,在祀与戎。”是说“祭祀”与“战争”是国家最重大的事情。“祭祀”活动与“战争”行为都离不开相应的礼节仪式,于是就产生了战争之礼。

(一)豊与琮

王国维《释礼》:(豊)“象二玉在器之形。古者行礼以玉”;“古[丰丰][王王]同字”;“盛玉以奉神人之器谓之豊,推之而奉神人之酒醴亦谓之醴,又推之而奉神人之事通谓之礼”;(豊豐)“诸字皆象二玉在器之形,故《说文》曰:豊,行礼之器,其说古矣”。[②] 李孝定《甲骨文字集释》:“豊豐古盖为一字,豆实豐美,所以事神。以言事神之事则为禮,以言事神之器则为豊,以言事牺牲玉帛之腆美则为豐。其始实为一字也。”[③]徐灏注笺《说文解字》:“礼之言履,谓履而行之也。礼之名,起于事神。”其中,“玉”是揭示古“豊”字原始内涵的一把钥匙。

在甲骨文的“豊”(豐)字中,豆中盛有一对并列的“丰”。《易·丰》说:“丰,亨,王假之。”是说王用丰来祭祀。甲骨文的“丰”可能就“玉”字的雏形。“丰”即代表一串玉。《说文解字》说:“玉,石之美者。……象三玉之连,丨,其贯也。”这三块玉中的每一块玉其实就是玉琮。“豊”字里面的那两串玉的原型就是两串“琮”。

琮的原型可能是野兽的骨节,是战利品,既可以用来祭祀祖先神,祈求祖先神保佑打胜仗,又可以佩戴在身上作为勇敢者的标志。后来出现玉质的琮。良渚玉琮上面有神人兽面纹,可能是蚩尤的形象。值得注意的是,神人兽面纹中突出双眼,可能与射箭有关。

---

② 王国维:《观堂集林》(上),中华书局 1959 年版,第 291 页。

③ 李孝定编述:《甲骨文字集释》(第六版),载《台湾“中央研究院”历史语言研究所专刊之五十》,台湾乐学书局有限公司 1993 年影印版,第 1682 页。

(二) 琮的用途

"琮",读从。甲骨文有"琮"字。最迟至清末吴大澂作《古玉图考》,收录玉琮四型三十余种,概括圆内、牙身、方外三个特征,以图文形式始定琮名。对于"琮"形成和用途,自古及今似未有定论。《周礼·春官·典瑞》:"疏璧琮以敛尸。"郑玄注:"疏璧琮者,通于天地。"孔颖达疏:"璧礼天,琮礼地。今此璧在背在下,琮在腹在上,不类者,以背为阳,腹为阴,随尸腹背而置之,故上琮下璧也。"

对于"琮"形成和用途,自古及今似未有定论。关于玉琮的功用,儒家经典有如下记载:一是祭祀天地的礼器,二是贵族持有或交往的信物,三是丧葬之礼器。关于"琮"的用途,中外学者们历来有许多遐想和推测。主要有以下诸说:琮代表古代穴居时代屋子中央的烟筒;象征地母的女阴;琮是盛男子性器之函,代表祖先的宗器;琮象征女性器官,代表地母的子宫,是人死魂归之所;琮是玉器勒子的扩大;琮是用来观测天象的玉管;琮是织机上的器物;琮由手镯演变而来;琮象征女阴与男根,代表最原始的祖先崇拜的性器对象;琮的基本理念来自《洛书》;琮是图腾制度的产物;琮是与璧组成的通天法器;琮是在宗庙里祭祀时请祖先神降临的凭依之物;琮源自装饰品;琮是兽面神的神柱;琮是"神人或兽或二者结合的具象化和立体化";琮是燎祭用具;琮是腰际佩件;琮是鬼神食品的替代物;琮是神权统治的一种手段;琮代表井和黄泉之物象。[④] 琮表示大地的符号;琮是观测天象的玉管;琮是事神致福的祭器;琮是象征王权的重器;琮是敛尸的礼器;琮是财富的象征[⑤];琮是旄柄、斧柄的尾饰,是宗教礼器、法器;琮是神与祖先的象征。其中,影响最大的是张光直的意见,他认为,琮兼具天圆地方的特点,"象征天地的贯串","琮是中国古代宇宙观与通天地行为的很好的象征物"[⑥],用琮作为法器正代表政权开始集中的重要阶段。其实,远古玉器和其他器物一样,最初都是很平常的东西,因为"人们首先必须吃、喝、住、穿,然后才能从事政

---

④ 参见臧振:《玉琮功能研究评述》,载《文博》1993 年第 5 期;张明华:《古代玉器》,文物出版社 2006 年版,第 129—134 页。

⑤ 王冬力:《红山文化玉琮与良渚文化玉琮的比较研究》,杨伯达、郭大顺、雷广臻:《古玉今韵——朝阳牛河梁红山玉文化国际论坛文集》,中国文史出版社 2008 年版,438 页。

⑥ 张富祥:《东夷文化通考》,上海古籍出版社 2008 年版,第 176、179、182、181 页。

治、科学、艺术、宗教”[⑦]。因此，弄清琮的起源和用途，必须把出土物和古文字、历史文献、传说史料结合起来，才能发现它们之间的内在联系。凭空猜测是远远不够的。

（三）琮、玦、韘都是射箭的辅助用具

其实，玉琮的原型即俗称的班指或扳指，即古代射箭时戴在左手大拇指上的辅助用具。其依据有以下几点：

其一，在古代墓葬中，琮多在墓主腰部或两手手掌附近，《周礼》孔颖达疏：“琮在腹在上”。在浙江余杭瑶山良渚十二座墓葬中，玉琮“置于墓中部，大约相当于死者的腹部”。[⑧] 上海福泉山良渚文化墓葬曾经发掘五件玉琮，在墓主尸体胸右侧二件，右臂旁一件，右下肢右侧一件。[⑨] 可以证明琮是戴在手上的；张富祥先生在论及大汶口文化的骨牙琮时指出：“出土骨牙琮的墓葬以大中型居多，可证这部分墓主的身份地位较高……骨牙琮也就成为他们身份与地位的象征。”而且，“墓主仍绝大多数为成年男性，女性和少年很少”。这说明骨牙琮与成年男性关系密切。而且骨牙琮“摆放位置一般在死者腰部，可见骨牙琮在死者生前也是可以佩戴的”。[⑩] 商代妇好墓也发掘出不少玉琮。骨牙琮、玉琮作为常见的随葬品出现，证明它们与墓主生前关系密切，这一事实，也许在一定程度上排斥了琮是极少数祭司专门用来祭祀的法器的可能性。

其二，琮是射箭用的扳指，可以从甲骨文的一个字来作证明。该字由部分组成；右侧上方是琮，其形如“亚”，下方是“又”，即手，右为“女”字。《甲骨文字典》：该字“从女从亚（朋）从又，《说文》所无”。[⑪] 该字正表示一个女人以手执琮之状。正好说明琮是可以以手把玩之物。

其三，琮、玦、韘都是射箭的辅助器具。所谓“环而不周”中有缺口者为玦。夏鼐先生认为玦“当为佩饰”。《易·夬》载：“扬于王庭，孚号有厉，告自邑，不利即戎”；“惕号，莫夜有戎，勿恤”。戎即军事。卦名为“夬”，盖亦即玦，显然与“戎”有关。韘，又写作谍，也像个扳指。《说文解字》韘：“射决也，

---

⑦ 〔德〕恩格斯：《在马克思墓前的讲话》，载《马克思恩格斯选集》（第三卷），人民出版社1995年版，第776页。

⑧ 《余杭瑶山良渚文化祭坛遗址发掘简报》，载《文物》1988年第1期。

⑨ 王贵元：《汉字与文化》，中国人民大学出版社2005年版，第99页。

⑩ 张富祥：《东夷文化通考》，上海古籍出版社2008年版，第176、179、182、181页。

⑪ 徐中舒主编：《甲骨文字典》，四川辞书出版社1989年版，第1340页。

所以拘弦,以象骨韦系著巨指。”韘的形制有一个特点,其外沿侧面有个突起之处,好像步枪上面卡住撞针的扳机。古代经典所谓“抉拾”很可能就是“玦韘”。“抉”即“玦”,“拾”与“韘”音近而可互假。因为玦与韘都是勾弦放箭的器具,故联称为“玦韘”。《周礼·夏官司马·缮人》“抉拾”,郑玄注:“郑司农云:抉者,所以纵弦也,拾者,所以引弦也。”有注者以为“拾”乃革制护臂,不妥。因为护臂不可能用来“引弦”。《诗经·小雅·南有嘉鱼》:“抉拾既次,弓矢既调。”《战国策·楚策》:“其君好发者,其臣决拾。”《国语·吴语》:“一人善射,百夫抉拾。”是说,国君喜欢射箭,臣民们便佩戴玦韘。这和国君衣紫,一国皆紫的意思是一样的。

琮、玦、韘都是拉弓射箭的辅助用具。其用法是:左手持弓,左手大拇指上戴琮,左手大拇指横立与弓和弓弦组成的平面相垂直,将箭杆前端搭在琮上方。右手握玦以拉弓弦,纳弓弦于玦内,这样既可以充分用力,又保护手指。韘戴在右手大拇上,射箭时用韘侧面突起的部分拨动玦内勾住的弓弦,令弓弦一瞬间从玦的缺口处滑弹出去。《韩诗外传》言射之道云:“手若附枝,掌若握卵,四指如短杖,右手发之,左手不知,此善射之道也。”是说,左手持弓如握树一样稳定,右手握玦如握鸡蛋般灵巧,箭杆擦琮而过,而左手不觉。有学者正确地描述了玦的用途,但又提出大弓用玦,小弓用韘,这样就忽略了韘的独特作用。[12] 正因为琮是武器,故《公羊传·定公八年》说:“琮以发兵。”同时,玉玦也是武器,所以才有战前诸侯授将军弓、矢、玦的做法,比如《左传·闵公二年》载:“冬十二月,狄人伐卫。……公(卫懿公)与石祁子玦,与甯庄子矢,使守。”可证玦同矢一样属于战斗武器。至于决断、诀别之义当是春秋时代以后衍生出来的。如《庄子·田子方》:“缓佩玦者事至而断”;《荀子·大略》:“绝人以玦,反绝以环。”玉琮玉玦被称为宝玉并与与弓箭联称为“宝玉弓矢”。《左传·定公八年》:“阳虎说甲如公宫,取宝玉大弓以出。”《左传·定公九年》:“阳虎归宝玉大弓。”可证。宝玉并不是一般的玉器,可能就是琮、玦、韘。中国古代以玉为尚,并形成浓重的玉文化传统,很可能即源于此。

玉琮、玉玦、玉韘可能多用于贵族比赛射箭的场合,于是便形成一整套射箭用具,如《周礼·夏官司马·缮人》所谓“缮人掌王之用弓弩、矢箙、矰弋、抉拾,掌诏王射,赞王弓矢之事”。并形成相应的礼仪,如《仪礼·大射仪》《乡射礼》都有关于射箭仪式的详细记载。这些平常的用具,后来不断演

---

[12] 常光明:《玉玦考》,载《英才高职论坛》2009年第2期。

化成礼器和象征着身份能力的装饰品。春秋时孔子教学生习射,大概离不开琮、玦、韘这些“教具”。春秋以后的儒学教师大约只注重堂教育,不再教学生骑马射箭,故而渐渐淡忘乃至望文生义、语焉不详了。

在距今四千多年的良渚文化墓葬即发现大量玉琮。良渚文化遗址出土玉琮的前身,可能是大汶口文化遗址发现的骨琮或曰骨牙琮。良渚时代的骨牙琮最早可能来源于被射杀的猛兽的骨节,它们是战利品和英雄身份的标志。玉琮可能是在骨牙琮的基础上发展而成的。玉琮形制的特点之一是一端开口稍大,另一端开口稍小,可能是为了便于戴在拇指上。古人射箭时左手握弓,用右手执弓弦和箭的尾部,箭的前部就搭在左手大拇指上。为了避免磨伤手指和减少摩擦阻力,于是古人就发明了扳指。扳指一开始可能是用骨头或竹管做成的,后来用玉加工而成。玉琮又美观又结实,上面还可以刻上族徽、花纹。玉琮的形制经历了从圆管状向内圆外方的变化过程。其原因可能是为了便于摆放和在琮的四个平面上雕刻族徽等图案。良渚玉琮上面的神人面兽纹和鸟形纹盖即由此发展而来的。

(四)玉琮是战胜之神的象征

因为骨牙琮起初源于野兽的骨头,是战利品,后来又成为武器弓箭的配件。因此古人把骨牙琮、玉琮当作祭品来祭祀神灵,一方面对神箭手表示赞颂和纪念,另一方面祈求神明来保佑他们射得准,借以获得更多猎获物或者战胜敌人。东夷部落最初靠捕猎为生,又最早发明了弓箭,他们可能最早用玉琮作为祭祀的物品。久而久之,玉琮从祭祀的物品衍化成祭祀的对象——战胜之神。标志着这一转变的就是玉琮上出现了神徽。典型的骨牙琮刻有三组纹饰,琮形的抽象化,即是三横一竖的“王”字或“丰”字。同时,可以设想,用一根木棍或绳索把三个琮贯穿起来,也构成“王”或“丰”。最初的“王”可能就源于战功卓著的射猎高手。故《韩非子·五蠹》说:“王者,能攻人者也。”

良渚文化出土玉琮上的“神徽”即神人兽面纹饰,可能就是蚩尤和独角兽,也就是后来在三代常见的饕餮纹。其形的特点是:人有双眼,兽有双目,合起来是四目;人有双手,兽有四足,合起来是六手(足),这和《述异记》所谓蚩尤“人身牛蹄四目六手”和“目在腋下”的记载相合。良渚文化出土玉琮上的神人兽面纹正是蚩尤之人面纹和廌之独角兽面纹的合成。蚩尤正是东夷部落的领袖,他发明了“五兵”,横行天下,故被后世尊为战胜之神。据《尚书·吕刑》载,蚩尤还发明了“五刑”和“灋”。“灋”字当中的“廌”正是蚩尤部落的图腾独角兽。甲骨文当中就有"御廌",即法官。[13] 又有"廌协王事"。[14] 皋陶是东夷的领袖,又是最早的法官。"神兽的产生正是古代第一法官产生的时代,其巧合不是无因的。"[15]

据传,黄帝打败了蚩尤并收编了他的部落残余,从而扩大了部落联盟的规模。蚩尤部仍担任重要职务——主兵。《韩非子·十过》:"昔者黄帝合鬼神于泰山之上,驾象车而六蛟龙,毕方并辖,蚩尤居前,风伯进扫,雨师洒道。"《龙鱼河图》:"帝因使之主兵,以制八方。蚩尤殁后,天下复扰乱不宁。黄帝遂画蚩尤形象,以威天下。天下咸谓蚩尤不死,八方万邦,皆为殄伏。"蚩尤亦因善战而成为战胜之神。《周礼·春官·肆师》:"肆师之职,掌立国祀之礼。……凡四时之大甸猎,祭表貉,则为位。"郑注:"貉,师祭也,读为十百之百,于所立表之处,为师祭祭造军法者,祷气势之增倍也。其神盖蚩尤,或曰黄帝。"据《史记·封禅书》载,秦朝祭祀东方八种神祇,"三曰兵主,祠蚩尤"。《史记·高祖本记》载刘邦起义时亦曾"祭蚩尤于沛庭"。最早的法官是军事法官,主兵者兼理军法,是十分自然的事情。

(五)"豊"与战斗之舞的节拍——聿(律)

远古的礼源于对战胜之神——玉琮的崇拜。礼生成于战斗之舞——旄舞的仪式规则。《说文解字·林部》:"無,豐也。"可见古文"豐"与"無"是同义字。同时"無"与"舞"又为一字。[16] 因此"豐"与"舞"又同义。恩格斯在《家庭、私有制和国家的起源》中曾说到原始人的祭祀与舞蹈的关系:"这是一种正向多神教发展的对大自然与自然力的崇拜。各部落各有其正规的节日和一定的崇拜形式,即舞蹈和竞技。舞蹈尤其是一切宗教祭奠的主要组成部分。"接着说到原始人战前舞蹈的习惯:"这些战士发起一个战争舞蹈,凡参加舞蹈的人,就等于宣告加入了出征队,队伍便立刻组织起来,即时出动。"[17] 这种情景与《尚书·尧典》"击石拊石,百兽率舞"十分相似。在远古社会里,礼与舞之间的逻辑联系,简言之就是以舞求豐,亦即以乞求神灵保佑之舞获

---

[13] 郭沫若:《出土文物二三事》,文物出版社1972年版,第26页。

[14] 胡厚宣编:《战后南北所見甲骨录》(石印本,线装1函3册),北京来薰阁书店1951年版。"廌协王事"的甲骨图片载于中册,第51页,并注明:出自《明义士旧藏甲骨文字》第四七二号。

[15] 瞿同祖:《中国法律与中国社会》,中华书局1981年版,第253页。

[16] 周清泉:《文字考古》(一),四川人民出版社2003年版,第489页。

[17] 〔德〕恩格斯:《家庭、私有制和国家的起源》,载《马克思恩格斯选集》(第四卷),人民出版社1995年版,第91页。

神灵降之以豐——丰厚的猎获物，而猎获物的代表符号——琮又被置于"豆"里面，伴以歌舞答谢神祇。《说文解字》："礼者履也"，"履，足所依也"；《玉篇·履部》："履，践也"，《易·履》："跛能履"，履，步行。"履"也许指的就是舞蹈时的齐整而虔诚的舞步和音乐节拍，这种舞步和节拍就是礼仪和规矩。于是，"履"与《易·师》"师出以律"的"律"便具有了内在联系。这种祭祀活动，不仅包括战争动员、发布誓命，还包括献俘和论功行赏。如《诗经、鲁颂、泮水》："淑问如皋陶，在泮献（谳）囚。"礼作为人们的行为规范源于古老的祭祀活动。战争之前专门祭祀战胜之神，玉琮就是战胜之神的象征。祭祀活动是通过战争之舞（武舞）来完成的。

甲骨文律字写作[丨又]，即以手持木之义。该字中的木，即鼓槌，击鼓的用具。故该字的本义为击鼓、击鼓者、击鼓之声。在远古时代，律的职能是通过战鼓的音节来实现的。

鼓声成为指挥军队或沟通情报的重要手段。《易经·师》："师出以律。"甲骨文资料中有"师唯律用"（《屯南》一一九）。"律"即鼓之音调和频率。《史记·律书》："王者制事立法，物度轨则，壹秉于六律。六律为万事根本焉。其于兵械尤所重，故云望敌知吉凶，闻声效胜负，百王不易之道也。"这里说的"声"即"鼓声"。《诗经·小雅·采芑》："征人伐鼓。"《山海经·大荒东经》说，黄帝用夔的皮制作鼓，"声闻五百里"。《史记·五帝本纪》载，黄帝打败蚩尤后召开部落联盟大会，"合符釜山"，统一兵符和量器，《韩非子·十过》亦谓黄帝"作为清角"。此举盖与舜"同律度量衡"性质相同。当文字诞生之际，这些古人耳熟能详的故事，便自然成为文字创作的素材，并具有了非如此表示不可的必然性。

古代战争得以取胜，在很大程度上取决于指挥等当。而最有效的指挥工具就是全天候的战鼓。据《周礼·考工记》记载，战鼓的名字就叫作"皋陶"。与"皋陶作律"遥相呼应。《吴越春秋·勾践伐吴外传》载：越王勾践欲伐吴，与八大夫谋画。大夫臯如曰："审声则可战，审于声音，以别清浊。"勾践"乃坐露坛之上，列鼓而鸣之，军成行阵。即斩有罪者三人，以徇于军。令曰：不从吾令者，如斯矣。……有司、将军大徇军中，曰：队各自令其部，部各自令其士：归而不归，处而不处，进而不进，退而不退，左而不左，右而不右，不如令者，斩。……越王阴使左、右军与吴望战，以大鼓相闻，潜伏其私卒六千人，衔枚不鼓攻吴，吴师大败"。

战鼓之音的作用有二：首先是统一众人的行为。《墨子·号令》："屯陈，恒外、衢、术、街皆为楼。高临里中，楼一鼓。即有物故，鼓。吏至而止。夜以火指鼓所”;“卒有惊事,中军疾击鼓者三,城上、道路、里中、巷街皆无得行,行者斩”;“昏鼓鼓十,诸门亭皆闭之”;《备梯》:“令贲士主将皆听城鼓之音而出,又听城鼓之音而入”;其次是互通情报。《墨子·备城门》:“寇在城下,闻鼓音,燔苣,复鼓”;《号令》:“寇至,楼鼓五。有周鼓杂小鼓而应之”;《旗帜》:(左军、右军、中军)“各一鼓,中军一三,每鼓三十击之。诸有鼓之吏,谨以次应之。当应鼓而不应,不当应而应鼓,主者斩”。

古代战鼓之声之所以具有权威,是因为它与赏赐特别是刑罚密切联系。诸葛亮《将苑·重型》:“吴起曰:鼓鼙金铎所以威耳,旗帜所以威目,禁令刑罚所以威心。”金鼓旗帜之所以具有权威,原因就在于有刑罚做后盾。战争的硝烟和取胜时的欢呼,早已没了踪迹。但战争所缔造的禁令刑罚,却在先民叩响文明大门之际,扮演了无情而激进的角色。

钟鼓之声是可以记录的。《韩非子·十过》载:卫灵公“夜分,而闻鼓新声而说之……子为我听而写之”。《淮南子·本经》:“雷震之声,可以钟鼓写也。”战鼓的鼓点儿也是可以“写”的,以此传布全军上下。古人就是靠着这种摹写的方法,把最古老的法律,从鼓音之律乃至成文法典,从中央传布至全国。

钟鼓之声是有谱的,或曰鼓谱。各种礼仪均以故声为指挥,如今京剧之司鼓。《礼记·投壶》记载古代指挥投壶礼和射礼的鼓谱:

鼓○□○○□□○□○○半○□○□○○○□□○□○

鲁鼓○□○○○□□○□○○□□○□○○□□○半○□○○○□□○

薛鼓取半以下为投壶礼,尽用之为射礼。

鲁鼓○□○○□□○○半○□○○□○○○○□○□○

薛鼓○□○○○○□○□○□○○○□○□○○□○半○□○□○○○○□○

《礼记·投壶》郑玄注:圆者击鼙,方者击鼓。用半鼓节为投壶,用全鼓节为射礼。

可惜,这些鼓谱和乐谱一样散佚了。今天,我们只能通过古老戏剧和民间音乐去体味幽远的旋律。

(六) 赏罚:[心廌]·[廌上]——用命赏于祖,弗用命戮于社

在战前誓师之际,指挥官带领大家宣读誓词即军令,如《尚书·甘誓》:

“左不攻于左，汝不恭命，右不攻于右，汝不恭命，御非其马之正，汝不恭命，用命赏于祖，弗用命戮于社。予则孥戮汝。”这种誓命对“不恭命”行为的概念，以及“不恭命”行为的后果，都作出详细的规定，而且朗朗上口、便于记忆和执行赏罚。古代的军令应当是成文法的滥觞。而军事法官又是法官的前身。如《诗经、鲁颂、泮水》：“淑问如皋陶，在泮献(谳)囚。”正是一幅战后行赏施罚的景象。

在远古时代，主持行赏施罚的官吏是廌或御廌。甲骨文里有[心廌](慶)和[廌丄]，慶即赏，丄即社，这两个字可能与“用命赏于祖，弗用命戮于社”有关。

(七) 献俘礼——臣(以弓缚首)・德(牵之以祭)

战争之后有献俘礼，俘虏即“臣”。“臣”字的原始含义是“以弓缚首”。《说文解字》：“臣，牵也，事君也。象屈服之形。”《诗经・鲁颂・泮水》：“矫矫虎臣，在泮献馘，淑问如皋陶，在泮献囚。”这是“既克淮夷”“淮夷卒获”之后论功行赏的情景。馘，《毛传》：“馘，获也，不服者杀而献其左耳曰馘。”献即谳，讯问，谳囚不是审问战俘，而是论功行赏。这是古老军法的重要职能之一。《睡虎地秦墓竹简・封诊式・夺首》中载有两战士战后相互争首级而致诉讼的内容，长官只得“诊首”，凭借创口的特征来判断。[18] 这是战国时代的事情。但是在远古时代，这种矛盾已经被解决了。因为古人的弓矢上面刻有族徽或记号，挂在俘虏上的弓便是直接的证据。因此，久而久之，以弓弦捆缚他人的脖项，便带有统治、打败或奴隶身份的特定的含义。

《墨子・天志下》：“入其沟境，刈其禾稼，斩其树木，残其城郭，以御其沟池，焚烧其祖庙，攘杀其牺。民之格者，则劲拔之，不格者则系操而归，大夫以为仆圉、胥縻，妇人以为舂酋。”这些战俘可以用来赏赐战争有功之臣，也可以当作礼品赠予他人，如《左传・成公九年》：“晋侯观于军府，见钟仪，问之曰：‘南冠而絷者谁也？’有司对曰：‘郑人所献楚囚也’。”此外还可以祭祀，感谢祖先神、上帝神的保佑，取得战争的胜利。而战俘“臣”便成了祀祭的牺牲品。“臣”最初是用来祭祀的俘虏。《易・随》：“随有获，贞凶。有孚在道，以明何咎。孚于嘉，吉。拘系之，乃从维之，王用享于西山。”

“臣”字的原始含义是“以弓缚首”，此义可以从《左传》得到证明。《左传・襄公六年》载：“宋华弱与乐辔少相狎，长相优，又相谤也。子荡怒，以弓

---

[18] 睡虎地秦墓竹简整理小组：《睡虎地秦墓竹简》，文物出版社1978年版，第256页。

梏华弱于朝。”杜预集解：“张弓以贯其颈，若械之在手，故曰梏。”杨伯峻注：“用弓套入华弱颈项，而己执其弦。”华弱与乐辔（即子荡）从小一起长大，亲匿无间，常戏闹无礼，致子荡翻了脸，竟在朝堂之上取弓弦捆华弱脖颈以羞耻之。这段文字的价值并不在于批评贵族们的言行有失检点，而在于再现了一段被人们遗忘或忽略的古老典故。而“以弓套入颈项，而己执其弦”，正是古代“臣”字的本义——“以弓缚首”。子荡对华弱的羞辱之义便在于此。当《左传》的作者将这段文字记载下来之际，也许知道其原始的含义，可惜后来被人们遗忘了。以弓弦系颈，即牵之本义，表示臣服。如杨树达《臣牵解》所说：“秦王子婴降于汉高祖，亦系颈以组，亦以表牵致之义也。”[19]

这种战胜之后以俘虏祭祀祖先神的做法，可以从《逸周书》中的《克殷》《世俘》的记载得到佐证。《克殷》说，周武王进入朝歌，对自焚的纣王“击之以轻吕，斩之以黄钺，折悬诸太白”，紧接着，“王入，即位于社太卒之左。群臣毕从，毛叔郑奉明水，卫叔付礼，召公赞采，师尚父牵牲。尹逸策曰：殷末孙受，德迷先成汤之明，侮灭神不祀，昏暴商邑百姓，其彰显闻于昊天上帝”。然后，“立王子武庚，命管叔相”。《世俘》说，武子征讨纣王，“咸刘商王纣，执夫恶臣百人。大公望命御方来，丁卯，望至，告以馘俘。戊辰，王遂御，循自祀文王”。“牵牲”“告以馘俘”，大约都是讲以俘虏祭祀神。

“牵”字用如名词者，特指祭祀的牛、羊、豕。《周礼·天官·宰夫》：“飧牵。”郑玄注引郑司农曰：“牵，牲牢可牵而行者。”《左传·僖公三十三年》：“脯资饩牵竭矣。”杜预注：“牵谓牛、羊、豕。”孔颖达疏：“牛、羊、豕可牵行，故云牵谓牛、羊、豕也。”于是，“牵”就成了以牛、羊、豕为牺牲的一般的祭祀物品，而战胜后的祭祀则用战俘。这些牺牲即使同时使用，在礼仪上也是有差别的。《礼记·少仪》：“犬则执緤”“牛则执纼，马则执靮，皆右之。臣则左之”。注：“臣，征伐所获民虏也，《曲礼》云献民虏者操右袂。左之，以左手操其右袂，而右手得以制其非常也。”臣被押往祭坛而杀之，故不得不加倍控制。这种祭祀之风又演化出杀殉之俗，至春秋时仍未断绝。《墨子·节葬》：“天子杀殉，众者数百，寡者数十。将军大夫杀殉，众者数十，寡者数人。”所杀的人当然是战俘或奴隶。

“德”字“以弓缚首，牵之以祭”的古义，还可以从其他相关的字义得到佐证。《说文解字》：“德，升也。”《正字通·十部》：“升，登也。”可见“升”“登”与“德”字存在着某种内在的联系。“升”乃古时供祭祀的牲体，在鼎曰升。《仪

---

[19] 杨树达：《积微居小学金石论丛》，上海古籍出版社2007年版，第117页。

礼·士冠礼》:"若杀,则特豚,载合升。"郑玄注:"煮于镬曰亨,在鼎曰升,在俎曰载。载合升者,明亨与载皆合左右胖。"《逸周书·世俘》载,武王征商,"咸刘商王纣,执夫恶臣百人",令四方"告以馘俘"。之后,"武王乃翼矢矢宪,告天宗上帝","王烈祖自太王、太伯、王季、虞公、文王、邑考以列升,维告殷罪"。"列升"盖即同时祭祀先祖父兄,其牺牲盖即战俘。此其证也。"登"乃祭祀时盛肉食之礼器。《诗·大雅·生民》:"卬盛于豆,于豆于登。"《尔雅·释器》:"瓦豆谓之登。"用祭祀之牲体和礼器来注释"德"字,正是对其本义"以弓缚首,牵之以祭"的最好说明。

四、成人之礼

原始人类的文明脚步,与两性及家庭生活的进化完全合拍。而这种文明进化,正是伴随着并仰仗者禁忌来实现的。而禁忌的设立与实施,离不开宗教仪式。这种仪式,就是最初的礼。在两性与家庭生活领域,礼的载体是文身。正如恩格斯所指出的:"根据唯物主义观点,历史中的决定性因素,归根结蒂是直接生活的生产和再生产。但是,生产本身又有两种。一方面是生活资料即食物、衣服、住房以及为此所必需的工具的生产;另一方面是人自身的生产,即种的蕃衍。一定历史时代和一定地区内的人们生活于其下的社会制度,受着两种生产的制约:一方面受劳动的发展阶段的制约,另一方面受家庭的发展阶段的制约。"[20]

(一) 蚩尤五刑之黥源于文身

最先发明文身的是东夷部落。《礼记·王制》说:"东方曰夷,被发文身。""被发"即断发,把前额的头发割掉,文上记号。据《尚书·吕刑》载,蚩尤五刑——劓刵椓黥杀。其中就有"黥"。"黥"的前身是文身,文身是夷礼的重要载体。"商人原出于东夷","原始的商族可能是山东地区东夷族之一支","商部族当源出于上古东夷太昊集团的帝喾部",或该部的"帝舜族系"。[21] 自然继承了东夷的风俗习惯,其中就包括文身。殷商民族继承了东

⑳ 〔德〕恩格斯:《家庭、私有制和国家的起源》,载《马克思恩格斯选集》(第四卷),人民出版社1995年版,第2页。

㉑ 张富祥:《东夷文化通考》,上海古籍出版社2008年版,第321、431页。

夷部落的文身习俗,并把他们定型化,成为“殷礼”的重要组成部分。殷礼中的文身之礼可以在甲骨文字中略见一斑。文身的产生与两性及家庭生活的进化有关。而这种进化大约源于相应的禁忌:对父亲们与女儿们之间,对母亲们与儿子们之间和兄弟们与姐妹们之间性行为的排斥,即后世所谓“同姓不婚”。

(二)文身与成童礼成人礼

根据周清泉的《文字考古》(一),殷人文身之礼主要有以下诸种:

其一,成童之礼。幼男八岁行成童之礼。在商代,男孩八岁要行成童之礼。天干十位中辛为第八,表示要用辛行文身礼,即刺额。八岁文额为“童”,是成童之礼。《释名·释长幼》:“牛羊之无角者曰童,山无草木曰童,言未巾冠似之也。女子之未及笄者亦称之也。”“童”的本义是尚未生出角来的牛羊。没长草的土堆也叫童。童字上面是“辛”字,文身的工具,下面有似“里”字形,实际上是一个人的面部轮廓。文额的图案可能是一只牛角之类,表示长出了角,成熟一些了。成童之后,就离开母亲,由舅舅们集中管束训练。如俗语所谓儿大避母。

其二,成笄之礼。幼女十四岁行成笄之礼。《素问·上古天真论》:女子“二七而天癸至”。女童十四岁出现“天癸”即月经,可生子,故行成人礼。先是把头发束起来,像一支独角的样子。同时还要文乳,即甲骨文的“爽”形字。日本古汉字学者白川静先生在20世纪60年代就指出:“爽字形以两乳为主题,显示女性的纹身。”[22]是很有道理的。周清泉在《文字考古》中则列出与文乳有关的十七个甲骨文。[23] 天干十四即丁,《玉篇》:“丁,强也,壮也。”《易·姤》:“女壮,勿用,取女。”男女成年之后就可以“私奔”,即谈对象了,即《周礼·媒氏》所谓“以仲春之月合男女,于时也,奔则不禁”之义。女子十四行礼为“妾”,“妾”字的另写法是上“辛”下“女”,还有一种写法是左“女”右“辛”。《礼记·内则》:“聘则为妻,奔则为妾。”《桂海虞衡志·志蛮篇》载:“女及笄即黥颊,为细花纹,谓之绣面女。既黥,集亲客相庆贺。惟婢获则不黥面。”[24]女子因为文乳而显得文静妖冶,故女、井二字合一为“妌”,表示文静漂亮之义。《说文解字》:“妌,静也。”《广韵》:“妌,女人贞洁也。”女、交合一

---

[22] 白川静:《金文通释》(第6辑),日本神户白鹤美术馆1964年版,第303页。

[23] 周清泉:《文字考古》(一),四川人民出版社2003年版,第673页。

[24] 闻一多:《伏羲考》,载《闻一多全集》,开明书店1948年版,第400页。

为姣,“姣,好也”。《玉篇》:“姣,妖媚”。

其三,成人之礼。男子二十岁行成人之礼。包括冠礼,把头发梳成一个角型,还有文胸。天干二十为“癸”,该字上半部即古樊字。[25] 中间有个爻字,代表“校”。下面的“天”即指黥额、凿颠之刑,亦即《易经》“其人天且劓”的“天”,陆德明释文:“天,剠也。马云:剠凿其额曰天。”说到文身的“文”字,也是由于文身而得来的。“文”字本身即来源于“文身”。周清泉《文字考古》(一)列出了十个甲骨文的“文”字。[26] “文”字形,实即斜立之“井”。“文”字中间有各种图案。《说文解字》说:“文,错画也,象交文。”《史记·越世家》:“剪发文身,错臂左衽。”注:“错臂亦文身。谓以丹青错画其臂。”以刀割肤,令血出,又填之以墨,赤青相交。于是有“文彡”字。《广韵·文韵》:“文彡,青与赤杂。”又《礼记》:“青与赤谓之文。”男人由于文了额文了胸而显得美丽,“彦”字就是辛和彡组成的。彦,男子之美称也。《说文解字》:“彦,美士有文。”《尔雅.释训》:“美士为彦。” 其实,“文”和“井”是一个字。如果我们把“文”这个字摆斜的话,那就是“井”字,而中间有图案的“文”字,也就是“丼”字。

东夷人的前额都剃了发,文了一只角,象征独角兽的图腾。最初有独角兽这样的动物,以后渐渐绝迹了。但东夷人,蚩尤后代,世世代代在额上文一个角。殷人继承文身习俗,并进而对女子文乳,对男子文胸。到了西周以后,东夷人集体地做了俘虏和奴隶,这样,额上的独角图案便成为奴隶的符号,才慢慢地把文身变成了黥刑。而逃散到西南的东夷后裔却依然保持着古老的文身习俗。如《礼记·王制》所云:“南方曰蛮,雕题交趾。”“雕题”即黥额,始终保持着文身的习俗。

在漫漫的历史长河中,凡是实行两性及婚姻禁忌的氏族、部落,便得以永葆青春活力和强健体魄,反之便黯然失色、屈居人下。中华民族之所以被称为“礼仪之邦”,就是因为在礼的指导下,在不断改造客观世界的同时,不断改造自己的主观世界,即不断“修身养性”“自强不息”,从而不断从野蛮走向文明。

(三)文身的工具——辛·爻·井

文身是一项专业活动,有专门的工具。

---

[25] (清)桂馥:《说文解字义证》,齐鲁书社 1987 年版,第 229 页。

[26] 周清泉:《文字考古》(一),四川人民出版社 2003 年版,第 680 页。

文身的第一件工具是“辛”。关于“辛”与文身的关系,《说文解字》并没有透露出什么信息。但是,关于墨刑的用具,古代文献是有记载的。如《国语·鲁语上》所述五刑曰:“大刑用甲兵,其次用斧钺,中刑用刀具,其次用钻笮,薄刑用鞭扑,以威民也。”韦昭注:“钻,膑刖也,笮,黥刑也。”《汉书·刑法志》“钻笮”作“钻凿”。注引韦昭曰:“凿,黥刑也。”具体笮与凿是什么样子,已经不得而知。

作为文身工具的笮与凿,其前身可能是“辛”。“辛”字有二形:一是竖笔如丨,二是曲笔如丂。郭沫若《释干支》谓:“由其形以判之,当系古之剞[屈刂]。”即“剞劂。”是实行于汉代的两种加工木器玉器时使用的刻镂之刀具。《淮南子·俶真训》:“剞,巧工钩刀,[屈刂],规度刺墨边笺也。所以刻镂之具。”周清泉指出:“后世的雕木琢玉的操作方法,是以商人的黥额雕题为发源的滥觞的。”商人黥额的具体方法是:一是刺出轮廓边线;二是在轮廓边线范围内巧刺;三是以墨填之,成为周人所称的“刀墨之民”。[27] 当金属刀具普遍应用之后,刀字便取代了辛字的地位,此即[井刀]字产生的社会背景。而该字与[井刀]只有一步之遥了。

我们今天可以推测,文身时很可能使用笔。“笔”是用来填抹墨汁和颜料的。据说,最早的笔是用“鹰之毛”做成的。[28] 虽然在出土文物中至今尚未发现笔,但妇好墓中有一个“调色盘”之类的器皿,这也许是笔同时存在的间接傍证。[29] 因为文身与“辛”字密不可分,故与文身有关的字大多带有“辛”符。而这些字又间接地与东夷殷商文化习俗有关。

文身的第二件工具是“井”。“井”即“校”。《说文解字》说:“校,囚具也。”大约是由四根木棍构成的可以活动的用来固定人们身体的器具。即《易经》所谓“履校灭趾”“何校灭耳”的“校”。大概与《易经》所说“困于株木”的“株木”,“困于金车”的“金车”都是一样的囚具。“金车”大约是铜木结构的囚车。《易经》还有“赤绂”,红色的绳子,用来捆扎囚具的绳索。红色或因为染上了血色。

丼字的本义就是文身。当时的文身是在人身体表面刺上一种表识,文身可以施于王室贵族,可以施于囚徒,还可以施于马匹,如《周礼·夏官司马·校人》:“春祭马祖,执驹。”驹为二岁公马,在它身上文个记号,便于管

㉗ 参见周清泉:《文字考古》(一),四川人民出版社 2003 年版,第 587、659 页。

㉘ (清)桂馥:《说文解字义证》第 250 页引《古今注》佚文。

㉙ 夏鼐:《商代玉器的分类定名和用途》,载《考古》1983 年第 5 期。

理，令其离开生它的母马。

《易经》有“何校灭耳”“履校灭趾”“劓刖，困于赤绂”“噬肤灭鼻”“困于株木，入于幽谷”“困于金车”“其刑剭”“其人天且劓”，等等。俨然是一本行刑教科书。其中的刑罚可以分为两类：一个是用刀锯施行的刑罚，如割耳、鼻、脚；另一个是墨刑，即黥刑，刺额。“其人天且劓”的“天”，也是刺额。“臀无肤”是刺臀。“噬肤”，刺皮肤，其范围较广，如胸，乳，额，臀，臂。施行这些“刑罚”（其实当初还不是刑罚）所用的用具，除了刀锯之外还有“校”。“校”的样子就是“爻”“交”“井”。“爻”“交”的甲骨文近似于“井”，只不过是斜向的“井”，这几个字是通用的。“井”象征四根木柱构成的，用红色绳索固定的，可以改变尺寸的“行刑”工具。

关于金文中的“井”字，陈梦家认为：“西周金文隶定为井者，可分为两式：第一式是范型象形，井字两直画常是不平行而是异向外斜下的，中间并无一点。……第二式是井田象形，井字两直画常是平行的，中间常有一点。”[30]日本学者白川静认为：“井有二义：用于刑罚时作首枷之形，用于铸造时作模型的外框之形。……刑罚的刑和范型的型原本均作井、刑，都是作外框之用，为同一语源。”[31]将“井”释为“首枷”，颇具创意。这样的话，“丼”中的“·”就代表人首或人体。

（四）文身的执行者是御鳸

文身是一个专业活动，执掌文身的职官盖即“御鳸”。郭沫若先生认为他是“执法小吏”。[32] 文身又是一种教育活动。“教”字的甲骨文写作[鳸爻]。爻即井，囚具也。执法小吏兼管教育是很自然的事情。在原始社会，对幼童的教育除了语言和身教，可能更多依靠强制性措施。古代的“学”字、“教”字、“孝”字都带有“井”“爻”字，这就是“校”。春秋时子产“不毁乡校”“乡校”可能就是集中进行教育的场所。“执法小吏”兼着民间教育的职能，这跟前些年在中小学校设法制副校长有些相似。教育的方法免不了粗暴，这就是“鞭作教刑”。把坏孩子脱光了打他个体无完肤——“臀无肤”“噬肤”，身上出现鞭痕：××，这就是爻字。井、交、爻、文都是相通的字。[33] 正因为御鳸是

---

[30] 陈梦家：《西周铜器断代》，载《古文字诂林》（第5册），上海教育出版社1999年版，第267页。

[31] 白川静：《字统》，日本东京平凡社1994年版，第226页。

[32] 郭沫若：《出土文物二三事》，人民出版社1972版，第26页。

[33] 周清泉：《文字考古》（一），四川人民出版社2003年版，第663、666、669页。

法制副校长,所以身边离不开“井”。于是我们在古文字中发现了有意思的字[廌爻],左廌右井。[34] 开始是教育坏孩子,后来是教育违法者,开始是文身,后来是黥刑,还有其他残酷的刑罚。当“刑”这个字出现时,它只是宣示着暴力的一面。而它的前身,那些促使古老先民从野蛮走向文明的,在东夷人身体上镌刻的文身图案,早已毫无踪迹。

(五) 文身的文化意义

文身的文化含义十分丰富。它包括:其一,男童 8 岁应离开母亲们,由舅舅们集中教育培训。母亲们要远离那些有着文胸符号的少年们。其深意是母亲们与儿子们性关系的禁忌。其二,女童 14 岁文乳,父亲们看到有文乳符号或图案的少女则应当约束自己的行为。其深意是父亲们与女儿们性关系的禁忌。其三,女童 14 岁文乳与男子 20 岁文胸,是兄弟们与姐妹们之间性行为的禁忌。他们或她们只能在族外去寻找伙伴。文身的社会职能,是用特定的图案符号确定个人与他人之间关系,个人与集体之间的关系,从而派生出个人对他人、个人对集团的行为模式。《尚书大传》佚文:“男女不以义交者,其刑官。”通过对违反文身禁忌者的制裁,慢慢演生出最早的刑罚。文身的文化含义,就是后来儒家所概括的“仁者人也”“人之所以异于禽兽”“人之所以为人”的理论,和“同性不婚”“男女授受不亲”等风俗习惯。文身施行于不同的年龄不同的人群。其目的是规范人们的行为,变野蛮无序为文明有礼。文身启自额,“天”也,又扩至胸,“文”也。故有“�”字。文身的文化含义被《易经》的彖词概括为:“天,文也,文明以止。人,文也。观乎天文以察时变,观乎人文以化成天下。”“天”即文身,“文”(人形)即文身,天人合一于文身,明即明示,止即履行,亦为行有所止。在远古社会,这些玄妙理论所掩饰的,不过是一些平常而朴实的生活经历。

原始人类的文明脚步,与两性及家庭生活的进化完全合拍。而这种文明进化,正是伴随着并仰仗者禁忌来实现的。而禁忌的设立与实施,离不开宗教仪式。这种仪式,就是最初的礼。在两性与家庭生活领域,礼的重要载体就是文身。

以蚩尤为首领的东夷部落,由于发明了文身,施行了禁忌从而强健了人种优势,故形成了由九个血亲集团、八十一个氏族组成的强盛的父系部落,

---

[34] 徐中舒:《汉语古文字字形表》,中华书局 2010 年版,第 381 页;白冰:《青铜器铭文研究》,学林出版社 2007 年版,第 305 页。

这就是《龙鱼河图》所谓“蚩尤兄弟八十一人”“铜头铁额”,横行天下的真实背景。但是,也许正因为蚩尤部落推行的文身新制度,触犯了古老的风俗和传统,故引起内部纷乱,被黄帝部落乘机征服。但是,蚩尤部落创造的文明成果包括五刑之法却被后世继承下来。

殷商民族继承了东夷民族的文身习惯。这个过程很可能是在“殷因于夏礼”的形式下悄悄完成的。后来,殷商政权被周人推翻,殷人整族整族地被降为奴隶。这时,殷人额上的墨痕便成了奴隶的象征。而当着执法小吏给奴隶或罪人文额之际,文身习俗便寿终正寝,而真正意义的“黥”刑便问世了。

五、合欢之礼:婚礼

(一)“仁”的本质特征是“相人耦”——男女之交

春秋时代的孔子曾经给“仁”下了一个定义——“仁者爱人”。到了汉代,经学大师用“相人耦”注释“仁”之本义。“相人耦”是汉代学术界界定“仁”之本义的通用“恒言”,也是“秦汉以来民间恒言”,甚至是周人之恒言。阮元《论语论仁论》云:“康成所举相人偶之言,亦是秦汉以来民间恒言,人人在口,是以举以为训。初不料以后此语失传也。”《孟子论仁论》云:“明是周人始因‘相人偶’之恒言而造为仁字。”[35]“仁”的本质特征是“相人耦”,即男女之爱。

“相人耦”源于东夷风俗,体现了亲人之间互相帮助相互尊重的深厚情感。从某种角度而言,“相人耦”集中体现了男女之间的情谊及其所构成的婚姻形态。在人类社会,人们除了从事物质生活资料的生产活动之外,还从事人类自身的再生产。在传说中,伏羲女娲是创造了婚姻之礼的人文始祖。在汉代的画像作品当中,伏羲女娲人身蛇尾,两尾相交,暗喻交媾,伏羲执矩,女娲执规。整幅作品似乎在昭示着一种规矩,即“相人耦”之礼,男女相交之礼,婚姻嫁娶之礼。嫁娶之礼自然会包含一些具体的礼节仪式,但是,最重要的嫁娶之规矩就是同血缘的男女不得婚配的“同姓不婚”。“同姓不

[35] (清)阮元:《揅经室集》(上),载《揅经室集一集》卷八《论语论仁论》、卷九《孟子论仁论》,邓经元点校,中华书局1993年版,第194、206页。

婚”的规矩是靠文身来实行的。文身同时伴以仪式,仪式又与禁忌结合。古老先民靠着文身符号和禁忌,严格实行族外婚,禁止父亲与女儿、母亲与儿子、兄弟与姐妹之间的性行为。同时,由于近亲之间的性行为会产生畸形怪胎,这种违规行为被人们视为对神祇的亵渎并招致对氏族整体的无情惩罚。因此,“同姓不婚”原则能够被严格实行。

物质生活资料的生产活动,是解决人类生存的物质条件,而人类自身的再生产,则解决氏族集体的延续和发展。因此,古人在实行“同姓不婚”的同时,又十分重视人口的繁衍和增殖,即兼而重视人种的质量和数量。在古代传说中,主管人口增殖的神祇就是高禖,又称高媒、郊禖、皋禖,即伏羲。但是,关于高禖的身份,自古及今众说纷纭,莫衷一是。据周清泉总结,大致有三种说法:一是战国《吕氏春秋·仲春纪》和《礼记·月令》所说玄鸟至日所祭祀的高禖;二是汉代形成的以专司嫁娶的媒神为高禖;三是闻一多依据晋束皙所谓“皋禖者,人之先也”提出的以夏商周三代王的先妣为高禖。[36]“高禖”一词最早见于《吕氏春秋·仲春纪》,其文字与《礼记·月令》同。从《礼记·月令》的文字中我们似乎可以发现,高禖与殷人图腾玄鸟(燕子)有关,与天子和万民的婚配特别是生子有关,与时令和自然现象有关。由于认知水平有限,古人不明白生育的原因,在他们心目中,高禖也许是在冥冥之中执掌人间婚配生子的神祇。这个神祇可能成为与部落祖先神具有某种血缘联系并具有同等神格和权威。《礼记·月令》:(仲春之月)“是月也,玄鸟至。至之日,以大牢祠于高禖,天子亲往,后妃帅九嫔御。乃礼天子所御,带以弓韣,授以弓矢,于高禖之前。是月也,日夜分,雷乃发声,始电,蛰虫咸动,启户始出。先雷三日,奋木铎以令兆民曰:‘雷将发声,有不戒其容止者,生子不备,必有凶灾。’日夜分,则同度量,均衡石,角斗甬,正权概”。这段文字信息量很大,译成现代文字是:这一月,燕子飞回。燕子飞回这一日,要用太牢祭祀高禖,天子亲自前往主祭,后妃率领九嫔陪伴前往。这是祈求后嗣的祭礼,所以去的时候带着弓矢,祭时天子亲自给已怀孕的后妃嫔妇佩带弓套弓箭(祈求生男),在高禖神前。这一月(春分节候),日夜并长,雷鸣有声,开始闪电,冬眠的动物开始活动,破洞而出。春分前三日,要振动木铎告诫黎民百姓:雷电将要发生,如有人不加警戒,男女交合,那将使出生的孩子生理残缺或性情偏颇,或有各种灾祸。天时日夜并长,就应使长度、重量、容积的单

---

[36] 周清泉:《文字考古》(一),四川人民出版社2002年版,第119—134页。

位统一，使秤锤、斗概平正。[37] 同时，（仲春之月）“是月也，乃合累牛、腾马，游牝于牧”。即将成年牛马放牧于野，令其交合。《月令》还强调：仲夏之月，“君子斋戒”“止声色”；“游牝别群，则挚腾驹”；“仲冬行夏令，则其国乃旱，氛雾冥冥，雷乃发声”。一再告诫人们必须遵守规矩，即人类自身再生产必须服从自然界的规律。不仅对人类，对家畜亦应如此。否则就会受到天罚。

根据传说，伏羲就是最早创造“嫁娶之礼”的圣王，而“嫁娶之礼”又来自天道即自然规律。可以说，伏羲是依照天道来制造人间的礼法的人文始祖。这种人间礼法在汉代艺术作品中，体现为伏羲女娲手里举着的矩和规。这正是对中国古代自然法的绝妙描述和艺术再现。

祭祀高禖的礼仪可以追溯到原始社会。“从文献的记载可知，在西周以前，甚至上推至原始社会晚期，高禖的祭祀活动不仅是一种固定的文化形态，而且是一种两性交合的生殖宗教活动；”“这种在特定的节日中聚会男女祈求子嗣之风，可能源自于氏族产生以前更加遥远的时代，并且在后来的节日或宗教活动中仍可见其遗风。”[38]华胥氏与姜嫄履大人迹而生伏羲，正是远古野合的朴实描述。[39] 后来，从这种宗教活动衍生出国家的一项社会管理职能。《周礼·地官·媒氏》：“媒氏掌万民之判”，“仲春之月，令会男女，于是时也，奔者不禁。若无故而不用令者，罚之。司男女之无夫家者而会之”。可见，当时的政策是鼓励大龄男女成家生育的。应当注意，对男女定期相会之事的“不禁”，并不等于撒手完全不管，在这种场合，国家仍然坚持管理的职能。有一个古老的字值得仔细推敲，这个字就是“囮”。其中的“化”是“仁”字的原形字，表示二人靠背而眠。“囮”的本义是捕捉鸟兽的方法，用雌鸟牝兽吸引雄鸟牡兽，带有一点欺骗的意味。于是便产生了一些名词：用来引诱雄鸟的雌鸟叫做“鸟媒”，用来引诱牡鹿的牝鹿叫做“鹿媒”，用来引诱公象的母象叫做“象媒”，还有用鱼来引诱鸟，此鱼可称“鱼媒”。史前的“鹳鱼石斧图”似乎再现了一幅捕猎的场景：人们在浅滩用鱼引诱鹳鸠，再以石斧击之。石斧不是人们想象的那样——是王权的象征。可以想象，如果用年轻妇女当诱饵捕捉敌方战士，她们就应当叫做“女媒。”但是，“囮”字的本义可能是男女相会于亳社。媒氏把本族青年女子组织起来，集中在亳社，招徕四方精明强壮的小伙子们，不仅让他们留下子嗣，而且最好让青年们留下来

---

[37] 潜苗金：《礼记译注》，浙江古籍出版社 2008 年版，第 184、185 页。

[38] 刘惠萍：《伏羲神话传说与信仰研究》，陕西师范大学出版社 2013 年版，第 301、302 页。

[39] 闻一多：《姜嫄履大人迹考》，载《闻一多全集》(一)，上海开明书店 1948 年版。

为女方的氏族贡献智慧和力量。在这个过程中，媒氏的任务是避免“同姓相婚”。此时，文身符号就起着决定性的作用。靠着文身符号可以辨别男女血缘的亲疏远近。“囮”所根植的社会应当是母系社会。《论语·颜渊》所谓“四海之内皆兄弟”，肯定是母系社会当中男孩子们远嫁他乡而形成的现实。母系社会所形成的某些风俗习惯，即使到了父系社会也很难销声匿迹。

或许是为了鼓励男女相会以增殖人口，或许仅仅是为了重温古老群婚的旧梦，一种古老的婚姻风俗毕竟被保留下来了。《周礼·媒氏》：“以仲春之月合男女，于时也，奔则不禁。”周清泉认为“这是母系时代族外集体婚制在周时的流风遗俗”[40]。到了春秋时代，我们从《墨子·明鬼下》的记载中可以看到当时的风俗：“燕之有祖(泽)，当齐之(有)社稷，宋之有桑林，楚之有云梦也。此男女之所属而观也。”这些场所“可能都是仲春之月男女会合的地方”。[41] 这些男女相会的地方还有郑国的溱水、陈国的宛丘。《诗经·周南·关雎》中的佳句：“关关雎鸠，在河之洲”，以雎鸠到河边寻找鱼的情景，来比拟君子对淑女的渴望。《郑风·出其东门》：“出其东门，有女如云。”《溱》：“士与女，殷其盈矣。”《鄘风·桑中》：“期我乎桑中，要我乎上宫。”《诗经》中亦不乏表现春天举行祓禊之礼和男女会和的恋歌。[42]《太平寰宇记》载岭南风俗：每月中旬，男女相会，“二更后两两相携，随处相合，至晓则散。”[43]《炎徼记闻》记载苗族的风俗是“未婚男女吹芦笙以和歌”，“中意者男负女去”；瑶族风俗是“踏歌而偶奔者，入窑峒，插柳辟人”。[44] 可以说，在中国古代，“礼法与淫奔的较量，一直延续到明清”。[45]

古代文学艺术作品，对男女之情的素材始终高度关注。雌雄相偶，牡牝匹配的题材极多。诗歌中有精心的隐喻，绘画艺术中以鸟鱼代男女的巧妙掩饰。这些作品无疑都在追求人间的永恒主题。

(二)甲骨文“仁”字的三个原形字：“化”“申”“乘”

甲骨文中是否存在从人从二的“仁”字，学术界尚无定论。但甲骨文中有“仁”的原形字“化”“申”(身)、“乘”。它们反映了东夷民族“相人耦”的古

---

[40] 周清泉：《文字考古》(一)，四川人民出版社2002年版，第129页。
[41] 刘惠萍：《伏羲神话传说与信仰研究》，陕西师范大学出版社2013年版，第301页。
[42] 孙作云：《诗经与周代社会》，中华书局1996年版，第302—315页。
[43] (宋)乐史：《太平寰宇记》卷163《岭南道七》，中华书局1985年版，第414页。
[44] (明)田汝成：《炎徼记闻》卷4，中华书局1985年版，第55、61页。
[45] 周清泉：《文字考古》(一)，四川人民出版社2002年版，第130页。

老风俗，也是酝酿“仁”字的文化土壤。在甲骨文里有许多双人结构的字，其中有一些字与“仁”字的寓意是相通的。这些字反映了古代先民的风俗习惯。“仁”的原形字中，最重要的是“化”“申”“乘”。

首先是“化”，左正人右倒人，俯视之为二人靠背而眠之风俗，隐喻男女之交。在古文字当中“人”“夷”“尸”“仁”等诸字是相通的。[46] 尽管“化”字掩盖了“仁”字的古形，但却仍然保留了“仁”的古义。比如《易·咸卦》彖辞传：“天地感而万物化生”；《大戴礼记·本命》：（女）“十四，然后其化成”，王聘珍注：“化犹生也，育也”；《吕氏春秋·达理》：（商纣）“剖孕妇而观其化”，高诱注：“化，育也，视其胞里”；《尚书·尧典》：“鸟兽孳尾”，孔传：“乳化曰孳”，正义：“胎孕为化”，《庄子·人间世》：“虫，雄鸣于上风，雌应于下风而风化”，《说文解字》：“娲，古之神圣女，化万物者也。”杨琳以为“化之从倒人意同毓之从倒子”。[47] “化字义关乎上古风情”，“化字本义就是女娲教行，教女子以出嫁之道”。[48] 可见，“化”字本与男女生育有关。

其次是“申”字，由“化”字演变而成。表示靠背而眠的二人重叠起来，暗喻男女媾精。“申”字又是一个四通八达的字。首先，在社会领域，“申”与“身”“神”同字。《说文解字》：“申，神也。”段注：“或曰神当作身。……《释名》《晋书·乐志》《玉篇》《广韵》皆云申，身也。许说身字从申省声，皆其证。此说近是。”同时，“身”亦同“孕”。《诗·大雅·大明》“大任有身，生此文王”，《广雅疏证》：“孕重妊娠身也”，可证；其次，在自然领域，“申”“電”“神”同字。《说文解字》：“申，神也”，“神，天神引出万物者也”，“籀文虹从申，申，電也”，“電，阴阳激耀也”。令人惊奇的是甲骨文的“申”字亦即“電”字、“雷”字、“神”字。后来的“電”“雷”字“神”字，是被加上“雨”“示”才分化出来的。杨树达《释神祇》说：“在古文中，申也電也神也实一字也，其加雨于申而为電，加示于申而为神，皆后起分别之事也。”[49]这说明在古人心目中，“申”“身”“孕”“電”“神”诸字曾经指向同一件事物，具有同样的特征。此处最值得品味。它似乎高度地概括了天地、阴阳、乾坤、男女、牡牝等一切事物的本性。因此可以说，“申”是一个非常重要而奇妙的字，是联系中国古代“人文”和

---

[46] 于省吾：《释人尸仁[尸二]夷》，载《天津大公报·文史周刊》1947年1月29日。

[47] 杨琳：《释化》，载《汉字研究》（第1辑），学苑出版社2005年版，第1页。

[48] 国光红、陈光苏：《传上古风情的几个古文字——释令今化尼及》，载《山东师大学报（文）》2000年第1期。

[49] 杨树达：《积微居小学金石论丛》，上海古籍出版社2007年，第25页。又见田倩君：《释申電神》，载宋镇豪、段志洪：《甲骨文献集成》（第12册），四川大学出版社2001年版，第64页。

"天文"意识、政治和哲学理念的一个枢纽，从"申"字最终又演化出太极图的雏形。

第三是"乘"字。甲骨文中被判定的"乘"字有两种写法，其实是两个完全不同的字：一是上大下木，大即人，以示人在木之上；二是上大下倒大，上正人下倒人，反映了东夷两人抵足而眠之风俗。后来加上重文符号变成"夳""太"，演变成后来的"泰"字。[50] 该字就其本义似当读为"仁"或"夷"。"太"字本为"仁""夷"，那么，"太极"本应为"仁极""夷极""人极"。《说文解字》："夳，古文泰。"泰山或可读为夳山、仁山、夷山。《周易·泰》彖辞："天地交而万物通。"正因为"乘"字源于"仁"字，所以才保留了"双耦"之义。《广雅疏证》谓："双耦娌匹贰乘再两二也。"疏曰："《周官校人》乘马，郑注云：二耦为乘。凡经言乘禽乘矢乘壶乘韋之属，义与此同也。"[51]

(三) 从鸟媒到人媒："囮"的文化寓意

如前所述，"化"的本义是"仁"。那么，与"化"有关的字，便与"仁"有关。其中，最具有典型意义的字就是"囮"字。"囮"应当是一个历史久远的字。"囮"的古形是[隹口]，或写作[隹凵]，该字"象隹在口中。隹为禽类泛形泛称……即囮字的初文。《说文先训》释[口隹]与囮同"。[52] 也有学者认为："[口隹]即[口繇]字之初文。"[53]但是，"隹"与"囮"中的"亻"有何联系呢？这种联系不是字形上的，而是文化上的。如果看一看甲骨文金文里的鬱、鬱字，那似乎是男女野合于林中的情景。因此，古文字中诸如[隹口]、[亻凵]、图、囚、囡、[�口]、因等字形，特别是囡字形，或许与囮有渊源关系。如此，则可以推测，在甲骨文当中囮字的存在是符合逻辑的。这就为我们在殷商社会背景下描述囮的文化意义，提供了可能性的前提。否则，就成了无的放矢。《离骚》："吾令鸩为媒兮，鸩告余以不好，雄鸠之鸣逝兮，余犹恶其佻巧。"谢济世《离骚解》："雄者尤善鸣，人常养为媒，以诱他鸠。"《周礼·秋官·翨氏》："翨氏掌攻猛鸟，各以其物为媒而掎之"，贾公彦疏："若今取鹰隼者，以鸠鸽置于罗网之中以诱之。"《说文解字》："囮，译也，从口化，率鸟者系生鸟以来之，名曰囮，读若譌，[口繇]囮，或从口从繇，又音由。"段注："译当

---

[50] 严一萍：《释太》，载宋镇豪、段志洪：《甲骨文献集成》(第12册)，四川大学出版社2001年版，第16页。

[51] (清)王念孙：《广雅疏证》，江苏古籍出版社2000年版，第1、2页。

[52] 刘兴隆：《新编甲骨文字典》，国际文化出版公司2007年版，第369页。

[53] 孙雍长：《从甲骨文看殷周时代的田猎文化》，载《广州大学学报(社)》2007年第1期。

作诱……率鸟者系生鸟以来之名曰囮，率，捕鸟毕也，将欲毕之，必先诱致之。潘安仁曰：暇而习媒翳之事。徐爰曰：媒者少养雉子，至长狎人，能招引野雉，因名曰媒。读若譌。[口繇]囮或从繇。徐爰注：雉媒，江淮间谓之游，唐吕温有由鹿赋，游与由皆[口繇]字也。”徐锴：《说文解字系传》：“化者诱禽鸟也，即今之鸟媒也。”[54]释空海《篆隶万象名义》：“囮[口繇]，鹿媒。”[55]《广雅疏证》：“囮，鸟媒也。案囮与[口繇]义同而音异，囮从化声读若讹，[口繇]从繇声读若由。”[56]“凡媒之以类相诱者，皆以雌诱雄”；“充类言之，则人之以异性相诱者，宜得此称”。[57] “囮”字向我们透露了以下重要信息：

首先，“囮”反映了殷商的捕猎的一种技艺，即后世以雌性禽兽如鸟鹿象做诱饵，捕获雄性禽兽及其群体。[58] 当时的古人发现以此方法可以捕获活的禽兽以便饲养。他们已经懂得雌雄交尾可以繁衍后代。当时的古人很可能已经相对稳定地居住在某一地方，以便在那里修建一个牢固的牧场。人类居住在相对固定的地域客观上有利于形成更为稳定的婚配形式。

其次，“囮”反映了殷商的一种婚配方式。通过甲骨文我们可以推测当时可能存在着几种婚配方式：(1) 野合的婚配方式，即大体上没有制度约束的婚配。甲骨文的“鬱”“鬱”字盖反映了男女野合之状。同时也正好说明“仁”与“申”同字。(2) 媒合的婚配方式，即有一定制度约束的婚配。“囮”即表示男女相会于亳社，有专人管理，避免近亲结婚。(3) 聘合的婚配，即有似后世按照六礼实行的婚配。媒合的婚配形式可能是母系氏族背景下的一种婚配形式。女子不离开氏族，从周围氏族的男子当中选择配偶。这就需要母系氏族出面组织管理，以维持社会安定。在媒合婚配的场合，其管理者犹如媒氏。《周礼·地官·媒氏》：“掌万民之判合”，“令男三十而娶，女二十而嫁”，“仲春之月，令会男女，于是时也，奔则不禁”。注：“媒之言谋也，谋合异类使和成者”；“判，一半也，得耦为合，主令其半，成夫妇也”。可以推测，在“判”施行之前，古人应以文身符号区分血缘身份，以实行同姓不婚。“令会男女”的目的是促进生育。《周易·姤》象传：“天下有风，姤(偶)。后以施命诰四方。”《左传·僖公四年》：“唯是风马牛不相及也”，孔传：“牝牡相

[54] 徐锴：《说文解字系传》，中华书局 1987 年版，第 245 页。

[55] 〔日〕释空海：《篆隶万象名义》，中华书局 1995 年版，第 288 页。

[56] (清)王念孙：《广雅疏证》，江苏古籍出版社 2000 年版，第 159 页。

[57] 闻一多：《释[口繇]》，载宋镇豪、段志洪：《甲骨文献集成》(第 11 册)，四川大学出版社 2001 年版，第 334 页。

[58] 孙雍长：《从甲骨文看殷周时代的田猎文化》，载《广州大学学报(社)》2007 年第 1 期。

诱谓之风。”把女孩子们组织起来，打扮得漂漂亮亮的，去把周围最强壮最英俊的小伙子们吸引过来，“既来之，则安之”。物质生活资料的充实和社会生活空间的拓展，使先民希望扩大人类自身再生产，这是很自然的事情。

第三，“囮”为古人提供了观察和描述自然界的一个模式。在任何社会，人们都面临两种生产活动：物质生活资料的生产和人类自身的再生产。而且只有在物质生活达到一定程度的时候，才能从事艺术宗教哲学思考。古人从禽兽的牝牡相诱以产子、人类的男女婚配以繁衍后代的共有现象当中，抽象出阴阳相交“生生不息”的概念，并运用这个模式去描述自然界，得出《周易·泰》彖辞所谓“天地交而万物通”的道理。这个认识的轨迹是从自然到人间再回到自然。诚如刘书惠所说：“正是由于嫁娶与生殖，才有了宇宙创造”，并且“将婚姻视为宇宙创造的开端”。[59]

“囮”字的产生离不开口耳相传的历史故事。《古史考》：“伏羲制嫁娶，以俪皮为礼。”《风俗通义·陰教》：“女娲祷祠神祇而为女媒，因置婚姻。”伏羲女娲成了最早制定婚嫁之礼的部落领袖。据传，大洪水之后，伏羲女娲兄妹得救，始为婚姻，遂为人类始祖。在汉代武梁祠伏羲女娲图里面，伏羲女娲皆人身蛇尾，伏羲执矩，女娲执规，二人呈交尾状。伏羲女娲对后世的重大贡献就是创立婚姻嫁娶之礼，其中就包括用文身来区别血缘，防止近亲通婚。闻一多指出：“伏羲女娲的名字都是战国时才开始出现于记载中的。”[60]尽管伏羲女娲之名出现得比较晚，但关于他们的传说和避免近亲通婚的观念应当更为久远。当文字产生之际，这些古老传说和观念便渗入到文字的笔画里面。甲骨卜辞已经是十分成熟的文字体系，它在漫长的形成过程中自然凝结了丰富的传说故事和生活经验。这些古老而宝贵的材料多如九牛，恐怕我们只能窥探到一毛而已！

（四）从“囮”到“申”：太极图的雏形

“囮”中之“化”实为男女共寝之状。二人合并一处，就是“申”字，此刻已经在孕育新的生命。“申”与“身”“孕”同字。男女媾精，孕育子孙，生生不已。甲骨文“申”与“電”“神”同字。古人从男女媾精化生子女的现象，悟出“天地交而万物通”即阴阳交合孕育万物的规律，以男女合体隐喻天地之

[59] 刘书惠：《出土文献中的创造神话与周易宇宙生成观》，载《长春师范学院学报（人文）》2010年第6期。

[60] 闻一多：《伏羲考》，载朱自清编：《闻一多全集》，开明书店1948年版。

交——雷电，这些古老而质朴的蕴意在《易·系辞上》里面就变成了玄妙的理论："易有太极，是生两仪"，"刚柔相推，变在其中"，"乾知大始，坤作成物"，"天地絪緼，万物化醇，男女媾精，万物化生"。国光红以《邺中片羽》所载"双虺"造型为伏羲部落图腾，提出"回还双虺抽象之正是太极图"，"太极图就是以牝牡相诱为意的抽象化了的伏羲部落图腾"。认为"太极图必是伏羲配经旧物，而非陈抟所能作伪"，"太极图却因为与图谶之书不易划清界限而被付之一炬"。[61] 这些意见具有启发意义。我从"囮"字形出发推测太极图（阴阳合抱）的起源，就是受到国光红的启发。国光红通过"双虺图"推导出"太极图之原始形容盖即盘旋交媾之双蜥"，我们的基本思路是一致的。但是，"囮"字形比"双虺图"更为绝妙精深。"囮"的绝妙精深之处，不仅是体现了人的行为，而且涵盖了自然规律，如《礼记·乐记》所谓"礼者天地之序也"。从而实现了外部形象与内在蕴意之间天衣无缝般的巧妙统一。

阴阳合抱太极图大约在殷商时代产生，可能在识字的贵族当中流传。当时或许除了象征男女交媾之外还没有更多哲学内涵。西周以后，周人试图用父系家庭习俗来改变殷人带有母系色彩的婚嫁习俗，以彻底清除殷商文化的影响，其措施就是禁酒。《史记·卫康叔世家》："周公旦惧康叔齿少……告以纣之所以亡者以淫于酒，酒之失，妇人是用，故纣之乱自此始。"这一纪录在向我们透露了纣由于淫乱导致内部分裂而亡国的信息的同时，似乎还揭示了群饮与男女风情的关系。禁酒的结果，是抑制了酒后的合欢，这才是禁酒的文化目标，即《左传·庄公二十二年》所谓"酒以成礼，不继以淫，义(宜)也"。饮酒终于和自由群婚划清了界限。禁酒的文化任务是艰巨而持久的，至春秋时仍未完成。如《左传·隐公五年》"春，公将如棠观鱼"，《左传·庄公二十三年》春"公如齐观社"，都受到大臣的批评，这种舆论导向多少抑制了贵族的不检点行为。在禁酒（实则禁止较自由的群体婚配习俗）的背景下，阴阳合抱太极图样可能由于带有淫乱嫌疑而被禁绝，以致失传，或为民间私下流传而被拒绝于大雅之堂。直至唐宋以后被重新发现时，它除了玄而又玄令人费解的哲学蕴意之外，其原始内涵似乎早已荡然无存。

（五）"易"之本义为洒酒以祭，酒为男女合欢之媒介

山西保德县发现的殷商晚期墓，墓内出土两件形制相似的石琮，发现时

---

[61] 国光红：《太极图古文字证》，载《周易研究》1997 年第 3 期。

两件石琮均放在一个铜制提梁卣内。[62] 我们知道，卣是祭祀用的礼器，那两个石琮正代表玉琮，这难道不是活灵活现地向我们展现了“豊”的原始情景吗？远古的礼不正是起源于纳琮入豆以祭祀神灵的仪式吗？我们进一步探讨，卣是盛酒的礼器，酒即醴，那么，古人会不会将一对琮和酒一起放进卣中呢？豊和醴之间又有什么联系呢？

甲骨文已有“易”字。郭沫若《文史论集》指出，易是益的简化，益是溢的初文，“象杯中盛水满出之形”。[63] 徐中舒认为，该字“象两酒器相倾注承受之形，故会赐与之义”。[64] 直观字形，似以酒器斟酌倾酒之状。“古时饮酒是先用勺从酒坛即尊中取酒，叫酌，再以勺中酒酌量分注于饮者杯中，叫斟”；“《礼记・乐记》：‘酒食者，所以合欢也。’合欢即《周礼・媒氏》所说的‘仲春之月，合男女，奔者不禁’的合男女之欢。在母系社会的商代是实行集体族外婚制的，此族的女群与外族之男群是人尽可夫或人尽可妻的。在合欢之前必饮酒，即俗话所说的‘酒为色媒’。……由于商人集体以酒为色媒，酒后合欢，故周人在责难商人以酒亡国的罪名中，总是酒色并称，这是实行配偶婚制的父系周人，对实行集体婚制的商人的责难，故斥之为‘沉湎嗜酒，冒乱女色’。”[65]殷代男女相会于亳社，先行以酒祭社之礼，后自饮。其礼盖以酒洒地。不论是酒祭还是自饮，都离不开斟酌的动作。这就是“易”字的本义。祭祀的对象盖即高禖。《礼记・月令》：“仲春之月……玄鸟至，至之日，以太牢祀于高禖。”《诗经・大雅・生民》：“克禋克祀，以弗无子。”毛传：“去无子求有子，古者必立郊禖焉。”高禖的原形就是女娲。《风俗通义・阴教》：“女娲祷祠神祈而为女媒，因置婚姻。”甲骨文有一字，左为亻，中为卣，右为女。卣是酒具。可证古代男女相会之际是要饮酒的。且与《礼记・乐记》“酒食者所以合欢也”相印证。殷商遗址发掘大量酒器也不是无因的。当时人们使用的酒可能就是用香草汁调和的鬱鬯酒。观“鬱”字形，似野合之状。于省吾认为该字即指“鬱鬯”，“周代金文有鬱鬯，典籍皆作鬱鬯……鬱鬯是舂捣鬱金香草，煮其汁以调和鬯酒，气味浓鬱，统治阶级用以诱神祈福”。[66]《周礼・春官・鬱人》：“凡祭祀宾客之祼事和鬱鬯以贯彝而陈之。”郑玄注：“筑鬱金煮之以和鬯酒。”“鬱”字的本义不仅与饮酒有关，而且与野合有关，其深

[62] 吴振录：《保德县新发现的殷代青铜器》，载《文物》1972年第4期。
[63] 《汉语大字典》(缩印本)，四川辞书出版社1992年版，第628页。
[64] 徐中舒：《甲骨文字典》，四川辞书出版社1988年版，第1063页。
[65] 周清泉：《文字考古》(一)，四川人民出版社2003年版，第185、187页。
[66] 于省吾：《甲骨文字释林》，中华书局2009年版，第328页。

层蕴意值得琢磨。可见,殷商的饮酒之俗是与当时的婚配形式是融为一体的。迄今为止,中国人结婚仍需饮交杯酒,此俗与数千年酒文化传统是分不开的。西周初期的禁酒措施可能出于移风易俗的目的,与商鞅变法实行"民有二男以上不分异者倍其赋"的意义是相同的。先以酒祭祀高禖,后以酒助兴。倾酒于地之仪式带有象征意义,酒代表水,水具有神秘力量,《管子·水地》:"人,水也,男女精气和而水流形。"相反,《说文解字》:"死,澌也。"水尽为澌。水是决定生死的关键。男倾水于女致其孕育后代生生不息,与天降雨于土地致草木发芽出土茁壮生长,其隐含之义都是相通的。"水就是活生生的太一。"[67]这也许就是"太一生水""太一藏于水"的本义。故《郭店楚简·语丛》谓:"易所以合天道人道者也。"

"太极"一词出现于战国。"大一、太一、太乙、太始、太极、大恒等虽名称各异而义实相同。"[68]如前所述,"乘"即"仁"的原形,即"夳""太",故"太极"即"仁极"亦即"人极。"经过一千多年,宋周敦颐《太极图说》亦言"人极"[69],也许并非偶然。"人极"指人类自身再生产的最高准则,即"同姓不婚"的"男女之大防",是人类组成人群社会必须遵从的古老规矩。两千多年以来,治易者众多,论议者众多,著述者众多,然而易的原理不过是寻常百姓的日常生活。六十四卦所描述的正是由一父一母三男三女所组成的八口之家的悠久故事。[70]

(六)"太极"与"人极":远古佱(法)的伦理基因

"太极"一词出现于战国。"大一、太一、太乙、太始、太极、大恒等虽名称各异而义实相同。"[71]如前所述,"乘"即"仁"的原形,即"夳""太",故"太极"即"仁极"亦即"人极。"经过一千多年,宋周敦颐《太极图说》亦言"人极"[72],也许并非偶然。"人极"指人类自身再生产的最高准则,即"同姓不婚"的"男女之大防,"是人类组成人群社会必须遵从的重要规矩。古代法(佱)的伦理精神即源于此。

许慎《说文解字》谓"法"之古字有二形:其一为"灋",其二为"佱"。可

---

[67] 庞朴:《一个有机的宇宙生成图式》,载《道家文化研究》(第17辑),三联书店1999年版。
[68] 刘大钧:《大一生水篇管窥》,载《周易研究》2001年第4期。
[69] (清)杨方达:《易学图说会通》,齐鲁书社2012年版,第14页。
[70] 周清泉:《文字考古》(一),四川人民出版社2003年版,第10页。
[71] 刘大钧:《大一生水篇管窥》,载《周易研究》2001年第4期。
[72] (清)杨方达:《易学图说会通》,齐鲁书社2012年版,第14页。

惜,他对“佱”字本义未加解释。王筠《说文解字句读》:“佱,从亼从正,会意,亼者集也。”《说文解字》:“亼,三合也。从人一,象三合之形。”桂馥《说文解字义证》:“三合也者,本书纠绳三合也。读若集者,书允征:辰弗集于房,传云:集,合也。馥案:北人呼市为集,所谓合市也。”关于“佱”字的内涵,学界曾经有过研究。[73] 今天,寻找“佱”字的本义仍然是一件困难的事情,我们不得不更多地依靠“佱”字的字形结构来进行窥测。

“佱”字由上下两部分组成:上面的“亽”字,即“仁”字的古形。“人”即“大”,“亽”即“亝”,亦即人二。下即“止”。“止”有二义:一为履行,二为停止。联想到上大下倒大的字,该字原意是男女二人抵足而眠。“佱”字下面的“止”即表示适可而履、行有所止。甲骨文有 冂 亻止、冂女止字形,其字本义也许与男女相会的规矩有关,或即《周易·艮》彖辞所谓:“艮,止也,时止则止,时行则行”。怎样才能实现适可而履、行有所止呢?其办法就是文身。殷商时代行成人礼,八岁成童文额,男二十文胸,女十四文乳,甲骨文金文“童”“文”“奭”形字可证。东夷民族最早实行文身,如《礼记·王制》:“东方曰夷,被发文身”,《尚书·吕刑》谓蚩尤作黥,黥最早即文身。文身的目的是杜绝父与女、母与子、兄弟与姐妹之间的性行为。故蚩尤兄弟八十一人身强体壮天下无敌。通过文身既文明了中华民族的体魄,又文明了中华民族的精神,即《易·贲》彖辞所谓“刚柔交错,天文也,文明以止,人文也”。文身就是“人文”,就是“文明以止”,就是人类文明。人文、文明的要义不仅在于获得物质生活资料,还在于为了人种的生存延续而做到自我觉悟和自我约束。可见,伦理主义的基因自远古时代就已注入行为准则即中华文明的深层。

实施文身的官吏即“御廌”,郭沫若命之为“司法小吏”。甲骨文有[廌爻]即教字,“爻”即“校”,囚具,最早是文身的用具。殷商晚期《作册般铜鼋铭》的“灋”字写作[氵廌],至西周康王时《大盂鼎铭》“法”字写作“灋”。“灋”是社会通用的通过裁判而宣示的行为规范,“佱”是血缘集团内部适用的靠自我约束和舆论调整的行为规范。古代的“佱”(法)字是中国古代法所内含的伦理精神的一个古老记号。

---

[73] 参见蔡枢衡:《中国刑法史》,广西人民出版社 1983 年版;张永和:《灋义探源》,载《法学研究》2005 年第 3 期;许进雄:《再谈金与法》,载《许进雄古文字论集》,中华书局 2010 年版;刘敬林:《说文法与其古文金及乏之形义关系辨》,载《古汉语研究》2011 年第 1 期;张伯元:《法古文拾零》,载《政法论丛》2012 年第 1 期。

六、弔亲之礼:丧礼

在甲骨文当中,“夷”字的另一个古字是“弔”字。罗振玉认为,该字形象弓、矢、缴,本义为隿射之隿。杨树达以为此字形实即“缴”字的初文,弔、缴实为一字,弔问乃弔字后起之义。李孝定认为,罗振玉的解释近是,但人字非弓字,其字之初形朔谊不可深考矣。[74]

(一) 弔的本义

“缴”是捕鸟工具,由箭镞和丝线组成。吴大澂先生以为该字“象缯弋所用短矢,以生丝系矢而射。古者,男子生桑弧蓬矢,以射天地四方,故从人,从弓系矢”。[75] 王献唐先生认为,该字字义是:“为人即夷,从个象绳系锐首之物,初时以此遥掷刺人,进而为矢,进而以弓引发,故此系绳之器,为弓矢权舆,亦炎族发明,夷人之所长也。”[76]“中国古代的戈射是指箭上系上线绳,向高空射击,用绳将飞鸟缠住,所以专用于捕飞鸟。”[77]《周礼·夏官·司弓矢》:“矰矢茀矢用诸戈射。”注:“结缴于矢谓之矰。矰高也。茀矢,象焉。茀之言刜也。二者皆可以戈飞鸟刜罗之也。”出土资料显示,“在商代遗址里常出土陶、石质的弹子,是用于狩猎的,甲骨文中称作弹,如:‘丙午卜,弹延兔’(《合集》10458),是用弹子打野兔”。[78] 东夷人擅长捕鸟,将“缴”绕在身上,正是一幅猎人的形象。

“弔”字是由这个从人从弓的古字形演化而来的。《说文解字》:“弔,问终也。古之葬者,厚衣之以薪,从人持弓,会殴禽。”“弔”的对象是“葬者”。“葬者”的位置是“中野”。“弔”的目的是“问终”。“问终”的附带行为是“会殴禽”。

(二) 死者澌也

甲骨文“死”字反映了古人对“死”这一现象的认识。在古人看来,从“葬

---

[74] 《汉语大字典》(缩印本),四川辞书出版社 1992 年版,第 416 页。
[75] 吴大澂:《叔字说》,载《字说》,苏州振新书社 1918 年版(据光绪 12 年刊本影印)。
[76] 王献唐:《炎黄氏族文化考》,齐鲁书社 1985 年版,第 36 页。
[77] 何驽:《缴绒轴与矰矢》,载《考古与文物》1996 年第 1 期。
[78] 宋镇豪主笔:《商代史论纲》,中国社会科学出版社 2011 年版,第 294 页。

者”到“死者”之间有一个比较长的过程。《说文解字》:“葬,从死在茻中,一所以荐之。《易》曰:古之葬者厚衣之以薪”;《礼记·檀弓上》:“葬也者,藏之。藏也者,欲人之弗得见也”;《易·系辞下》:“古之葬者,厚衣之以薪,葬之中野,不封不树,丧期无数。后世圣人易之以棺椁。”野葬习俗在边远地区仍有痕迹,《列子·汤问》:“楚之南有炎人之国,其亲戚死,朽其肉而弃,然后埋其骨,乃成孝子。”

因此,所弔之“葬者”并不等于“死者”。“丧期无数”,实际上意味着“葬者”长期不死,或随时能够活转过来,这便道出了东夷“夷俗仁”“仁者寿”,有“不死之国”的深层的文化依据。《急就篇》:“丧弔悲哀面目肿”,颜师古注:“弔,谓问终者也,于字人持弓为弔,上古葬者衣之以薪,无有棺椁,常若禽鸟为害,故弔问者持弓会之,以助弹射也。”《吴越春秋》卷九:“古者人民朴质,饥食鸟兽,渴饮雾露,死则裹以白茅投之中野。孝子不忍见父母为禽兽所食,故作弹以守之,绝鸟兽之害,故歌曰:断竹续竹,飞土逐肉。”

在古人心目中,“死”是一个漫长的过程。《说文解字》:“死,澌也。人所离也。从歺从人”;“歺,列骨之残也,从半冎”;“澌,水索也,从水,斯声”。徐锴系传:“索,尽也。”《方言》:“澌,尽也。”周清泉认为,甲骨文“死字从歺从人,即以人见歺骨为死,故所从的人有作俯首察看歺骨形的,意指其人在确认,确定葬者是死定了,没有回生的可能了”。[79] 水流尽则现白骨,白骨现则人死。

(三)丧期无数

“葬者”待水流尽时只剩白骨,才成为“死者”。“死”是死的主体被周围的活人们最终确认的一个漫长过程。这个过程即所谓“丧期无数”,盖即后世“三年之丧”的原型。而子女对已葬之父母的经久不息的由衷祈盼和深切惦念——他们能活过来吗?有没有野兽伤害他们呢?这种发自肺腑的惦念之情就是后来的孝。“三年之丧”是东夷人的风俗。《礼记·杂记》:“孔子曰:‘少连大连善居丧,三日不怠,三月不懈,期悲哀,三年忧,东夷之子也。’”孔子与弟子们经常讨论这个问题。

“三”者言其多也。《礼记·三年问》:“三年之丧,人道之至文者也”;“是百王之所同,古今之所壹也,未有知其所由来者也。孔子曰:子生三年,然后免于父母之怀,夫三年之丧,天下之达丧也”。似乎子女对父母恩情的持久

---

[79] 周清泉:《文字考古》(一),四川人民出版社2003年版,第266页。

记忆,成了"三年之丧"原因。"三年之丧"不限于父母。《礼记·檀弓上》:"丧三年以为极";事亲"致丧三年",事君"方丧三年",事师"心丧三年"。《礼记·坊记》:"殷人弔于圹,周人弔于家。""三年之丧"不是周礼的规定,而是东夷和殷人的古老习俗。[80]

七、祭祖之礼:尸礼

在甲骨文当中,"夷"字写作"尸"。吴大澂先生说:"古夷字作人即今之尸字也";"自后人以尸为陈尸之尸,而尸与夷相混。《周礼·凌人》大丧共夷盘水,注:夷之言尸也。……凡此夷字皆当读尸,或故事本作尸,而汉儒误释为夷,或当时尸夷二字通用,古文尸字隶书皆改作夷均未可知。然则汉初去古未远,必有知尸字即夷字者,故改尸为夷也。使《夷敦》夷字与小篆夷字相近,是晚周已有变尸为夷者,不自汉人始矣"。[81] 王献唐说:"古文尸夷一字","以夷字训尸,知郑注之确";"夷为古文";"夷、人、尸三字古为一体,后恐混淆,别以死字,当尸体之尸,继更加尸为屍,专以尸为宗庙之尸。宗庙之尸本出夷俗,初时亦以夷为之。至是从尸虽变,庙尸未改,以未改之故,夷为尸夺矣"。[82]《公羊传·宣公八年》:"祭之明日。"何休注:"祭必有尸者,节神也。礼,天子以卿为尸,诸侯以大夫为尸,卿大夫以下以孙为尸。夏立尸,殷坐尸,周旅酬六尸。"唐代李华《卜论》谓:"夫祭有尸,自夏商周不变。战国荡古法,祭无尸。"[83]

(一)尸的形象——高坐之状

宗庙之尸,其形本是"人"形,只是双腿高悬,即凭几高坐之状。在没有椅子席地而坐的时代,这种姿势非日常生活中所常见者,仅表现在祭祀场合中的特殊人物身上。因此,这种姿势如果在一般日常生活的场合下出现,是被人惊异和诟病的。试举数例说明之。

第一个例子。《论语》:子曰:"寝不尸。"睡觉时何以不能像"尸"那样?

---

[80] 傅斯年:《周东封与殷遗民》,载《傅斯年全集》(第三卷),湖南教育出版社2003年版,第243页。

[81] 吴大澂:《夷字说》,载《字说》,苏州振新书社1918年版(据光绪12年刊本影印)。

[82] 王献唐:《炎黄氏族文化考》,齐鲁书社1985年版,第34、35页。

[83] 《汉语大字典》(缩印本),四川辞书出版社1987年版,第963页。

“尸”又是什么样子？李孝定先生认为：“《论语》寝不尸之尸，盖已假为屍，谓寝贵欹侧，勿四肢展布如屍之陈，即俗所谓挺屍也。”[84]章太炎也持此说：“尸不仅指死者言也，本是睡直挺尸，引申死人必挺直不动故亦曰尸。”[85]其实，《论语》“寝不尸”之“尸”，就是庙堂之尸，即高坐之状。人睡觉就要像睡觉那样，坐着睡觉，像庙堂之尸那样，既不舒服，也会惊扰他人。从常识而言，人睡着了是很难挺直不动的。

第二个例子。《论语·宪问》：“原壤夷俟”，受到孔子的批评。马融注：“夷，踞；俟，待也。”《荀子·修身》：“不由礼则夷固僻违。”杨倞注：“夷，倨也。”这里的“夷”既可以释为蹲踞之状，也可以释为高坐之状。但是，从孔子之愤慨竟以杖叩击原壤之胫的情形来看，似乎是学生在老师面前居高临下的高坐之状，即“倨见长者”，比起土头土脑的蹲踞之状来似乎更加容易让人气恼。

第三个例子。《史记·郦生陆贾列传》载：“郦生至，入谒，沛公方倨床使两女子洗足”，郦生不满道：“不宜倨见长者。”倨牀，即坐在牀上。年轻的刘邦一边洗脚一边接见老先生郦生，其失礼之处倒不在于洗脚，更在于以宗庙之尸居高临下的高坐之状，按今天的话说就是自恃清高、目中无人。

（二）尸在祭祀中的作用——节神

在周代礼仪中，宗庙之尸是沟通人间与鬼神世界的媒介。其具体作用应有以下几点：第一是象征故去的祖先，使活人有所寄托。如《礼记·士虞礼》：“祝迎尸”，郑玄注：“尸，主也，孝子之祭，不见亲之形象，心无所系，主尸以主意焉”。第二是代表鬼神接受活人的贡献。在甲骨文金文中，常见人兽合成的字形，即蹲踞式人形下面往往有一个动物，如上“大”下“豕”[86]，像陈牲体于尸下而祭。殷礼器铭文常有一字，该字由上“北”中“子”下“大”三部分组成，该字“象大人抱子置诸几间之形，子者，尸也”；“几在尸左右”，“几”形如“Π”，几的作用是“荐物之时加诸其上”。[87]“尸”在中央，“Π”在两旁，“Π”类似小桌子，其上置祭品，正是“尸”接受贡献之状。那些上为“大”下为“或”“且”“豆”“隹”“豕”等组合的字，或与尸接受献祭有关；第三是通过卜问来转达鬼神的启示；第四也是最重要的，即何休所谓“祭必有尸者，节神也”。

---

[84] 李孝定编述：《甲骨文字集释》，载《台湾中央研究院历史语言研究所专刊之五十》，乐学书局有限公司1965年出版，2004年影印第6版，第2745—2746页。

[85] 《章太炎说文解字授课笔记》，中华书局2010年版，第354页。

[86] 于省吾主编：《甲骨文字诂林》（第一册），中华书局1996年版，第297页，该字被释为人名。

[87] 王国维：《说俎》，载《观堂集林》（上），中华书局1959年版，第156—159页。

所谓“节神”,即谐调诸神之间的关系。“尸”是维系商王祖先神和贵族祖先神之间的桥梁。殷人有“合祭”的习惯,即《尚书·盘庚上》所谓:“兹予大享于先生,尔祖其从于享之。”是说殷先王与诸侯众臣之先祖一同享祭。刘源指出:“一般来说,王室祭祖仪式的各项活动都是由商王主持或安排的”;“商人把旧臣也纳入列祖先范围之中,祭祀旧臣时,商王会持会旧臣所在族的族长之子奉献牺牲”;“但在祭祀时,仍然将其族区别看待,让其本族贡纳牺牲,不使之与同姓贵族混淆”。[88] 这种“合祭”习惯符合殷人的神权思想。《尚书·盘庚中》载:“乃祖乃父丕乃告我高后曰:作丕刑于朕孙,迪高后乃崇降弗祥”。是说群臣的祖先须经殷先王同意,才能降罚自己的子孙。群臣的祖先的请示和殷先王的命令需要通过一个媒介来实现。在“合祭”中,殷王与群臣皆来参加祭祀,君臣都送来祭品,祭品可能有别,应当一一标识。尸的作用之一就是分别代表殷先王和诸侯的祖先神接受殷王和诸侯的贡献,并代表众臣之祖先神表示对殷王之祖先神的敬畏和遵从。

八、听其有矢:讼礼

甲骨文里有“狱”字。《说文解字》:“狱,确也,从犾从言,二犬所以守也。”狱或即牢狱,若《周礼》之“圜土”。郑玄《驳异义》:“从言者,谓以言相争也。”孙诒让《古籀拾遗》认为二犬“训两犬相齧(咬)”。人们产生了纠纷,自己不能解决,经法官裁断之后,将败诉一方置之牢狱,盖即“狱”的本义。

在古代,神判活动受到神权思想的影响,故应当存在神判的做法。

(一)神明裁判

大凡古老民族都曾经历过神明裁判的阶段。中国远古社会也不例外。从古文字角度而言,“廌”“灋”“谳”等字都含有神判的色彩。此外,“善”字也可能与神判有关。《金文编》卷三“善”字写作[言羊言],从羊在二言中间构形。《说文解字》:“誩,竞言也”;“競,彊语也,从誩”。“二言中间的羊符,有当于灋字所从之廌符”,“大量文献记载这种神判之廌就是羊”,“比较原始的部族,在审判活动中,羊具有公正分辨诉讼双方是非曲直的品性。两造听讼,端赖区辨的巫术效力,具在一羊之形:在竞言相对的双方中间画成一羊

[88] 刘源:《商周祭祖礼研究》,商务印书馆2004年版,第314、318页。

符,就可以令善恶得以分辨开来”。[89]

“灋”字中的“廌”即独角兽,盖即蚩尤、皋陶族的图腾。殷商金文法字写作[氵廌]。据推测,该字的造字意图可能与神判和流刑有关。

还有[氵獻]字,《说文解字》说[氵獻]“与灋同意”。“獻”字的核心字是“鬳”,即带有虎纹饰的鬲。鬲是祭祀用的礼器。虎独角虎,濮阳西水坡史前墓葬出土蚌塑独角虎,独角虎可能与独角兽廌有关。古代诉讼时可能祭祀独角虎。

古老《周易》筮辞保留了神羊裁判的痕迹。《大壮》:“羝羊触藩,羸其角”,“藩决不羸,壮于大舆之车,羝羊触藩,不能退,不能遂,无攸利,艰则吉”。羝羊:公羊;藩:篱笆;羸:拘系;壮:撞;车:辐,车轮;逐:进。当争讼无法判决时,用公羊来裁判。其方法是置羊于篱笆圈中,争讼双方分别站在圈外,然后宣读讼辞,看羊冲决哪一方,是把篱笆冲倒,还是把羊角卡在篱笆缝隙里不能自拔,以裁决是非曲直。筮辞还记载神虎裁判的材料。《履》:“履虎尾,不咥人,亨”;“履虎尾,愬愬,终吉”;“履虎尾,咥人,凶”;“履道坦坦,幽人贞吉”。咥,咬;愬愬,恐惧;幽人,被拘系者。是说,对犯罪嫌疑人是否有罪存在争议,于是由虎来裁判。其方法是让犯罪嫌疑人把脚伸进虎笼去踩虎的尾稍,如果虎发怒张口咬人,此人就有罪;如不咬人,或畏惧地把尾巴抽回,踱到远处去,此人就无罪。

就形式而言,以占筮来决定定罪量刑,这本身就具有神判的意思。如《蒙》:“发蒙,利用刑人,用说(脱)桎梏以往。”是说,草木丰茂,可以释放罪犯以从事生产。《归妹》:“跛能履,眇能视,利幽人之贞。”意思是此刻可以施行割趾刺目之刑。《噬嗑》:“何校灭趾,无咎”,“何校灭耳,凶”,是说处刖刑妥当,处刵刑不妥。与神判相联系的是盟誓制度。当时实行盟誓制度,这在《左传》里多见。地下发掘的西周礼器《铭》《矢人盘铭》等也记载着誓辞,大意是,如果我不履行诺言,甘愿接受鞭打和交出罚金。可见,盟誓是当时司法审判的一个法定程序。《坎》记录了盟誓的过程和誓辞:“习坎,入于坎,凶。坎有险,求小得。来之坎,坎险且枕。入于坎,窞,勿用。樽酒,簋贰,用缶,纳约自牖,终无咎。坎不盈,祇既平,无咎。系用徽纟,置于丛棘,三岁不得,凶。”习:依次,轮流;坎:台、坛;:坑;险:阻碍;枕:隔之以木板;樽、簋、缶:盛食物的器皿:约:写着誓辞的载书;牖:窗口、小洞;祇:郑玄以为坻,小丘也。大意是:盟誓各方轮流挖坑筑坛,站在坛上,坛塌了,这不吉利。用木板

[89] 臧克和:《尚书文字校诂》,上海教育出版社1999年版,第542、543页。

加固土台，然后把木板垫在坑顶上，留一个小口。坛上摆满器皿酒食。大家歃血盟誓，把誓辞写下来，从小口投进坑里，把坛铲平，填入坑内，大家都默念这样的誓言：谁背弃誓言，就用绳子捆绑起来，投进牢狱，关上三年。至于盟誓的方法，《礼记·曲礼》说："约信曰誓，氵牲曰盟。"疏云："盟之为法，先凿地为方坎，杀牲于坎上，割牲左耳盛以珠盘，又取血盛以玉敦，用血为盟，书成乃歃血读书。"《左传》载盟誓者颇多，其誓辞盖谓："有渝比盟，明神殛之。"这些都可以与《坎》相印证。

《尚书·洪范》载箕子述治国九畴，其七稽疑："立时人作卜筮，三人占则从二人之言。汝则有大疑，谋及乃心，谋及卿士，谋及庶人，谋及卜筮。"可见，到了商末，神判法的地位已经悄悄降低了。其中，"议事以制"的"先例法"起了决定性的作用。

《诗经》中有些诗句涉及古老的神明裁判的内容。如《小雅·小旻》："我龟既厌，不我告犹……不敢暴虎，不敢冯河"；《小宛》："宜岸（犴）宜狱，握粟出卜"；《巷伯》："取彼谮人，投畀豺虎，豺虎不食，投畀有北，有北不受，投畀有昊。""龟"和"卜"，可能是法官遇到疑难案件时求神指示的一种方法。"暴虎""投畀豺虎""冯河"可能是用虎豺和涉水以决直曲的神明裁判。《易径·履》有"履虎尾"《颐》有"虎视眈眈，其欲逐逐"，《泰》有"冯河"，《大过》有"过涉灭顶"，又"涉大川"十余见，可能都与神判有关。

《诗经·小雅·巷伯》："取彼僭人，投畀豺虎，豺虎不食，投畀有北，有北不受，投畀有昊。""有昊"盖指蚩尤、皋陶部落的领地。蚩尤作法，皋陶长于审判，又依靠独角神羊裁判疑难案件。因此，"有昊"可能是"古夷人图腾审判而遗留下来的古老熟语"。[90]"投畀有昊"或即交给蚩尤皋陶去制裁之意。

春秋时，齐国曾经用羊来裁断疑难案件。《墨子·明鬼》载："昔者齐庄君有所谓王里国、中里徼者，此二子者讼三年而狱不断。齐君由谦（犹嫌）杀之恐不辜，犹谦释之恐失有罪。乃使二人共一羊，盟齐之神社。二子许诺。于是泏洫，[扌恶]（掘）羊而漉（洒）其血。读王里国之辞既已终矣。读中里徼之辞未半也，羊起而触之，折其脚，祧（跳）神之[社]而槁之，殪之盟所。当是时，齐人从者莫不见，远者莫不闻。著在齐之《春秋》。"大意是说，齐国史书《春秋》中载有这样一件事：有两家贵族争讼，法官长期不能决断曲直，于是就请一只羊来裁决，其方法是让争讼双方站在盟所的两旁，分别宣读他们的讼辞，结果，第一位当事人读讼辞时，没事，第二位当事人读讼辞不到一半

---

[90] 张富祥：《东夷文化通考》，上海古籍出版社2008年版，第220页。

时，羊突然跳起来用角冲刺第二个当事人，刺伤了他的脚，跌倒在神社。“槁”有二义，死，击打。“殪”有三义：死，杀死，跌倒。《墨子·明鬼》：杜伯“追周宣王，射之车上，中心，折脊，殪车中，伏弢而死”。殪，跌倒。这段文字容易引起歧义：其一，是受伤的羊还是败诉方“跳神之社”？其二，槁之，是人击打羊，还是人击打败诉之人？总之，这是中国古代文献中罕见记载神判的一例。其裁判方法与少数民族的裁判习俗大体相同。齐国即今山东一带，正好是皋陶的故乡。这种奇妙的审判方法，与其说是古老神明裁判的遗留，不如说是对先祖皋陶（即廌）的乞灵和怀念。

秦汉以后，神判现象如凤毛麟角。但是也并非毫无踪迹。比如，据《史记·儒林列传》载：“窦太后好老子书，召辕固生问老子书。固曰：‘此是家人言尔’。太后怒曰：‘安得司空城旦书乎？’乃使固入圈刺豕。景帝知太后怒而固直言无罪，乃假固利兵。下圈刺豕，正中其心，一刺，豕应手而倒。太后默然，无以复罪，罢之。”又据《南史·扶男传》载：“有罪者，辄以餧猛兽及鳄鱼，鱼兽不食为无罪，三日乃放之。”《搜神记》亦载，“扶南王范寻养虎于山，有犯罪者，投与虎，不噬，乃宥之。故山名大虫，亦名大灵”。神兽裁判的主角除了羊之外，就是虎。《说文解字》说：“谳”字“与灋同意”。“谳”的古字是“鬳”，上部即“虍”，“虎”也。“鬳”的本义可能是带有虎形或虎纹的鬲，此字值得琢磨。而且，蓐收、西王母都与虎有关。总之，中国历史上的神判记录非常少，需要我们从更多的角度去发掘神判习俗的痕迹。

（二）神判与独角虎祭祀

在古代文字当中，与“灋”字内涵相通而且具有内在联系的还有一个字——“谳”字，又写作[氵獻]。《说文解字》：“[氵獻]，议罪也，从水、獻。与灋同意。”“议罪”指刑事诉讼，以确认犯罪事实为工作程序，以对犯罪行为人进行刑事制裁为目的。相当于古代的“狱”。古代狱与讼有别。《周礼·秋官·司寇》：“以两造禁民讼”，“以两剂禁民狱”，郑玄注：“讼谓以财货相告者”，“狱谓相告以罪名者”。可以说，“谳”概括了刑事诉讼的全部内涵。《礼记·文王世子》：“狱成，有司谳于公。”注：“成，平也，谳之言白也。”《汉书·景帝纪》：“诸狱疑，若虽文至于法而于人心不厌者，辄谳之。”注：“谳，平议之。”

甲骨文有“谳”字。卜辞有：“乙卯卜狄贞谳羌。”[91]金文也有“谳”，该字增

---

[91] 姚孝遂：《殷墟甲骨刻辞类纂》（下），中华书局1989年版，第1064页。

犬字。《师旂鼎铭》:“旂对厥谳于尊彝”,《朕匜铭》:“伯杨父乃成谳。”[92]《睡虎地秦墓竹简·秦律·繇律》:“縣毋敢擅坏更公舍官府及廷,其有欲坏更殿,必谳之。”《法律答问》:“擅杀刑髡其后子,谳之。”[93]

许慎为什么说[氵獻]“与灋同意”呢?许慎的这句话向我们披露了什么信息呢?今天,那些曾经为东汉知识人所熟知的故事,我们已经很难找到了。我们只能通过古文字来探寻其中的原委。

《字汇·水部》:“[氵獻]与讞同。按:此字有从言者,从水者。从言,以言议罪也;从水,议罪如水之平也。议各有取。”该字的核心部分是“獻”。从水,从言的字,可能是后来形成的。“獻”由“鬳”“犬”二字组成。《说文解字》:“鬳,鬲属,从鬲,虍声。”可见,“鬳”字由“鬲”“虍”二字组成。“鬳”字的本义可能是虎形鬲。或刻有虎形象的鬲。“虍”即“虎文”。《说文解字》:“虍,虎文也,象形,凡虎之属皆从虍。”“虒”应当是虎的一种,《说文解字》:“虒,委虒,虎之有角者也。从虎,厂声。”“虒”读如“豸”即“廌。”司马相如《上林赋》“茈虒”,李善注引如淳曰:“茈,音此,虒,音豸。”

我们知道,“獬豸”“解廌”又作“觟[角虎]”“解[角虎]”“解[角虒]”。《集韵·蟹韵》:“廌,说文:‘解廌,兽也’。或作[角虎]。”于是,我们终于明白,廌即[角虎]。那么,虎形鬲亦即廌形鬲,独角虎形鬲。由此可以推断,[氵廌]与[氵鬳]、[氵獻]最早曾经是相通的字。

那么,金文的“谳”字为什么比甲骨文多了一个“犬”字符呢?《说文解字》:“獻,宗庙犬名羹獻,犬肥者以獻之。从犬,鬳声。”商承祚《殷契佚存》:“獻本作[鼎虎]或[鬲虎],从虎从鼎或从虎从鬲。后求其便于结构,将虍移于鼎或鬲之上,以虎上而字之下体写为犬形,遂成獻矣。以传世古甗证之,三足之股皆作虎目,即此字之取义。后写误作獻,乃用为进獻字。”[94]根据商承祚的意见,鬳本来由虎、鬲二字构成,后来,由于传写之变,将虍置于上,几置于右侧而为犬。如此,则鬳字本义当为虎形(虎纹)之鬲,即虎鬲。犬字可以忽略不议。

值得注意的是,虎属于“仁兽”即“夷兽”,东夷之兽。《山海经·海内北经》:“林氏国有珍兽,大若虎,五采毕具,尾长于身,名曰騶吴,乘之日行千里。”“騶吴”即“騶虞”。《说文解字》:“虞,騶虞也,白虎黑文,尾长于身,仁

---

[92] 武树臣:《中国传统法律文化辞典》,北京大学出版社1999年版,第414页。

[93] 睡虎地秦墓竹简整理小组:《睡虎地秦墓竹简》,文物出版社1978年版,第77、182页。

[94] 《汉语大字典》(缩印本),四川辞书出版社1992年版,第579页。

兽,食自死之肉。""驺虞族的祖灵图腾是虎,是兽王。"[95]《山海经·海外东经》:"君子国在其北,衣冠带剑,食兽,使二文虎在旁。"可见,东夷的君子国与虎是有渊源关系的。良渚神徽即蚩尤骑虎形,河南濮阳西水坡史前墓葬发现独角虎和人骑虎造型,甲骨文金文都有独角虎的象形字。凡此等等,使我们不禁联想到廌与独角虎的关系。"灋"与"灋"之所以"同意",其要害在于[角虎]通"廌","廌"与独角虎同源。从而为我们探讨"灋"的起源和社会功能提供了一条新的途径。

(三) 纳束矢之仪式

"法"字虽不见于甲骨文,但见于商末金文,写作[氵廌]。西周金文写作灋。东汉时出现简化字"法"。东汉许慎《说文解字》:"灋,刑也。平之如水,从水。廌所以触不直者去之,从去。法,今文省";"廌解廌兽也。似山牛(羊)一角。古者决讼,令触不直。象形,从豸省";西周以后,神权动摇。神判法逐渐被人判法所取代。于是,在殷商的[氵廌]字里面,加了一个"去"字。《说文解字》:"去,人相违也。"表示人与人产生了争讼。"去"字由上矢下弓所组成。"去"与"夷"字字义正相反。"夷"字也由弓矢二字组成,表示弓矢上面的符号一致。"去"字表示弓矢上面的符号不一致。

《管子·轻重甲》:"三月解[去勹],弓弩无匡移者。"[去勹]即"装弓箭的器具"。[96]《说文解字》:"勹,裹也,象人曲形,有所包裹。"则"去"字为弓、矢无疑。[去勹]字与"医"字形近义同。《说文解字》:"医,盛弓弩矢器也,从匚从矢。""医"和[去勹]都是装"弓弩矢"的器具,两字或可以互代。[去勹]与"匋"字也同样可以互代。王念孙认为:[去勹]当为匋,匋与韬同,弓衣也。《广雅》:韬,弓藏也。韬又与弢同。《说文解字》:弢,弓衣也。[97] 王念孙的意见开阔了我们的视野。盖先秦时齐国用[去勹]字,他国用韬字,不用匋字。后韬、弢行而[去勹]字止。

弓、矢是远古社会重要的生产工具和武器。当时的人们常常在弓矢上面刻上族徽或记号,在因猎获物的归属或损害赔偿问题发生纠纷时,弓矢上面的记号便成了重要的"诉讼证据"。发明了以弓矢上面的记号来裁判案件的方法的,可能是东夷民族。而正式提出这一制度的人就是殷朝末年的箕

---

[95] 周清泉:《文字考古》,四川人民出版社 2002 年版,第 115 页。

[96] 《汉语大字典》(缩印本),四川辞书出版社 1986 年版,第 258 页。

[97] (清)王念孙:《读书杂志》三《说[去勹]》,上海古籍出版社 2014 年版,第 1305、1306 页。

子。《易经·明夷》:"箕子之明夷。"是说,箕子发明了"明夷"的方法。"明夷"即出示弓矢,亦即出示证据之义。谁主张所有权,谁就有义务出示证据。"明"又当"盟"讲,"盟夷",即在出示弓矢之前发誓,宣布自己的主张是真实的,否则会受到神的制裁。其结果,败诉一方将以渎神之罪受到惩罚。久而久之,在诉讼中出示弓矢和诉讼前发誓两件事,就慢慢合而为一了。《周礼·秋官司寇·大司寇》所载:"以两造禁民讼,入束矢于朝,然后听之";《周礼·秋官·司盟》:"有狱讼者,则使之盟诅。"盟诅即发誓,誓又写作矢。《管子·中匡》:"无所诎而讼者,成以束矢。"《国语·齐语》:"坐成以束矢。"韦昭注:"两人诉,一人入矢,一人不入则曲。" 至此,古老的风俗已经演化成了一种既定的仪式。"入矢"的本义,是证明自己是正直的一方。有人认为"入矢"是交诉讼费,有人认为"入矢"是证明自己像矢一样正直,这些也许都不是其本义。其实,它们正是从古老习俗"明夷"即出示和检验证据弓矢——"明夷"演化而成的。《睡虎地秦墓竹简·为吏之道》:"听其有矢。"秦人是东夷的一支,秦律的 "听其有矢"正是从"箕子明夷"那里演化而来的。

附录一·古文字形 40 个:1,豊,2 亻,3,大,4,卩,5,尸,6,[尸二],7,琮,8,[亚又女],9,律,10,律,11,慶,12,[鹰丄],13,臣,14,德,15,奭,16,文,17 女,18,母,19,妾,20,[鹰爻],21,化, 22,申,23,[大大],24,乘,25,[隹口],26 囮,27,[繇口],28,身、孕,29,[亻卣女],30,[林大人],31,[林申],32,[冂 亻止],33,[冂女止],34,弔,35,死,36,[去勹],37,去,38,夷,39,瀍,40,虞。

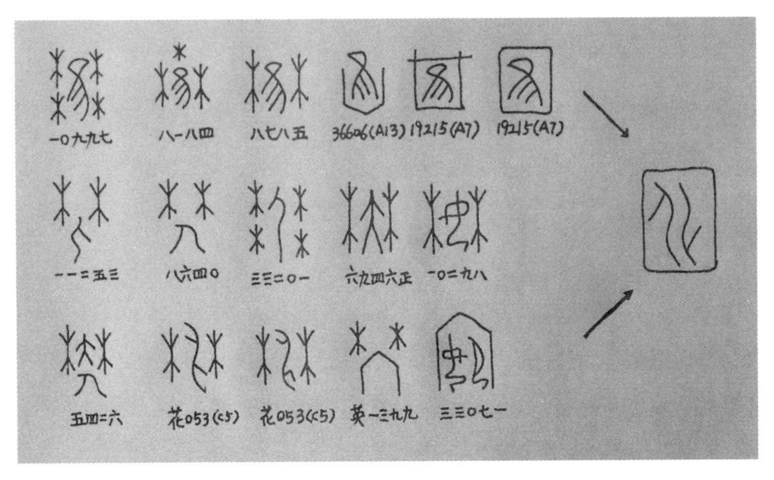

附录二・囮字形成图

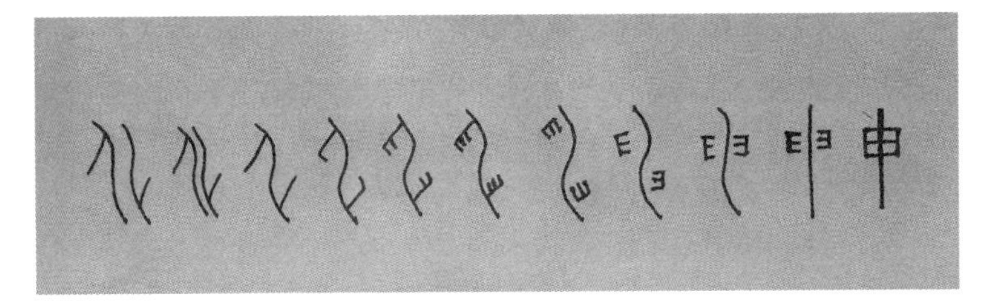

附录三・申字形成图

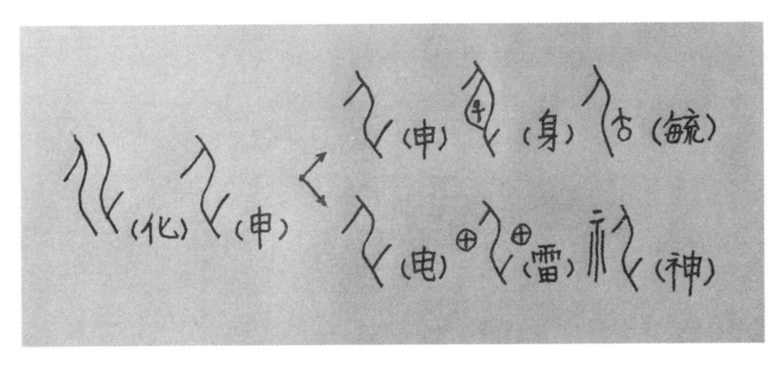

附录四・申字衍生图

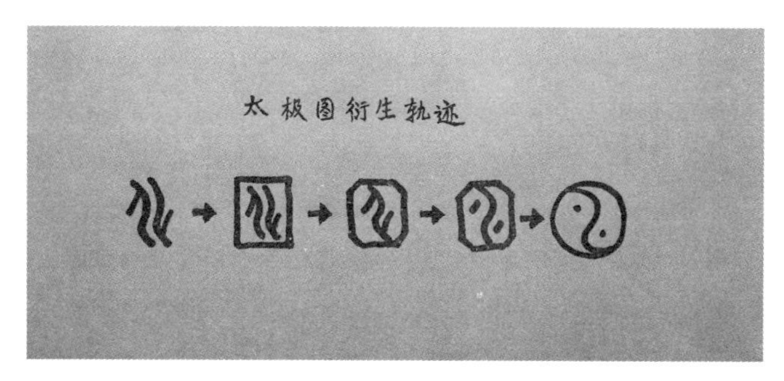

附录五·太极图衍生轨迹

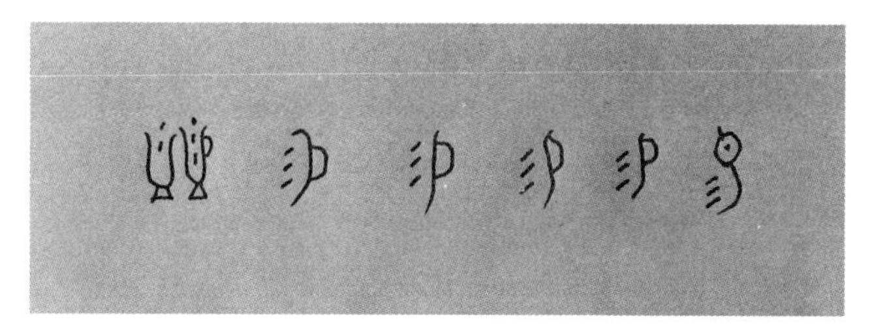

附录六·易字形成图

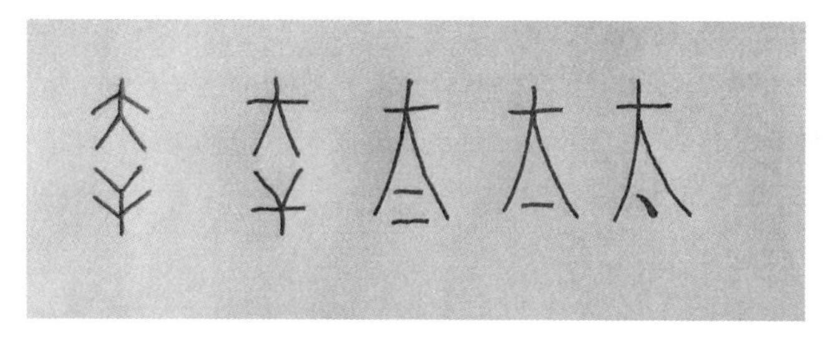

附录七·太字形成图

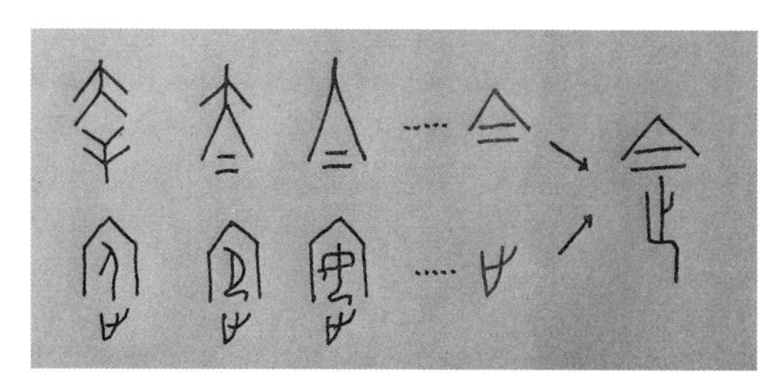

附录八·佱字形成图

论文盨铭文所记礼典的礼义

贾海生*

文盨或称士百父盨，属私人藏品，未见着録。张光裕首先撰文披露了其形制、铭文拓本，同时还隶定文字，通其训诂，钩沉索隐，论其史事，进而断为周宣王时器。[①] 其后李学勤又撰文作了进一步的研究，认为铭中“士百父”当释为“士曶父”，断器主人名文，器应称文盨，又据《诗经》释铭中的“小南”为“南土的小诸侯国”，明断铭文所言“唯廿又三年”为周宣王二十三年。[②] 经过二位学者的研究，铭文补古史之未备及其重要意义，大白于天下。至于铭文所记礼典反映的礼义，皆未暇论及，故本文专就铭文所记礼典，抽绎其中或显或隐的礼义，再作补充论证。为便于讨论，録李学勤所作释文于下：

> 唯王廿又三年八月，王命士曶父殷南邦君者（诸）侯，乃易（锡）马，王命文曰：率道于小南。唯五月初吉，还于成周，乍（作）旅须（盨），用对王休。

铭中既无难释之字，亦无难解之句。综合张、李二位的论述，铭文大意是说，周宣王二十三年八月，命士曶父安排天子殷见南邦诸侯的典礼，随即赐予器主人马匹，命其率领南邦诸侯前来见王，第二年五月器主人才率领南邦诸侯到达成周，于是器主人就制作了这件用于旅祭的铜器，用来对扬称颂宣王的休美。

铭文虽然没有明确记载周宣王在成周殷见南邦诸侯的典礼，既言率领南邦诸侯至于成周，必是在成周举行了殷见典礼。所谓殷见，见于《周

---

* 浙江大学古籍所教授、博士生导师。

① 张光裕：《西周士百父盨铭所见史事试释》，载陈昭容主编：《古文字与古代史》（第一辑），台湾“中央研究院”历史语言研究所2007年版，第213—220页。

② 李学勤：《文盨与周宣王中兴》，载《通向文明之路》，商务印书馆2010年版，第150—152页。

礼·大宗伯》。其文云:“以宾礼亲邦国,春见曰朝,夏见曰宗,秋见曰觐,冬见曰遇,时见曰会,殷见曰同。”正因为殷见是西周时代曾经举行过的重要礼典,故铜器铭文常用来作为纪年的标志。如西周早期小臣传簋(或称师田父簋)铭文云:“令师田父殷成周年。”再如西周早期作册䰧卣铭文云:“唯明保殷成周年。”以此二器铭文与文盨铭文合观,殷见典礼的重要与隆重不言自明。

小臣传簋、作册䰧卣和文盨分别是西周早期和晚期的铜器,铭文皆记载了践行殷见典礼的史事,说明整个西周时代都曾举行过此礼。《礼记·郊特牲》云:“礼之所尊,尊其义也。”殷见典礼之所以纵贯西周时代得以反复践行,必有其可以遵信的特殊礼义蕴含其中且已深入人心,否则殷见典礼早已消失在历史的长河之中了。当然,抽绎任何一个礼典的礼义,都离不开对仪注、仪节的关注,因为一切幽微显明的礼义,皆是从具体的仪注、仪节中抽象出来的,推阐文盨铭文所记殷见典礼的礼义亦不例外。

文盨铭文言周宣王将在成周举行殷见南邦诸侯的典礼,提前命器主人深入南方“率道于小南”至于成周,可见此举在铭文中属于殷见典礼的一个重要仪节。然而博稽传世礼书,四方诸侯逐时入见天子,不见天子遣人率领畿外诸侯入见的记载,仅有畿外诸侯入见时天子遣大小行人至于畿郊慰劳诸侯的仪节。《仪礼·觐礼》记诸侯入见天子,至于近郊,“王使人皮弁用璧劳”。《周礼·大行人》记畿外五等诸侯入见天子,皆受劳礼,上公三劳,诸侯再劳,伯子男皆壹劳。《小行人》云:“凡诸侯入王,则逆劳于畿。”综合郑注、贾疏,上公入见天子,至于王畿,天子使小行人一劳,至于远郊使大行人一劳,至于近郊又使大行一劳,诸侯入见天子无畿劳而有远郊劳、近郊劳,伯子男入见天子仅有近郊劳。无论是畿劳还是郊劳,皆是慰劳诸侯长途跋涉的艰辛而迎之于畿郊以亲之。孙诒让云:“以宾方在道路,故叙其远来之苦倦以慰劳之。”[③]从文盨铭文来看,器主人出畿疆远至南方率领南邦诸侯来见周天子,优待南邦诸侯的礼仪不同于待畿外诸侯的三劳、再劳或壹劳,致敬南邦诸侯远胜于畿外五等诸侯,更深的礼义恐是惧南邦诸侯借口道路艰难而废殷见天子之礼。

自武王克商至于周宣王时代,西周王朝陆续在成周以南的广大区域封建了众多诸侯,见于记载的有康、应、息、蒋、沈、申、吕、曾、江、黄、鄂、挚、蓼、

③ 孙诒让:《周礼正义》,中华书局1987年版,第2946页。

鄀、霍、房、繁、楚、夔、唐、随、邓、庸、彭、卢等。[④] 分布于南土的诸侯远离王朝且多异姓，时服时叛，或存或灭，周王朝除诉诸武力征服外，借殷见南邦诸侯的典礼，用超出常规的礼仪优待南邦诸侯，目的当然是为了加强对南土的统治。

文盨铭文侧重记载器主人自己的功绩，没有明言周宣王殷见南邦诸侯的情形，传世礼书则有可资补充参证的材料。《觐礼》在叙述正式的觐礼之后又记载了诸侯见天子的礼典：

> 诸侯觐于天子，为宫方三百步，四门，坛十有二寻，深四尺，加方明于其上。方明者，木也，方四尺。设六色，东方青，南方赤，西方白，北方黑，上玄，下黄。设六玉，上圭，下璧，南方璋，西方琥，北方璜，东方圭。上介皆奉其君之旗，置于宫，尚左。公侯伯子男皆就其旗而立，四传摈。天子乘龙，载大旗，象日月、升龙、降龙，出拜日于东门之外，反祀方明。礼日于南门外，礼月与四渎于北门外，礼山川丘陵于西门外。

自东汉郑玄以来，历代学者众口一辞，皆以为此节文字是总述时会、殷同的礼典。殷同即《大宗伯》所谓殷见，二者为同一礼典，郑注《大行人》云"殷同即殷见也"可以为证。关于时会与殷同，凌廷堪综合注疏云："古者诸侯不顺服，王将有征讨之事，则既朝觐，王为坛于国外，合诸侯而命事焉，谓之时会。十二岁，王如不巡守，则六服尽朝，朝礼既毕，王亦为坛，合诸侯以命政焉，所命之政如王巡守，谓之殷同。"[⑤]时会与殷同既有命事、命政之别，本是不同的礼典，因二礼皆在国外为坛举行，故往往相提并论，亦略称会同。《周礼·司仪》所言"将合诸侯，则令为坛三成，宫旁一门"，与《觐礼》所言时会、殷同亦属同一礼典。《觐礼》与《司仪》对时会、殷同的记载虽详略不同，都很扼要。郑注《司仪》补述礼仪、推阐礼义云："合诸侯，谓有事而会也。为坛于国外以命事。宫谓壝土以为墙处，所谓坛壝宫也。天子春帅诸侯拜日于东郊，则为坛于国东；夏礼日于南郊，则为坛于国南；秋礼山川丘陵于西郊，则为坛于国西；冬礼月与四渎于北郊，则为坛于国北。既拜礼而还，加方明于坛上而祀焉，所以教尊尊也。"综合文盨铭文与传世文献的记载，可以推断周宣王二十四年夏季五月在成周殷见南邦诸侯，始于率南邦诸侯礼日于南郊，终于在国南为坛三成以祀方明。周宣王以神道设教，冀南邦诸侯从之

④ 杨宽：《西周列国考》，载《杨宽古史论文选》，上海人民出版社2003年版，第161—244页。

⑤ 凌廷堪：《觐义》，载《校礼堂文集》，中华书局1998年版，第36页。

而尽服。所设之教即郑注所言“教尊尊也”。贾疏云:“言教尊尊者,天子亲自拜日礼月之等,是尊尊之法,教诸侯已下尊敬在上者也。”天子至尊,犹往南郊礼日、反祀方明,有所尊敬,是教天下诸侯皆尊其所当尊而有所敬畏。郭店竹简《唐虞之道》云:“夫圣人上事天,教民有尊也。”[⑥]日、月、方明之神可泛称为天,郑注《觐礼》已有说明。持此简文为证,益可信周宣王所行殷见典礼的礼义是教南邦诸侯尊其所当尊。

《大宗伯》以朝觐宗遇为诸侯四时入见天子之礼,然而检讨社科院考古所《殷周金文集成》、刘雨等《近出殷周金文集録》所载铜器铭文及其他传世文献,不见畿外五等诸侯入见天子以宗或遇为称的记载。胡培翚云:“礼每以朝觐对举,则朝可该宗,觐可该遇。”[⑦]因此,诸侯四时入见天子之礼本可概称为朝觐。前引《觐礼》所记时会、殷同的典礼附于正式的觐礼之后,可证时会、殷同之前必先行觐礼。《周礼》中的《大宰》《小宰》《宰夫》《幕人》《掌次》《校人》《大司寇》等述各职所掌,皆以朝觐与会同连言。如《大宰》云:“大朝觐会同,赞玉币、玉献、玉几、玉爵。”再如《大司寇》云:“凡朝觐会同,前王。”凡此又可证会同之前必先行朝觐之礼。会同之前先行朝觐,除前引凌廷堪文有简略的说明外,曹元弼则有更加细致的辨析:

> “诸侯觐于天子”,言先行觐礼也。“为宫方三百步”以下,言既觐而王会同之也。凡会同,必先朝觐。故《周礼·大宰》云:“大朝觐会同。”注:“大会同或于春朝,或于秋觐。”是因朝觐而会同也。盖“时见曰会”,因诸侯有不顺服者而顺服者尽来朝。“殷见曰同”,因十二岁王不巡守而六服尽来朝。其来也,固为朝觐也,王因其皆来朝觐而会同之以命事。先朝觐于庙,诸侯之职也。继会同于坛,天子之政也。《周书》有《王会篇》,《春秋传》每言“合诸侯”,是会同之礼,天子主之。会同前,必先朝觐以自明臣职,审矣。既朝觐而王会同之,其见王之礼仍如朝觐,不敢以已觐而杀其礼也。[⑧]

关于朝觐之别,文献亦有说明。《礼记·曲礼下》云:“天子当依而立,诸侯北面而见天子曰觐。天子当宁而立,诸公东面,诸侯西面曰朝。”郑注云:“诸侯春见曰朝,受挚于朝,受享于庙,生气文也。秋见曰觐,一受之于庙,杀气质也。朝者位于内朝而序进,觐者位于庙门外而序入。王南面,立于依、

---

⑥ 李零:《郭店楚简校读记》(修订本),北京大学出版社2002年版,第95页。

⑦ 胡培翚:《仪礼正义》,江苏古籍出版社1993年版,第1263页。

⑧ 曹元弼:《礼经校释》,载《续修四库全书》(第94册),上海古籍出版社2002年版,第312页。

宁而受焉。夏宗依春,冬遇依秋。”据上引文献所述,仔细体味文盨铭文言外之事,可以推断周宣王二十四年夏季五月在成周殷见南邦诸侯之前已先行朝礼。周天子五门三朝,朝礼行于内朝,来朝诸侯始终以臣礼见天子,朝礼既毕,继而在南门外行殷见之礼,朝礼与殷见前后相承,本是一个巨型典礼的两个部分。因行礼的处所不同,固有不同的礼义。礼书既每以朝觐并举,则朝礼与觐礼本有相同的礼义。沈文倬论觐礼的礼义云:

> 审詧夫《觐经》之义者:诸侯之“顺命于王所”,终生者有之,累世者有之。其来见也,必“右肉袒于庙门之东”以待罪,执臣道无贰,俟天子曰“伯父无事,归宁乃邦”,而颁命书,而锡车服,而受王之飧之食之燕,始略具宾客之义也。[9]

诸侯在庙中觐见天子,肉袒请罪,分明是执臣道行臣礼;天子不下堂见诸侯,分明是严君臣之界。君臣之义大明,天子方以宾客之道分别对待同姓、异姓诸侯。以觐礼通于朝礼,则朝礼的礼义亦是严君臣之界、明君臣之义。实际上,深明朝觐礼义的记载屡见于文献。《礼记·乐记》云:“朝觐,然后诸侯知所以臣。”《祭义》云:“朝觐,所以教诸侯之臣也。”《经解》云:“朝觐之礼,所以明君臣之义也。”因此,《大宗伯》云朝觐宗遇会同是“以宾礼亲邦国”而无一语涉及明君臣之义,似未达一间。《小行人》云“掌邦国宾客之礼籍,以待四方之使者。宾客之礼:朝觐宗遇会同,君之礼也”,亦视朝觐宗遇会同为宾客之礼而没有揭示诸礼尚有严君臣之界的本义。至于《大行人》云“春朝诸侯而图天下之事,秋觐以比邦国之功,夏宗以陈天下之谟,冬遇以协诸侯之虑,时会以发四方之禁,殷同以施天下之政”,根据郑玄的注释,是据行礼考绩、命事、命政,则图事、比功等皆非礼典本身所要表现的礼义而是行政措施。既然朝觐之礼是以严君臣之界为其本义,则周宣王二十四年夏季五月殷见南邦诸侯之前先在朝中行朝礼,目的是让南邦诸侯执臣道行臣礼,尊宣王为君,明君臣之义,并非如《大宗伯》所言是以宾客之道亲南邦诸侯。

综上所述,文盨铭文记载了周宣王殷见南邦诸侯的礼典,表现了恩威并施的礼义:行礼之前,天子遣人深入南土,率领南邦诸侯来见天子,不同寻常的礼仪反映了怀柔南邦诸侯的良苦用心;南邦诸侯至于成周,天子以君道临于内朝,南邦诸侯执臣道朝见天子,反映了以朝礼严君臣之界、明君臣之义;朝礼既毕,天子又在国外殷见南邦诸侯,以神道设教,申明尊尊之义,教导南

---

⑨ 沈文倬:《觐礼本义述》,载《菿闇文存》(上),商务印书馆 2006 年版,第 392 页。

邦诸侯尊崇天子。

最后,关于文盨器主人的职掌与身份,也略作补充说明。周宣王时中原与南土语言不通,各有方音。器主人能深入南土率领南邦诸侯至于成周,必是通晓南土方音的人。考虑到这一点,似可推测器主人就是《周礼》所称象胥。郑注云:"通夷狄之言者曰象。胥,其有才知者也。此类之本名,东方曰寄,南方曰象,西方曰狄鞮,北方曰译。"象为通名,今称翻译。因九州岛之内,方音千差万别,一职不能通晓,各方方音皆有专职传译,因职掌不同而有不同的名称。《周礼·秋官·叙官》云:"象胥,每翟上士一人,中士二人,下士八人,徒二十人。"据此似又可推知器主人的身份是王朝之士。

附记:本文为国家社科基金重点项目"中国传统礼学文献专题研究"阶段性成果。

《周礼》大宰九式研究*

朱红林**

《周礼·天官·大宰》载:"以九式均节财用:一曰祭祀之式,二曰宾客之式,三曰丧荒之式,四曰羞服之式,五曰工事之式,六曰币帛之式,七曰刍秣之式,八曰匪颁之式,九曰好用之式。"这九类规范国家财政支出的规定,称为"大宰九式"。郑玄注说:"式谓用财之节度。"①也就是说,式在《周礼》中是法律的一种形式,大宰九式就是关于国家财政支出的九项法规。

目前学术界关于"式"的研究,可分为两类。一类是作为文书规范程式的研究。随着秦汉简牍的不断发现,特别是睡虎地秦简《封诊式》的发现,不少学者们对"式"开始有所关注,由于秦汉简牍中所见的"式"以各种文书规范程式为大宗,学者们的关注点也就在这个方面。② 另一类作为法律制度的"式"的研究。《史记·秦始皇本纪》记载秦始皇为自己歌功颂德时,屡次提到"治道运行,诸产得宜,皆有法式","欢欣奉教,尽知法式","初平法式,审别职任,以立恒常"等等,"法式"合称,秦时已成习语。《周礼》中关于"式""式法"的记载也很丰富。然而学者们的关注却不多,这或许是因为沈家本《历代刑法考》并没有把它们收录进去,而是从西魏时期《大统式》开始收

---

* 国家社科基金项目"《周礼》注所见汉代史料辑证"(14BZS098)阶段性成果,吉林大学985项目成果。

** 朱红林,吉林大学古籍研究所、出土文献与中国古代文明研究协同创新中心教授,古籍研究所副所长。

① (清)孙诒让:《周礼正义》(第1分册),中华书局1987年版,第100页。

② 邢义田:《从简牍看汉代的行政文书范本——式》,载《简帛研究》(第三辑),第306页;高恒:《汉简牍中所见的"式"》,载《秦汉简牍中法制文书辑考》,社会科学文献出版社2008年版;南玉泉:《秦汉式的种类与性质》,载中国政法大学法律古籍整理研究所编:《中国古代法律文献研究》(第六辑),社会科学文献出版社2013年版,第206页。

录[③],程树德《九朝律考》则从隋朝的《大业式》开始收录[④],所以学术界利用传世文献对“式”这种法律形式的研究一般从西魏开始。[⑤]

《周礼》大宰九式属包含的九类法规,涉及祭祀、外交、吏禄、王室支出、手工业制造、赏赐、救灾等诸多方面,涵盖了国家财政支出的主要内容,先秦文献中没有其他任何一部文献有这样详细的记载。[⑥] 对此进行探讨,不仅对于研究“式”这种法律形式的早期形态具有学术价值,对于研究先秦,特别是战国时期的财政管理制度也是很有意义的。

故笔者据此谈几点不成熟的想法,敬请专家批评指正。

一

“大宰九式”由国家的执政大臣大宰制定,由负责财政支出的部门职岁具体颁布执行。《周礼·天官·职岁》叙官,金榜注:“《王制》曰:‘冢宰制国用,必于岁之杪。五谷皆入,然后制国用。’考之《周官经》,司稼以年之上下出敛法,均人均力征以岁上下,其敛诸民者,每岁不同。廪人以岁之上下数邦用,以知足否,以诏谷用,以治年之凶丰。小司寇孟冬祀司民,献民数于王,王拜受之,以图国用而进退之。其国用多寡,亦每岁辄异。冢宰恒于岁杪制为式法,凡受财用者,皆并式法受之,故授式法之官名职岁,义由此矣。”[⑦]

各级政府部门在领取财政拨款时,都要领受规范本部门财务支出的式法,年终财务审计也依据这些法规来进行。《周礼·天官·职岁》:“掌邦之赋出,以贰官府都鄙之财出赐之数,以待会计而考之。凡官府都鄙群吏之出财用,受式法于职岁。凡上之赐予,以叙与职币授之。及会,以式法赞逆会。”郑玄注:“百官之公用式法多少,职岁掌出之旧用事存焉。”[⑧]孙诒让曰:“凡百官府及都鄙群吏出财用,皆须依放九式之法,为多少之节度。以其为

---

③ 沈家本:《历代刑法考》,中华书局 1985 年版,第 5 页。

④ 程树德:《九朝律考》,中华书局 2006 年版,第 2 页。

⑤ 霍存福:《唐式辑佚》,社会科学文献出版社 2009 年版,第 3 页。

⑥ 胡寄窗:《〈周礼〉中的经济思想》,载中国社会科学院经济研究所中国经济思想史组编:《中国经济思想史论》,上海人民出版社 1985 年版,第 511 页。

⑦ (清)孙诒让:《周礼正义》(第 1 分册),中华书局 1987 年版,第 42 页。

⑧ 彭林:《〈周礼〉主体思想与成书年代研究》,中国人民大学出版社 2009 年版,第 113 页。

职岁常所秉以用事,故即就之受出财旧法式,以颁之也。”[⑨]给各级部门拨款的时候,也向他们颁布相应的式法。各部门在进行财政支出时,就按照式法的规定执行。

大府是《周礼》中主管国家财政的最重要的府库,也是国库的最高管理部门,以九式为依据,直接负责国家的财政支出。[⑩]《周礼·天官·大府》:“凡颁财,以式法授之:关市之赋,以待王之膳服;邦中之赋,以待宾客;四郊之赋,以待稍秣;家削之赋,以待匪颁;邦甸之赋,以待工事;邦县之赋,以待祭祀;山泽之赋,以待丧纪;币余之赋,以待赐予。”孙诒让曰:“当颁财时,各考案法式为书,并授其人,使依法式用之,所用与式必相应也。”[⑪]关市之赋给王之膳服,依据的是大宰九式中的膳羞之式;邦中之赋给宾客,依据的是宾客之式;四郊之赋给刍秣,依据的是刍秣之式;家削之赋给匪颁,依据的是匪颁之式;邦甸之赋给工事,依据的是工事之式;邦县之赋给祭祀,依据的是祭祀之式;山泽之赋给丧纪,依据的是丧荒之式;币余之赋给赐予,依据的是好用之式。这种分配方法只是根据每项收入的大致数额与类似数额支出事项的一种大致对应,并不是绝对的一项收入只能用于那项支出。这点江永已经说明白了。大宰、大府、职岁等均有九式的书面文件。每年国家财政收入不同,各项财政支出预算也不相同,因此式法每年规定的支出数额也会有所变化,根据实际情况进行相应的修订。哪类收入用于哪类支出,具体支出数额是多少,这就是大宰九式的具体内容。大府在财政拨款时,就按照这些规定执行,年终财务审计时也依据这些规定进行审计。

九式之法在小宰那里也要保存一份。《周礼·天官·小宰》:“执邦之九贡、九赋、九式之贰,以均财节邦用。”这里“九贡、九赋”指征收贡赋的法规,是财政收入之法,九式则是财政支出之法。孙诒让:“此亦治法之副本。大宰修其正本,小宰执其副本,与司会、司书为官联也。”[⑫]司会是国家财务审计的主管机关,年终地方部门上报到王朝中央的财务报告都要由司会直接负责审计,司书是国家的档案管理机关,国家的各种行政统计数据都保存在那里,所以这两个机关也都保存有大宰九式的法律文本。

外府是主管金属货币的国库,也根据大宰九式进行支出。《周礼·天

⑨ (清)孙诒让:《周礼正义》(第2分册),中华书局1987年版,第487页。
⑩ 侯家驹:《周礼研究》,台湾联经出版事业有限公司1987年版,第205页。
⑪ (清)孙诒让:《周礼正义》(第2分册),中华书局1987年版,第446页。
⑫ (清)孙诒让:《周礼正义》(第1分册),中华书局1987年版,第159页。

官·外府》:“掌邦布之入出,以共百物而待邦之用,凡有法者。”郑玄注:“有法,百官之公用也。”[13]孙诒让曰:“谓官府之公用,著于大宰九式之法者。”凡有法者,就是合法的支出。这个法就是大宰九式之法。

二

下面对《周礼》大宰九式进行逐条分析。

一曰祭祀之式。孙诒让曰:“云‘一曰祭祀之式’者,若《肆师》云:‘立大祀,玉帛牲牷;立次祀,用牲币;立小祀,用牲。皆有等差。’又《王制》说冢宰制国用云:‘祭用数之仂。’注云‘算今年一岁经用之数,用其什一’,即祭祀用财之式也。贾疏云:‘谓若大祭次祭用大牢,小祭用特牲之类。’”[14]祭祀之式就是祭祀活动所需的各项财务支出的规定。

《左传》成公十三年说,“国之大事,在祀与戎”。《周礼》的记载也有这样的特点,各项制度中凡涉及到祭祀活动的,都首先突出祭祀,把祭祀内容记在最前面,可见祭祀支出是国家财政支出的一个大宗。牺牲是最主要的祭祀品。《周礼·地官·牧人》:“掌牧六牲而阜蕃其物,以共祭祀之牲牷。凡阳祀,用骍牲毛之;阴祀,用黝牲毛之;望祀,各以其方之色牲毛之。凡时祀之牲,必用牷物。凡外祭毁事,用尨可也。凡祭祀,共其牺牲,以授充人系之。凡牲不系者,共奉之。”《牛人》:“凡祭祀,共其享牛、求牛,以授职人而刍之。”《周礼·夏官·羊人》:“掌羊牲。凡祭祀,饰羔。祭祀,割羊牲,登其首。凡祈珥,共其羊牲。宾客,共其法羊。凡沈辜、侯禳、衅、积,共其羊牲。若牧人无牲,则受布于司马,使其贾买牲而共之。”《周礼·秋官·犬人》:“犬人掌犬牲。凡祭祀,共犬牲,用牷物。伏、瘗亦如之。凡几、珥、沈、辜,用駹可也。”《周礼·春官·鸡人》:“掌共鸡牲,辨其物。凡国之大宾客、会同、军旅、丧纪,亦如之。凡国事为期,则告之时。凡祭祀,面禳衅(衅),共其鸡牲。”祭祀用品按照祭祀场合不同、祭祀对象不同、主祭者身份的不同等,有不同数量及质量的规定,这都属于祭祀之式的内容。

祭祀管理制度也属于祭祀之式的范围。《周礼·天官·宰夫》:“以式法掌祭祀之戒具与其荐羞,从大宰而视涤濯。”这里的“式法”指的就是大宰九

⑬ (清)孙诒让:《周礼正义》(第2分册),中华书局1987年版,第469页。
⑭ (清)孙诒让:《周礼正义》(第1分册),中华书局1987年版,第100页。

式中的祭祀之式。宰夫根据祭祀之式，管理各类祭祀活动。戒具就是对参与祭祀活动的官吏和执事人员的告诫督促。《大宰》："祀五帝，则掌百官之誓戒与其具修。前期十日，则帅执事而卜日，遂戒。祀大神祇亦如之，享先王亦如之。""百官之誓戒与其具修"即《宰夫》所谓的"具修"。郑玄注："具，所当共。修，扫除粪洒。"[15]所谓祭祀之式，不仅仅指祭祀所需的财政支出，广义上应包括祭祀活动的整个规程要求，九式中其他式法也应如此理解。

睡虎地秦简《法律答问》中有几条与祭祀相关的内容：

1 "公祠未□，盗其具，当赀以下耐为隶臣。"今或益（盗）一肾，益（盗）一肾臧（赃）不盈一钱，可（何）论？祠固用心肾及它支（肢）物，皆各为一具，一【具】之臧（赃）不盈一钱，盗之当耐。或直（值）廿钱，而被盗之，不尽一具，及盗不直（值）者，以律论。

2 可（何）为"祠未□"？置豆俎鬼前未撤乃为"未□"。未置及不直（置）者不为"具"，必已置乃为"具"。

3 可（何）谓"盗埱厓"？王室祠，貍（薶）其具，是谓"厓"。

4 "擅兴奇祠，赀二甲。"可（何）如为"奇"？王室所当祠固有矣，擅有鬼立（位）殹（也），为"奇"，它不为。

第 1 条是对盗窃国家祭祀品进行处罚的规定，第 2 条是祭祀品摆放的规定，第 3 条是对祭祀品进行处理的规定。第 4 条是国家对祭祀进行统一管理的规定，严禁私人非法祭祀活动。[16] 彭浩据此推断秦有《祠律》。他说："从史籍和出土文献可知，在统一中国之前，秦国有一套沿用已久的祭祀制度，大致包括祭祀的种类、时间、准备、用具、用牲、仪式、人员等。由于《法律答问》是对相关法律条文的解释，根据前引四条简文似可以推断，秦国已经制定了《祠律》。我们注意到，汉代有《祠令》《祀令》，其来源或许与秦《祠律》有关。"[17]这三条内容都是祭祀法规的内容，与《周礼》"祭祀之式"的内容相类。

里耶秦简中有不少关于官府祭祀的内容：

1. (14) • 4：□盐四分升一以祠先农。

---

[15] （清）孙诒让：《周礼正义》（第 1 分册），中华书局 1987 年版，第 135 页。

[16] 曹旅宁：《里耶秦简〈祠律〉考述》，载《秦汉魏晋法制探微》，人民出版社 2013 年版，第 130 页。

[17] 彭浩：《睡虎地秦简"王室祠"与〈赍律〉》，载《简帛》（第一辑），上海古籍出版社 2006 年版，第 239—248 页。

2. (15)·451:□□狗出盐四分升一以祠□。

3. (14)·62:□祠先农 是手。

4. (14)·639,762:卅二年三月丁丑朔丙申,仓是佐狗出牂一以祠先农。

5. (14)·286:卅二年三月丁丑朔丙申,仓是佐狗出牂一以祠□。

6. (14)·651:□以祠先农。

7. (14)·656,(15)·434:卅二年三月丁丑朔丙申,仓是佐狗出黍米四斗以祠先农。

8. (13)·598:卅二年三月丁丑朔丙申仓是佐狗出黍米四斗祠□。

9. (15)·493:黍米四斗卅二年三月丁丑朔丙申□。

10. (14)·693:□祠先农。

11. (14)·748:□先农。

12. (9)·1545:□以祠先农, 监 唐手。

这只是秦始皇三十二年迁陵县一次祭祀先农时的祭品准备情况,当然也属于《周礼》"祭祀之式"的范围。里耶秦简 8-138+8-174+8-522+8-523 记录了一个轮班巡行祠庙的记录,叫做"令史更行庙诏"。[18] 这里的庙应是迁陵县官方设立的庙,且制定了令史轮班值日巡视的制度,当值的令史要签名值日。这也可为秦有《祠律》提供一旁证。《祠律》是秦王朝有关祭祀活动的法律,特别是官方的祭祀活动。它与《周礼》所谓的"祭祀之式"可以说有着密切的关系。张春龙、曹旅宁先后据里耶秦简中有关祭祀的记载,支持彭浩的观点。[19] 唐式中有祠部式,其中"比较详细地列述了国家及地方之祭祀名称、大中小祀的分类、各类祭祀时间及配祭、祈雨等"[20],亦可与《周礼》"祭祀之式"相印证。

二曰宾客之式。宾客之式就是接待诸侯国宾客的各种支出规定。使者的身份等级不同,接待的规格也有相应的变化。孙诒让曰:"云'二曰宾客之式'者,若大行人、掌客所掌礼籍之等数是也。"[21]《周礼·秋官·大行人》:"十有一岁达瑞节、同度量、成牢礼、同数器、修法则。"孙诒让曰:"云'成牢礼'

---

[18] 陈伟主编:《里耶秦简牍校释》(壹),武汉大学出版社 2012 年版,第 78 页。

[19] 张春龙:《里耶秦简祠先农、祠窨和祠隄校券》,载《简帛》(第二辑),上海古籍出版社 2007 年版;曹旅宁:《里耶秦简〈祠律〉考述》,载《史学月刊》2008 年第 8 期。

[20] 霍存福:《唐式辑佚》,社会科学文献出版社 2009 年版,第 313 页。

[21] (清)孙诒让:《周礼正义》(第 1 分册),中华书局 1987 年版,第 100 页。

者，谓平均待宾客之牢礼，即《宰夫》云‘凡朝觐、会同、宾客牢礼之法’是也。”《周礼·天官·宰夫》云：“凡朝觐、会同、宾客，以牢礼之法掌其牢礼、委积、膳献、饮食、宾赐之飧牵，与其陈数。”这就是说，朝觐、会同、宾客这三类外事活动中具体的牢礼、委积、膳献、宾赐的具体仪式及所用器具及牺牲币帛的数量都在牢礼之法中有具体规定。牢礼之法，郑玄注“多少之差及其时也”[22]就是使用牢的各种规程，“牢礼、委积、膳献、饮食、宾赐之飧牵与其陈数”等，用多少，什么时候用，都是有规矩的，其根据就是大宰九式中的“宾客之式”。

以等级差别确定外事接待的规格高低，是牢礼之法的一个主要原则，因此相关文件又被称为“等数”或“等籍”“礼籍”。《周礼·秋官·掌客》：

> 掌四方宾客之牢礼、饩献、饮食之等数与其政治。王合诸侯而飨礼，则具十有二牢，庶具百物备；诸侯长，十有再献。王巡守、殷国，则国君膳以牲犊，令百官百牲皆具，从者三公视上公之礼，卿视侯伯之礼，大夫视子男之礼，士视诸侯之卿礼，庶子一视其大夫之礼。
>
> 凡诸侯之礼：上公五积，皆视飧牵，三问皆修。群介、行人、宰、史皆有牢。飧五牢，食四十，簠十，豆四十，铏四十有二，壶四十，鼎簋十有二，牲三十有六，皆陈。饔饩九牢，其死牢如飧之陈。牵四牢，米百有二十筥，醯醢百有二十瓮，车皆陈。车米视生牢，牢十车，车秉有五籔；车禾视死牢，牢十车，车三秅；刍薪倍禾，皆陈。乘禽日九十双，殷膳大牢；以及归，三飨、三食、三燕；若弗酌，则以币致之凡介、行人、宰、史，皆有飧、饔饩，以其爵等为之牢礼之陈数，唯上介有禽献。夫人致礼：八壶，八豆，八笾，膳大牢，致飨大牢，食大牢。卿皆见以羔，膳大牢。
>
> 侯伯四积，皆视飧牵，再问皆修。飧四牢，食三十有二，簠八，豆三十有二，铏二十有八，壶三十有二，鼎、簋十有二，腥二十有七，皆陈。饔饩七牢，其死牢如飧之陈。牵三牢，米百筥，醯醢百瓮，皆陈。米三十车，禾四十车，刍薪倍禾，皆陈。乘禽日七十双，殷膳大牢，三飨、再食，再燕。凡介、行人、宰、史，皆有飧、饔饩，以其爵等为之礼，唯上介有禽献。夫人致礼：八壶，八豆，八笾，膳大牢，致飨大牢。卿皆见以羔，膳特牛。
>
> 子男三积，皆视飧牵，一问以修。飧三牢，食二十有四，簠六，豆二十有四，铏十有八，壶二十有四，鼎、簋十有二，牲十有八，皆陈。饔饩五

---

[22] （清）孙诒让：《周礼正义》（第1分册），中华书局1987年版，第201页。

牢，其死牢如飧之陈。牵二牢，米八十筥，醯醢八十瓮，皆陈。米二十车，禾三十车，刍薪倍禾，皆陈。乘禽日五十双，一飧，一食，一燕。凡介、行人、宰、史，皆有飧、饔饩，以其爵等为之礼，唯上介有禽献。夫人致礼：六壶、六豆，六笾，膳视致飧。亲见卿，皆膳特牛。

凡诸侯之卿、大夫、士为国客，则如其介之礼待之。凡礼宾客，国新杀礼，凶荒杀礼，札丧杀礼，祸灾杀礼，在野在外杀礼。凡宾客死，致礼以丧用。宾客有丧，惟刍稍之受。遭主国之丧，不受飧食，受牲礼。

《掌讶》："掌邦国之等籍，以待宾客。"《周礼·秋官·小行人》："掌邦国宾客之礼籍，以待四方之使者。"记录接待宾客制度的官方文书被称为"等籍"或"礼籍"，这也就是各项接待支出的法律依据。《大行人》：

以九仪辨诸侯之命，等诸臣之爵，以同邦国之礼而待其宾客。上公之礼：执桓圭九寸，缫藉九寸，冕服九章，建常九斿，樊缨九就，贰车九乘，介九人，礼九牢；其朝位，宾主之间九十步，立当车轵；摈者五人；庙中将币，三享。王礼再祼而酢，飧礼九献，食礼九举，出入五积，三问三劳。诸侯之礼：执信圭七寸，缫藉七寸，冕服七章，建常七斿，樊缨七就，贰车七乘，介七人，礼七牢；朝位，宾主之间七十步，立当前疾；摈者四人，庙中将币，三享。王礼壹祼而酢，飧礼七献，食礼七举，出入四积，再问再劳。诸伯执躬圭，其他皆如诸侯之礼。诸子：执谷璧五寸，缫藉五寸，冕服五章，建常五斿，樊缨五就，贰车五乘；朝位，宾主之间五十步，立车当衡；摈者三人；庙中将币，三享。王礼壹祼不酢，飧礼五献，食礼五举，出入三积，一问一劳。诸男执蒲璧，其他皆如诸子之礼。

凡大国之孤，执皮帛以继小国之君。出入三积，不问，一劳。朝位当车前。不交摈，庙中无相。以酒礼之。其他皆视小国之君。凡诸侯之卿，其礼各下其君二等以下；及其大夫、士，皆如之。

周代以礼乐文明为特征，各国对于外事活动中的接待礼节就是非常讲究的。东道主要针对来访宾客国家的国际地位及其本人在职务高低确定接待的规模等次。尤其是那些争当霸主的国家对此更是注重。《左传》哀公七年："夏，公会吴于鄫。吴来征百牢。子服景伯对曰：'先王未之有也。'吴人曰：'宋百牢我，鲁不可以后宋。且鲁牢晋大夫过十，吴王百牢，不亦可乎？'"吴王要求鲁国接待他必须以百牢之礼，可见用牲之巨。《周礼》中有关祭祀等级仪式的繁复记载，即使其中杂有作者的理想化成分，仍可以反映国家在招待外宾活动方面财政支出的浩大。

睡虎地秦简中有几条接待外国宾客的记载：

《仓律》："稻后禾孰(熟)，计稻后年。已获上数，别粲、穤(糯)秫(秫)稻。别粲、穤(糯)之襄(酿)。岁异积之，勿增积，以给客，到十月牒书数，上内【史】。"

《法律答问》：

"者(诸)侯客来者，以火炎其衡厄(轭)。"炎之可(何)？当者(诸)侯不治骚马，骚马虫皆丽衡厄(轭)鞅□辕□，是以炎之。

可(何)谓"□玉"？"□玉"，者(诸)侯客节(即)来使入秦，当以玉问王之谓殹(也)。

可(何)谓"匧面"？"匧面"者，耤(藉)人使秦，它邦耐吏、行旞与偕者，命客吏曰"匧"，行旞曰"面"。

第一条说的是稻米酿成的酒要分类保存以招待外国宾客。第二条说的是外国来客马车的防疫杀虫问题。第三条说的是外国使者拜见秦王时所用玉的名称。第四条说的是秦外交使团中有他国成员的称呼。这说明战国末期的秦国对于外交有一套专门的制度。这与《周礼》宾客之式也属于同一范畴的东西。里耶秦简 8-461："毋曰客舍曰宾【飤】舍。"这是对宾客居所称呼的官方规定。当然也属于"宾客之式"的范围。唐式有主客式，其内容主要是接待外国使者的规定，可与《周礼》"宾客之式"相印证。

三曰丧荒之式。丧荒之式就是国家遇到丧事及灾荒时采取的经济方面的措施。孙诒让曰："贾疏云：'丧谓若诸侯诸臣之丧，含禭赠奠赙赗之类。王家之丧所用大，非此所共也。'案：贾说非也。此丧当通大丧小丧言之，凡敛葬祭奠及用明器等，皆依法式共之，《王制》所云'丧用三年之仂'是也。金榜云：'丧荒，《大府》作丧纪凶荒，事出非常，不可预为节度。遗人、县都之委积，以待凶荒。仓人辨九谷之物，有余则藏之，以待凶而颁之。故耕三余九，耕九余三，以三十年之通，虽有凶旱水溢，民无菜色，此治凶荒之道也。'"[23]丧事包括周王室丧事、诸侯丧事及卿大夫丧事，这在周代各级贵族生活中都是一件大事，支出浩繁。

汉律有关于专门针对官吏丧事的赐予规定。张家山汉简《二年律令·赐律》：

二千石吏不起病者，赐衣襦、棺及官衣常(裳)。郡尉，赐衣、棺及官

[23] (清)孙诒让：《周礼正义》(第1分册)，中华书局1987年版，第100—101页。

常(裳)。千石及六百石吏死官者,居县赐棺及官衣。五百石以下至丞、尉死官者,居县赐棺。

一室二殚在堂,县官给一棺;三殚在当(堂),给二棺。

赐棺享(椁)而欲受赍者,卿以上予棺钱级千、享(椁)级六百;五大夫以下棺钱级六百、享(椁)级三百;毋爵者棺钱三百。

睡虎地77号汉墓出土了汉初的《葬律》,从已公布简文得知,内容有棺椁数目、棺椁尺寸大小及墓园墙垣尺寸的规定。曹旅宁推测还可能包含守墓人数、丧葬形制、丧葬规格、棺椁制度、用鼎制度等。[24] 汉律中的这些规定,从《周礼》丧荒之式的概念看,也属于丧荒之式的范畴,很可能也是继承发展了前代制度。

荒,即凶荒,指各种自然灾害及遇到战争破坏。应对丧事及灾荒的各项财务支出法规总称为丧荒之式。胡寄窗说:"丧荒,《大府》称'丧纪'比较正确,因凶荒事出非常,不能列入经常支出,故此专指王家与诸侯诸臣之丧所需的支出。"[25]这种说法是不确切的。《周礼》中多处列出应对灾荒的决策,形成了系统的法律制度。侯家驹先生指出,大宰九式中唯有丧荒之式中的"荒"之支出,是用于人民,即荒年有所施舍。[26] 大司徒以荒政十有二聚万民,"一曰散利,二曰薄征,三曰缓刑,四曰弛力,五曰舍禁,六曰去几,七曰眚礼,八曰杀哀,九曰番乐,十曰多昏,十一曰索鬼神,十有二曰除盗贼"。第一、二、四、七、八、九诸项都与经济有直接或间接的联系,散利是借贷赈济,薄征是减轻税收,弛力是减轻徭役。眚礼是简化礼仪,蕃乐是减省乐舞。按《周礼·地官·旅师》载:"掌聚野之锄粟、屋粟、闲粟而用之,以质剂致民,平颁其兴积,施其惠,散其利,而均其政令。凡用粟,春颁而秋敛之。凡新甿之治皆听之,使无征役,以地之媺恶为之等。"也就是说,官府通过春贷而秋敛的方式支持农业生产。春季向农民借贷粮食,或作食用,以度春荒,或作种用,用于播种,而到秋天丰收时归还贷种。"以质剂致民",就是通过券书借贷,借贷数额官府是有详细记载的。既称"散利",大概是无息借贷。这种借贷是实物借贷。《周礼·地官·遗人》掌握着分布于各地的后备粮仓,其中"县

---

[24] 曹旅宁:《睡虎地77号汉墓汉〈葬律〉简出土的历史意义》,载《秦汉魏晋法制探微》,人民出版社2013年版,第162页。

[25] 胡寄窗:《〈周礼〉的经济思想》,载中国社会科学院经济研究所中国经济思想史组编:《中国经济思想史论》,人民出版社1985年版,第511页。

[26] 侯家驹:《周礼研究》,台湾联经出版事业有限公司1987年版,第207页。

都之委积，以待凶荒”，也用于救灾。《周礼》中还有以货币资金缓解经济困难的做法。《司市》：“国凶荒札丧，则市无征而作布。”这说的是国家在凶荒时期发行大量金属货币以纾缓民困。同时《泉府》还以官府资金干预市场，商品滞销时购入，紧俏时再按原价卖出。包山楚简中有楚国地方官府贷黄金给百姓用以购买种子的记录，与《旅师》贷粟于民的做法相似。《周礼》还根据当时每月人均粮食消费水平，确定了一个丰歉岁收的标准。《周礼·地官·廪人》：“凡万民之食食者，人四鬴，上也；人三鬴，中也；人二鬴，下也。若食不能人二鬴，则令邦移民就谷，诏王杀邦用。”每人每月口粮在二鬴以下，就属于荒年标准，国家就要采取措施进行救济了。胡寄窗先生说：“在古代文献中涉及年岁丰歉问题时均以土地食粮收获量的多寡为标准。如只注意粮食收获量而不把它同食粮的人数联系起来考虑是不全面的。《周礼》把每人每月的食粮平均消费量的多寡作为反映年岁丰凶程度以及应否采取经济措施的标准，这种设想的科学性就较强了。”[27]这一切表明，战国时期列国应对灾荒，已经有了专门的法律规范制度，这应该是没有问题的。

四曰羞服之式。贾公彦疏：“谓王之膳羞衣服所用也。”孙诒让曰：“羞即膳夫、庖人所供膳羞，酒正有酒式，是其一隅。服即司服、内司服、弁师、屦人所共冠服，皆有法式。干宝谓兼有车，亦是也。”[28]羞服之式是关于王室衣服及饮食费用支出的规定。膳夫、庖人、内饔、亨人等负责王室的饮食，有关他们职责的条文，都可归入膳羞之式的范畴。

《膳夫》：

> 掌王之食饮膳羞，以养王及后、世子。凡王之馈，食用六谷，饮用六清，羞用百有二十品，珍用八物，酱用百有二十瓮。王日一举，鼎十有二，物皆有俎。以乐侑食。膳夫授祭，品尝食，王乃食。卒食，以乐彻于造。王齐日三举。大丧则不举，大荒则不举，大札则不举，天地有灾则不举，邦有大故则不举。王燕食，则奉膳赞祭。凡王祭祀、宾客食，则彻王之胙俎。凡王之稍事，设荐脯醢。王燕饮酒，则为献主。掌后及世子之膳羞。凡肉修之颁赐皆掌之。凡祭祀之致福者，受而膳之，以挚见者亦如之。岁终则会，唯王及后、世子之膳不会。

---

[27] 胡寄窗：《〈周礼〉中的经济思想》，载中国社会科学院经济研究所中国经济思想史组编：《中国经济思想史论》，上海人民出版社1985年版，第513页。

[28] （清）孙诒让：《周礼正义》（第1分册），中华书局1987年版，第101页。

《庖人》：

掌共六畜、六兽、六禽，辨其名物。凡其死生鲜槁之物，以共王之膳与其荐羞之物，及后、世子之膳羞。共祭祀之好羞，共丧纪之庶羞、宾客之禽献。凡令禽献，以法授之，其出入亦如之。凡用禽献，春行羔豚膳膏香，夏行腒鱐膳膏臊，秋行犊麛膳膏腥，冬行鲜羽膳膏膻。岁终则会，唯王及后之膳禽不会。

《内饔》：

掌王及后、世子膳羞之割烹煎和之事，辨体名肉物，辨百品味之物。王举，则陈其鼎俎，以牲体实之。选百羞、酱物、珍物以俟馈。共后及世子之膳羞。辨腥臊膻香之不可食者：牛夜鸣，则庮；羊泠毛而毳，膻；犬赤股而躁，臊；鸟皫色而沙鸣，狸；豕盲视而交睫，腥；马黑脊而般臂，蝼。凡宗庙之祭祀，掌割亨之事，凡燕饮食亦如之。凡掌共羞、修、刑、膴、胖、骨、鱐，以待共膳。凡王之好赐肉修，则饔人共之。

《亨人》：

掌共鼎镬，以给水火之齐。职外、内饔之爨亨煮，辨膳羞之物。祭祀，共大羹、铏羹；宾客，亦如之。

膳夫负责的王、后及世子的正膳费用，不用年终审计，庖人所提供的膳禽属于加馔，即特贡，则只有王及后的膳禽费用年终不用审计，世子的则需要审计。王赏赐给群臣的宴飨花费也要进行年终财务审计，肉脩之赏赐只是其中一项。食品赏赐亦见于简牍。睡虎地秦简《厩苑律》："以四月、七月、十月、正月膚田牛。卒岁，以正月大课之，最，赐田啬夫壶酉（酒）束脯，为旱（皂）者除一更，赐牛长日三旬。"

司服、内司服、弁师、屦人等王室的衣着穿戴。虽然在《周礼》经文中这些职官负责的都是王及王后在重大礼仪场合的衣着穿戴，实际上平时的穿戴也由他们负责。司服、内司服、弁师、屦人等的执掌中，还规定了周王之下的公侯伯子男及卿大夫士的衣着规范。

《司服》：

掌王之吉凶衣服，辨其名物与其用事。王之吉服：祀昊天上帝，则服大裘而冕，祀五帝亦如之；享先王，则衮冕；享先公，飨，射，则鷩冕；祀四望山川，则毳冕；祭社稷、五祀，则希冕；祭群小祀，则玄冕。凡兵事，韦弁服。视朝，则皮弁服。凡甸，冠弁服。凡凶事，服弁服。凡吊事，弁绖服。凡丧，为天王斩衰，为王后齐衰。王为三公六卿锡衰，为诸侯缌衰，为大夫、士疑衰，其首服皆弁绖。大札、大荒、大灾，素服。公之服，自衮冕而下，如王之服。侯伯之服，自鷩冕而下，如公之服。子男之服，自毳冕而下，如侯伯之服。孤之服，自希冕而下，如子男之服。卿大夫之服，自玄冕而下，如孤之服；其凶服，加以大功、小功。士之服，自皮弁而下，如大夫之服，其凶服亦如之。其齐服有玄端、素端。凡大祭祀，大宾客，共其衣服而奉之。大丧，共其复衣服、敛衣服、奠衣服、廞衣服，皆掌其陈序。

《内司服》：

掌王后之六服——袆衣、揄狄、阙狄、鞠衣、展衣、缘衣、素沙。辨外内命妇之服——鞠衣、展衣、缘衣、素沙。凡祭祀、宾客，共后之衣服；及九嫔、世妇凡命妇，共其衣服；共丧衰亦如之。后之丧，共其衣服，凡内具之物。

《弁师》：

掌王之五冕，皆玄冕、朱里、延、纽、五采缫十有二就，皆五采玉十有二，玉笄朱纮。诸侯之缫斿九就，瑉玉三采，其余如王之事；缫斿皆就，玉瑱玉笄。王之皮弁，会五采玉璂，象邸玉笄。王之弁绖，弁而加环绖。诸侯及孤卿大夫之冕、韦弁、弁绖，各以其等为之，而掌其禁令。

《屦人》：

掌王及后之服屦，为赤舄、黑舄，赤繶、黄繶，青句、素屦，葛屦。辨外内命夫命妇之命屦、功屦、散屦。凡四时之祭祀，以宜服之。

秦汉简牍中虽未见到有关皇室或王侯衣着的记载，但其他关于禀衣的记载似乎仍然可以参考。我们很多时候会发现，《周礼》这本书记载的制度往往是一类现象的反映，而不仅仅是某一项具体的制度。以羞服之式为例，它也许反映的是整个国家体系中公费支出的饮食及服装费用问题，王、后及世子仅仅是其代表而已。鉴于此，睡虎地秦简和张家山汉简中的材料仍可作为例证。睡虎地秦简《金布律》：

受(授)衣者，夏衣以四月尽六月稟之，冬衣以九月尽十一月稟之，过时者勿稟。后计冬衣来年。囚有寒者为褐衣。为□布一，用枲三斤。

为褐以稟衣:大褐一,用枲十八斤,直(值)六十钱;中褐一,用枲十四斤,直卌六钱;小褐一,用枲十一斤,直卅六钱。已稟衣,有余褐十以上,输大内,与计偕。都官有用□□□□其官,隶臣妾、舂城旦毋用。在咸阳者致其衣大内,在它县者致衣从事之县。县、大内皆听其官致,以律稟衣。

睡虎地秦简《法律答问》:

"毋敢履锦履。""履锦履"之状可(何)如?律所谓者,以丝杂织履,履有纹,乃为"锦履",以锦缦履不为,然而行事比焉。

张家山汉简《二年律令·金布律》:

诸内作县官及徒隶,大男,冬稟布袍表裏七丈,络絮四斤,绔(袴)二丈,大女及使小男,冬袍五丈六尺、絮三斤,绔(袴)丈八尺,絮二斤;未使小男及使小女,冬袍二丈八尺,絮一斤半斤;未使小女,冬袍二丈,絮一斤。夏皆稟禅,各半其丈数而勿稟绔(袴)。夏以四月尽六月,冬以九月尽十一月稟之。布皆八稯、七稯。以裘皮绔(袴)当袍绔(袴),可。

从简文的记载看,睡虎地秦简《金布律》的廪衣主要是给刑徒,张家山汉简《金布律》的廪衣则不但给刑徒,还涉及在官府劳作的平民手工业工人。另外,秦简《法律答问》关于丝履的限制,虽未表明是针对哪一个阶层,但可表明国家对不同阶层的衣着是有法律规定的。

五曰工事之式。孙诒让曰:"云'五曰工事之式'者,冬官百工造作器物,须授以赍财,贵贱工沽,各有法式也。"㉙《周礼》中所谓的"式"虽然多用来指各种财务制度,但具体到每一项工作来说,相关的其他制度也应包括在内,因为财务支出必须和具体工作的运行结合起来才能发生。也就是说,工事之式就是手工业管理的各种制度。胡寄窗先生说:"工事支出反映了堤防城郭工程的重要性。而国家的各种器用,由于私人手工业未充分发展,均须由司空之官自行制造。可以说这九式中只有这一式才具有积极的生产意义。"㉚

酒正、典妇功、典枲、典丝、稾人这类官营手工业部门的职责条文应该都属于工事之式的范围。《周礼·天官·酒正》:

㉙ (清)孙诒让:《周礼正义》(第1分册),中华书局1987年版,第101页。

㉚ 胡寄窗:《〈周礼〉中的经济思想》,载中国社会科学院经济研究所中国经济思想史组编:《中国经济思想史论》,上海人民出版社1985年版,第512页。

> 掌酒之政令,以式法授酒材。凡为公酒者,亦如之。辨五齐之名,一曰泛齐,二曰醴齐,三曰盎齐,四曰缇齐,五曰陈齐。辨三酒之物,一曰事酒,二曰昔酒,三曰清酒。辨四饮之物,一曰清,二曰医,三曰浆,四曰酏。掌其厚薄之齐,以共王之四饮、三酒之馔,及后、世子之饮与其酒。凡祭祀,以法共五齐、三酒以实八尊。大祭三贰,中祭再贰,小祭一贰,皆有酌数。唯齐酒不贰,皆有器量。共宾客之礼酒,共后之致饮于宾客之礼——医酏糟,皆视其士奉之。凡王之燕饮酒,共其计,酒正奉之。凡飨士庶子,飨耆老、孤子,皆共其酒,无酌数。掌酒之赐颁,皆有法以行之。凡有秩酒者,以书契授之。酒正之出,日入其成,月入其要,小宰听之。岁终则会,为王及后之饮酒不会。以酒式诛赏。

郑玄注:"式法,作酒之法式。作酒既有米麴之数,又有功沽之巧。《月令》曰:'乃命大酋,秫稻必齐,麴蘖必时,火齐必得。'"以式法授酒材,就是根据酿酒的各种需要,把酿酒原料发放给酿酒的手工业工人。就是说有关酒的式法不仅仅是酒的使用,也包括酒的种类区分及酿造过程。所以孙诒让认为酒正"掌酒之政令"就是"作酒及共授之政令"。[31] "凡祭祀,以法共五齐、三酒以实八尊","掌酒之赐颁,皆有法以行之。凡有秩酒者,以书契授之",这说的都是供酒的法则。"酒正之出,日入其成,月入其要,小宰听之。岁终则会,为王及后之饮酒不会。"说的则是年终对酒的使用的审计考核。"以酒式诛赏",就是按照酿酒的标准对酿酒工人及官吏进行考核赏罚。

《周礼·天官·典妇功》:"掌妇式之法,以授嫔妇及内人女功之事赍。凡授嫔妇功,及秋献功,辨其苦良、比其小大而贾之,物书而楬之。凡授嫔妇功以共王及后之用,颁之于内府。"郑玄注:"妇式,妇人事之模范。法,其用财旧数。"[32]

《周礼·天官·掌皮》:"掌秋敛皮,冬敛革,春献之。遂以式法颁皮革于百工,共其毳毛为毡,以待邦事。岁终则会其财赍。"郑玄注:"式法,作物所用多少故事。"蒋载康云:"式法即九式之法,指工事言。"贾疏云:"作,若裘氏作裘,函人作甲胄,谓皮革皆有用物多少之数,有旧法者也。"[33]掌皮按照制作各类皮革制品所需皮革特点和数额,把征收上来的皮革颁发给手工业工人。

《周礼·秋官·槀人》:"掌受财于职金,以赍其工。弓六物为三等。弩

---

[31] (清)孙诒让:《周礼正义》(第2分册),中华书局1987年版,第341页。

[32] 同上书,第566页。

[33] 同上书,第510页。

四物亦如之。矢八物皆三等,箙亦如之。春献素,秋献成。书其等以飨工。乘其事,试其弓弩,以下上其食而诛赏。乃入功于司弓矢及缮人。凡赍财与其出入,皆在槀人,以待会计而考之,亡者阙之。"槀人是负责弓箭制作的,他从职金那里领取资金,然后购买各项所需原料,而且弓箭制作的款式及质量考核也归他管理。每年年终,官府会对财务的收支进行审核。"凡赍财与其出入,皆在槀人,以待会而考之,亡者阙之。"郑玄注:"皆在槀人者,所赍工之财及弓弩矢箙,出入其簿书,槀人藏之。阙犹除也。弓弩矢箙弃亡者除之,计今见在者。"孙诒让曰:

> "以待会而考之"者,此槀人之官成也。注云"皆在槀人者,所赍工之财及弓弩矢箙,出入其簿书,槀人藏之"者,《小宰》八成云"听出入以要会",先郑注云:"要会,诸计最之簿书。"此簿书即弓弩等出入之要会也。贾疏云:"以槀人是弓矢官之主,故皆有簿书藏之也。"云"阙犹除也"者,《广雅·释诂》云:"阙、除,去也。"云"弓弩矢箙弃亡者除之,计今见在者"者,弃亡则于簿书除去不著,但计其见在之数,诸之以待会也。[34]

就是说,槀人所制作的弓箭弩矢,有一个详细的出入库记录的簿书。里耶秦简中就有这类簿书。里耶秦简 8-151:

> 迁陵已计:丗四年余见弩臂百六十九。
> 凡百六十九。
> 出弩臂四输益阳。
> 出弩臂三输临沅。
> ·凡出七。
> 今九月见弩臂百六十二。

《周礼·天官·小宰》说"听出入以要会",8-151 就是一份记录秦始皇三十五年迁陵县一武库或军工作坊库存的弩臂出入的要会,它详细记录了上一年库存剩余弩臂的数量,本年初库存弩臂的储量,本年输出弩臂的数量及去向,最后是年底剩余弩臂的数量,结构完整,条理清晰。类似的簿书记载,里耶秦简里还有很多,其记录格式在居延汉简里也是如此。

《周礼》中的财务审核制度就记载而言,是比较完备的,很多职官的规定中都有类似的考核记载。从已经出版的里耶秦简、岳麓秦简的记载来看,这

---

[34] (清)孙诒让:《周礼正义》(第 10 分册),中华书局 1987 年版,第 2056—2057 页。

类财务上的考核毫无疑问是很普遍的。这对我们理解《周礼》一书内容的时代特征是很有启发的。[35]

睡虎地秦简《工律》《工人程》《均工》及《秦律杂抄》中的有关手工业财政管理的法规皆可归于“工事之式”。《工律》:“为器同物者,其小大、短长、广亦必等。”“为计,不同程者毋同其出。”《工人程》:“隶臣、下吏、城旦与工从事者冬作,为矢程,赋之三日而当夏二日。”“冗隶妾二人当工一人,更隶妾四人当工【一】人,小隶臣妾可使者五人当工一人。”“隶妾及女子用箴(针)为缗绣它物,女子一人当男子一人。”《均工》:“新工初工事,一岁半红(功),其后岁赋红(功)与故等。工师善教之,故工一岁而成,新工二岁而成。能先期成学者谒上,上且有以赏之。盈期不成学者,籍书而上内史。”“隶臣有巧可以为工者,勿以为人仆、养。”《秦律杂抄》:“非岁红(功)及毋(无)命书,敢为它器,工师及丞赀各二甲。县工新献,殿,赀啬夫一甲、县啬夫、丞、吏、曹长各一盾。城旦为工殿者,治(笞)人百。大车殿,赀司空啬夫一盾,徒治(笞)五十。”“工择榦,榦可用而久以为不可用,赀二甲。工久榦曰不可用,负久者,久者谒用之,而赀工曰不可者二甲。”

六曰币帛之式。郑玄注:“币帛,所以赐劳宾客者。”[36]孙诒让不同意这种说法,他认为应当是指出使他国所用礼物而言。这是正确的,因为前面已经有宾客之式接待宾客了。孙诒让曰:“云‘币帛,所以赐劳宾客者’者,贾疏云:‘谓若《司仪职》上公三问三劳之等,皆有束帛’。《聘礼》‘贿用束纺’。”诒让案:赠宾客,犹《司仪》诸公相朝之致赠。《聘礼》云:‘公使卿赠如觌币。’注云:“赠,送也,所以好送之也。”《聘礼》又云“宰书币”,诸侯之宰,犹天子大宰,故亦掌币帛之事。但此币帛之式,似当主聘问币贲之币而言,若赠劳之币,则上宾客之式内已晐之矣。[37]《内府》:“凡四方之币献之金玉、齿革、兵器,凡良货贿,入焉。凡适四方使者,共其所受之物而奉之。”孙诒让曰:“凡使者所当受之物,内府则依法式共而奉与之。”“享币之外,别有赐遗者也。”[38]

七曰刍秣之式。郑玄注:“刍秣。养牛马禾谷也。”孙诒让曰:“案:凡刈草及莝禾稾飤牛马谓之刍,以粟飤牛马谓之秣,故云“刍秣,养牛马禾谷也”。江永云:“宾客来,固有币帛,刍秣又别为二式者王朝遣使存眺省聘问,亦用

㉟ 朱红林:《〈周礼〉官计文书与战国时期的行政考核》,载《吉林师范大学学报》2010年第4期。

㊱ (清)孙诒让:《周礼正义》(第1分册),中华书局1987年版,第100页。

㊲ 同上书,第101—102页。

㊳ (清)孙诒让:《周礼正义》(第2分册),中华书局1987年版,第468页。

币帛，牛人、牧人诸官自有刍秣，十二闲之马，用刍秣尤多也。”案：江说是也。贾疏偏据《聘礼》致饔饩刍禾等为释，说未晐[39]。”刍秣之式就是有关马牛刍藁饲料发放使用的法规。

睡虎地秦简中的相关材料：

1.《田律》：禾、刍藁徹（撤）木、荐，辄上石数县廷。勿用，复以荐盖。

2.《田律》：乘马服牛稟，过二月弗稟、弗致者，皆止，勿稟、致。稟大田而毋（无）恒籍者，以其致到日稟之，毋深致。

3.《仓律》：禾、刍稾积□（索）出日，上羸不备县廷。出之未索（索）而已备者，言县廷，廷令长吏杂封其廥，与出之，辄上数廷；其少，欲一县之，可殹（也）。廥才（在）都邑，当□□□□□□□□□者与杂出之。

4.《仓律》：驾传马，一食禾，及顾来有（又）一食禾，皆八马共。其数驾，毋过日一食。驾县马劳，有（又）益壶禾之。

第1、3两条内容为刍藁储存管理，要求刍藁仓库开封时，要把现存刍藁的数量及时登记上报，第2条为刍藁的发放，规定刍藁发放，要有专门的领取凭证券书，即“致”。根据券书上的数量发给，不能多也不能少。在超过规定时间时，刍藁仓库将不再发给。“大田”是秦国农业管理的最高机关。“恒籍”这里指的是大田属下马牛的花名册。这份花名册在刍藁仓库也存有一份。刍藁发放按马牛名册发给，不在名册之内者，也需要有专门的证明。第4条是驿站给传马喂食饲料的规定。张家山汉简《二年律令·金布律》：

马牛当食县官者，犙以上牛日刍二钧八斤；马日二钧□斤，食一石十六斤，□□稾□。乘舆马刍二稾一。□、□食之各其半马牛食。仆牛日刍三钧六斤，犊半之。以冬十一月稟之，尽三月止。其有县官事不得刍牧者，夏稟之如冬，各半之。

□□日□刍一钧十六斤。

□□马日匹二斗粟，一斗尌（?），传马、食马、都厩马日匹 尌（?）一斗半升。

《二年律令》的这些内容正属于马牛饲料发放的内容。《传食律》，中除了给经过驿站的各类国家机关人员应有的住宿饮食待遇之外，“食马如律，

---

[39] （清）孙诒让：《周礼正义》（第1分册），中华书局1987年版，第102页。

禾之比乘传者马”“县舍食人、马如令”等饲养规定恐怕就是根据《金布律》的规定来的。这些内容当与《周礼》中的“刍秣之式”属同一类。由此我们知道，刍秣之式可能不是一项专门的法律，而是一类法律条文的统称，就像秦汉简中关于奴婢的法律被称为奴婢律，关于缴纳刍藁的就称作入顷刍律等一样。[40]

八曰匪颁之式。郑司农云：“匪，分也。颁读为班布之班，谓班赐也。”郑玄注：“王所分赐群臣也。”孙诒让曰：

> 云“谓班赐也”者，以匪训为分，班训为布，匪颁即谓分布赐予也。云“玄谓王所分赐群臣也”者，贾疏云：“就足司农班赐之义也。”江永云：“匪颁之式，见于经者，《廪人》匪颁稍食也，《宫正》、《内宰》王宫后宫之稍食也，《槀人》外内朝冗食者之食也。又如《膳夫》肉脩之班赐，《酒正》之秩酒，《宫伯》、《司裘》之颁衣裘，《司裘》、《罗氏》之行羽物，《凌人》之颁冰，皆匪颁之类。是皆有常数者。其出于恩好赐予，则入好用之式。”金榜云：“《国语》：‘天子之田九畡，以食兆民，王取经入焉，以食万官。’《周官》以九赋待九式之用，禄食宜在九式中。《廪人》掌七谷之数，以待国之匪颁。大宰九式，八曰匪颁之式。则匪颁者，谓禄食与？禄食所以代耕，恒以岁为上下，由是匪颁有式。《墨子书》：‘岁馑则仕者大夫以下，皆损禄五分之一，旱则损五分之二，凶则损五分之三，馈则损五分之四，饥则尽无禄，稟食而已矣。’盖其遗法。”案：江、金说是也。沈彤说亦同。凡经言匪颁者，以群臣之禄为大。此外若稍食及岁时之常赐，遗人之委积，凡著于秩籍，为法所当得者，并入此科。经例，常赐谓之颁，非常赐谓之赐。《典枲》云：“颁衣服授之，赐予亦如之。”颁衣服为匪颁，赐予为好赐，其分别甚明。合言之则云颁赐，《膳夫》云“凡肉脩之班赐”是也。此注释匪颁为分赐群臣，盖通畡禄食及常赐言之。《廪人》注又以匪颁为《遗人》诸委积不及群臣之禄赐者，以委积为藏聚米谷仓廪之通称，凡群臣禄赐之米谷，咸出于彼，故偏举为释，义实互相备也。详《廪人》疏。[41]

这就是说，匪颁的性质不是赏赐，而是按制度规定进行的必要的物资发

---

[40] 朱红林：《再论睡虎地秦简中的“赍律”》，载霍存福、吕丽主编：《中国法律传统与法律精神》，山东人民出版社 2010 年版，第 585—593 页。

[41] （清）孙诒让：《周礼正义》（第 1 分册），中华书局 1987 年版，第 102—103 页。

放，群臣的俸禄就属于这一范畴。[42]《大府》注也说："凡赐有常赐，有好赐。常赐者，岁时颁赐，著于秩籍者；好赐则常赐之外，以恩泽特受赐，非恒典也。"[43]秩籍即秩禄等级之册。《周礼·秋官·司士》掌"群臣之版"，就是这类东西。《周礼·地官·舍人》："掌平宫中之政，分其财守，以法掌其出入。"孙诒让曰："云'以法掌其出入'者，法即大宰九式'匪颁之式'，此官所掌以为官法者也。"舍人按照大宰九式中匪颁之式的相关规定，根据名册给王宫中的各类执事人员发放口粮。这个名册也属于"秩籍"类的东西。张家山汉简《二年律令》有《秩律》，当然属于"著于秩籍者"，故属于匪颁之式的范畴，如《秩律》曰："御史大夫、廷尉、内史、典客、中尉、车骑尉、大仆、长信詹事、少府令、备塞都尉、郡守、尉、衛〈卫〉将军、衛〈卫〉尉、汉中大夫令、汉郎中、奉常，秩各二千石。御史、丞相、相国长史，秩各千石。"

九曰好用之式。郑玄注："好用，燕好所赐予。"孙诒让曰：

> 云"好用，燕好所赐予"者，《内饔》"凡王之好赐肉修"，注云："好赐，王所善而赐也。"《大府》云："币余之赋以待赐予。"注云："赐予即好用也。"案：《左传》昭五年云"宴有好货"，杜注云："宴饮以货为好。"又昭七年云："楚子享公于新台，好以大屈。"注云："宴好之赐。"此并因饔宴而赐。此好用，《内饔》谓之好赐，《内府》谓之好赐予，注并训好为善，盖与《内小臣》好事好令，《典瑞》、《大行人》结好，义并略同。此注云"宴好所赐予"，亦谓王宴闲与诸侯及亲贵诸臣为恩好，而有赐予，下经"斿贡"注亦以宴好为释可证，则不必专属饗燕之赐。但其赐予在常法颁赐之外，故别入好用。贾疏以宴饮有所爱好，释注燕好，非郑恉也。吕飞鹏云："《玉府》云'凡王之好赐'，《内府》云'凡王及冢宰之好赐予'，《职币》云'以诏上之小用赐予'，皆谓好用。《职币》疏以为常赐予，误也。《小雅·鹿鸣》燕群臣嘉宾，以币帛筐篚将其厚意，而曰'人之好我'，《彤弓》天子锡有功诸侯，而曰'中心好之'，是其证也。"[44]

对于"好用之式"，孙诒让所说的"赐予在常法颁赐之外"是关键，也就是说"王宴闲与诸侯及亲贵诸臣为恩好，而有赐予"，非论功行赏之赐。燕好所赏赐的东西取自多个府库。《周礼·天官·职币》："凡式贡之余财，以共玩好之用。"《玉府》："凡王之好赐，共其货贿。"《内府》："凡王及冢宰之好赐予，

[42] 侯家驹：《周礼研究》，台湾联经出版事业有限公司 1987 年版，第 209 页。
[43] （清）孙诒让：《周礼正义》（第 2 分册），中华书局 1987 年版，第 447 页。
[44] （清）孙诒让：《周礼正义》（第 1 分册），中华书局 1987 年版，第 103 页。

则共之。”郑玄注：“冢宰待四方宾客之小治，或有所善，亦赐予之。”[45]

好用之式虽然是王随机赐予，但也并非无规矩可循。《周礼·天官·职岁》：“凡上之赐予，以叙与职币授之。”“叙”即秩序。孙诒让说：“若数人同受赐，则各依其秩次，尊者先授，卑者后授，职岁与职币同授之也。”[46]《左传》庄公十八年说：“王命诸侯，名位不同，礼亦异数，不以礼假人。”好用之赐的支出，年终也要进行财务审计。《职岁》说：“及会，以式法赞逆会。”贾公彦说：“司会以逆群吏之治，而听其会计，此官主式法出财用，至岁终会计之时，则以式法赞助司会鉤考会计之事。”[47]

三

大宰九式是年终财务审计的主要法律依据之一。司会是直属于大宰的国家审计机构。“以九式之法均节邦之财用”。胡寄窗先生说：“研究古代会计问题，必须首先明确两点：第一，古代会计常指政府财政事务方面的会计，故与国家财政有不可分割的联系；第二，会计职能与审计职能常混杂在一起，而更多的时候是体现为审计的职能。”[48]司会作为会计之长，就具有这方面的特点。《大府》：“凡邦之赋用，取具焉。岁终，则以货贿之入出会之。”贾公彦疏：“言出者，大府以货贿分置于众府，及给九式之用，亦是至岁终总会计之。”[49]《职币》：“岁终，则会其出。凡邦之会事，以式法赞之。”贾疏云：“以其职币主出，故岁终与司会会之。下赞之，亦谓赞司会会之之事也。”这里的审计包括两层意思，一是职币本身财务支出的审计，二是配合司会对其他部门的审计，因为职币的财政收入来自其他部门的财政结余。因此，职币以式法赞邦之会事，根据也是大宰九式。

年终上计之前，各部门首先进行自我审计。《典丝》：“岁终，则各以其物会之。”郑玄注：“种别为计。”孙诒让曰：“谓凡丝物，每一种类别为计簿。”[50]

---

[45] （清）孙诒让：《周礼正义》（第2分册），中华书局1987年版，第468页。

[46] 同上书，第487页。

[47] （清）孙诒让：《周礼正义》（第2分册），中华书局1987年版，第488页。

[48] 胡寄窗：《〈周礼〉中的经济思想》，载中国社会科学院经济研究所中国经济思想史组编：《中国经济思想史论》，上海人民出版社1985年版，第515页。

[49] （清）孙诒让：《周礼正义》（第2分册），中华书局1987年版，第450页。

[50] 同上书，第574页。

《典枲》:“岁终,则各以其物会之。”孙诒让曰:“此正枲物出入之岁会,亦即此官之官成也。”[51]《巾车》:“凡车之出入,岁终则会之,凡赐阙之;毁折,入赍于职币。”巾车年终的时候对所管理的车辆使用进行审核,王所赏赐出去的车辆不在审核之列,其余的车辆如有损坏的,则追究责任人按价赔偿,收缴上来的赔款则交给职币。《宫正》:“月终则会其稍食,岁终则会其行事。”孙诒让曰:“正宫中官吏之月要岁会,亦此官之官成官计也。”[52]秦简中有官吏按月发放月食的制度,与此稍食相近。每月底对稍食的发放进行统计审核,属于匪颁之式的内容。《掌皮》:“岁终则会其财赍。”郑玄注:“财,敛财本数及余见者。赍,所给予人以物曰赍。”[53]就是说,掌皮负责皮革制作,在年终要审计本年度财政物资支出多少,剩余多少,产品产出多少。《内宰》:“岁终,则会内人之稍食,稽其功事。”《泉府》:“岁终,则会其出入而纳其余。”《舍人》:“岁终,则会计其政。”《稾人》:“凡赍财与其出入,皆在稾人,以待会计而考之,亡者阙之。”《膳夫》:“岁终则会,唯王及后、世子之膳不会。”《庖人》:“岁终则会,唯王及后之膳禽不会。”《酒正》:“岁终则会,唯王及后之饮酒不会。以酒式诛赏。”《外府》:“岁终则会,唯王及后之服不会。”《掌裘》:“岁终则会,唯王之裘与其皮事不会。”

大宰九式的主要目的就是为了合理使用开支,保障国家财政体系的稳定。胡寄窗说:“早期封建国家财政税入主要是田赋,本年的税收已有定数,下年的田赋因天气变化而难于预测;岁出项目又较简单而易于控制,无论从岁入还是从岁出方面考虑,均无逐年编造预算之必要。只须坚持量入为出精神,严格控制支出项目,鼓励节用并有一定的粮食储备,即可解决国家财政问题。”大宰九式正是节省开支的法律保障。

从《周礼》的记载看,“式”已经是一种较为成熟的法律形式,数量庞大,应用于国家多个领域。然而在秦汉简牍所展现的法律体系中,却很少见。何以如此,值得深思。也许这与《周礼》成书的地域性有关。也就是说“式”这一法律形式是《周礼》作者所在国家的法律所特有,而未被秦律吸收。

---

[51] (清)孙诒让:《周礼正义》(第2分册),中华书局1987年版,第576页。
[52] (清)孙诒让:《周礼正义》(第1分册),中华书局1987年版,第223页。
[53] (清)孙诒让:《周礼正义》(第2分册),中华书局1987年版,第511页。

司徒与社会教化

——以《周礼·地官》为中心

张　磊*

司徒为周代最重要职官之一。《周礼·地官》对司徒的记载最为丰富。《周礼·地官》所记司徒最主要的职责就是推行社会教化。《周礼·地官》云：

> 惟王建国，辨方正位，体国经野，设官分职，以为民极。乃立地官司徒，使帅其属而掌邦教，以佐王安扰邦国。

郑注云："教所以亲百姓，训五品。有虞氏五，而周十有二焉。扰亦安也，言饶衍之。"[①]这非常明确地指出司徒的职责是掌管教化百姓。林素英认为地官司徒"虽然负责辨方正位之工作，执掌封疆地政赋贡荒政等业务，然而毕竟以掌理邦教安定社会秩序为最重要之任务"，并有"以礼为主以刑为辅的考虑详密的礼教思想系统"。[②] 这对司徒与教化的关系概括可谓准确。

"教化"一词，先秦之人频繁提及。《荀子·议兵》云："礼义教化，是齐人也。"《战国策·宋卫策》云："治无小，乱无大。教化喻于民，三百(里)[③]之城，足以为治。"《管子·七法》云："渐也、顺也、靡也，久也、服也、习也，谓之化"；"变俗易教，不知化不可"。关于"教化"的概念，学者讨论较多。[④] 有学者指出：

---

* 山东师范大学齐鲁文化研究院副教授。

① (清)孙诒让：《周礼正义》，中华书局1987年版，第641页。

② 林素英：《大司徒的礼教思想》，载国际儒学联合会、中国孔子基金会、联合国教科文组织：《纪念孔子诞生2555周年国际学术研讨会论文集(卷二)》，2004年10月。

③ 张清常、王延栋：《战国策笺注》，南开大学出版社1993年版，第865页。

④ 陈宗章、尉天骄：《"教化"：一个需要澄清的概念》，载《河海大学学报(哲学社会科学版)》2011年12月第4期。

所谓教化,即政教风化、教育感化。《诗·周南·关雎序》载:"美教化,易风俗"。也比喻环境影响。《史记·三王世家》载:"传曰:'蓬生麻中,不扶自直,白沙在泥中,与之俱黑'者,土地教化使之然也。"社会教化就是统治者通过行政的或教育的各种手段对全社会实施的普遍的道德训练与情感陶冶,以便使全社会形成统一的道德认识和道德实践。[⑤]

也有学者指出:

教化就是运用各种政治的、经济的、道德的、礼仪的、教育的、宗教的以及各种社会组织的手段,来影响人们的道德意识、思想行为的形成,从而建立起稳固的统治秩序。[⑥]

另有学者指出:

所谓"教化",本义是上施下效,长善救失,使有改变。[⑦]

上述学者分析颇有道理,点出了教化的本质和含义,即通过外在的手段主要以温和的方式影响人们的内心和行为。

关于教化目的和方式、措施,有学者指出:

设官教民是古代实施社会教化的一条十分宝贵的经验。[⑧]

也有学者指出:

社会人心的教化方式有多种,但教化的目标却是一致的,那就是使得人们知修身、敢担当、讲仁爱、重和谐。至迟到周代,中国就已经形成了自己的教化传统,周代的司徒之官,便负责掌管"邦教"……[⑨]

本文循着上述学术界关于"教化"的认识论述《周礼·地官》中司徒及有关的教化思想。

---

⑤ 全红:《中国古代社会教化问题探讨》,载《中国青年政治学院学报》1994年第1期。
⑥ 张惠芬主编:《中国古代教化史》,山西出版集团·山西教育出版社2009年版,前言。
⑦ 杨朝明:《刍议儒家的教化文化》,载《孔子研究》2008年第6期。
⑧ 全红:《中国古代社会教化问题探讨》,载《中国青年政治学院学报》1994年第1期。
⑨ 杨朝明:《刍议儒家的教化文化》,载《孔子研究》2008年第6期。

一

《周礼·地官》中司徒负责施行教化，下面兹分大司徒和小司徒进行论述。

（一）大司徒

《周礼·地官·大司徒》云：

> 大司徒之职，掌建邦之土地之图与其人民之数，以佐王安扰邦国。以天下土地之图，周知九州之地域广轮之数，辨其山、林、川、泽、丘、陵、坟、衍、原、隰之名物，而辨其邦国都鄙之数，制其畿疆而沟封之。设其社稷之壝而树之田主，各以其野之所宜木，遂以名其社与其野。⑩
>
> 以土会之法，辨五地之物生：一曰山林，其动物宜毛物，其植物宜早物，其民毛而方；二曰川泽，其动物宜鳞物，其植物宜膏物，其民黑而津；三曰丘陵，其动物宜羽物，其植物宜核物，其民专而长；四曰坟衍，其动物宜介物，其植物宜荚物，其民晳而瘠；五曰原隰，其动物宜羸物，其植物宜丛物，其民丰肉而庳。⑪

大司徒掌理天下土地之舆图和记载人民数目之户籍，以辅佐天子安定天下。大司徒根据天下土地之舆图，详知九州的地域与面积；辨别山林、川泽、丘陵、坟衍、原隰等各种不同名称和所生产的物品。大司徒以土会之法辨别五种不同土地所生的动植物与居住的人民，了解各地的风土人情，才能施行教化。

教化的具体内容是什么呢？首先，大司徒推行周礼指导和约束人们的社会行为。《周礼·地官·大司徒》云：

> 因此五物者民之常，而施十有二教焉：一曰以祀礼教敬，则民不苟。二曰以阳礼教让，则民不争。三曰以阴礼教亲，则民不怨。四曰以乐礼

---

⑩ 广轮之数：东西为广，南北为轮。此指天下土地之面积。坟衍原隰：坟，水边高起的堤岸。衍，广平的低地。原，广平的高地。隰，低湿之地。名物：各种不同名称之地及其所生之物。畿，王畿。疆，界。沟封，谓划定疆界，即于疆界之上设沟。沟边积土为封，并种上树木。壝，围绕祭坛四周的矮土墙。田主，田神之主。古人以为木之茂者为神所凭依，故以各种树木作为各地田神之主。并以树木之名称为社野之名。本文所论，对《周礼》原文的注释和译文参考了钱玄等著：《周礼注译》，岳麓书社2001年版。其他各处不再一一注明或说明。

⑪ 会，计算。土会之法，根据各种土地所生之各种动植物和人民，从而制定贡税之法则。

> 教和，则民不乖。五曰以仪辨等，则民不越。六曰以俗教安，则民不偷。七曰以刑教中，则民不虣。八曰以誓教恤，则民不怠。九曰以度教节，则民知足。十曰以世事教能，则民不失职。十有一曰以贤制爵，则民慎德。十有二曰以庸制禄，则民兴功。[12]

按照五种不同地方人民的生活习惯，大司徒施行十二种教化：第一种以祭祀之礼教民尊重，那么人民就不会苟且随便。第二种以乡射、饮酒之礼教民谦让，那么人民就不会相争。第三种以婚姻之礼教民相亲相爱，那么人民就不会产生怨恨。第四种以六乐教民和睦，那么人民就不会行为乖戾。第五种以礼仪辨别尊卑的等级，那么人民就不会越规犯上。第六种以良好的习俗教民安居乐业，那么人民就不会苟且偷生。第七种以刑罚教民处事中正，那么人民就不会发生暴乱。第八种以誓戒教民敬慎，那么人民就不会懈怠。第九种以各种等级制度教民节制，那么人民就会知道满足。第十种以世代相传的技艺教民技能，那么人民就不会失业。第十一种根据贤行颁予爵位，那么人民就会崇尚德行而相劝为善。第十二种根据功绩颁予俸禄，那么人民就会努力于职事而争取建功立业。礼乐教化是大司徒推行社会教化的最主要方面。

其次，大司徒教民以技艺。《周礼·地官·大司徒》云：

> 颁职事十有二于邦国都鄙，使以登万民：一曰稼穑，二曰树蓺，三曰作材，四曰阜蕃，五曰饬材，六曰通财，七曰化材，八曰敛材，九曰生材，十曰学艺，十有一曰世事，十有二曰服事。[13]

---

⑫ 郑注曰："阳礼谓乡射饮酒之礼也。阴礼谓男女之礼。昏姻以时则男不旷，女不怨。仪谓君南面臣北面、父坐子伏之属。俗谓土地所生习也。愉谓朝不谋夕。恤谓灾危相忧。民有凶患，忧之则民不懈怠。度谓宫室车服之制。世事谓士农工商之事。少而习焉，其心安焉，因教以能，不易其业。慎德谓矜其善德，劝为善也。庸，功也。爵以显贤，禄以赏功。"孙诒让云："'因此五物者民之常．而施十有二教焉'者，五物蒙上五地物生为文，五物随地不同，而民相与习惯，安其常居，乃可因藉而施以教法也。此十二教为教官官法之总要，兼有礼乐仪等及制爵制禄，则事通于贵贱，不专施于庶民也。"（清）孙诒让：《周礼正义》，中华书局1987年版，第705页。阳礼：指乡射、饮酒之礼。古人行礼，凡祭祀宾客丧纪之礼，妇女均可参加，惟乡射、饮酒纯为男人之事，而男人主阳，故称阳礼。阴礼：指婚姻之礼。古人以为妇人主阴，故称阴礼。乐为五声八音之乐。愉，通"偷"，苟且。度，有关车服宫室之等级制度。世事：指士农工商等各种专业累世相传之技艺。

⑬ 作材，即太宰九职之三，虞衡作山泽之材。阜蕃，太宰九职之四，薮牧养蕃鸟兽。饬材，即太宰九职之五，百工饬化八材。通材，即太宰九职之六，商贾阜通货贿。化材，即太宰九职之七，嫔妇化治丝枲。敛材，即太宰九职之八，臣妾聚敛疏材。生材，即太宰九职之九，贤民无常职转移职事。学艺，学道艺，特指学士。服事，为公家办事，特指府吏胥徒等庶人为吏者。

大司徒分别向诸侯及畿内都鄙颁布十二种职事：第一种是种植九谷，第二种是种植果木菜蔬，第三种是采集山林和川泽中出产的物品，第四种是养殖鸟兽，第五种是加工金石珠玉等器物，第六种是贩卖货物，第七种是纺治丝麻，第八种是采集野生果实，第九种是闲居无事可受雇于农工商贾虞衡等，第十种是学习道德文艺，第十一种是从事世代相传的专业技艺，第十二种是在官府服务。教民以技艺是大司徒推行社会教化的重要内容和措施之一。

再次，大司徒重视人心教化。“教化天下，关键在于教化人心。”⑭《周礼·地官·大司徒》云：

> 以乡三物教万民而宾兴之：一曰六德：知、仁、圣、义、忠、和；二曰六行：孝、友、睦、姻、任、恤；三曰六艺：礼、乐、射、御、书、数。⑮

大司徒用乡学的三种教法来教化万民。第一种是六德：知、仁、圣、义、忠、和；第二种是六行：孝、友、睦、姻、任、恤；第三种是六艺：礼、乐、射、御、书、数。对于有贤能的人，大司徒就以宾客之礼敬待他，并荐举给天子。六德与六行皆关系到人之心灵美德。注重人心教化，是大司徒推行社会教化的深入层面。

最后，大司徒教民辅之以刑罚。《周礼·地官·大司徒》云：

> 以乡八刑纠万民：一曰不孝之刑，二曰不睦之刑，三曰不姻之刑，四曰不弟之刑，五曰不任之刑，六曰不恤之刑，七曰造言之刑，八曰乱民之刑。⑯

大司徒以适用于乡的八种刑罚来纠察万民：第一种是对尊亲不孝的刑罚，第二种是对族人不睦的刑罚，第三种是对亲戚不和好的刑罚，第四种是

---

⑭ 杨朝明：《刍议儒家的教化文化》，载《孔子研究》2008年第6期。

⑮ 郑注曰：“物犹事也，兴犹举也。民三事教成，乡大夫举其贤者能者，以饮酒之礼宾客之，既则献其书于王矣。知，明于事。仁，爱人以及物。圣，通而先识。义，能断时宜。忠，言以中心。和，不刚不柔。善于父母为孝，善于兄弟为友。睦，亲于九族。姻，亲于外亲。任，信于友道。恤，振忧贫者。礼，五礼之义。乐，六乐之歌舞。射，五射之法。御，五御之节。书，六书之品。数，九数之记。”孙诒让疏云：“‘以乡三物教万民而宾兴之’者，此即六乡大夫宾兴贤能之事。……乡三物者，教乡学之官法，大司徒颁之六乡之吏，使教于乡庠、州序、党序及四郊虞庠之等，有此三事也。”孙诒让：《周礼正义》，中华书局1987年版，第757页。乡三物，乡大夫教导乡学的三种方法。知，通智，明于事。仁，爱人以及物。圣，博通先识。义，处事得义。忠，忠诚，敬出内心。和：刚柔相宜。姻，亲于母族、妻族等亲戚。任，讲信用。恤，救济贫苦之人。礼，五礼。乐，音乐歌舞。射，五射之法。御，五御之节。书，六书。数，九种算法。

⑯ 孙诒让疏云：“‘以乡八刑纠万民’者，此即十二教以刑教中则民不暴之事。乡八刑，刑之行于乡中也。司徒掌六乡，故兼掌其刑，《大司寇》五刑三曰乡刑是也。”（清）孙诒让：《周礼正义》，中华书局1987年版，第760页。弟，通悌，敬爱兄长。乱民，更造法度使民疑惑。

对兄长不敬的刑罚，第五种是对朋友无信的刑罚，第六种是贫苦之人不周恤的刑罚，第七种是对造谣惑众的刑罚，第八种是对乱民的刑罚。这八种刑罚，主要目标是维护家庭和谐和、社会稳定。大司徒以刑罚教化万民纠偏改错。

总之，大司徒以礼乐施行教化，以适当的刑罚措施保证教化的效果。《周礼·地官·大司徒》云：

> 以五礼防万民之伪而教之中，以六乐防万民之情而教之和。⑰ 凡万民之不服教而有狱讼者，与有地治者，听而断之，其附于刑者归于士。⑱

大司徒用五礼来防止万民的诈伪，教导他们事事都能合乎中正；用六乐来节制万民的情欲，教导他们都能心平气和。凡是遇到人民有不服教化而产生狱讼的，大司徒就会同当地的官吏来审讯判决；但如果其罪属于墨、劓、刖、杀五刑，就必须移交给司寇或士师等司法官去处理。大司徒推行教化的方式就是以礼乐教化为主，辅之以技艺，并在必要的时候以适当的刑罚保证教化效果。

（二）小司徒

小司徒辅助大司徒分管一些教化工作。《周礼·地官·小司徒》云：

> 小司徒之职：掌建邦之教法……⑲

小司徒负责建立国家的教官教法。

首先，小司徒调查了解民情。《周礼·地官·小司徒》云：

> 乃颁比法于六乡之大夫，使各登其乡之众寡、六畜、车辇，辨其物，

---

⑰ 郑注曰："礼所以节止民之奢伪，使其行得中。"孙诒让疏曰："以五礼防万民之伪而教之中者，此即十二教'一曰以祀礼教敬则民不苟，二曰以阳礼教让则民不争，三曰以阴礼教亲则民不怨，之事。"郑注曰："乐所以荡正民之情思，使其心应和也。"孙诒让疏曰："以六乐防万民之情而教之和者，此即十二教'以乐教和则民不乖'之事。"（清）孙诒让：《周礼正义》，中华书局1987年版，第761—762页。孙诒让所引"以乐教和则民不乖"比较原文"乐"后漏一"礼"字。

⑱ 郑注曰："不服教，不厌服于十二教，贪冒者也。争罪曰狱，争财曰讼。有地治者，谓乡州及治都鄙者也。附，丽也。士，司寇、士师之属。" 五礼，吉凶军宾嘉五种礼。六乐，云门、咸池、大韶、大夏、大濩、大武六种乐。狱讼，刑事方面曰狱，民事方面曰讼。士，指司寇、士师等主狱讼断刑之官，犹今之司法官。

⑲ 贾疏云："小司徒副贰大司徒之事。大司徒已掌十二教，故此小司徒又掌建邦之教法。言建者，非但副贰大司徒，亦得专其事。"孙诒让疏云："'掌建邦之教灋'者，谓建立教官之官灋也。"（清）孙诒让：《周礼正义》，中华书局1987年版，第772页。

以岁时入其数，以施政教，行征令。及三年则大比，大比则受邦国之比要。[20]

小司徒颁布调查统计户口、货物的法则，交给六乡的大夫，使他们各自查明确定一乡的人口、户数及六畜、车辇之数，分别弄清各家拥有的财物，按照每年规定的时间将数目呈报，然后根据这些具体数目，施行政治教法，宣布征役、役赋等法令。小司徒每三年就大规模调查一次，然后接受天下邦国呈送的记载户口财物的簿册。小司徒调查了解民情，为推行社会教化奠定了必要的基础。

其次，小司徒督查各级负责教化的官吏。《周礼·地官·小司徒》云：

岁终，则考其属官之治成而诛赏，令群吏正要会而致事。正岁则帅其属，而观教法之象，徇以木铎，曰："不用法者，国有常刑！"令群吏宪禁令，修法纠职，以待邦治。及大比六乡四郊之吏，平教治，正政事，考夫屋及其众寡、六畜、兵器，以待政令。[21]

每到年终岁末，小司徒考核属下官员工作成绩，施行赏罚，并命令各级官员整理各自的政绩材料以便呈报。每年正月，小司徒率领属官观览写有教典的木版，并摇动木铎来告诫他们如果违法行事，那么国家有规定的刑法来制裁。小司徒命令各属官把有关宫禁、国禁、野禁等禁令悬挂在各自治所，修订法制，纠察职事，并供国家治理之用。到了大规模考核的时候，小司徒便考校六乡四郊的官吏，评核他们的教育工作，规正他们的政治事务。小司徒通过考核督查等措施促进社会教化。

二

大司徒建立严密的社会组织，依靠各级教化之官，推行对民众的教化。

第一，建立严密的社会组织。《周礼·地官·大司徒》云：

正月之吉始和，布教于邦国都鄙，乃县教象之法于象魏，使万民观

---

[20] 比法，调查统计户口、货物之法，此指小比，每三月举行一次。大比，每三年全国调查统计户数及其财物。比要，调查、统计户口财物的簿册。

[21] 治成，记载工作成绩的簿册。考夫屋，一井九夫，三夫为屋，三屋为井。考夫屋，考查乡遂沟洫井田之数。宪，悬挂。

教象，挟日而敛之；乃施教法于邦国都鄙，使之各以教其所治民。令五家为比，使之相保；五比为闾，使之相受；四闾为族，使之相葬；五族为党，使之相救；五党为州，使之相赒；五州为乡，使之相宾。[22][23]

正月初一日，大司徒开始向诸侯国和畿内都鄙宣布教典，先把写有教典的木版悬挂在魏阙上，让万民观看，悬挂十天之后才将教典收藏起来；接着分别向各诸侯国和都鄙颁布教典，使诸侯公卿大夫等据以施教于治下的人民。大司徒命令五家编为一比，使他们能相互保证信任；五比为一闾，使他们可以互相托付；四闾为一族，使他们遇到丧葬相互吊祭；五族为一党，使他们能相互帮助；五党为一州，使他们能相互补助不足；五州为一乡，使他们尊敬乡中贤能之人。大司徒以公布教典的方式向全社会进行教化，效果明显。严密的社会组织为大司徒在社会上推行教化提供了组织依托和保证。

第二，各级教化之官层次清晰，职责明确。

(1) 乡师。《周礼·地官·乡师》云：

乡师之职：各掌其所治乡之教而听其治。

乡师掌管所治之乡的教化。[24]

(2) 乡大夫。《周礼·地官·乡大夫》云：

乡大夫之职：各掌其乡之政教禁令。正月之吉，受教法于司徒，退而颁之于其乡吏，使各以教其所治，以考其德行，察其道艺。[25]

以岁时登其夫家之众寡，辨其可任者。国中自七尺以及六十，野自

㉒ 象魏：古代宫廷外的一对高建筑，用以悬示法令。也称魏阙。县，通悬。受，托付。赒，赡养，补助。

㉓ 郑注曰："正月之吉，周正月朔日也。司徒以布王教，至正岁，又书教法而县焉。"孙诒让疏云："'正月之吉始和布教于邦国都鄙'者，自此至职末并大司徒当官专领之职事，所谓官常也。此以周正建子之月吉日，布教于天下。……云'乃县教象之法于象魏，使万民观教象'者，教象之法，即十二教及乡三物之类。司徒于布教之日，即县教于象魏，使万民观之也。天子象魏在库门……"(清)孙诒让：《周礼正义》，中华书局 1987 年版，第 751 页。

㉔ 孙诒让疏云："'各掌其所治乡之教'者，掌乡学之政，凡乡学以乡人之有德行道艺而高年者为之师……"同上书，第 819 页。

㉕ 郑注云："其乡吏，州长以下。"孙诒让云："正月之吉，受教法于司徒者"，贾疏云："吉谓建子之月，月朔之日。教灋谓若'大司徒职'十二教以下，其法皆受于司徒而来"。云："退而颁之于其乡吏，使各以教其所治"者，乡吏通州长以下至比长，皆受此官所颁之教法，以教其民。州长、党正则各与乡先生教民与其学，族师以下无学，则岁时读法亦各于其治以此法教民也。参见同上书，第 839 页。

六尺以及六十有五，皆征之。其舍者，国中贵者、贤者、能者、服公事者、老者、疾者皆舍。以岁时入其书。三年则大比，考其德行道艺，而兴贤者、能者。乡老及乡大夫帅其吏，与其众寡，以礼礼宾之。[26]

厥明，乡老及乡大夫、群吏，献贤能之书于王，王再拜受之，登于天府，内史贰之。退而以乡射之礼五物询众庶：一曰和，二曰容，三曰主皮，四曰和容，五曰兴舞。此谓使民兴贤，出使长之；使民兴能，入使治之。[27]

岁终，则令六乡之吏，皆会政致事。正岁，令群吏考法于司徒，以退，各宪之于其所治之。国大询于众庶，则各帅其乡之众寡而致于朝。国有大故，则令民各守其闾，以待政令，以旌节辅令，则达之。[28]

乡大夫掌管本乡的政教政令。每年正月，乡大夫接受司徒颁发的教法，然后转颁给本乡的各级官员，使他们遵照这个教法各自教所治的人民，考察他们的德行和道艺。乡大夫每三年便进行一次大规模地考察人民的德行道艺，并荐举那些品德好的和有才能的人。接着乡老和乡大夫便率领所属的官吏以及善良的乡民，用乡饮酒礼来接待那些被荐举的人，以表尊敬。乡老和乡大夫各在本乡与乡人举行乡射礼，而观察习射的人，并征询大家的意见，以便预选下届被荐举的贤才。这就是说要让百姓们自己推举德行好的人，使他们能到王朝的官府中做官长；让百姓们自己推举有才能的人，来做本乡的官吏而治理他们。每年正月，乡大夫命令所属官吏观看司徒所颁布的教法，作为考校行事的准则，然后各级官吏把这些教法悬挂在自己的衙门内公布。乡大夫以尚贤、尚能推举官吏，并督导属官注重落实社会教化。

---

[26] 郑注云："贤者，有德行者。能者，有道艺者。众寡，谓乡人之善者无多少也。……玄谓变举言兴者，谓合众而尊宠之，以乡饮酒之礼，礼而宾之。"孙诒让疏云："……云'考其德行道艺，而兴贤者、能者'者，即所谓选士也。乡之学士其始学于州党之学，学成则州长、党正论其秀者，升之乡学，学成则乡老、乡大夫、乡师论其秀者，升之司徒。"（清）孙诒让：《周礼正义》，中华书局 1987 年版，第 845 页。

[27] 郑注曰："言是乃所谓使民自举贤者，因出之而使之长民，教以德行道艺于外也。使民自举能者，因人之而使之治民之贡赋田役之事于内也。言为政以顺民为本也。……"孙诒让疏云："'此谓使民兴贤，出使长之，使民兴能，入使治之'者，明乡大夫所宾兴之贤能，亦同于司士诏爵诏事之典，即以充异日长吏之选也。凡民之有德行者，在乡称贤，在学为师，仕于国则为长。民之有道艺者，在乡称能，在学称儒，仕于国则为长。则下无不兴之贤能，上无不贤不能之长吏矣。"同上书，第 856 页。

[28] 孙诒让疏云："'正岁令群吏考法于司徒'者，即《小司徒》云：'正岁，则帅其属而观教法之像，令群吏憲禁令，修法纠职，以待邦治。'考法于司徒，谓观象于司徒所治之官府，因而考论受行之群吏，亦即上文乡吏是也。……"同上书，第 858 页。

(3) 州长。《周礼·地官·州长》云:

> 州长:各掌其州之教治政令之法。㉙ 正月之吉,各属其州之民而读法,以考其德行道艺而劝之,以纠其过恶而戒之。若以岁时祭祀州社,则属其民而读法,亦如之。春秋以礼会民,而射于州序。凡州之大祭祀、大丧,皆莅其事。若国作民而师、田、行、役之事,则帅而致之,掌其戒令与其赏罚。岁终,则会其州之政令;正岁,则读教法如初。三年大比,则大考州里,以赞乡大夫废兴。㉚

州长掌管本州的教治政令的典法。每年正月,州长聚集本州的人民阅读一年的政令与教法,考察他们的德行道艺,并加以劝勉,纠正他们的过失邪恶,并进行告诫。如果按时举行春秋二时的祭祀州社,祭祀完毕后州长亦一样聚集人民读法并纠正过失及劝诫。春秋二时,州长聚集民众演习乡射礼……到了正月,阅读教法和以往一样。州长从政令教法、德行道艺、礼乐三个方面对社会民众推行教化。这种教化虽然主要用劝勉等温和的手段,但是也会辅之以惩罚等强制手段。

(4) 党正。《周礼·地官·党正》云:

> 党正:各掌其党之政令教治。㉛ 及四时之孟月吉日,则属民而读邦法以纠戒之;春秋祭禜,亦如之。国索鬼神而祭祀,则以礼属民,而饮酒于序,以正齿位:壹命,齿于乡里;再命,齿于父族;三命而不齿。凡其党之祭祀、丧纪、昏冠、饮酒,教其礼事,掌其戒禁;凡作民而师、田、行、役,则以其法治其政事。岁终,则会其党政,帅其吏而致事;正岁,属民读法,而书其德行道艺。以岁时莅校比,及大比,亦如之。㉜

党正各自掌理本党的政令教治。每逢四时第一个月初一,党正便聚集

㉙ 孙诒让疏云:"'各掌其州之教治政令之法'者,州长之官法也。教者,与乡先生以乡三物教于州学也。教治政令,四者平列,犹《乡大夫》云'各掌其乡之政教禁令'也。"(清)孙诒让:《周礼正义》,中华书局1987年版,第861页。

㉚ 郑注曰:"属犹合也,聚也。因聚众而劝戒之者,欲其善。"孙诒让疏云:"'正月之吉,各属其州之民而读法'者,以下并掌当州教治之事。……云'以考其德行道艺而劝之'者,与司谏为官联也。德行道艺等,党正以下各有所书,此官又总校考之。……云'以纠其过恶而戒之'者,与司救为官联也。过恶即《司救》之衺恶过失,纠戒亦与司救诛让防禁事略同。"同上书。属:聚集。州社:州中之官社。州序:州所置的学校。

㉛ 孙诒让疏云:"'各掌其党之政令教治'者,教谓教于党学及后祭祀、丧纪、昏冠、饮酒之礼事是也。"同上书,第868页。

㉜ 祭禜:禳除水旱等灾害的祭祀。

民众阅读邦法，纠正告诫他们。春秋祭禜的时候，党正亦一样聚集民众读法。到了年终举行蜡祭的时候，党正便聚集民众在党学里举行乡饮酒礼，并按照年龄的大小排定位置，……凡党中人民有祭祀、丧葬、婚冠、饮酒等事，党正便要教他们礼法，并执掌戒令督察，防止越礼。党正推行礼法兼用的社会教化。

（5）族师。《周礼·地官·族师》云：

> 族师：各掌其族之戒令政事。月吉，则属民而读邦法，书其孝、弟、睦、姻、有学者。[33] 春秋祭酺，亦如之。以邦比之法，帅四闾之吏，以时属民而校，登其族之夫家众寡，辨其贵贱、老幼、废疾、可任者，及其六畜、车辇。五家为比，十家为联；五人为伍，十人为联；四闾为族，八闾为联：使之相保相受，刑罚庆赏，相及相共，以受邦职，以役国事，以相葬埋。若作民而师、田、行、役，则合其卒伍，简其兵器，以鼓铎、旗物帅而至，掌其治令、戒禁、刑罚。岁终，则会政致事。

族师是管理一族之长，各自掌理本族的戒令政事。族师每月初一日聚集民众阅读邦法，把那些有孝、悌、睦、姻诸种德行的和有学问才能的人都记录下来。春秋祭酺的时候族师也一样聚民读法。族师对民众按照一定的单位进行编制，使他们互相信任保证，互相托付。族师对全族之人推行教化，强调孝、悌、睦、姻等美好德行和学问才能，引导族人向善好学。

（6）闾胥。《周礼·地官·闾胥》云：

> 闾胥：各掌其闾之征令。以岁时各数其闾之众寡，辨其施舍。凡春秋之祭祀、役政、丧纪之数[34]，聚众庶，既比，则读法，书其敬、敏、任、恤者。[35] 凡事，掌其比、觥挞罚之事。

闾胥各自掌理本闾的征令。凡春秋举行祭祀或有征役、行射、乡饮、丧葬等事，聚集民众，四时小比后，闾胥率领本闾之人都要进行读法，记录有敬、敏、任、恤四种德行的人。凡有祭祀、乡射、饮酒等事，闾胥便负责监督，如有失礼的人，视其情节轻重，分别采取罚酒与扑挞等处罚。闾胥率领本闾

---

[33] 孙诒让疏云："'月吉则属民而读邦法，书其孝悌睦婣（姻）有学者'者，贾疏云：'党正所书，德行道艺具言。此云孝悌睦婣（姻），惟据六行之四事。有学，即六艺也。计族师所书，亦应不疑党正。但文有详略，故所言有异。但族师亲民，故析别而言耳。'诒让案：闾胥读法，已书其敬敏任恤者，故此官唯书孝悌睦婣，与闾胥互相备也。"（清）孙诒让：《周礼正义》，中华书局1987年版，第878页。

[34] 数，当作"事"。

[35] 既：通"暨"，和。任：讲信用。恤，救济贫困。

之人读习教法，推崇美德，并以处罚手段维护周礼，是比较鲜明地推行社会教化。

(7) 比长。《周礼·地官·比长》云：

比长：各掌其比之治。五家相受，相和亲。有罪奇邪，则相及。徙于国中及郊，则从而授之；若徙于他，则为之旌节而行之；若无授无节，则唯圜土内之。[36]

比长各自掌理本比的治务。比长使五家能信任托付，互相和睦亲爱；如果有犯罪或造谣惑众的，五家都要连带处罚。教育邻里和睦是教化的应有含义。

三

大司徒及其属官进行教化的对象涵盖社会各个阶层，包括王公贵族和黎民百姓。

第一，对天子、贵族及其子弟的教育。

(1) 师氏。《周礼·地官·师氏》云：

师氏：掌以媺诏王。[37] 以三德教国子[38]：一曰至德，以为道本；二曰敏德，以为行本；三曰孝德，以知逆恶。教三行：一曰孝行，以亲父母；二曰友行，以尊贤良；三曰顺行，以事师长。[39] 居虎门之左，司[40]王朝。掌国中失之事[41]，以教国子弟，凡国之贵游子弟[42]学焉。凡祭祀、宾客、会

---

[36] 奇邪：邪，恶。奇邪，指造谣惑众等。圜土：指监狱。

[37] 郑注云："告王以善道也。"孙诒让疏云："注云'告王以善道也'者……谓以善道告王使行之。……"(清)孙诒让：《周礼正义》，中华书局1987年版，第997页。媺，美，善道王。

[38] 国子，公卿大夫士之子弟。

[39] 郑注云："德行，内行之称。在心为德，施之为行。至德，中和之德，覆焘持载含容者也。……敏德，仁义顺时者也。……孝德，尊祖爱亲，守其所以生者也。……孝在三德之下，三行之上，德有广于孝，而行莫尊焉。国子，公卿大夫之子弟，师氏教之，而世子亦齿焉，学君臣、父子、长幼之道。"孙诒让疏云："'以三德教国子'者，三德三行皆此官掌小学教国子之官法也。案：……师氏教以德行，保氏教以道艺……云'教三行'者，教国子以躬行之事，其要有三也。……"(清)孙诒让：《周礼正义》，中华书局1987年版，第997—998页。

[40] 司，伺，察。察王之视朝，如有善道可行者，则当前往诏告之。

[41] 中失之事：中失即得失。此指国家旧行之事，亦即掌故。

[42] 贵游子弟：王公子弟及卿大夫之子在学习阶段尚未入仕者。

同、丧纪、军旅,王举则从;听治[43]亦如之。使其属帅四夷之隶[44],各以其兵服守王之门外,且跸。朝在野外,则守内列。[45]

师氏掌管以善道诏告天子,使其能够遵行,并负责用三德来教导王公及卿大夫的子弟:第一是至德,把它作为道的根本;第二是敏德,把它作为行的根本;第三是孝德,让他们知道不可忤逆的事。师氏同时教导他们三行:第一是孝行,使他们能孝顺父母;第二是友行,使他们能尊敬贤良之人;第三是顺行,使他们能尊事师长。师氏的朝位在虎门的左边,以时刻观察天子临朝的一切事情。师氏负责熟悉国家以往的得失掌故,用来教育王公及卿大夫的子弟。凡是王公子弟及卿大夫元士之子尚未出仕的,都要随从师氏在王宫的南左小学里学习。三德和三行触及教化的根本,所以师氏担负对王公贵族及其子弟进行教化的重要职责。

(2) 保氏。《周礼・地官・保氏》云:

保氏:掌谏王恶,[46]而养国子以道。[47] 乃教之六艺:一曰五礼,二曰六乐,三曰五射,四曰五驭,五曰六书,六曰九数。[48] 乃教之六仪:一曰祭祀之容,二曰宾客之容,三曰朝廷之容,四曰丧纪之容,五曰军旅之容,六曰车马之容。凡祭祀、宾客、会同、丧纪、军旅,王举则从;听治亦如之。使其属守王闱[49]。

保氏掌管劝谏天子的过失,并负责用道艺来教王公、卿、大夫、士的子

---

[43] 听治,天子在野外听朝。

[44] 四夷之隶,蛮隶、闽隶、夷隶、貉隶。

[45] 内列:列,同"厉",厉禁,宿卫。此指担任天子野舍之内警卫,而其外警卫则由司马帅六师守之。

[46] 郑注云:"谏者,以礼义正之。"孙诒让疏云:"'掌谏王恶'者,此官掌教小学而兼为王之谏官也。"(清)孙诒让:《周礼正义》,中华书局 1987 年版,第 1010 页。

[47] 郑注云:"养国子以道者,以师氏之德行审论之,而后教之以艺仪也。五礼,吉凶军宾嘉也。六乐,云门、大咸、大韶、大夏、大濩、大武也。郑司农云:'五射,白矢、参连、剡注、襄尺、井仪也。五驭,鸣和鸞(鸾)、逐水曲、过君表、舞交衢、逐禽左。六书,象形、会意、转注、处事、假借、谐声也。九数,方田、粟米、差分、少广、商功、均输、方程、赢不足、旁要。今有重差、夕桀、句股也。……"孙诒让疏云:"'而养国子以道'者,此官居小学,教国子以道艺,与师氏教德行互相备也。……"同上书,第 1011 页。养,教养。道,道艺。

[48] 五礼:吉凶宾军嘉五种礼。六乐,云门、大咸、大韶、大夏、大濩、大武六种古乐。五射:白矢、参连、剡注、襄尺、井仪五种射技。五驭:鸣和鸾、逐水曲、过君表、舞交衢、逐禽左五种驾车马的技术。六书:指事、象形、形声、会意、转注、假借六种造字方法。九数:方田、粟米、差分、少广、商功、均输、方程、赢不足、旁要九种算术法。

[49] 王闱,王宫的侧门。

弟。保氏首先教他们六艺：第一是五礼，第二是六乐，第三是五射，第四是五驭，第五是六书，第六是九数；又教他们六仪：第一是祭祀的仪容，第二是宾客的仪容，第三是朝廷的仪容，第四是丧事的仪容，第五是军旅的仪容，第六是驾驭车马的仪容。六艺和六仪也涉及教化的根本，所以保氏也是对王公贵族及其子弟教化的重要角色。

第二，对黎民百姓的教育。

（1）司谏。《周礼·地官·司谏》云：

> 司谏：掌纠万民之德而劝[50]之，朋友正其行而强之，道艺巡问而观察之，以时书其德行道艺，辨其能而可任于国事者。以考乡里之治，以诏废置，以行赦宥。[51]

司谏掌管纠察天下万民的品德并劝勉他们善交朋友，同时端正他们的品行，勉励他们学习道艺；巡问民间并且留心观察，按时记录百姓的德行、道艺，辨明他们当中有才能而可以任以国事的人；考核乡里官吏的治绩，并禀告天子，以决定他们的升迁与废黜，以及赦罪和宽免。司谏的这些职责，明显是强调教化。

（2）司救。《周礼·地官·司救》云：

> 司救：掌万民之邪恶过失而诛让之，以礼防禁而救之。[52] 凡民之有邪恶者，三让而罚，三罚而士加明刑，耻诸嘉石，役诸司空；[53]其有过失者，三让而罚，三罚而归于圜土。[54] 凡岁时有天患民病，则以节巡国中及

---

[50] 劝，劝勉，勉励。

[51] 赦宥：赦罪；宥，宽宥。

[52] 孙诒让疏云："'掌万民之邪恶过失而诛让之'者，此掌教救罢民之事。……云'以礼防禁而救之'者，申明礼法，以防禁其为非，即所以救其陷罪。"（清）孙诒让：《周礼正义》，中华书局 1987 年版，第 1021 页。诛让：责罚。

[53] 郑注云："罚谓挞击之也。加明刑者，去其冠饰，而书其邪恶之状，著之背也。嘉石，朝士所掌，在外朝之门左，使坐焉而以耻辱之；既而役诸司空，使事官作之也。坐役之数，存于司寇。"孙诒让疏云："'凡民之有邪恶者，三让而罚'者，此治邪恶之罢民，与朝士为官联也。三让三罚，即此官防禁之事。云'三罚而士加明刑，耻诸嘉石，役诸司空'者，让罚而改则释之，若三罚不悛，则归之司寇，使朝士耻之，司空役之也。……"（清）孙诒让：《周礼正义》，中华书局 1987 年版，第 1022 页。士：朝士，属秋官。明刑：指脱去衣冠，将所犯罪状写在方块木板上，挂在背后。嘉石：古代于库门外外朝之左立有纹理的石头，命犯人坐在示众。所坐之石称嘉石。

[54] 郑注云："圜土，狱城也。过失近罪，昼日任之以事而收之，夜藏于狱，亦加明刑以耻之。不使坐嘉石，其罪已著，未忍刑之。"孙诒让疏云："'其有过失者，三让而罚'者，此治过失之罢民，与司圜为官联也。亦三让三罚之。云'三罚而归于圜土'者，三罚不悛则归之司寇，使司圜耻役之事，亦具大司寇、司圜职。"（清）孙诒让：《周礼正义》，中华书局 1987 年版，第 1023 页。

郊野，而以王命施惠。[55]

司救掌理天下万民的邪恶过失并加以责罚，用礼禁止他们为非作歹而挽救他们。凡是人们有行为邪恶的，司救三次责让而不听的，要挞击他们；三次挞击而不听的，要交给朝士，把他们脱去衣冠，并把所犯罪状写在方块木板上，挂在他们背后，让他们坐在嘉石上，羞辱他们，而后教给司空，让他们服劳役。凡是民众中犯过失之罪的人，司救就要把他们交与司寇送入牢狱。司救更倾向用责罚的手段保证教化的推行。

（3）调人。《周礼·地官·调人》云：

> 调人：掌司万民之难，而谐和之。[56] 凡过而杀伤人者，以民成之。[57] 鸟兽，亦如之。凡和难[58]：父之雠，辟[59]诸海外；兄弟之雠，辟诸千里之外；从父兄弟[60]之雠，不同国。君之雠视父，师长之雠视兄弟，主友之雠视从父兄弟。[61] 弗辟，则与之瑞节而以执之。[62] 凡杀人有反杀者，使邦国交雠之。[63] 凡杀人而义者，不同国，令勿雠，雠之则死。[64] 凡有斗怒者成之，不可成者则书之，先动者诛之。[65]

调人掌理调解百姓之间的仇怨。凡因过失而杀伤人的，调人便通过人民的公议来调解；过失杀伤他人所畜养的鸟兽，也是一样。凡是调解仇怨：杀父之仇，杀人的须躲避到天涯海角；杀兄弟之仇，杀人的须躲避到千里之外；杀叔伯及堂兄弟之仇，杀人的不能与被杀的人的侄或堂兄弟同在一国。

---

[55] 郑注曰："天患，谓灾害也。节，旌节也。施惠，赒恤之。"孙诒让疏云："'则以节巡国中及郊野'者，郊谓四郊，内包六乡；野谓六遂，外关四等公邑。……葢自国中以至五百里畺，此官通巡行之矣。"（清）孙诒让：《周礼正义》，中华书局1987年版，第1023页。

[56] 司，通"伺"，观察。难：怨仇。谐和，调解。

[57] 过：指过失而非出自本意。以民成之，通过人民的调解。

[58] 和难，调解仇怨。

[59] 辟，通"避"。

[60] 从父兄弟，叔伯兄弟。

[61] 视，如同。师长，师，老师。长，官府的长官。主，指所居异国的君主。因羁旅相依，有朋友之道，故与友并言。

[62] 瑞节：琰圭，古时持以征讨除慝。

[63] 反杀：重杀。杀人者怕仇家子弟及徒党报仇害己，而又将他们也杀死。交仇之：指因杀人者重复杀人，罪大恶极，故罪人所逃至之国，抓到后便可将其诛杀。

[64] 杀人而义者：有正当理由杀人，如杀盗贼及子弟、弟子、僚属为父母、兄弟、师长受大辱而报仇杀人。不同国：孙诒让《周礼正义》谓衍"不"字，"同国"二字连下"令勿仇"为句。

[65] 郑注曰："难，相与为仇雠。谐犹调也。"孙诒让疏云："'掌司万民之难而谐和之'者……古者不禁报仇，而有调和之令，此官主司察而治之。"（清）孙诒让：《周礼正义》，中华书局1987年版，第1024页。斗怒：吵架斗殴但未伤人，则不构成犯罪。

杀君之仇，与杀父之仇一样，可以比照而行；杀师长的怨仇则可以比照杀兄弟的；杀所居异国君主与朋友的怨仇可以比照杀叔伯堂兄弟的。如果杀人的不按照规定躲避，那么就以琰圭交给其仇家，让其仇家将杀人的人捕交官府。凡杀人后又杀死被杀者的子弟和徒党的，那就要通令天下，所有诸侯国捕得后即可诛杀。凡是有正当理由而杀人的，虽然与被杀者的子弟在同一国家，也要命令他们不要相与结仇；如果相互仇怨以至杀人，那么就要按杀人罪来治理。凡是人民有吵架斗殴而没有杀伤人，便对他们加以和解；如有不愿意和解的，就要记载他们的名字及肇事原因，对先行报复的人，加以责让挞罚。调人调解社会关系，推动社会和谐，实际上也是推行社会教化。

（4）媒氏。《周礼·地官·媒氏》云：

> 媒氏：掌万民之判。[66] 凡男女自成名[67]以上，皆书年月日名焉。令男三十而娶，女二十而嫁。凡娶判妻入子者，皆书之。[68] 中春之月，令会男女。[69] 于是时也，奔者不禁。[70] 若无故而不用令者，罚之。[71] 司男女之无夫家者而会之。凡嫁子娶妻，入币纯帛，无过五两。[72] 禁迁葬者与嫁殇者。[73] 凡男女之阴讼，听之于胜国之社；其附于刑者，归之于士。[74]

媒氏掌管天下万民的婚姻而协调社会秩序和谐。凡男女出生三个月已取名的，都要呈报给媒氏，以便登记出生年月日及姓名。媒氏通令男子三十岁必须娶妻，女子二十岁必须要嫁人。凡是娶人之出妻与收养再嫁妇女带来的前夫所生的子女，媒氏都要登记下来。每年仲春二月，是最佳的结婚季节，媒氏通令男女们会合而举行婚礼。在这个时候，如有不能具备六礼而结合的，媒氏也不必加以禁止。如果无丧事、灾祸等非常变故而违背婚姻礼法

---

[66] 郑注曰："叛，半也。得耦为合，主合其半，成夫妇也。"孙诒让疏云："'掌万民之判'者，谓治百族昏姻之事。……案：昏有六礼，通于尊卑，媒妁通辞，各有党友，此官特掌其礼法政令耳。"（清）孙诒让：《周礼正义》，中华书局1987年版，第1033页。

[67] 成名：取名，古时婴儿出生三月命名。

[68] 娶判妻，娶人之出妻或夫亡再嫁者。入子：再嫁带前夫子女至夫家者。

[69] 会：使男女备礼结合，即完成婚礼。

[70] 奔：古时婚礼有纳彩、问名、纳吉、纳征、请期、亲迎六种程序。如六礼未齐备而结婚，就叫"奔"，此义与淫奔之义疑。

[71] 无故：指家中无丧事、灾祸等非常变故。不用令：指违背有关婚姻的法令规定。

[72] 入币，即纳币，亦即婚姻六礼中的纳征。纯帛：纯，全。纯帛一端长二丈，幅二尺四寸。五两：两，匹。五两，即五匹。

[73] 迁葬者：指生时无夫妇名分而死后合葬在一起。嫁殇者，年十九以下而死者。此指男女未冠笄而死者配成夫妇。

[74] 阴讼：男女淫佚之事的争讼。胜国之社：实为亡国之社。

的，媒氏就要处罚。媒氏调查那些过了规定年龄而没有结婚的男女，设法帮助他们结婚。凡是嫁女或娶妻，纳征所备办的全帛不能超过五匹。禁止生前没有夫妻名分的人死后葬在一起，同时禁止未成年的男女死后举行阴婚。凡是男女之间有关淫佚之事的争讼，媒氏便要在国社来听断，其中如有构成犯罪的，就要移交司法官吏处理。婚姻是人生大事，媒氏通过促进天下万民的婚姻和谐而教化社会。

总之，《周礼·地官》记司徒主掌社会教化。司徒推行的教化内容丰富，主要是以礼乐教化为主，依靠严密的社会组织并借助适当的刑罚保障实施，对象涵盖了王公贵族和黎民百姓。《周礼·地官》对司徒主掌社会教化的描述，深刻体现了周代社会重视教化的鲜明特色。

从魏晋时期心丧制度的确立看礼制与时代之关系

张焕君　谢耀亭*

三年之丧虽然在理论上是天下大丧，自天子至庶人都要实行，但在具体实践上，天子诸侯与士大夫庶人之间却不可能没有差别。虽然在《丧服》中，天子绝旁期以下之亲，所服者唯有父母、祖父母、妻以及嫡长子，范围并不大，这种安排也已经充分照顾到天子的特殊身份，但后人对其实施状况仍表怀疑，天子乃至国君到底有无三年之服？如果有，又是如何执行的？晋武帝时对这一问题展开过激烈的讨论，其结果是出现了心丧制度，而且范围远远超出讨论者当初的设想，并对整个丧服制度产生了深远的影响。

一、西晋的变礼

（一）杜预倡造新说

泰始十年（公元274年），武元杨皇后崩。杨后生太子司马衷，在议太子当如何制服时，朝中大臣的意见分成截然不同的两派。博士张靖认为："太子宜依汉文权制，割情制服。"博士陈逵则以为："今制所依，盖汉帝权制，兴于有事，非礼之正。皇太子无有国事，自宜终服。"①作为双方观点依据的，一个是世代沿袭的汉文"权制"，一个却是作为"礼之正"的《丧服》经典，都非信口雌黄，却都泥古不化，无视现实。

---

* 张焕君，山西师范大学历史与旅游文化学院副院长，教授；谢耀亭，山西师范大学历史与旅游文化学院副教授。

① 《晋书》卷20，《礼志中》，中华书局1974年版，第618—619页。

西晋建国，以孝为本，这就是当时最大的现实。[②] 与这样的“国策”相对应的便是对礼的积极提倡，而作为礼制最集中体现的丧礼更成为重中之重，其中，武帝本人的态度又起了至关重要的作用。泰始元年(公元265年)十二月丙寅，武帝即位，九日后的乙亥即下诏书，内容主要有三点：对王凌、邓艾“大赦其家，还使立后”；“除魏氏宗室禁锢”；“诸将吏遭三年丧者，遣宁终丧，百姓复其徭役”。[③] 将这样看似迥异的内容安排在同一道诏书中，而且即位之初就急急颁发，其中含义值得深思。[④]

更能表明武帝态度的是他自己的亲身实践。咸熙二年(公元265年)八月，文帝崩，“国内行服三日。武帝亦遵汉、魏之典，既葬除丧”。但除丧之后，他并未改服吉服，而是“深衣素冠，降席撤膳”。[⑤] 这种违反现成制度的做法遭到朝中重臣的一致反对，并反复建言，希望武帝能遵从旧制，但均遭武帝反驳。最终，“帝遂以此礼终三年”。[⑥] 泰始四年(公元268年)，皇太后崩，有司奏：“前代故事，倚庐中施白缣帐、蓐、素床，以布巾裹块草，轺輂、细犊车皆施缣里。”诏不听，但令以布衣车而已，其余居丧之制，不改礼文。[⑦] 可以看出，武帝是以自己的亲身经历，来作为开国定制的阐释，在适度反抗汉魏旧制的同时，他不可避免地要借助经典“礼文”。汉魏旧制固然不合于眼前的孝道，但经典与现实也是距离遥远，势难全盘复古。这就使如何实现旧制与礼文的统一这一问题，成为当时政治上的一件大事。

杜预适逢其会，他的经学背景和政治阅历使他具备足够的理解能力。张靖、陈逵陈议之后，武帝又使群臣详议。杜预认为应该折中古制，既需尽孝子之情，也要合于古典，这样才真正地合于礼义。就三年之丧而言，天子、诸侯因为地位尊贵，与庶民界划分明，并不相同，只是在汉文之后，率意制作，才造成今天这样的困境：

---

② 唐长孺云：“建立晋室的司马氏是河内的儒学大族，其夺取政权却与儒家的传统道德不符，在‘忠’的方面已无从谈起，只能提倡孝道以掩饰己身的行为，而孝道的提倡也正是所有的大族为了维护本身利益所必需的，因此从晋以后王朝更迭，门阀不衰的状态，后人每加讥议，然而在当时，这一些统治者却另有理论根据作为他们安身立命的指导。”所谓理论，正是孝道。详参唐长孺：《魏晋南北朝的君父先后论》，载唐长孺著：《魏晋南北朝史论拾遗》，中华书局1983年版，第238页。

③ 《晋书》卷3，《武帝纪》，第53页。《宋书·礼志二》表达更为清楚：“诏诸将吏二千石以下遭三年丧者，听归终宁，庶人复除徭役。”

④ 到太康七年，因大鸿胪郑默服母丧，不肯依旧摄职，“始制大臣得终丧三年”，遂成定制。(《宋书·礼志二》)由诸将吏二千石以下而致大臣，可以看出武帝政策的延续性和不断深入。

⑤ 《宋书》卷15《礼志二》，中华书局1974年版，第388页。

⑥ 同上书，第389页。

⑦ 《晋书·礼志中》，第616页。

古者天子诸侯三年之丧，始同齐斩，既葬除服，谅闇以居，心丧终制，不与士庶同礼。汉氏承秦，率天下为天子终服三年。文帝见其不可久行，而不知古典，更以意制祥禫，除丧即吉。魏氏直以讫葬为节，嗣君皆不复谅闇终制。学者非之久矣，然竟不推究经传，考其行事，专谓王者三年之丧，当以衰麻终二十五月。

继而指出现实中的不便：

嗣君苟若此，则天下群臣皆不得除。虽志在居笃，更逼而不行。至今嗣主皆从汉文轻典，由处制者非制也。

因此，他建议皇太子“宜复古典，卒哭除衰麻，以谅闇终制”。[8] 在杜预看来，拘泥经典，终丧三年自然不合世情，因为这样势必将天子诸侯等同于士庶，但是如汉魏所行的既葬除丧也失之于简。正确的办法是既葬除服之后，“谅闇以居，心丧终制”。

（二）传统概念的改造

谅闇与心丧尽管都与居丧有关，但并非同类的概念，至少在晋代以前。“心丧”最初出现在《礼记·檀弓上》中：

事亲有隐而无犯，左右就养无方，服勤至死，致丧三年。事君有犯而无隐，左右就养有方，服勤至死，方丧三年。事师无犯无隐，服勤至死，心丧三年。

郑注：“致丧，戚容称其服也。方丧，资于事父也。心丧，戚容如丧父而无服也。”[9]君与师是亲之外最重要的关系，在一个人一生当中起着极为重要的作用。[10] 但为君的服制是斩衰三年，几乎与父同等，师虽有明道授业之功，但既无父母之恩，又无君臣之义，所以《丧服》中并没有规定如何制服，所以只好采用“心丧”这样的折中办法。《檀弓》中保存了两条记载孔门师弟相互为服的材料，可资说明：

孔子之丧，门人疑所服。子贡曰：昔者夫子之丧颜渊，若丧子而无

---

⑧ 《晋书·礼志中》，第619页；《通典》卷80，王文锦等点校，中华书局1988年版，第2160页。并参见《宋书·礼志二》，第392页。

⑨ 《礼记正义》卷6，载阮元校：《十三经注疏》，中华书局1980年影印版，第1274页。

⑩ 王先谦：《荀子集解》卷13《礼论》，第233页。

服。丧子路亦然。请丧夫子若丧父而无服。

孔子之丧,二三子皆绖而出。群居则绖,出则否。

郑注:"无服,不为衰,吊服加麻,心丧三年。"[11]将此数条加以比照,大致可以认为心丧在服制上虽非全然无服,但也仅仅是五服之外的吊服加麻,非常轻。在丧期上,既有"如父"的三年,也可能有"若丧子"的期年。由此可见它在整个丧服制度中的地位,至多可说是五服的补充与延伸而已。

对谅闇的解释,是造成分歧的主要原因,心丧的解释随之而变,魏晋南北朝时期丧服的特色也因此得以彰显。谅闇,亦作亮阴、谅阴。其最早出现在《尚书·无逸》中:高宗"作其即位,乃或亮阴,三年不言。"伪孔传及诸儒皆云"亮,信也。阴,默也。"其说俱见于孔疏。孔疏又云:

孔意则为出言在三年之外,故云在丧其惟不言。丧毕发言,则天下大和。知者,《说命》云:"王宅忧,亮阴三祀。既免丧,其惟不言。除丧犹尚不言,在丧必无言矣。故知丧毕乃发言矣。

郑玄不从旧儒之说,而以谅闇为凶庐:"谅,古作梁,楣谓之梁。闇,读如鹌鹑之鹌,闇谓庐也,庐有梁者,所谓柱楣也。"[12]之所以如此解释,主要依据有二:其一,郑玄相信三年之丧,自天子达于庶人,皆称情制服,不因地位高低而生差别。[13] 其二,既然服丧,就须遵循丧服变除的一系列规定,在衣服、饮食、居所、哭临等方面,随着时间的推移逐渐减轻,以与人心中的哀情渐杀相适应。郑玄释谅闇为"柱楣",也正是此意。这样,对"高宗谅阴,三年不言"这条重要的上古材料的解释,就可以纳入整个丧礼的体系之中,不致横生枝节,平添新说。

郑玄之说对后世影响极大,这从时人对杜预新说的态度也可以看出,

---

[11] 《礼记正义》卷7,第1284—1285页。

[12] 《礼记正义》卷63《丧服四制》"书曰:高宗谅闇,三年不言"句下。条下《经典释文》云:"谅闇,依注谅读为梁,闇,乌南反。下同,徐又并如字。按徐后音是依杜预义。郑谓卒哭之后翦屏柱楣,故曰谅闇,闇即庐也。孔安国谅为谅阴。谅,信也,阴,默也。"(第1695页)又《丧服·斩衰章》"既虞,翦屏柱楣"下郑注:"楣谓之梁,柱楣所谓梁闇。"

[13] 《礼记·三年问》云:"孔子曰:子生三年,然后免于父母之怀。夫三年之丧,天下之达丧也。"郑注:"达,谓自天子至于庶人。"《中庸》亦云:"三年之丧,达乎天子。父母之丧,无贵贱一也。"《礼记正义》卷58,第1663页;卷52,第1628页。相关记载亦可参见《左传·昭十五年》之周景王及《论语·阳货》孔子之语,《春秋左传正义》卷47,第2078页;《论语集解》卷17,第2526页。

“于时外内卒闻预异议，多怪之。或者乃谓其违礼以合时”。[14] 为平众议，杜预使博士段畅博采典籍，为之证据。段畅遂旁征博引，而以郑玄之说为非。[15]

郑玄之说虽然仍不断有人重申[16]，但有些时候，时势决定学术，尤其这种学术与政治密切相关，就更是如此。争辩的结果是，“太子遂以厌降之议，从国制除衰麻，谅闇终制”。[17] 这样的结局，当时人就看得很清楚，挚虞认为：

> 古者无事，故丧三年，非讫葬除心丧也。后代一日万机，故魏权制，晋氏加以心丧，非三年也。[18]

虽以政务多寡来解释丧制变化不尽全面，但却从历史上对杜预之说作了否定，只不过晋承魏制，稍加权变，以合乎当日政治、社会而已。杜佑又加以总结，既然所谓“三年之丧，自天子达”，虽有其说，无闻服制，那么，不如结合实情，更为务实有效。因为天子诸侯“万机至繁，百度须理，如同臣庶丧制，唯祀与戎多阙”，“若侯同轨毕至，嗣君然后免丧，俗薄风浇，或生舋难”。何况礼经虽云七月而葬，汉魏以降，多一两月内，山陵礼终。因此，“窀穸之期，不必七月；除服之制，止于反虞。庶情礼两得，政教无亏矣”。[19] 这种看法大概也算是魏晋以来的主流观点了。

（三）晋武帝的自我作古

心丧作为重要的丧服制度得以确立，晋武帝是始作俑者。不仅如此，他的亲身实践还使这项制度更具可行性。此前，武帝在服文帝及太后之丧时，

---

[14] 《晋书・礼志中》，第623页。按：帝王以心丧终父母之丧，并非始自杜预。泰始二年，武帝欲以衰绖诣文帝陵，司马孚等谏止，就提到“陛下随时止宜，既降心克己，俯就权制，既除衰麻，而行心丧之礼，今复制服，义无所依”。与杜预之说基本相同。谅闇也有提到，如下引段畅申杜时就说：“代俗皆谓大祥后禫时为谅闇。”但当时帝室多不行，如泰始四年，皇太后崩，武帝不欲既葬除服，有司援引旧事，奏云：“降于汉魏，既葬除释，谅闇之礼，自远代而废矣。”又可参见泰始十年卢钦、魏舒、杜预的联名上奏。具见《晋书・礼志中》，第615、616、621页。众人对杜预之议所以“多怪之”，或许就在于直到杜预才将二者并列，强调其为天子诸侯之礼，与士庶不同，又明确其起始时节是既葬除服之后，而且由此上推，认为古代皆是如此。

[15] 段畅所引典籍有《国语・楚语上》、《论语・宪问》、《礼记》之《坊记》、《丧服四制》，都是武丁之事，所谓“高宗谅阴，三年不言”，皆以“信”释“谅”，以“默”释“阴”。又引后汉邓太后为母新野君“谅闇既终”，用意亦复相同。

[16] 《通典》卷80详细记载了范宣与段畅的辩难，范氏所持即郑义。又前引《晋书・礼志中》人皆以杜预为怪之事，也可证明郑玄的影响。郑氏之说，后世仍时有伸张，参《通典》卷80袁准之言，第2161页。

[17] 《晋书・礼志中》，第623页。

[18] 《通典》卷80，第2160页。

[19] 同上书，第2165页。

虽无心丧三年之名，但都是既葬除服，而且“深衣素冠，降席撤膳”，这些衣服、饮食的变化在《丧服》中都属于丧服变除，倘若与《丧服》以及《礼记》中有关的变除内容加以比较，可以发现，所谓“降席撤膳”正与礼制中卒哭之后的变除等级相符合。如果考虑到行心丧之礼，此后练、祥再无变除，而且汉魏以来素无此制，这种服丧规格还是相当高的。所以才有朝中重臣的屡次进谏，否则便难以解释这些大臣自己多以孝著名，而对武帝的尽孝之举却再三反对。[20]

关于深衣素冠，《礼记·深衣》郑注云：“名曰深衣者，谓连衣裳而纯之以采也。”孔疏：“此称深衣者，以余服则上衣下裳不相连，此深衣衣裳相连，被体深邃，故谓之深衣。”[21]深衣平日多用作吉服，男女皆可[22]，相对于正式的朝服、祭服来说，深衣类似于日常便服。从形制上说，深衣与中衣、长衣、麻衣比较接近，都穿在礼服之内，有花边[23]，但长衣、麻衣主要用作小祥之后的丧服[24]，这也是后世以深衣为丧服的重要依据。[25]《宋书·礼志五》云：

> 古者人君有朝服，有祭服，有宴服，有吊服。吊服皮弁疑衰，今以单衣黑帻为宴会服，拜陵亦如之。以单衣白袷为吊服，修敬尊秩亦服之也。单衣，古之深衣也。今单衣裁制与深衣同，唯绢带为异。深衣绢帽以居丧，单衣素帢以施吉。

---

[20] 《宋书·礼志二》所载进谏大臣，如何曾、王祥、郑冲、贾充、司马孚等皆是，参见其《晋书》本传。

[21] 《礼记正义》卷58，第1664页。

[22] 《礼记·玉藻》：“朝玄端，夕深衣，深衣三袪。”孔疏：“夕服深衣，在私朝及家也。”

[23] 孙希旦撰，沈啸寰、王星贤点校：《礼记集解》卷56，第1378页。孙氏之说盖据《礼记·深衣》孔疏而加以概括，较为清楚。

[24] 《仪礼·聘礼》：“遭丧，将命于大夫，主人长衣练冠以受。”郑注：“长衣，纯布衣也。去衰易冠，不以纯凶接纯吉也。吉时在里为中衣，中衣、长衣继皆掩尺，表之曰深衣。”《礼记·杂记上》：“如筮，则史练冠、长衣以筮，占者朝服。”郑注：“练冠、长衣，纯凶服也。”由此可见长衣之为凶服。又《丧服·记》云：“公子为其母，练冠、麻、麻衣縓缘；为其妻，縓冠、葛绖带、麻衣縓缘，皆既葬除之。”郑注：“此麻衣者，如小功布深衣，为不制衰裳变也。”贾疏：“麻衣与深衣制同，但以布缘之则曰麻衣，以采缘之则曰深衣，以素缘之，袖长在外则曰长衣，又以采缘之袖长在衣内则曰中衣。”《礼记·间传》“期而小祥，练冠縓缘，要绖不除。……又期而大祥，素缟麻衣。”既是小祥之后，则无论是麻衣还是深衣，在服制上都是比较轻的，所以它的适应场合也就相对较广泛。

[25] 《礼记·檀弓上》云：“将军文子之丧，既除丧，而后越人来吊，主人深衣练冠，待于庙。”郑注：“深衣、练冠，凶服变也。”孙希旦云：“深衣，十五升布，连衣裳为之，其服在吉凶之间。”并将此条与上引《聘礼》对比，“彼凶中受吉礼，此吉中受凶礼，故放其服而略变焉”。颇为明晰。（《礼记集解》卷8，第206—207页。）女子亦以深衣为凶服，故《礼记·曾子问》云：“曾子问曰：亲迎，女在涂，而婿之父母死，如之何？孔子曰：女改服，布深衣，缟总，以趋丧。”郑注：“布深衣、缟总，妇人始丧未成服之服。”

可见至南朝时，深衣形制与单衣相仿，而且仍然用于吉凶等不同场合，唯以佩戴的帽饰为别。

素冠之名出自《诗经·桧风》，其义有二：毛传认为："素冠，练冠也。"郑笺则云："丧礼既祥祭而缟冠素纰，时人皆解缓，无三年之恩于其父母，而废其丧礼，故觊幸一见素冠急于哀戚之人。"[26]练冠，即小祥祭后变易之冠，在既葬之后十三月，祥祭则指二十五月之大祥祭，又改服缟冠。[27] 礼书中素冠多释为练冠，且常与深衣连用，晋武帝制服之时，或许正是通过这种方式向传统回归。

如果说，心丧在其最初施用于师弟子之间时，弟子虽不制衰，但以一定丧期之内"吊服加麻"的方式表达哀情和悼念，那么可以说，武帝在采用心丧之制以终父母之丧时，既葬卒哭之后，他没有按照大臣们提议的汉魏旧制立刻释服即吉，而是在饮食、居所上按卒哭之后的古礼，衣冠上却又采用小祥之后的服制，这样轻重结合，情礼兼顾，遂使心丧之制在他身后终成礼典成制。

二、心丧的制度化

变化永无止境，但在对心情的调适上却无二致。前人创制，后人遵行，但遵行从来就没有墨守成规、一成不变的，时代总是在对既定的制度加以损益，而制度也因为这样的调整、补充不断变化甚至完善。西晋以后，对心丧的讨论已深入到执行过程中的细节，如心丧的服制、月数、应否禫祭以及丧中遇到吊、贺、宴、祭如何处理等问题，讨论者无须再像当年的杜预、段畅煞费苦心地来证明古已有之，这也是一项制度成熟的标志。[28]

---

[26] 《毛诗正义》卷7：2，载（清）阮元校：《十三经注疏》，中华书局1980年影印版，第382页。

[27] 《礼记·玉藻》云："缟冠素纰，既祥之冠也。"郑注："纰，缘边也，既祥祭而服之也。"又《间传》郑注："黑经白纬曰缟。"此或郑玄以素冠为缟冠之所本。又，孔疏云："王肃亦以素冠为大祥之冠。孙毓以笺说为长。"

[28] 齐高帝建元四年，尚书令王俭论丧不废祭，其所据即"晋中朝《谅闇议》"。时人论礼的内容往往集解成书，并成为后代处理类似问题的判例。见《南齐书》卷9《礼志上》，中华书局1972年版，第131页。

(一) 心丧的对象

心丧最初的对象主要在师弟子之间[29],西晋之后逐渐扩大,但以子为母之服为主,前文太子为皇后即属于此类。[30] 关于为母之服,《丧服·齐衰杖期章》云:

> 父在为母。传曰:可以期也? 屈也。至尊在,不敢伸其私尊也。父必三年然后娶,达子之志也。

郑玄无注。贾疏则云:

> 子于母屈而期,心丧犹三年,故父虽为妻期而除,三年乃娶者,通达子之心丧之志故也。

将此条与同章的"夫为妻"、《齐衰三年章》的"父卒则为母""母为长子"以及《齐衰不杖期章》的"为众子""大夫之嫡子为妻"相对比,可以发现不论是经传,还是郑注,都未提及心丧,郑注基本上强调的都是"尊降""厌降",或者可以说,郑玄重视的是"尊尊"。而在贾疏中,却增加了"亲亲"的成分,如父在为母之服,因为父母的恩情是相等的,本来都应服三年,但由于父亲还健在,出于"厌降"的原因,子女便不敢放纵私情,只能为母亲服齐衰期。但心中委实不忍,所以十五月大祥之后要举行其他期亲没有的禫祭。而且,此后还要补足三年之数,是以有心丧三年之说。相应的,夫妻之间,妻为夫服斩衰三年,但家无二尊,丈夫只能为妻服齐衰杖期,也是出于夫妻情深的缘故,夫须为妻心丧三年,以表心志。倘若有儿子,三年之内不再续娶,以助成儿子的哀情。[31]

贾疏并非无源之水,而是有所继承。东晋徐邈云:"汉魏以来,通用士

---

[29] 汉代仍有为师心丧三年者,参《后汉书》卷82上,《方术传上·李郃》,中华书局1965年版,第2718页。

[30] 元嘉十七年文帝太子为元皇后、大明七年新安王为其生母宣贵妃、北魏彭城王勰为其母潘氏,皆心丧三年。

参见《宋书》卷15《礼志二》,第395页;《宋书》卷17《礼志四》,第477页;《北史》卷19《献文六王传·彭城王勰》,中华书局1974年版,第701页;《魏书》卷86,《孝感传·阎元明》,中华书局1974年版,第1884页。

[31] 《礼记·丧大记》云:"期,居庐,终丧不御于内者,父在为母为妻。"孙希旦云:"父在为母及为妻,虽并为期丧,而初丧居倚庐,不居垩室,且终丧不御于内。此二事,与余期丧异也。……二服本由三年而降,故其初丧居倚庐,终丧不御内,与其祥、禫之祭,杖屦之服,皆与三年者同也。"《礼记集解》卷44,第1175页。

礼。庶子父在,为所生周,心丧三年。如诸侯大夫之子乃厌降,而近代所不行。”[32]徐邈所说的“庶子父在为所生周”,所指正是《丧服》中的为母之服。通过心丧三年申孝子之情,魏晋之时几乎成为常态,《通典》云:

> 晋贺循《丧服要记》曰:“公之庶兄弟父卒为其母,大夫之庶子父在为母,皆大功九月。凡降服,既降,心丧如常月。又天子诸侯贱妾子为其母,厌于父,不得制缞粗之服,三月而葬,葬已而除,居处饮食言语,心丧三年。”刘智《释疑》曰:“凡屈不得服者,皆有心丧之礼。小功以下不税服,乃无心丧耳。”[33]

所谓天子、诸侯、公、大夫,不过是与礼经中的记载相对应,但即使在这些等级中,无论高低,都实行心丧三年。或者说,心丧三年已经成为“亲亲”原则对“尊尊”原则造成的尊降、厌降的否定手段。[34]

为母之外,心丧三年的对象还有臣为君,如东晋初丁潭为琅邪王裒服心丧三年。[35] 此外,心丧三年也常常作为一种重要的加服手段来使用,其服丧对象也就随恩情而变得不确定。《吴书·陆逊传》裴注引《文士传》曰:“陆景母张承女,诸葛恪外生。恪诛,景母坐见黜。景少为祖母所育养,及祖母亡,景为之心丧三年。”[36]为祖母本服齐衰期,但因少时养育之恩,加隆而至心丧三年。《晋书·郗鉴传》又云:

> 初,鉴值永嘉丧乱,在乡里甚穷馁,乡人以鉴名德,传共饴之。时兄子迈、外甥周翼并小,常携之就食。乡人曰:“各自饥困,以君贤,欲共相济耳,恐不能兼有所存。”鉴于是独往,食讫,以饭著两颊边,还吐与二儿,后并得存,同过江。迈位至护军,翼为剡县令。鉴之薨也,翼追抚育之恩,解职而归,席苫心丧三年。[37]

甥为舅,本服缌麻,五服之中最轻,但因抚养活命之恩,辞官解职,席苫

---

[32] 《通典》卷94,第2546页。

[33] 《通典》卷81,第2204页。

[34] 徐乾学云:“六朝及唐宋之制,凡父在为母、嫁母、出母、妾母、本生父母及父卒祖在为祖母皆心丧二十五月,而心丧又必解官。此礼最为尽善,可补古礼所未及。”父在为母本服齐衰期,为嫁母、出母如果父在则无服,父没始得齐衰期,为妾母则须视子之身份而定,但心丧之制既起,便全不管这些分别,一律服以心丧三年。徐乾学:《读礼通考》卷26“亲属”条,载《文渊阁四库全书》,第112册。

[35] 《晋书》卷78《丁潭传》,第2063—2064页。

[36] 《三国志》卷58,中华书局1959年版,第1360页。

[37] 《晋书》卷67,第1801页。案:为恩重之亲加服甚至服心丧三年者,前代亦偶尔一见。参《后汉书》卷24《马援传附族孙棱传》,第862页。

居丧，这些本都是服斩衰的要求，所以称为心丧三年，正体现了它的折中性质。而且，作为一种重要的调剂手段，无论在社会上层还是下层，心丧三年都被广泛应用，这种趋势既与魏晋南北朝时期厌降、尊降原则的逐渐废弃相适应，又能够在充分照顾服丧者心中感情的同时，不与传统的标志亲疏的五服制度过分冲突。

（二）心丧的丧期

心丧虽然大多丧期三年，但因为三年之丧有二十五月、二十七月之别，作为依照正规丧服建立的新制度，心丧也必然面临这一长期纷争的难题。陈天嘉元年（公元560年）八月癸亥，尚书仪曹郎请今月晦皇太后服安吉君禫除仪注，沈洙议：

> 宋元嘉立义，心丧以二十五月为限。大明中，王皇后父丧，又申明其制。齐建元中，太子穆妃丧，亦同用此礼。唯王俭《古今集记》云，心制终二十七月，又为王逡所难。何佟之《仪注》用二十五月而除。案古循今，宜以再周二十五月为断。

诏可之。[38] 所谓"元嘉立义"，指元嘉十七年，元皇后崩，太子为皇后心丧三年。元嘉十九年，武康公主出适，就依据此制，二十五月心制终尽，从礼即吉。[39] 但王俭在南齐，既是朝廷重臣，又是礼学大家，所持二十七月之论也直接取之于郑玄，并与当时通行的三年之丧丧期一致，却遭到时人一致的反驳，何佟之作《仪注》对他的说法也弃而不用。这一切，却是为何？

这与六朝人对待经典的态度密切相关。如前所述，在他们看来，经典并非一成不变，它有着适应时代的特性，时代往往决定经典的选择和解释。从西晋以来，对孝道的提倡，逐渐成为全社会的共同习惯，而世家大族在魏晋南北朝时期的长盛不衰，更使与孝道直接相关的礼制，尤其是丧礼，成为社会各阶层长期关注的重点。自西晋至隋，几次大规模的修定五礼固然是这一趋势的说明，而这一时期大量出现的讨论、研究《丧服》，记载各朝仪注的著作，更使对问题的探讨趋于深化、细化，辨章源流，毫不苟且。

就心丧三年来说，尽管从丧期上它与斩衰都是三年，但作为适应时代需要而生的"权制"，它有着从一产生就具备的"天然特性"，比如它有针对厌降制度的调剂功能，而且并不像正轨的三年之丧实行变除制度。更重要的是禫祭的时节。按照郑玄的说法，斩衰三年在二十五月举行大祥祭，"中月而

---

[38] 《隋书》卷8《礼仪三》，中华书局1973年版，第151—152页。

[39] 《宋书·礼志二》，第395—397页。

禫”，也就是到二十七月要举行禫祭，然后才可以释服从吉。但心丧并非如此，由于主要针对为母之服，而为母之服虽然因为父在而仅服齐衰期，但母亲的地位，使它在仪式上有三年之丧才有的禫祭。[40] 但问题也因此产生，既然在十五月除丧时已行禫祭之礼，那么如果加服心丧三年，势必面临二十七月时的再次禫祭，这样的重复在礼制上是令人难以接受的。刘宋时便意识到这个问题：

> 元嘉十七年，元皇后崩。皇太子心丧三年。礼心丧者，有禫无禫，礼无成文，世或两行。皇太子心丧毕，诏使博议。有司奏："丧礼有禫，以祥变有渐，不宜便除即吉，故其间服以綅缟也。心丧已经十三月，大祥十五月，祥禫变除，礼毕余一期，不应复有禫。宣下以为永制。"诏可。[41]

可见，即使在元嘉十七年前，心丧也基本参照父在为母服期的条例实行，而且至少在十五月时要举行一次禫祭，但由于它的丧期是三年，人们怀疑在丧礼终结时应该再次举行禫祭，以表示居丧生活的真正结束，所以才会有"世或两行"的现象。这条诏书的颁布，正是为取消人们的疑虑，明确了心丧三年只有在十五月时的一次禫祭，从现有史料来看，在后世也得到了很好的执行。[42]

斩衰三年，二十五月而毕，出自礼经，这一点无论郑玄还是王肃都无异议。不同的是郑玄主张祥禫异月，所以才有二十七月之说。但心丧既然无须在二十七月再行禫祭，那么"中月而禫"自然也就失去意义，所以心丧以二十五月终才会成为当时主流的观点。[43] 即便是位高权重的王俭，也无如其何。

---

[40] 《礼记·杂记下》云："期之丧，十一月而练，十三月而祥，十五月而禫。"郑注："此谓父在为母也。"《礼记正义》卷42，第1563页。

[41] 《宋书·礼志二》，第395页。

[42] 大明二年正月，皇后为其父右光禄大夫王偃"服期，心丧三年"（《宋书·礼志二》，第396页）。大明七年三月，新安王服宣贵妃齐衰期，"十一月练，十三月缟，十五月祥，心丧三年"（《宋书·礼志四》，第477页）。都是二十五月释服从吉，不再举行禫祭。

[43] 大明二年正月，王偃之丧，就皇后应在二十五月还是二十七月除丧，有司"检元嘉十九年旧事，武康公主出适，二十五月心制终尽，从礼即吉。昔国哀再周，孝建二年二月，其月末，诸公主心制终，则应从吉。于时犹心禫素衣，二十七月乃除，二事不同"。领仪曹郎朱膺之议："详寻礼文，心丧不应有禫，皇代考检，已为定制。元嘉季年，祸难深酷，圣心天至，丧纪过哀。是以出适公主，还同在室，即情变礼，非革旧章。今皇后二月晦，宜依元嘉十九年制，释素即吉。以为永制。"诏可（《宋书·礼志二》，第396—397页）。朱膺之的意思非常清楚，孝建二年诸公主之所以二十七月乃除，只不过是因为宋文帝死于非命，孝武帝起兵诛讨元凶劭，兵燹战火，国家动荡，哀恸之心因此更甚，所以才使"出适公主，还同在室"。也就是说，诸公主在丧期上依据的是斩衰三年，已与心丧旧制无关。

(三) 心丧的居丧生活

三年之丧,在居丧期间要遵守许多规定,如丧期之内不吊丧[44],不参加宴会[45],也无馈遗之事[46],甚至不能同房共寝[47],这些规定在心丧三年中都得到很好的执行。《隋书·礼仪三》云:

> 齐衰心丧已上,虽有夺情,并终丧不吊不贺不预宴。期丧未练,大功未葬,不吊不贺,并终丧不预宴。

这虽是隋代礼制,但"悉用东齐《仪注》以为准,亦微采王俭礼"。而王俭所撰仪注,虽"多违古法",但诚如主持制礼的牛弘所云"两萧累代,举国遵行。后魏及齐,风牛本隔,殊不寻究,遥相师祖,故山东之人,浸以成俗"。[48]所以也可以看作是南朝以来普遍奉行的居丧制度,所规定的不吊、不贺、不预宴,标准全是照搬三年之丧。[49]

另外可资说明的是谅闇生子之事。三年之丧既不能同房,自然无从生子,反过来说,倘若丧期内生子,便是明显的违背礼制,即便是心丧也不许可。《晋书·后妃传上·惠贾皇后传》云:

> 初,后诈有身,内稿物为产具,遂取妹夫韩寿子慰祖养之,托谅闇所生,故弗显。谋废太子,以所养代立。"[50]

---

[44] 《礼记·曾子问》云:"曾子问曰:三年之丧吊乎?孔子曰:三年之丧,练不群立,不旅行,君子礼以饰情,三年之丧而吊哭,不亦虚乎?"郑注:"不群立,旅行,为其苟语忘哀也。三年之丧而吊哭,为彼哀则不专于亲,为亲哀则是妄吊。"(《礼记正义》,卷19,第1397页。)《礼记·杂记下》云:"三年之丧,虽功衰不吊,自诸侯达诸士。"郑注:"功衰,既练之服也。"孔疏:"重丧,小祥后衰与大功同,故曰功衰。衰虽外轻,而痛犹内重,故不得吊人也。"(《礼记正义》,卷42,第1563页。)

[45] 《礼记·杂记下》云:"有服,人召之食,不往。"郑注:"往而见食,则可食,为食而往则不可。"又《礼记·丧大记》云:"既葬,若君食之,则食之,大夫、父之友食之,则食之矣。不辟粱肉,若有酒、醴,则辞。"郑注:"尊者之前可以食美也。变于颜色则不可。"(《礼记正义》卷44,第1577页。)

[46] 《礼记·杂记下》云:"三年之丧,如或遗之酒肉,则受之,必三辞。主人衰绖而受之。如君命,则不敢辞,受而荐之。丧者不遗人。人遗之,虽酒肉,受也。从父昆弟以下,既卒哭,遗人可也。"郑注:"受之必正服,明不苟于滋味。荐于庙,贵君之礼。齐、斩之丧重,志不在施惠于人。"

[47] 《礼记·丧大记》云:"禫而从御,吉祭而复寝。期,居庐,终丧不御于内者,父在为母为妻。齐衰期者,大功布衰九月者,皆三月不御于内。"郑注:"从御,御妇人也。"

[48] 《隋书》卷8《礼制三》,第157页。

[49] 陈寅恪认为隋代礼仪不依北周之制,别采梁礼及后齐仪注。所谓后齐仪注,乃南朝前期文物之蜕嬗,由王肃太和十七年北奔而为孝文帝接纳,而为后来隋唐制度不祧之远祖。王肃才学虽非一流,但能传承王俭之学,而王俭熟悉自晋以来江东之朝章国故,著名当时。故牛弘修礼,虽诋斥王俭,却不能不用其书。参见陈寅恪著:《隋唐制度渊源略论稿》,河北教育出版社2002年版,第15—19页。

[50] 《晋书》卷31,第965页。

所谓谅闇,应指惠帝为武帝服心丧期间。南风所以敢"托谅闇所生",可见其时制度尚不严密,但从"故弗显"一语,也可看出此事须加以掩饰,以免为清议所讥。但到了刘宋,情况就要严厉得多,《宋书·二凶传》云:

元凶劭字休远,文帝长子也。帝即位后生劭,时上犹在谅闇中,故秘之。三年闰正月方云劭生。自前代以来,未有人君即位后皇后生太子,唯殷帝乙践阼,正妃生纣,至是又有劭焉。体元居正,上甚喜说。[51]

宋武帝崩于永初三年(公元422年)五月,秋七月,葬初宁陵。景平二年(公元424年)八月文帝即位,改年号为元嘉元年(公元424年),九月立妃袁氏为皇后。[52] 从永初三年七月到元嘉元年九月,适为二十七月,此时尚无所谓"元嘉立义"之说,心丧或仍从郑玄二十七月,是文帝生子犹在居丧期内,更无论同房了。但如果是生于三年闰正月,其受孕之日,也已是释服从吉之期,自然无违礼之嫌。用心愈是良苦,愈见制度约束的力量。

越到后世,制度的约束力越大。《陈书·废帝纪》记载了陈文帝崩,子伯宗即位,陈顼图谋篡位,遂使慈训太后集群臣于朝堂,下令废帝,列罪状之首的便是"居处谅闇,固不哀戚,嫔嫱弗隔,就馆相仍,岂但衣车所纳,是讥宗正,衰绖生子,得诮右师"。无论指责是否确有其事,但"嫔嫱弗隔""衰绖生子"而能成为废帝的首要理由,其作为制度的重要性也就可见一斑了。

三、公除与心丧

(一)国之大事,惟祀与戎

心丧在魏晋南北朝时期的出现,体现了礼经与社会现实的折衷,也是对以情制服的社会风习的顺应,而且在两晋以后又逐渐地制度化,为当时社会所遵循,这必然产生其他相应的制度与之互为补充、调剂,制度化的特点也因此得以彰显。公除正是如此。

所谓公除,刘宋庾蔚之云:"公除是公家除其丧服,以从公家之吉事,若

---

[51] 《宋书》卷99,第2423页。《南史》卷14《宋文帝诸子传》略同。

[52] 《宋书》卷5《文帝纪》,第72—73页。

公家无斋禁，则其受吊临灵，及私常著丧服，岂得辄释凶服以执吉祭乎？”[53]胡三省与此略同：“公除者，以天下为公而除服也。”[54]强调的都是个人对国家的服从，个人虽有父母之丧，但国家如有“斋禁”或其他重大祭祀，便须释服而参加祭祀。也就是说，公除的施行者应该是国家，而其对象则是正在居丧的臣子。庾氏之说出于《曾子问》：

> 子夏问曰：“三年之丧卒哭，金革之事无辟也者，礼与？初有司与？”孔子曰：“夏后氏三年之丧，既殡而致事，殷人既葬而致事。《记》曰：‘君子不夺人之亲，亦不可夺亲也。’此之谓乎？”子夏曰：“金革之事无辟也者，非与？”孔子曰：“吾闻诸老聃曰：‘昔者鲁公伯禽有为为之也。今以三年之丧从其利者，吾弗知也。’”[55]

在孔子看来，夏商周依次渐文，故而在因丧致事的时节上也逐渐推后，由殡而葬而卒哭。而且出于对孝道与恕道的提倡，孔子并不主张国君在人子卒哭之后就夺人之丧，尽管当时战事频仍，诸侯为一己之私，并不顾恤臣下之情。可为孔子之言作注脚的便是僖公三十三年晋襄墨衰从军之事[56]，此事也常常成为后代主张夺情或公除者的重要藉口。所谓墨衰，其用意不过是变丧服为吊服，《丧大记》云：

> 君既葬，王政入于国。既卒哭而服王事。大夫、士既葬，公政入于家。既卒哭，弁绖带，金革之事无辟也。

郑注：“此权礼也。弁绖带者，变丧服而吊服。轻，可以即事也。”[57]战争是国之大事，改重服为轻服，则可从众而无嫌疑。战争之外，又有祭祀。《礼记·祭统》云：“凡治人之道，莫急于礼。礼有五经，莫重于祭。”[58]祭祀与战争

---

[53] 《通典》卷52，第1446页。案：庾氏之语当分别对待。他指出公除是除服以从公家吉事，这个观点是对的。但后半句说的“私常著丧服”，对于有资格公除的人来说则是错误的。因为一旦如他所言，又哪里有什么制度化？而这与魏晋时期的史实明显不符合。他之所以用怀疑的口气来谈此事，或许正是想借助批评来针砭时弊。

[54] 《资治通鉴》卷137，齐武帝永明八年九月，胡三省注，中华书局1956年版，第4297页。

[55] 《礼记正义》卷19，第1401页。案：郑玄解释“致事”为“还其职位于君。”孔疏引皇侃云：“夏后氏尚质，孝子丧亲恍惚，君事不敢久留，故既殡致事还君。殷人渐文，思亲弥深，故既葬毕始致事还君。周人极文，悲哀至甚，故卒哭而致事。”

[56] 《春秋经》云：晋文公薨于僖公三十二年十二月己卯，三十三年四月辛巳，晋人败秦兵于崤；癸巳，葬文公。《左传·僖三十三年》言襄公用先轸之策，兴发姜戎，“子墨衰绖”。击败秦军后，“遂墨以葬文公，晋于是始墨”。

[57] 《礼记正义》卷45，第1581页。

[58] 《礼记正义》卷49，第1602页。

一样，都是国之大事，关系到政权的来源与合法性，是以历代统治者都非常重视。而且，因为祭祀的种类繁多，不论对士庶还是国君，倘若有丧服在身，都常常面临丧礼与祭礼的冲突问题。丧与祭，孰大孰小，孰轻孰重，是因丧废祭，还是吉祭而夺情，历来多有争论。对待这些争论，固然需要分辨涉及到的祭礼与丧礼的规格、参与者的身份等具体差别，但就观念而言，也可以看出祭祀主“敬”的传统对后世的影响。《论语·八佾》云：“祭如在，祭神如神在。子曰：‘吾不与祭，如不祭。’”[59]祭祀虽有神灵与先祖之别，但以敬的态度对待祭祀则是一贯的，所以孔子才反对祭祀而以他人摄代。《祭统》又云：

> 其德盛者，其志厚。其志厚者，其义章。其义章者，其祭也敬。祭敬，则竟内之子孙莫不敬矣。是故，君子之祭也，必身亲莅之，有故则使人可也。虽使人也，君不失其义者，君明其义故也。[60]

对于重大祭祀，如禘祫之类，君主需要明白其中含义，臣下则要能够执行礼仪而无舛差，其地位才可获得巩固。如果君主有事不能亲自参与祭祀，也可以使人替代，这样做的前提则是他心中保存的深刻敬意。[61] 这样的敬意在祭祀前的散斋、致斋，祭祀时的舞蹈奉献、进退坐兴等仪节上都有体现，自然也体现在对居丧服凶者的防范上，《祭义》云：“郊之祭也，丧者不敢哭，凶服者不敢入国门，敬之至也。”郑注：“祭者吉礼，不欲闻见凶人。”[62]不以凶干吉，反映的正是防止对祭祀庄严肃穆的气氛和心中敬意的冲淡。

（二）公除及其前身

汉代未有公除之名，丧中任官往往称之为夺服。安帝永宁（公元120—121年）中，桓焉为太子少傅，月余，迁太傅，“以母忧自乞，听以大夫行丧。逾年，诏使者赐牛酒，夺服，即拜光禄大夫，迁太常”。[63] 这既是对汉文帝以来形成的惯例的遵循，也常常被视为一种倚重和恩宠。到晋武帝改革丧制后，情况依然：

> 太康七年，大鸿胪郑默母丧，既葬，当依旧摄职，固陈不起，于是始

---

[59] 《论语注疏》卷3，第2467页。另参（南宋）朱熹：《四书集注》所引程子、范氏之语。陈成国点校：《四书集注》，岳麓书社1987年版。

[60] 《礼记正义》卷49，第1606页。

[61] 同上注。孔疏云：“虽使人摄，由君能恭敬，不丧失于为君之义。”

[62] 《礼记正义》卷47，第1594页。

[63] 《后汉书》卷37《桓荣传附孙桓焉传》，第1257页。

制大臣得终丧三年。然元康中,陈准、傅咸之徒,犹以权夺,不得终礼。自兹已往,以为成比也。[64]

太康七年(公元286年),虽有大臣终丧三年的规定,但夺服之风并未少歇。魏晋以来,又出现了两个与夺服意义相近但侧重点有所不同的词,使用甚是普遍。其中,"起复"侧重指丧期未满而任命为官,如卞壶"遭继母忧,既葬,起复旧职,累辞不就"。刘超"以父忧去官。既葬,属王敦称兵,诏起复职,又领安东上将军。寻六军败散,唯超案兵直卫,帝感之,遣归终丧礼"。[65]"夺情"则专指内心情感,王谦之父雄随宇文护东讨,殒身行阵,朝廷"特加殊宠,乃授谦柱国大将军。以情礼未终,固辞不拜。高祖手诏夺情,袭爵庸公,邑万户"。[66] 沈君理为仁威将军、东阳太守。天康元年(公元566年),以父忧去职,及还将葬,多有诏赠。"其年,起君理为信威将军、左卫将军。又起为持节、都督东衡、衡二州诸军事、仁威将军、东衡州刺史,领始兴内史。又起为明威将军、中书令。前后夺情者三,并不就。"[67]

无论起复还是夺情,大多针对父母之丧而发,而且一般都是在既葬或卒哭之后便使除服。但相对于公除而言,都非制度化的硬性规定,所以才屡屡需要皇帝亲自下诏为之释服。关于公除的制度化特点,虞潭曾有很好的说明。咸康三年(公元337年)十月二十七日,虞潭嗣子丧,"既葬,依令文行丧三十日,至十二月十日公除,其日蜡祭宗庙"。[68] 所谓蜡祭,是指年终合祭,规格很高[69],所以不可因丧废祭,但嗣子既是嫡长子,也不能轻易从事,虞潭为此自设两造,反复辩难,"余身受公除,岁终大蜡,至敬兼兴,如当遂阙,心所不安,故谘之有识"。虽遭驳难,虞潭却据"随时之义"加以变通,作为应公除而从吉祭的说明。[70]

这个例子至少说明两个问题。其一,东晋时已经有对公除作出专门规定的"令文",是在既葬之后继续服丧三十日,便可以释服,参加国家及宗庙的祭祀活动;其二,这样的规定还不普及,所以才需要专门加以解释。

---

[64] 《晋书》卷20《礼志中》,第634页。

[65] 《晋书》卷70《卞壶、刘超传》,第1867、1875页。

[66] 《周书》卷21《王谦传》,中华书局1971年版,第352—353页。

[67] 《陈书》卷23《沈君理传》,第300页。

[68] 《通典》卷52,第1446页。

[69] 《礼记·郊特牲》云:"蜡也者,索也。岁十二月,合聚万物而索飨之也。"郑注:"飨者,祭其神也。万物有功加于民者,神使为之也,祭之以报焉。"(《礼记正义》卷26,第1453页。)另参王念孙:《广雅疏证》卷9上,江苏古籍出版社2000年版,第290页。

[70] 《通典》卷52,第1446页。

制度化的痕迹也体现在南北朝时皇帝的遗诏中,如:“公除之制,率依旧典”[71],“以日易月,既有通规,公除之制,悉依旧准”[72],“嗣主、百僚、内外遐迩奉制割情,悉从公除”[73],“其丧纪之礼一同汉文,三十六日悉从公除”[74],“随吉即葬,葬讫公除”[75],等等。不过需要注意的是,诏书中所说的“旧典”“旧准”,与汉文帝以来形成的汉魏短丧之制有同有异。相同之处在于都是指既葬除丧[76],而不同之处则是公除更专门、更细致。所以如此,就在于公除后来与心丧的结合。

(三)公除与心丧的结合

东晋之后,公除与心丧制度逐渐结合,形成互为补充的一体关系。这种关系主要体现在三个方面。首先是除服的时节。宋孝武帝孝建三年(公元456年),皇后父王偃卒,孝武为服缌麻三月,成服,便即公除。皇后为父则“依朝制服心丧,行丧三十日公除”。但有司不知祖葬之日皇后临丧当著何服,遂上奏询问,且援引旧事:“皇后心丧,服终除之日,更还著未公除时服,然后就除。”以确定是否与旧制不同。太学博士王膺之首先提出天子为外舅服缌麻,本在服例,只是因为“衰绖不可以临朝飨,故有公除之议”。所以至三月丧期结束,应举行除服之礼,届时仍应脱去吉服,重服缌麻。至于皇后之服,祖葬之日,因亲见尸柩,不可以无服,是日仍应服齐衰。但到最终除丧时,由于丧礼即远,变除渐轻,心中哀情也已减弱,便不许再服齐衰重服,“直当释除布素而已”。太常丞朱膺之对王膺之所说的前两点都表示赞同,但在第三点,也就是皇后除服之日,则认为“宜如旧反服未公除时服,以申创巨之情”。其所依据,则在于公除“非全除之称。今朝臣私服,亦有公除,犹自穷

[71] 《陈书》卷3《世祖纪》,第61页。

[72] 《陈书》卷5《宣帝纪》,第99页。

[73] 《北齐书》卷4《文宣纪》,中华书局1972年版,第67页。

[74] 《北齐书》卷6《孝昭纪》,第84页。

[75] 《周书》卷6《武帝纪下》,第107页。

[76] 《魏书》卷108之3《礼志三》云:“魏自太祖至于武泰帝,及太皇太后、皇太后、皇后崩,悉依汉魏既葬公除。”又引元丕劝谏孝文帝之言,可知孝文以上三帝皆是如此,是丕所亲见。又《魏书》卷42《薛辨传附曾孙胤》云:“(太和)十四年,文明太后公除,高祖诏诸刺史、镇将曾经近侍者,皆听赴阙,胤随例入朝。”据《高祖纪下》及《礼志三》,此“公除”当指十四年十月壬午诏中指的“既虞卒哭,以葛易麻”。此前两日的庚辰,高祖在与高闾的辩论中,已提到变除之日官员的从服规格:“庶民及小官皆命即吉。内职羽林中郎已下,虎贲郎已上,及外职五品已上无衰服者,素服以终三月,内职及外臣衰服者,变从练礼。外臣三月而除;诸王、三都、驸马及内职,至来年三月朕之练也,除凶即吉,侍臣君服斯服,随朕所降。”薛胤曾拜中散,正与此合。

其本制”,所以当有始有终,一如礼文。国子助教苏玮生在朱膺之的基础上又作发挥,对公除之义阐释最为明晰:

> 案三日成服即除,及皇后行丧三十日,礼无其文。若并谓之公除,则可粗相依准。凡诸公除之设,盖以王制夺礼。葬及祥除,皆宜反服。未有服之于前,不除于后。虽有期、斩重制,犹为功缌除丧。夫公除暂夺,岂可遂以即吉邪。愚谓至尊三月服竟,故应依礼除释。皇后临祖,及一周祥除,并宜反服齐衰。

建平王宏、前祠部郎中周景远对此都表示赞同,只是认为天子仅服缌麻轻服,除服之日“止举哀而已,不须释服”。孝武帝最终采纳了这种意见。[77]其后在宋明帝泰始年间,陈贵妃父金宝卒。贵妃也是“制服三十日满,公除”。[78]

结合前引虞潭之事,可以看出公除在皇室和士大夫之中都得到了执行。一般而言,成服之时仍然依照礼制规定的五服制度,尽管服制有轻重,居丧者的身份也有高低之分,而且祖葬的日期并不确定,但基本都是既葬卒哭,依据正式丧礼行丧三十日[79],然后便开始心丧的居丧生活,在此期间,服丧者可以做官,也可以参加国家宗庙祭祀。

其次,表现为通过公除和心丧居丧时的衣服之制得以确立。东晋徐藻云:“古无公除,吉凶之服不可相干,故缌不祭耳。今既公除,吉服而行,则可吉祭。”[80]所谓吉服,并非全吉,正如朱膺之所云公除本非全除之称。从虞潭及王皇后、陈贵妃之事也可看出,服丧者平日服素衣,只有在祥禫等重要时节,才穿上原先礼制规定的丧服。

公除之后的“素衣”,相当于晋武帝心丧时穿的“深衣”,隋炀帝又稍加变化,成为“浅色黄衫、铁装带”。[81] 唐代与炀帝之服比较接近,颜色较浅,一般

---

[77] 《宋书·礼志二》,第395—396页。

[78] 同上书,第398页。

[79] 这一制度一直到唐代仍然被遵从执行。贞元二年,昭德王皇后丧,群臣议太子为母之服,“准令,群臣齐缞,给假三十日即公除”。又“请依宋、齐间皇后为父母服三十日公除例,为皇太子丧服之节”。并云“今皇太子宜如魏、晋制:既葬而虞,虞而卒哭,卒哭而除,心丧三年”。皆可见制度上的连贯性。参见《新唐书》卷200,《儒学传下·畅当》,中华书局1975年版,第5717—5718页;《旧唐书》卷149,《柳登传附弟冕》,中华书局1975年版,第4030—4031页;《唐会要》卷38《丧纪下》,中华书局1955年版。

[80] 《通典》卷52,第1446页。

[81] 《资治通鉴》卷180,隋炀帝大业元年二月己卯,第5617页。

称作惨服。[82] 德宗贞元五年(789),金吾卫将军沈房有弟丧,公除,衣惨服入阁。代宗向宰相董晋询问其中缘故,对曰:“准式,朝官有周年已下丧者,诸緦缦,不合衣浅色。”沈房所以如此,不过是“因循而然”。[83] 此事《新唐书》亦有记载。[84] 所不同者唯改“惨服”为“常服”,适可见其与寻常衣服差别之微。[85]

最后,则是在居丧生活上公除与心丧的完全重合。《隋书·礼仪三》云:“齐衰心丧以上,虽有夺情,并终丧不吊、不贺、不预宴。”神龙元年(705)正月中,武后丧公除,“太常请大习乐,供郊庙,诏未许”。后虽听从严善思之谏,但亦仅供郊庙之乐而已。[86] 倘若违背制度,则遭清议讥讽。东晋元兴二年(403),桓玄兄桓伟卒,“伟服始以公除,玄便作乐。初奏,玄抚节恸哭,既而收泪尽欢”。[87] 虽为兄弟之服,但公除之后,犹不得宴饮作乐,桓玄违背礼制,所以被人讥讽。甚至以皇帝之尊,也在所难免。元和十五年(公元820年)正月宪宗崩,五月葬于景陵,穆宗即位后,“甫过公除,即事游畋声色,赐与无节”。九月,又欲召开重阳大宴,拾遗李珏帅其同僚上疏,以为“虽陛下就易月之期,俯从人欲;而《礼经》著三年之制,犹服心丧”。虽已公除,但仍当存人子之哀,有心丧之痛,不宜设宴庆贺。[88] 不仅如此,婚嫁也在禁止之列。永徽元年(650)正月,衡山公主欲出降长孙氏,婚期定在当年秋季,因太宗崩于前年五月,公主虽已公除,但是否能行吉礼,论者意见不一。侍中于志宁引据礼经及郑玄之注,认为公主既服斩衰,仍在心丧之内,“方复成婚,非惟违于礼经,亦是人情不可”。高宗于是下诏公主“待三年服阕,然后成礼”。[89]

---

[82] 《晋书》卷75《王湛传附玄孙忱》云:“妇父尝有惨,忱乘醉吊之。”惨即指丧事。又《资治通鉴》卷203,光宅元年二月丁卯“自是太后常御紫宸殿,施惨紫帐以视朝”下,胡注云:“紫色之浅色为惨紫。”(第6419页)此或可释惨服名称之由来。

[83] 《旧唐书》卷145《董晋传》,第3935页。

[84] 《新唐书》卷151《董晋传》,第4821页。

[85] 唐代惨服又有惨公服与惨吉服之分。公卿大夫为天子“大祥日,除縗冠杖等,服惨公服,至山陵时,却服本縗服,事毕除之”。皇孙释服之后,亦服惨公服,“至山陵时,却服初齐衰服,事毕即吉服”。禫除时,百官仍服惨公服,“至山陵事毕,乃服常公服”。皇帝则在禫除次日,即“改服惨吉服”。杜佑自注云:“淡浅黄衫,细黑絁幞头,巾子,麻鞋,吉腰带。”又云:“伏准贞观、永徽、开元故事,服此服至山陵事毕,则纯吉服。其中间朔望视朝及大礼,并纯吉服,百僚亦纯吉服。自后朝谒如常仪。”则二者差别甚微,都接近于平日的吉服。所引内容分见《通典》卷81,第2207、2211页;卷87,第2385—2386页。

[86] 《新唐书》卷204《方技传·严善思》,第580页。另参见《唐会要》卷34《论乐》。

[87] 《晋书》卷99《桓玄传》,第2592页。

[88] 《资治通鉴》卷241,唐宪宗元和十五年九月,第7781—7782页。

[89] 《旧唐书》卷78《于志宁传》,第2698—2699页。另参《唐会要》卷6《杂录》。

通过以上分析，可以看出公除虽然主要是针对“公家”有事而除其丧服，但由于心丧制度在魏晋南北朝时期的广泛影响，二者势必产生联系，并最终紧密结合。在保持其最初的“公家之吉事”特色的同时，公除又为心丧的具体操作做了充分的补充，如对公除时节、衣服的规定，都使心丧的实践性大为增强。

四、小　　结

心丧三年，自晋武帝垂范作则，逐渐成为一种为社会所认可的国家礼制，刘宋之后，因为长期的实行，又进一步发展、细化，操作性更强，应用面更广。作为一种后世新创的礼制，它与传统礼典中的齐、斩之服密切相关，在丧期、衣服、饮食、居处以及居丧禁忌上都多所比附，这是它向传统靠拢寻求合法性的一面。同时，它又不囿于传统，能够在新陈相因中创立新制，适应时代，从而获得巨大的生命力。比如，确定丧期为二十五个月，以及“深衣素冠、降席撤膳”的规定，其影响力通过时人注疏，反过来又施加于对传统经典的阐释，成为后人理解经典的重要参考。

也正是由于心丧观念的出现，以及心丧三年的推行，传统的礼制遭到更大的冲击。这种冲击不是来自于外部的强行禁止，似乎也不带有多强的破坏性，但它对丧服制度的影响却是巨大而深远的。原先作为丧服制服最重要的“尊尊”原则，以及由此推演出来的厌降制度，逐渐被一直遭到压制的“亲亲”原则超越，父亲对母亲在服制上的压制随之越来越轻，心丧成了消解厌降制度的重要手段。

心丧三年既是国家制度，也是一种社会规则、道德标准。由于心丧的流行，“以情制服”成为当时最时尚的理由，尊尊、重嫡的意味减少，亲亲、重情的成分增加，就使它在应用时更少顾及，不管是期功之亲，还是缌麻之亲，都可以根据恩情、亲情或哀情的程度深浅，增加服丧规格，以表达心意。这种灵活性，不仅保证了它作为制度的生命力，也对孝道的观念产生了深刻的影响。[90]

---

[90] 丁凌华从法律史的角度提出，“心丧范围的扩大，使在服叙范围内被严格的宗法伦理原则（压降原则）所抑制的自然人情（或者说骨肉亲情）得以在守丧行为方面得到某种补救，既不更动礼法服叙，又伸张了人情。心丧范围的扩大实际上是秦汉以来小宗法制取代大宗法制后，妇女特别是母亲家内地位提高的反映”。虽然角度不同，但与本文结论却是殊途同归。参见丁凌华著：《中国丧服制度史》，上海人民出版社2000年版，第168—169页。

司马光《书仪》的撰作及现代启示

潘　斌*

司马光是北宋著名的政治家、史学家和思想家。学界关于司马光之研究，更多的是从政治学、史学的角度着眼。事实上，司马光对儒学也颇有研究，他自己也被人奉为儒学教化下的典范。司马光特别重视儒学中的礼学，他说："夫民生有欲，喜进务得，而不可厌者也。不以礼节之，则贪淫侈溢而无穷也。是故先王作为礼以治之，使尊卑有等长幼有伦，内外有别，亲疏有序，然后上下各安其分而无觊觎之心，此先王制世御民之方也。"①司马光曾撰《书仪》一书，为南宋朱熹编撰《家礼》所效法。《书仪》对宋代及宋代以后的士庶通礼有着深远的影响，为士庶人礼仪及家庭伦理的文本依据。本文以司马光的《书仪》为考察对象，以见该书的撰作缘由、特点及对当今礼仪文明重建的启示。

一、《书仪》的撰作缘由

司马光《书仪》共十卷，《表奏》《公文》《私书》《家书》合为一卷，《冠仪》一卷，《婚仪》二卷，《丧仪》六卷。《书仪》之撰作，是应北宋家族伦理建设之需要。魏晋南北朝时期，士族和庶族之间界限分明，门阀等级森严。然而隋代以来的科举制，使很多出身寒门者参与政治的可能性增大，社会结构和等级制度亦因此发生了很大变化，士庶之间的界限逐渐模糊。到了北宋时期，家庭和家族与魏晋南北朝时期已有很大的不同。有学者指出："唐代以前的家

---

* 西南财经大学人文通识学院副教授。

① (北宋)司马光：《易说》卷一，载《文渊阁四库全书》第8册，上海古籍出版社1992年版，第583页。

族以北方地区政治型的门阀世族为主要形态,其主要功能是界定望族身份以取得世袭特权;宋代以降,家族以东南地区血缘型的家族组织为主要形态,主要功能是敬宗收族。”[②]宋代有很多“同居共财”的大家族,按“二十四史”的列传所记,南北朝共25家,唐朝共38家,五代2家,宋代50家,元代5家,明代26家。[③] 大家庭的凝聚力主要不是经济,而是血缘亲情和道德教化。血缘亲情是不可选择的,然而道德教化通过努力是可以提升的。北宋时期,不少人认识到,大家族要能够长久兴盛,道德教化是十分重要的。家庭和家族伦理建设,需要有相应的士庶通礼的撰作,《书仪》便应运而生了。

《书仪》之撰作,是司马光对北宋礼乐不兴之社会现状所作反思的结果。司马光认为,北宋民间礼仪与礼乐精神相去甚远。如北宋中期的冠仪,“生子犹饮乳已加巾帽,有官者或为之制公服而弄之,过十岁犹总角者盖鲜矣”,这就导致人们普遍“不知成人之道”[④]的严重后果。又如婚礼,“指腹为婚”“轻许为婚”,招致“弃信负约”“速狱致讼”[⑤]的恶果。此外,择婿、择媳慕富贵之风亦十分普遍,从而导致媳“轻其夫”“傲其舅姑”,男子凭“借妇势以取贵,尽失大丈夫之志气”。[⑥]

《书仪》之撰作,是司马光对“书仪”撰作体式的继承。书仪撰作体式出现颇早,20世纪发现的敦煌卷子中,有唐代婚丧礼俗的写本“书仪”。据学者研究,敦煌写本“书仪”适用于普通庶民,“在民间很受重视,广为流传”。[⑦]据现有的材料,可知在司马光《书仪》之前,晚唐郑余庆曾“采唐士庶吉凶书疏之式,杂以当时家人之礼为《书仪》”,五代刘岳“取一时世俗所用吉凶仪式”成《书仪》,宋初胡瑗“略依古礼而以今体书疏仪式附之”成“吉凶书仪”。司马光据《仪礼》,结合宋代的风俗,采用“书仪”体式,从而撰成《书仪》这样一部士庶人行为规范的礼仪蓝本。

---

② 邢铁:《宋代家庭研究》,上海人民出版社2005年版,第2页。

③ 同上书,第41页。

④ (北宋)司马光:《书仪》卷二,载《文渊阁四库全书》第142册,上海古籍出版社1992年版,第467页。

⑤ (北宋)司马光:《书仪》卷三,载同上书,第474页。

⑥ 同上。

⑦ 周一良:《敦煌写本书仪中所见的唐代婚丧礼俗》,载《文物》1985年第7期。

二、《书仪》对礼俗的批判继承

儒家所讲的伦纲理常，是处理人与人之间关系的学问，这从孔子时起就有一套体系。特别是在《仪礼》《礼记》等儒家经典中，诸礼有极为细致的规定，可谓繁文缛节。但是在现实社会中，人们不可能亦步亦趋地恪守礼书之记载。所以在每个时代，都有一些人根据前代的礼典，并结合当代的风俗，重新制定礼仪规范。司马光的《书仪》遵循《仪礼》所记之古礼，然又能结合宋代的风俗、前代之礼典，从而形成独具特色的礼仪蓝本。

司马光《书仪》于冠、婚、丧、祭诸礼之仪节，基本上以《仪礼》为据。如《书仪》所记之婚礼之仪节，虽然于《仪礼》有所变通，然而最重要的礼仪仍然遵循《仪礼》。纳采、问名、纳吉、纳征、请期、亲迎，与《仪礼》并无二致。又如《书仪》所记之丧礼仪节，初终、复、易服、讣告、沐浴、饭含、铭旌、魂帛、吊酹赙禭、小敛、棺椁、大敛殡、闻丧、奔丧、饮食、丧次、五服制度、成服、夕奠、卜宅兆葬日、穿圹、碑志、明器、下帐、苞筲、祠版、启殡、朝祖、亲宾奠、赙赠、陈器、祖奠、遣奠、在涂、及墓、下棺、祭后土、题虞主、反哭、虞祭、卒哭、祔、小祥、大祥、禫祭，亦基本涵盖了《仪礼》所记丧礼之步骤。朱子说司马光《书仪》"大抵本《仪礼》"[⑧]，实非虚言。

司马光对前代的礼书亦颇为重视，特别是对于集唐代礼制之大成的《开元礼》多有论及。《开元礼》取法唐代贞观和显庆年间的礼仪，并对汉魏以来的礼制作了总结，使唐代的礼制臻于完备，并对后世的礼仪制度产生了深远影响。杜佑称赞《开元礼》"酌乎文质，悬诸日月，可谓盛矣"。[⑨] 司马光择《开元礼》可行于北宋者而记之。如复礼(招魂)，《书仪》曰："按《杂记》、《丧大记》，复衣，诸侯以衮，夫人以揄狄，内子以鞠衣。今从《开元礼》上服者，有官则公服，无官则襕衫或衫，妇人以大袖或背子，皆常经衣者。"[⑩]《礼记》认为诸侯、夫人、内子之复衣各有异，《开元礼》认为可制常服，司马光从《开元礼》，认为有官、无官、妇人可根据自己的身份服常服。

---

⑧ (清)永瑢:《四库全书总目》卷二二(上册)，中华书局 1965 年版，第 180 页。

⑨ 《通典》卷 41，第 1122 页。

⑩ (北宋)司马光:《书仪》卷五，载《文渊阁四库全书》第 142 册，上海古籍出版社 1992 年版，第 483 页。

司马光在撰《书仪》时，充分照顾到了北宋的风俗。当风俗合于人情、有益教化时，司马光则从之。如亲迎，《书仪》曰："于壻妇之适其室也，主人以酒馔礼男宾于外厅，主妇以酒馔礼女宾于中堂，如常仪。"司马光于此不取《仪礼》，而从宋代之风俗，他解释道："古礼明日舅姑乃享送者，今从俗。"[11]又如冠礼，宾字冠者之后，《仪礼》无主人酬宾和赞者币之仪节。《书仪》规定"主人酬宾及赞者以币"。司马光解释曰："端匹丈尺，临时随意。凡君子使人，必报之。至于婚丧相礼者，当有以酬之。若主人实贫，相礼者亦不当受也。"[12]司马光从顺人情的角度增此仪节，以补《仪礼》之不备也。当风俗不合人情、无益教化时，司马光则表示反对。如司马光主张婚礼"不用乐"，并解释曰："曾子问曰：'取妇之家，三日不举乐，思嗣亲也。'今俗，婚礼用乐，殊为非礼。"[13]司马光认为婚礼用乐不合于礼，故主张从《仪礼》而不从北宋之风俗。

司马光《书仪》有很强的变通精神，比如其对《仪礼》等礼书所记载的年龄、数量等，《书仪》皆有不同的看法。关于被加冠者之年龄，司马光认为"男子年十二至二十皆可"，并释之曰："吉礼虽称二十而冠，然鲁悼公年十二，晋悼公曰'君可以冠矣'。今以世俗之弊不可猝变，故且狥俗自十二至二十皆许其冠。若敦厚好古之君子，俟其子年十五已上，能通《孝经》、《论语》，粗知礼义之方，然后冠之，斯具美矣。"[14]关于冠礼之年龄，《礼记》认为男子二十，然《左传》记载鲁君年十二行冠礼。司马光据《礼记》和《左传》，认为冠礼之年龄，十二至二十皆可；若是敦厚好古之君子，二十岁粗知礼义之方时亦可。

《书仪》对于《仪礼》所记礼器、堂室、仪节有所变通。如冠礼的筮日仪节，《书仪》曰："古者大事必决于卜筮。灼龟曰卜，揲着曰筮。夫卜筮在诚敬，不在蓍龟。或不能晓卜筮之术者，止用杯珓亦可也。其制，取大竹根判之，或止用两钱掷于盘，以一仰一俯为吉，皆仰为平，皆俯为凶。后婚丧祭仪卜筮准此。《开元礼》自亲王以下，皆筮日、筮宾不用卜。"[15]司马光认为，筮日

---

[11] （北宋）司马光：《书仪》卷三，载《文渊阁四库全书》第142册，上海古籍出版社1992年版，第478页。

[12] （北宋）司马光：《书仪》卷二，载同上书，第470页。

[13] （北宋）司马光：《书仪》卷三，载同上书，第478页。

[14] （北宋）司马光：《书仪》卷二，载同上书，第467页。

[15] （北宋）司马光：《书仪》卷二，载同上书，第468页。

仪节意在诚敬,卜筮的方式应当不拘一格,不必泥于《仪礼》之记载。又如冠礼的醴礼,《书仪》曰:“古者冠用醴,或用酒。醴则一献,酒则三醮。今私家无醴,以酒代之,但改醴辞‘甘醴惟厚’为‘旨酒既清’耳,所以从简。”[16]司马光认为,北宋时期,私家无醴,故可用酒代替,只不过要将醴辞稍作变换。

《书仪》对古礼仪节有所简化,以求简便易行。如冠礼有宿赞冠者、请期、告期之仪节,司马光曰:“古文宿赞冠者一人,今从简,但令宾自择子弟亲戚习礼者一人为之。前夕又有请期、告期,今皆省之。”[17]据《仪礼》,主人筮宾、宿宾后为宾邀请一位赞冠者。司马光认为,令宾从子弟亲戚中择习礼者一人为赞冠者即可,至于请期、告期等仪节皆可省去。

三、《书仪》的现代启示

五代以来,很多人对儒家礼仪文明茫昧不知,加之释、老的冲击,以致儒家纲常松弛、礼乐不兴,为改变时弊,司马光据《仪礼》《礼记》《开元礼》,并参考宋代风俗,撰《书仪》一书,为宋代士庶人确立起一套符合礼教的行为方式,并为宋代及宋代以后的家族建设确立了样板。[18] 从这个角度来说,“司马光是宋元以后家庭伦理思想和家族建设的创始巨擘”。[19]

司马光《书仪》不仅于古代家庭伦理建设有着重要影响,而且对于今天的礼仪文明重建颇有启发意义。司马光所处的时代,由于受到释、老的冲击,儒学地位有所下降。李觏、张载、程颢、程颐等人试图重新诠释儒学,从而使儒学焕发生机,所以有人称宋代儒学为“新儒学”。当然,今天我们所处的时代与司马光所处的时代已有着本质的不同,不过对于儒学再诠释以求重建伦理却有着很大的相似性。由于历史的原因,今天一些人毁绝礼义而不顾,从而导致不文明的现象屡屡出现。正如《礼记·经解》所云:“以旧礼为无所用而去之者,必有乱患。”时代呼唤中华礼仪文明的重塑。而司马光

---

[16] (北宋)司马光:《书仪》卷二,载《文渊阁四库全书》第8册,上海古籍出版社1992年版,第469页。

[17] 同上书,第468页。

[18] 据统计,朱子《家礼》一半以上的文字出自司马光《书仪》,《书仪》所立影堂制度直接启发《家礼》创设祠堂制度。参见李昌宪:《司马光评传》,南京大学出版社1998年版,第324页。

[19] 同上。

所撰《书仪》对宋元明清时期士庶家族和个人的行为生活产生的深远影响，以及其所具有的变通精神，颇值得今人参考借鉴。

司马光在撰《书仪》时十分重视《仪礼》《礼记》等礼典，也十分重视《开元礼》等前代礼书。正是由于其重视传统，才使得《书仪》成为经典之作。在中国古代，礼学既有学术意义，又有治术意义，受到历代统治者和学者的普遍重视。而礼学的载体是《周礼》《仪礼》《礼记》等礼典。今人在从事礼仪文明重建时，对于礼学经典《周礼》《仪礼》《礼记》等当须特别重视，因为只有明白《周礼》《仪礼》《礼记》等所记载的礼仪制度和礼乐思想，才能知晓礼仪的来龙去脉，也才可避免礼仪重建陷入无源之水的境地。

此外，今人在礼仪文明重建的过程中，对于历代重要的礼书也要有所研究，对于前人制礼作乐的经验和教训，也要加以吸取。儒学在汉代被推为官方哲学以后，礼学得到了长足的发展。据统计，历代以来的礼学文献多达到两千余种，这还不包括史书中的礼乐志和礼志典。两千多年以来，中国官方十分重视礼乐文化的建设。包括司马光在内的一些有远见的知识分子为了和睦家族、安定社会，积极撰修礼书，这些礼书对中国中世纪以后民间风俗的影响甚大。在今天的礼仪文明重建中，借鉴和吸取前人礼仪文明建设的经验和教训，当是十分必要的。

司马光《书仪》之所以能为宋元人所接受，还在于其所具有的变通精神。今天我们在从事礼仪文明重建时，一定要重视古礼的现代转换研究。

古礼对中国古代社会产生了深远而又积极的影响，现代人如果亦步亦趋去推行古礼，则是不合时宜之举。实际上，古礼重要，其所蕴含的意义更重要。今天不必完全恪守古礼之仪文，而是要随时而变。《礼记》曰："礼者，时也。"不同的时代，对礼的精神意蕴的理解基本一致，然而在具体仪节上却可以有所不同。古礼必须结合当今时代，实现其现代转化，才能焕发出新的活力。

以冠礼为例，此礼是男子前十多年家庭教育的毕业典礼，也是男子的成年礼，表明该男子具有了承担家庭和社会责任的能力，并对他未来的生活提出了新的要求。《礼记》所记八礼，而冠礼居首。《礼记·冠义》曰："冠者，礼之始也，是故古者圣王重冠。"由此可知冠礼的重要地位。《仪礼·士冠礼》记载了冠礼的仪节，包括冠礼前的各种准备，如筮日、戒宾、筮宾、宿宾、为期；行冠礼的具体过程，如始加、再加、三加、宾礼冠者、见母；还杂记冠礼的变例及宾主所致之辞，如庶子和孤子的冠礼、宾字冠者、三加之辞等。今天组织行冠礼,若按《仪礼》亦步亦趋地去实施,必然是劳民伤财而不得其要。据《仪礼》,士行冠礼当在宗庙中,然而今天人们的居所发生了很大的改变,在城市中甚至偏远的山区,人们都难寻宗庙的踪影了,在这种情况下,就需要对行冠礼的场所作重新的考量。比如可以将客厅腾空,做一些布置后变为行冠礼的场所。若是家居空间不大,还可以在公共空间,比如小区广场或草坪,还可以租借会堂等。这些设想皆是冠礼组织者顺应时代的变化而作出的调整。

实际上,今人在面对古老的礼仪条文时,重要的是理解这些条文蕴含的意义。台湾著名的礼学专家周何曾对冠礼仪式的现代转化谈过他的看法。周何不主张今人亦步亦趋去仿效《仪礼》中的繁文缛节,而是强调成人礼的意义十分重大,他说:"到清末民初,西风东渐,冠礼全亡。如今我们时常为二十多岁的年轻人不懂事而感慨,或者为青少年犯罪率的增高而讶异,其实该感叹、该责备的应该是我们这些做父母、做长辈的人,没有尽到教育子弟的责任,终使家庭教育濒临破产,造成时下年轻人不明是非,不知分寸的行为差失。仔细想想,成人之礼的久废,应该是重要因素之一。"[20]周何认为,当今青少年不明是非、不知分寸,其中一个原因就是成人礼的丧失。这从反面证明成人礼对于今天青少年成长的重要意义。周何并非将成人礼限定在《仪礼》所记之冠礼上,而是将冠礼的意义作了拓展。其举例曰:"古代女子年满十五岁,也有表示成人'笄礼'的举行,如今当然也不存在了。不过有些家庭为十六、七岁的女儿举办一次盛大的舞会,让女儿穿着正式的晚礼服,周旋于许多宾客之间,俨若成人。或许那是从欧美电影里学来的,仪式节目都与中国的笄礼不一样。那有什么关系,只要它确实表示成人教养的完成,无论是什么样式的庆典,都是非常可喜的事。"[21]女子成人之笄礼虽不复存在,然而表示女子成人之礼的一些仪式或场合依然可以起到笄礼的效果。周何认为重视礼之精神意蕴,对于人和社会来说都很重要,至于古代礼仪的形式则须变通。

---

⑳ 周何:《古礼今谈》,国文天地杂志社 1992 年版,第 14 页。
㉑ 同上书,第 14—15 页。

律例与服例

——兼及章太炎的“五朝”情结

顾 迁*

《汉书·艺文志》云:“法家者流,盖出于理官,信赏必罚,以辅礼制。”又称:“名家者流,盖出于礼官。古者名位不同,礼亦异数。孔子曰:‘必也正名乎!名不正则言不顺,言不顺则事不成。’”礼以正名分,法以辅礼制,出礼即入刑,故礼、律二者古代往往混通并论。

儒家重“正名”,墨家亦言“推类”,法家更称“循名责实”,皆可视作对概念、类型区畛的界定。礼典以《丧服》所施最广,统论尊卑亲疏,兼包亲属、政治双重系统,条分缕析,详略繁简之间,颇见名实情理之辨。宗法社会下,服制和刑律互相交融,密不可分。《礼记·服问》引传曰:“罪重而刑五,丧多而服五。上附,下附,列也。”郑注:“列,等比也。”[①]盖言服、律名数虽多,等列相似,可相比况。汉晋经师学兼礼律,晋律“峻礼教之防,准五服以治罪”[②],至《唐律》则“一准乎礼”,成为《丧服》制度法律化的范本。从形式上看,服制别“隆杀”“差次”,刑律分“轻重”“品目”,背后都指向一种秩序体系。厘清其义例,是古代礼家、律家共同面对的问题。

清儒钟文烝云:“例者,义而已矣……说礼服、说律不能外是,而《春秋》家亦用之。”[③]钟氏擅治《春秋穀梁传》,知《春秋》之学以义例最重。强调“例”即是“义”,服、律之学皆以“例”为核心。后来章太炎则说的更具体:“《礼经》制服,比例精严,其原则散见子夏传中,盖如刑律之有‘名例’。服制

---

* 苏州大学文学院教授。

① 《礼记注疏》卷五十七,载(清)阮元校:《十三经注疏》(第二册),中华书局1980年影印版,第431页。

② 《晋书》卷20《刑法志》,第927页。

③ 《谷梁补注》卷首《论经》,《四部备要》本。

虽无妨损益，要以不违原则，不误比例为正。犹刑律有可损益者，要不得违其‘名例’也。”④以《丧服》之比例原则譬况刑律之“名例”，颇中肯綮。

关于刑律之例，法学界早有研究。⑤ 对律例和古典经学凡例的关系，文史界也有论述。⑥ 本文拟从礼、律关系入手，探讨汉唐经学凡例的发展对律法体系、刑律观念的影响，在此基础上，回顾民国时期章太炎多次流露出的五朝文化“情结”。

一、从“决事比”到“执名例”

《礼记·经解》云：“属辞比事，《春秋》教也。”《春秋》蕴孔子笔削之旨，故即辞以见义，可“别嫌疑，明是非，定犹豫”（《太史公自序》），微言大义，垂法后世。《春秋》在汉为显学，某传、某氏之学不乏数家，各成义例。甚有引经文决断疑狱者，如董仲舒“作《春秋决狱》二百三十二事，动以经对”（《后汉书·应劭传》），此为《春秋》家之汉律说。

考“比”字本义，为朋比、亲密，引申亦有“例”“类”诸义。⑦ 决事比，可溯及礼典。《周礼·秋官》大司寇有“邦成”，郑玄引郑司农云：“若今时决事比。”贾公彦疏：“旧法成事、品式。若今律其有断事，皆依旧事断之，其无条，取比类以决之，故云‘决事比’。”⑧贾疏“旧法成事、品式”，乃包含两层意义。一是刑事有案可稽，可直接比附定罪，所谓“依旧事断之”；二是律法未见明文，须参考其他律条案例，决其轻重，所谓“取比类以决之”。比类、比附、比例等，是后代律疏文献中的常见术语。

作为汉代法律实践的重要方式，“决事比”得到广泛施用。但由于当时律法的不完善，加之伦理性过强的诛心之论（如《繁露·精华》“本其事而原其志”），“决事比”往往缺乏客观性，事例琐碎、标准不一，多有奸吏随意构陷之事。史载汉武帝时：

---

④ 《太炎文录续编》卷一《丧服依开元礼议》，载《章太炎全集》，上海人民出版社 2014 年版，第 36 页。

⑤ 如马凤春：《〈唐律疏议〉“例”字研究》，载《政法论丛》第 5 期，2013 年 10 月。

⑥ 葛志毅通过探讨《春秋》学义例，认为：“《春秋》家义例的最大影响来源，应数礼例和律例二者，且律例来源于礼例。”见葛志毅：《春秋义例的形成及其影响》，载《中华文化论坛》2006 年第 2 期。

⑦ 段玉裁：《说文解字注》（八篇上），中华书局 1988 年版，第 386 页。

⑧ 《周礼注疏》卷三十四，载（清）阮元校：《十三经注疏》，中华书局 1980 年影印版，第 871 页。

> 死罪决事比万三千四百七十二事。文书盈于几阁,典者不能遍睹。是以郡国承用者驳,或罪同而论异。奸吏因缘为市,所欲活则傅生议,所欲陷则予死比,议者咸冤伤之。[9]

章太炎评决事比之弊云:

> 仲舒之决事比,援附经谶……其文已冗,而其例已枝。[10]

决事比如此,律令亦不免。《晋书·刑法志》评汉律之弊云:

> 世有增损,率皆集类为篇,结事为章。一章之中或事过数十,事类虽同,轻重乖异。而通条连句,上下相蒙,虽大体异篇,实相采入。《盗律》有贼伤之例,《贼律》有盗章之文,《兴律》有上狱之法,《厩律》有逮捕之事,若此之比,错糅无常。后人生意,各为章句。叔孙宣、郭令卿、马融、郑玄诸儒章句十有余家,家数十万言,凡断罪所当由用者,合二万六千二百七十二条,七百七十三万二千二百余言。言数益繁,览者益难。[11]

认为汉律分类多有含混,未得循名责实之效,注家注解,亦徒增繁冗而已。可见战国秦汉以来相承旧法体系,无论从形式和内容上,皆须重加整合。

魏晋以降,礼法之学偏重核名实,明条例,汉律的结构逐渐得到改造。曹魏时,陈群等制新律,突出刑法总则的纲领作用,"集罪例以为'刑名'",冠于律法之首,改变了旧律类例含混的局面。[12] 司马炎为晋王时,命贾充等更定旧律,以"刑名""法例"二篇冠首。律成,杜预为之注解,奏上,其言云:

> 法者,盖绳墨之断例,非穷理尽性之书也。故文约而例直,听省而禁简。例直易见,禁简难犯。易见则人知所避,难犯则几于刑厝。刑之本在于简直,故必审名分。审名分者,必忍小理。……今所注皆网罗法意,格之以名分。使用之者执名例以审趣舍,伸绳墨之直,去析薪之理也。[13]

诏颁布天下。杜预长于《春秋》凡例之学,所撰《春秋释例》,摧破汉儒条

---

⑨ 《汉书·刑法志》,第1101页。

⑩ 《訄书·儒法第五》(重订本),载《章太炎全集》,上海人民出版社2014年版,第137页。

⑪ 《晋书》卷二十《刑法志》,第923页。

⑫ 如战国李悝《法经》六篇,篇末以《具法》明轻重加减之理。汉初承之,九章律置《具律》于第六篇,不前不后,体例不清。

⑬ 《晋书》卷三十四《杜预传》,第1026页。

例，犹王弼《易略例》扫除汉《易》条例，皆有转移学风之力。杜预认为法律条文和“穷理尽性”的儒学传注不同，需要“简直”的“断例”，而非琐碎细末的“小理”。“文约例直”，有助于“法意”明朗。文繁词冗，容易淹没名理，反而导致钻营巧诈之心。晋武帝时，张裴注律，上表亦强调“律之名例”，称：

《刑名》所以经略罪法之轻重，正加减之等差，明发众篇之多义，补其章条之不足，较举上下纲领。其犯盗贼、诈伪、请赇者，则求罪于此，作役、水火、畜养、守备之细事，皆求之作本名。……名例齐其制。[14]

认为刑名正，则纲举目张，条举件系。

惠帝之时，“政出群下，每有疑狱，各立私情，刑法不定，狱讼繁滋”[15]，刘颂上疏，称：“必守征文以正例。……律法断罪，皆当以法律令正文，若无正文，依附《名例》断之。”[16]强调私情不可凌驾法律之上，一切狱讼当以律条为断，若本律无正文，则以“名例”为根据。“名例”作为古典律法的纲领，其现实和理论意义日渐凸显。

东晋时，《春秋》学家范宁作《穀梁集解》，其序亦有“商略名例”之说。可见凡例、条例之学所关甚巨，说经、研律皆不可离。降及南朝，刑律虽有调整，名例之地位却未有变动。可以说，东晋南朝时期是律例之学定型的关键时期。此与当时学者精讲《丧服》、兼擅玄学名理密切相关。章太炎《五朝学》所谓：“玄学，必要之以名，格之以分。……服有衰次，刑有加减。……玄学常与礼、律相扶。”[17]

至唐，高宗、玄宗时皆有删定《律疏》之举。《唐律疏议》代表了古典礼法体系的建立。五百条、三十卷的内容中，以《名例》六卷五十七条冠首。《疏议》卷一述“名例”之沿革甚详：

周衰刑重，战国异制，魏文侯师于李悝，集诸国刑典，造《法经》六篇，一《盗法》，二《贼法》，三《囚法》，四《捕法》，五《杂法》，六《具法》。商鞅传授，改法为律。汉相萧何，更加悝所造《户》、《兴》、《厩》三篇，谓《九章》之律。魏因汉律，为一十八篇，改汉《具律》，为《刑名》第一。晋命贾充等增损汉、魏律为二十篇，于魏《刑名》律中分为《法例》律。宋齐梁及

[14] 《晋书》卷二十《刑法志》，第928页。
[15] 同上书，第933页。
[16] 同上书，第938页。
[17] 《太炎文录初编》卷一《五朝学》，载《章太炎全集》，上海人民出版社2014年版，第69页。

后魏，因而不改。爰至北齐，并《刑名》、《法例》为《名例》，后周复为《刑名》。隋因北齐，更为《名例》。唐因于隋，相承不改。[18]

又阐述“名例”之作用：

名者，五刑之罪名；例者，五刑之体例。名训为命，例训为比，命诸篇之刑名，比诸篇之法例。但名因罪立，事由犯生，命名即刑应，比例即事表，故以《名例》为首篇。[19]

至此，“名例”作为纲领性的文本，真正具备了刑律总则的意义。在“名例”的指导下制定各律，用“比例”的方法贯通全律，魏晋南朝以来逐渐建构的刑律体系终于走向完密。

二、服、律阐释和“比例”之法

礼服有“衰次”，刑律有“加减”，其间皆有规律可循，古人所谓“义例”是也。《丧服》总例见于子夏《丧服传》，后儒总结有屈、厌、降、从、加、名、报等，堪称“服例深细”。[20]《唐律疏议》准礼而定，开卷“名例”相当于《丧服》总例，律疏对其他各律与《名例》关系的阐述，也深得《丧服》“比例”之法。[21]

《名例》“十恶”条“七曰不孝”，注云“谓告言、诅詈祖父母父母”，疏议曰：

问曰：依贼盗律：“子孙于祖父母父母求爱媚而厌、咒者，流二千里。”然厌魅、咒诅，罪无轻重。今诅为“不孝”，未知厌入何条？

答曰：厌、咒虽复同文，理乃咒轻厌重。但厌魅凡人则入“不道”，若咒诅者不入十恶。《名例》云：“其应入罪者，则举轻以明重。”然咒祝是轻，尚入不孝，明知厌魅是重，理入此条。[22]

此种问答带有强烈的南北朝经学义疏的特征，考辨文理，以明义例。因

---

⑱ 《唐律疏议》卷一，上海古籍出版社2013年版，第2—3页。

⑲ 同上书，第3页。

⑳ 《〈丧服通别表〉题记》，载程瑶田：《仪礼丧服文足征记》卷三，《续修四库全书》（第95册），上海古籍出版社2002年版，第166页。

㉑ “比例”者，排比礼文，推求义例之谓。如程瑶田撰《丧服文足征记》，自诩信而有征，每称“比例而知之”（卷二《丧服经传考定原本下》），驳郑玄则多谓“比例未得其审”（卷四《辨论郑氏斥子夏〈丧服传〉误之讹》）。除此方法论意义之外，“比例”也可以视作《丧服》制度内部的秩序和规律。

㉒ 《唐律疏议》卷一《名例》，第12—13页。

《贼盗律》“憎恶造厌魅”条并列“厌”“咒”，此《名例》文仅及咒诅，不及“厌魅”，故问“厌魅”是否当入十恶？答语先据现实情理判定“咒轻厌重”，再引《名例》“举轻以明重”，判“厌魅”当入十恶。所据原则见《名例》“断罪无正条”：

> 其应出罪者，则举重以明轻。其应入罪者，则举轻以明重。[23]

疏议释“举轻明重”之例曰：

> 案《贼盗律》谋杀期亲尊长，皆斩。无已杀、已伤之文。如有杀、伤者，举始谋是轻，尚得死罪；杀及谋而已伤是重，明从皆斩之坐。又例云：“殴告大功尊长、小功尊属，不得以荫论。”若有殴告期亲尊长，举大功是轻，期亲是重，亦不得用荫。是“举轻明重”之类。[24]

其中又以《丧服》亲疏比况刑罪轻重，最为贴切。按“举轻明重”或“举重明轻”亦乃《丧服》比例之术语，《文心雕龙·征圣》所谓“《丧服》举轻以包重”。此可见南朝服例之学和律疏“名例”的相通。

《名例》“称期亲祖父母”条云：“其嫡、继、慈母若养者，与亲同。”疏议云：

> 嫡，谓嫡母，《左传》注云：“元妃，始嫡夫人，庶子于之称嫡。”继母者，谓嫡母或亡或出，父再娶者为继母。慈母者，依礼，“妾之无子者，妾子之无母者，父命为母子，是名慈母”。非父命者，依礼服小功，不同亲母。“若养者”，谓无儿，养同宗之子者。慈母以上但论母，若养者即并通父。故加“若”字以别之，并与亲同。[25]

嫡母、继母、慈母，皆须依礼辨其名义礼法。本条又云：“称袒免以上亲者，各依本服论，不以尊压及出降。义服同正服。”疏议曰：

> 皇帝荫及袒免以上亲，《户婚律》：“尝为袒免亲之妻而嫁娶者，杖一百。”假令皇家绝服旁期及妇人出嫁，若男子外继，皆降本服一等。若有犯及取荫，各依本服，不得以尊压及出降。即依轻服之法。义服者，妻妾为夫，妾为夫之长子及妇为舅姑之类，相犯者并与正服同。[26]

降、正、义服，皆有体例；尊、压、屈、降，各有施用。下《斗讼律》“告祖父

---

[23] 《唐律疏议》卷六《名例》，第108页。
[24] 同上书，第108—109页。
[25] 《唐律疏议》卷六《名例》，第110页。
[26] 同上书，第111页。

母父母者绞”条，有问答之辞云：

> 嫡、慈、继、养，依例虽同亲母，被出、改嫁，礼制便与亲母不同。[27]

《名例》“同居相为隐”条云：“诸同居，若大功以上亲及外祖父母、外孙，若孙之妇、夫之兄弟及兄弟妻，有罪相为隐。”疏议曰：

> “同居”，谓同财共居，不限籍之同异，虽无服者，并是。“若大功以上亲”，各依本服。“外祖父母、外孙若孙之妇、夫之兄弟及兄弟妻”，服虽轻，论情重。故有罪者并相为隐，反、报俱隐。此等外祖不及曾、高，外孙不及曾、玄也。[28]

《丧服》有报服例，此处“反报”则未解。以上皆可见，不明服例，亦难明律例。

《户婚律》“奴娶良人为妻”条云：“诸与奴娶良人女为妻者，徒一年半，女家减一等，离之。其奴自娶者，亦如之。主知情者，杖一百。因而上籍为婢者，流三千里。”疏议曰：

> 人各有耦，色类须同。良贱既殊，何宜配合？与奴娶良人女为妻者，徒一年半，女家减一等，合徒一年，仍离之，谓主得徒坐，奴不合科。其奴自娶者，亦得徒一年半。主不知情者，无罪。主若知情，杖一百。因而上籍为婢者，流三千里。[29]

释律文甚分明。下又自设“若有为奴娶客女为妻者”一事，云：

> 若有为奴娶客女为妻者，律虽无文，即须比例科断。《名例律》：“称部曲者，客女同。”《斗讼律》：“部曲殴良人，加凡人一等，奴婢又加一等。”其良人殴部曲，减凡人一等，奴婢又减一等，即部曲、奴婢相殴伤杀者，各依部曲与良人相殴伤杀法。注云：“余条良人、部曲、奴婢私相犯，本条无正文者，并准此。”奴娶良人徒一年半，即娶客女减一等，合徒一年。主知情者，杖九十；因而上籍为婢者，徒三年。其所生男女，依户令：不知情者，从良；知情者，从贱。[30]

《疏议》中“比例”二字不止一见。开篇“命诸篇之刑名，比诸篇之法

---

[27] 《唐律疏议》卷二十三《斗讼律》，第 371 页。
[28] 《唐律疏议》卷六《名例》，第 104 页。
[29] 《唐律疏议》卷十四《户婚》，第 225 页。
[30] 同上书，第 225—226 页。

例。……命名即刑应，比例即事表”，《斗讼律》“教令人告事虚”条下亦云“虽为正文，比例为允”[31]，学者对此理解不一。有人解释为“比照法例”，也有人认为是“设置凡例”[32]之意。我们认为前者略为近实。“比例”即“比诸篇之法例”，比者，比照、比附之意，其意甚明。《贼盗》“发冢”条，疏议云：

> 五刑之属，条有三千，犯状极多，故通比附。然尊卑贵贱，等数不同，刑名轻重，粲然有别。[33]

“比附”亦比照法例之意，在尊卑等级基础上，确定各种刑名之轻重。盖《律疏》以《名例》为总则，诸篇各有侧重，互有交叉，必须参互对照方能灵活运用于勘定案件。如《名例》有“本条别有制，与《例》不同者，依本条”[34]的规定，可以视作律法的一种“变例”。此与礼学家根据隆杀差降的原则，比勘《丧服》经传原文，推求各种义例的方法颇为接近。“比例”二字，可谓古典礼、律之学的基本方法。

需要补充的是，《唐律疏议》中附有很多“问答”，用于解释律例间各种疑难。这种“问答”体，有类问难，和南北朝义疏讲经之风颇有渊源。检《隋书·经籍志》，类似体裁的著述极多，尤以礼书为甚。如徐广《礼论答问》、庾蔚之《礼答问》、王俭《礼答问》、范宁《礼杂问》、何佟之《礼答问》等，又如袁祈《丧服答要难》、樊氏《丧服疑问》、皇侃《丧服问答目》等。此或因礼典制度繁复、服制深细难辨，故其间特多问答辨析之辞。

三、章太炎的五朝“情结”

有关法律史研究认为，就汉律而言，其数量及细致程度并不稍逊唐代。但如前所述，汉律有其繁琐笨重的一面。魏晋以降，玄学兴起，律学有简化律条、辨析名理的倾向。“名例”的方法论意义，得到彰显。至于礼经之丧服，和现实关系尤其紧密，故服例之学素称精密。晋宋以来，刑律准五服以

---

[31] 《唐律疏议》卷二十四，第383页。

[32] 马凤春：《〈唐律疏议〉“例”字研究》，载《政法论丛》第5期，2013年10月，第114页。

[33] 《唐律疏议》卷十九《贼盗》，第302页。

[34] 《唐律疏议》卷六，《名例》，疏议曰：“例云‘共犯罪以造意为首，随从者减一等’，《斗讼律》‘同谋共殴伤人，各以下手重者为重罪，元谋减一等，从者又减一等’。又《例》云‘九品以上犯流以下，听赎’；又《断狱律》‘品官任流外及杂任，于本司及监临犯杖罪以下，依决罚例’。如此之类，并是与《例》不同，各依本条科断。”第107页。

治罪，不仅律例和服例的运用有其类似，律学观念也深受宗法贵族制社会士大夫风气之浸染，有着独特的风貌。民国间，章太炎多次撰文，力辟俗士“清谈误国”之说，揄扬五朝人物及学术文化。今日看来，虽有其特殊“情结”在，亦颇可怀想一二。

章太炎对五朝学术文化之赞誉，可以《五朝法律索隐》《五朝学》两文为代表。其中《五朝法律索隐》1908 年发表于《民报》，《五朝学》1910 年发表于《学林》。章氏认为，玄学绝非代表玄远虚渺不切人事，相反，玄风影响之下的文士往往博综技艺，学兼礼、律，即沙门中人，亦娴习儒门礼仪。如称：

> 阮咸任达不拘，荀勖与论音律，自以弗逮。宗少文达死生分，然能为金石弄。戴颙述庄周大旨，而制新弄十五部，合何尝、白鹄二声以为一调。殷仲堪能清言，善属文，医术亦究眇微。雷次宗、周续之皆事沙门慧远，尤明三礼。关康之散发，被黄巾，申王弼《易》，而就沙门支僧纳学算，眇尽其能。又造《礼论》十卷。下逮文儒祖冲之，始定圆律，至今为绳墨。其《缀术》文最深，而史在《文学传》。（《南史》）谢庄善辞赋，顾尝制木方文，图山川土地，各有分理，离之则州郡殊，合之则宇内一。徐陵虽华，犹能草《陈律》，非专为美言也。夫经莫穹乎《礼》《乐》，政莫要乎律令，技莫微乎算术，形莫急乎药石，五朝诸名士皆综之。其言循虚，其艺控实，故可贵也。㉟

章氏认为此皆得益于玄学辨析名理之风：

> 凡为玄学，必要之以名，格之以分。而六艺方技者，亦要之以名，格之以分。服有衰次，刑有加减。《传》曰：“刑名从商，文名从礼。”故玄学常与礼律相扶。㊱

章氏赞五朝士大夫明于本末，乃古《周礼》大司徒“乡三物”（六德、六行、六艺）之传统；慨叹唐宋以降，不仅六艺方技衰落，且士大夫人格、世风皆不如五朝时期。其言云：

> 五朝有玄学，知与恬交相养，而和理出其性。故骄淫息乎上，躁竞弭乎下。及唐，名理荡荡……夸奢复起，形于文辞，拨于小说者，参而伍之，则居可知矣。……五朝士大夫，孝友醇素，隐不以求公车征聘，仕不

㉟ 《太炎文录初编》卷一《五朝学》，载《章太炎全集》，上海人民出版社 2014 年版，第 69 页。

㊱ 同上书，第 69 页。

以名势相援为朋党，贤于季汉，过唐、宋、明益无訾。[37]

魏晋南朝士大夫，虽每称礼不为我辈设，然重情明理，多能精讲《孝经》《丧服》，其论详载于杜佑《通典》，为后世所取资。

至于五朝刑律，如前所举，多非出自专门律家之手，通晓经术之士大夫往往也起到关键作用。章太炎对中西律法之熟悉，固不如沈家本，但他对清末改本国旧律以效西方的尝试颇置不屑，体现出保守一面，但背后根源，不在推崇唐律，而在赞美五朝法律。章氏的理由是汉唐时代律法刻深，不如五朝之宽容温和，其言云：

唐律乃近本齐、隋，北齐始制重罪十条，犯此者不在八议之列。隋氏以降，入叛，䟫益不睦一条，始称十恶，唐世亦依此法，至今承用，此魏晋江左所不有也。汉律无十恶名，大不敬罪辄逾等。故汉、唐二律皆刻深，不可施行。求宽平无害者，上至魏，下讫梁，五朝之法而已。[38]

至于五朝律法之美善，章氏认为有如下数端：

一曰重生命，二曰恤无告，三曰平吏民，四曰抑富人。[39]

皆蕴含平等宽容之精神。因此章氏认为，急于研求恢复唐律不如仔细钩考五朝律法，在此基础上再比附近世与西方，或可建立相对理想的中国律法：

今魏晋南朝法律，虽以残缺，举其封略，则有损上益下之美；抽其条目，则有抑强辅微之心。后有作者，因而为之节文，参以今制，复略采他方诸律，温故知新，亦可以弗畔矣夫！[40]

回顾这些发表于百年前的文字，可以看出太炎先生对古典律法的认知不免理想化色彩和个人的情感偏好。但不论如何，他指出了五朝时代思想文化的重要特征，以及玄学思潮在建构经学阐释和建立律法体系中的重要作用。其论述不仅启发我们多角度综合审视、探讨五朝学术，对当代法律思想也不乏参考价值。

---

[37] 《太炎文录初编》卷一《五朝学》，载《章太炎全集》，上海人民出版社 2014 年版，第 70 页。
[38] 同上书，第 72—73 页。
[39] 同上书，第 73 页。
[40] 同上书，第 81 页。

20世纪礼学研究范式之嬗变及其对当代社会治理的启示

赵满海[*]

本文所说的“礼”指盛行于周代贵族阶层的礼仪与礼制,“礼学”则是指有关礼的文献记载及后世学者对这些文献记载的研究成果。

礼在中国古代是治国安邦的利器,也是意识形态的重要组成部分,在漫长的经学时代,有关礼的研究产生过数量惊人的皇皇巨著。进入20世纪后,随着科举制的废除,礼学发展所依附的社会基础不复存在,但是随着考古学的迅速发展和国外文化人类学知识的传入,新一代学者在充分吸收前人成果的基础上,扩大资料范围,改进研究方法,更新研究宗旨,不仅解决了一些以往遗留下来的难题,而且在很大程度上促成了礼学研究范式的现代转换。

在这一学术范式转变过程中,考古学所充当的角色已经受到了学术界较多的关注。[①] 对于文化人类学在礼学研究范式转变过程中的地位与作用,对于这种学术研究范式的转变为古礼今用带来的启示,迄今为止既缺乏学术史上的梳理,更缺乏理论上的总结,而这些正是本文希望有所突破的地方。

---

* 山东大学历史文化学院博士后研究人员,曲阜师范大学历史文化学院副教授。本项目属于中国第48批博士后面上资助项目,项目编号:20100481269。山东省社会科学规划青年项目,项目编号:10DLSJ02。

① 参见钱玄:《三礼通论·前言》,南京师范大学出版社1996年版;彭林:《三礼研究入门》,复旦大学出版社2012年版。

一、传统礼学的经世思想

礼在中国古代国家的政治生活中扮演着不可替代的角色。三礼之中，《仪礼》以记述古代礼仪细节见长，《周礼》主要记载了官制，《礼记》则以理论阐发见长，它不仅记载了很多礼节，而且对礼的功能、实质、意义、履行原则等作出了深刻的论述。如《礼记・曲礼》对上述问题进行了综合性的论述："道德仁义，非礼不成。教训正俗，非礼不备。分争辨讼，非礼不决。君臣、上下、父子、兄弟，非礼不定。宦学事师，非礼不亲。班朝治军，莅官行法，非礼威严不行。祷祠、祭祀、供给鬼神，非礼不诚不庄，是以君子恭敬撙节，退让以明礼。鹦鹉能言，不离飞鸟。猩猩能言，不离禽兽。今人而无礼，虽能言，不亦禽兽之心乎？夫唯禽兽无礼，故父子聚麀。是故圣人作，为礼以教人，使人以有礼，知自别于禽兽。"②

《礼记・曲礼》中的这段文字具有重要意义，它对以后礼学史的发展具有深远影响。

首先，作者认为礼为圣人所"作"。这个说法在其他文献中也得到了印证，《逸周书・明堂》："明堂者，明诸侯之尊卑也。故周公建焉，而朝诸侯于明堂之位，制礼作乐，颁度量而天下大服，万国各致其方贿，七年致政于成王。"《今本竹书纪年》："武王没，成王少，周公旦摄政七年。制礼作乐，神鸟凤皇见，蓂荚生，乃与成王观于河、洛，沈璧。"《礼记・明堂位》："周公践天子之位，以治天下。六年，朝诸侯于明堂，制礼作乐，颁度量，而天下大服。"上述三种说法都把将"制礼作乐"的功绩归到了周公身上。由于《仪礼》《周礼》是周礼的重要载体，所以后世有学者将这两本书的著作权归到了周公身

---

② 类似的论证在《礼记》其他篇章中也曾多次出现过，如《礼记・经解》论证了礼作为治理国家标准的意义："礼之于正国也，犹衡之于轻重也，绳墨之于曲直也，规矩之于方圆也。故衡诚悬，不可欺以轻重。绳墨诚陈，不可欺以曲直。规矩诚设，不可欺以方圆。君子审礼，不可诬以奸诈。是故隆礼由礼，谓之有方之士。不隆礼，不由礼，谓之无方之民，敬让之道也。故以奉宗庙则敬；以入朝廷，则贵贱有位；以处室家，则父子亲，兄弟和；以处乡里，则长幼有序。孔子曰：'安上治民，莫善于礼'。此之谓也"。在作者看来，不同的礼仪具有不同的功能："故朝觐之礼，所以明君臣之义也。聘问之礼，所以使诸侯相尊敬也。丧祭之礼，所以明臣子之恩也。乡饮酒之礼，所以明长幼之序也。昏姻之礼，所以明男女之别也。"礼治的特点在于其具有预防的功能，也就是禁乱于未发之际，"夫礼，禁乱之所由生，犹坊止水之所自来也。故以旧坊为无所用而坏之者，必有水败。以旧礼为无所用而去之者，必有乱患"。

上。既然礼仪和记载礼仪的典籍都出自圣人之手，它们与一般的文献记载就具有了不同的意义。

《四库全书总目提要·经部总叙》说"经禀圣裁，垂型万世，删定之旨，如日中天，无所容其赞述。所论次者，诂经之说而已。"在皮锡瑞看来，"读孔子所作之经，当知孔子作'六经'之旨。孔子有帝王之德而无帝王之位，晚年知道不行，退而删定'六经'，以教万世。其微言大义实可为万世之准则。后之为人君者，必遵孔子之教，乃足以治一国；所谓'循之则治，违之则乱'。后之为士大夫者，亦必遵孔子之教，乃足以治一身；所谓'君子修之吉，小人悖之凶'。此万世之公言，非一人之私论也"。[③] 四库馆臣和皮锡瑞说的是经学，其实这种道理对于礼学也是适用的。通过在礼、礼书与圣人之间建立密切联系，礼本身就具备了神圣性、神秘性的色彩，这在漫长的经学时代极大地强化了礼在社会生活中的作用。

其次，传统礼学还深入阐述了圣人制礼的原则与依据。

圣人"作"礼的一个重要依据来自于效法天地，《礼记·礼运》："夫礼，必本于天，殽于地，列于鬼神，达于丧、祭、射、御、冠、昏、朝、聘。故圣人以礼示之，故天下国家可得而正也。"在圣人之外再附加了自然万物，这就进一步增强了礼的神圣性和神秘性。与这种思想相配合，《礼记·月令》详细记载了天子在一年四季随着季节的变迁分别应该履行的具体职责。

礼的设立是为了规范人类的各种社会行为，为什么要取法于自然呢？《礼记·礼运》说："故人者，其天地之德，阴阳之交，鬼神之会，五行之秀气也。""故人者，天地之心也，五行之端也，食味、别声、被色而生者也。"这就从本体论的角度论述了人是自然的内在组成部分的观点。"故圣人作则，必以天地为本，以阴阳为端，以四时为柄，以日星为纪。月以为量，鬼神以为徒，五行以为质，礼义以为器，人情以为田，四灵以为畜。以天地为本，故物可举也。以阴阳为端，故情可睹也。以四时为柄，故事可劝也。以日星为纪，故事可列也。月以为量，故功有艺也。鬼神以为徒，故事有守也。五行以为质，故事可复也。礼义以为器，故事行有考也。"

这就是说，人处天地之间，为万物之灵，是大自然的内在组成部分。圣人对这一点看得很清楚，所以其"作则"时不仅考虑到天地阴阳的问题，也考虑到人情好恶的倾向，"故圣人耐以天下为一家，以中国为一人者，非意之也，必知其情，辟于其义，明于其利，达于其患。然后能为之"。（《礼记·礼

---

③ （清）皮锡瑞著，周予同注释：《经学历史》，中华书局2004年版，第6页。

运》)所以通过圣人这个环节,天道与人情得到了高度的统一。[4]

自然现象亘古不变,社会本身则流转不居,如果遇到了古礼没有规定过的事情,或者古礼虽然有规定,但与现实生活已经不太吻合,应该如何处理这些情况呢?在《礼记·礼运》的作者看来,“礼也者,义之实也,协诸义而协。则礼虽先王未之有,可以义起也”。皮锡瑞也认为,“礼由义起,在好学深思,心知其意者,即无明文可据,皆可以义推补……后仓等推《士礼》以致于天子,乃不得不然之势,其实是礼家之通例”。[5] 也就是说,礼文规定再详细,也不可能满足所有的社会情境,但是只要符合“义”的要求,后人就可以创新礼制。那么,在礼仪、礼制发展过程中,哪些因素是可以变化的,哪些因素又是坚定不移的,在《礼记·大传》的作者看来,礼的核心精神是不能改变的,但体现这种精神的具体仪节则可以与时推移,“圣人南面而治天下,必自人道始矣。立权度量,考文章,改正朔,易服色,殊徽号,异器械,别衣服,此其所得与民变革者也。其不可得变革者则有矣,亲亲也,尊尊也,长长也,男女有别,此其不可得与民变革者也”。

在礼乐文明运行的过程中,抽象的礼义往往必须通过具体的礼仪才能保证其具有可操作性,所以在皮锡瑞看来,“古之圣人制为礼仪,先以洒扫应对进退之节,非故以此为束缚天下之具,盖使人循循于规矩,习惯而成自然,嚣陵放肆之气,潜消于不觉,凡所以涵养其德,范围其才者,皆在乎此。”[6]

第三,效法天地固然重要,诸多礼仪还体现了浓厚的法古思想。

许多礼仪之中采取了许多简单、质朴,行之于古而不行之于今的物品,如在确定亲人病故之后,“饭腥而苴熟”,即在饭含时使用生米,为死者送行时则使用熟食,之所以要这么做,孔颖达认为出自这样的考虑,“复魄不复,然后浴尸而行含礼。于含之时,饭用生稻之米,故云‘饭腥’,用上古未有火化之法”。所谓“‘苴熟’者,至欲葬设遣奠之时,而用苞裹熟肉以遣送尸,法

---

④ 对于天地、人情、礼义三者之间的关系及圣人所充当的角色,《汉书·礼乐志》作出了更为系统的论述,“六经之道同归,而《礼》《乐》之用为急。治身者斯须忘礼,则暴嫚人之矣;为国者一朝失礼,则荒乱及之矣。人函天地阴阳之气,有喜怒哀乐之情。天禀其性而不能节也,圣人能为之节而不能绝也,故象天地而制礼乐,所以通神明,立人伦,正情性,节万事者也。人性有男女之情,妒忌之别,为制婚姻之礼;有交接长幼之序,为制乡饮之礼;有哀死思远之情,为制丧祭之礼;有尊尊敬上之心,为制朝觐之礼。哀有哭踊之节,乐有歌舞之容,正人足以副其诚,邪人足以防其失。故婚姻之礼废,则夫妇之道苦,而淫辟之罪多;乡饮之礼废,则长幼之序乱,而争斗之狱蕃;丧祭之礼废,则骨肉之恩薄,而背死忘先者众;朝聘之礼废,则君臣之位失,而侵陵之渐起。故孔子曰:‘安上治民,莫善于礼;移风易俗,莫善于乐。’”

⑤ (清)皮锡瑞著,周春健校注:《经学通论》,华夏出版社2011年版,第276页。

⑥ 同上书,第264页。

中古修火化之利也”。[7] 这个丧葬习俗体现了两条古礼的原则，一条是“事死如事生”，一条是“慎终追远”。

这种法古思想在同篇之中还有体现，在作者看来，上古时期的人类过着艰苦而简陋的生活，“昔者先王，未有宫室，冬则居营窟，夏则居橧巢。未有火化，食草木之实，鸟兽之肉，饮其血，茹其毛，未有麻丝，衣其羽皮”。随着时间的推移，人们的生活水平得到了很大的提高，“后圣有作，然后修火之利，范金、合土，以为台榭宫室牖户。以炮、以燔、以亨、以炙，以为醴酪。治其麻丝，以为布帛”。尽管如此，在某些特定的场合，古人依然会使用一些更为古老的生活用品：“养生送死，以事鬼神上帝，皆从其朔。”这种“皆从其朔”的原则在祭祀活动中体现得最为明显，“故玄酒在室，醴盏在户，粢醍在堂，澄酒在下，陈其牺牲，备其鼎俎，列其琴瑟，管磬钟鼓，修其祝嘏，以降上神与其先祖。以正君臣，以笃父子，以睦兄弟，以齐上下，夫妇有所。……作其祝号，玄酒以祭，荐其血毛，腥其俎，孰其殽，与其越席，疏布以幂，衣其浣帛，醴盏以献，荐其燔炙。君与夫人交献，以嘉魂魄。”由于在祭祀礼仪及其他古礼中蕴含了大量上古历史的信息，不少学者认为要研究远古社会生活史，除了考古学资料之外，古代礼书也具有非常重要的参考价值。

正因为礼在维持古人伦理关系过程中具有如此重要的作用，所以《礼记·礼运》说：“故唯圣人为知礼之不可以已也。故坏国、丧家、亡人，必先去其礼。”

从这个意义看来，对礼的研究事关治国、修身，意义重大。皮锡瑞作为清代今文经学家的代表，其《经学通论》《经学历史》中处处洋溢着经世致用的色彩。即使作为古文经学家代表的孙诒让，他的研究固然以训诂、考据见长，但其撰作巨著《周礼正义》的宗旨也绝不仅仅是为学问而学问，他在《周礼正义》中写道：“为治之迹，古今不相袭，而政教则固百世以俟圣人而不惑者。世之君子，有能通天人之故，明治乱之原者，傥取此经而宣究其说，由古义古制以通政教之宏意眇恉，理董而讲贯之，别为专书，发挥旁通，以俟后圣；而或以不佞此书为之拥篲先导，则私心所企望而旦暮遇之者与！”[8]

---

⑦ （汉）郑玄注、唐孔颖达正义、吕友仁整理：《礼记正义》，上海古籍出版社 2008 年版，第 892 页。

⑧ （清）孙诒让撰，王文锦、陈玉霞点校：《周礼正义·序》，中华书局 1987 年版，第 5 页。

二、文化人类学的传入与礼学研究范式的转变

在漫长的经学时代，在强烈经世意识的刺激下，礼学大师们通过文字校订、经文句读、文字训诂、名物考订、礼制推明、礼义阐发、礼例归纳，为今人阅读礼书奠定了良好的基础。但由于礼学已经成为国家意识形态的重要组成部分，这就使礼学研究不再是单纯的知识研究，而往往具有浓厚的政治、伦理色彩，其研究的科学性、彻底性受到很大制约。晚清民国以来，社会形态的急剧变迁，经学由于其所赖以生存的社会基础不复存在，无可奈何地走向没落，经学研究却由于摆脱了意识形态的羁绊而重获新生；与此同时，国外社会学、人类学也开始传入中国，其开阔的视野和崭新的方法迅速影响到经学研究。这两种因素共同促使礼学研究突破传统经学藩篱而跨入现代新史学的范畴。

1. 传统礼学与文化人类学在研究对象、研究内容、研究方法上既具有一定的共性，也存在一定的差异性，这就为结合文化人类学重新解读传统礼学资料提供了必要性与可能性。

礼学研究对象包括礼仪、礼器、礼容、礼辞、制度、风俗等。物质文化、风俗习惯、亲属制度、宗教信仰则是文化人类学的重要研究内容。二者在相当大的程度上是重合的。但是礼学研究对象主要是文明社会的礼，而文化人类学研究的内容则大多属于初民社会，典型的礼乐文明虽然脱胎于初民社会，但二者毕竟不属于一个阶段。

此外，在研究方法上，传统礼学除了广泛使用词语训释、名物考证、礼义阐发之外，也有一定的比较研究的意识，也就是古书上常说的“礼失而求诸野”。中国人很早就认识到，人类文明的发展是不平衡的，所以在中原地区早已消失的某种礼俗在少数民族聚居区会再次出现。如果二者的内容和形式都高度相似，那就说明空间上的文化差异性其实质是时间上的差异性。相关记载在古书中出现过好多次，

如《礼记·礼运》篇记载了不少上古时期的饮食习俗，“夫礼之初，始诸饮食。其燔黍捭豚，污尊而抔饮”。郑玄注为：“中古未有釜甑，释米捭肉，加于烧石之上而食之耳。今北狄犹然。”其实这种借助石器加工食物的方法在后代绵延不绝，据宋人杜绾记载，“莱州……有白色石，未出土最软，工人取巧，治为器，甚轻巧，见风即劲。或为铛銚，又堪烹饪。”这种石炊法在晚近的一些少数民族中仍然流传着，如西藏的门巴族一直以石锅为主要炊具，并将

其作为工艺品而制作;云南的景颇族也曾有过“石锅”。[9]

杜佑的《通典》则更加系统地记述了一系列“礼失而求诸野”的习俗,有些礼俗一度时期流行于周代,秦汉时期已经在中原地区失传,隋唐时期这些礼俗却在周边少数民族中坚强地存留着。“上古中华亦穴居野处,后代圣人易之以宫室。今室韦国及黔中羁縻东诸夷及附国,皆巢居穴处。诸夷狄处巢穴者非少,略举一二”;又如“上古中华之葬,衣之以薪,葬之中野,不封不树,后代圣王易之以棺椁。今靺鞨国父母死,弃之中野以哺貂;琉球国死无棺椁,草裹尸以亲土而葬,上不起坟。诸夷狄之殡葬,或以火焚,或弃水中。潭、衡州人曰,蜑取死者骨,小函子盛置山岩石间。大抵习俗既殊,其法各异,不可遍举矣”;再如“殷周之时,中华人尚以手团食,故《礼记》云‘共饭不泽手’,盖弊俗渐改仍未尽耳。今五岭以南,人皆以手团食”;“三代以前,中华人祭必立尸,自秦汉则废。按后魏文成帝拓跋濬时,高允献书云:祭尸久废,今风俗父母亡殁,取其状貌类者以为尸而祭焉,宴好如夫妻,事之如父母,败损风化,渎乱情理。又周隋蛮夷传,巴梁间风俗,每春秋祭祀,乡里有美鬓面人,迭迎为尸以祭之。今郴、道州人,每祭祀,迎同姓丈夫妇人伴神以享,亦为尸之遗法”。

杜佑并非第一个揭示这种文化发展不平衡现象的学者,他的可贵之处在于不仅系统地描写了这些现象,而且归纳出这类现象的共性:“古之中华,多类今之夷狄”,并在这个基础上分析了形成这种现象的原因:“覆载之内,日月所临,华夏居土中,生物受气正。其人性和而才惠,其地产厚而类繁,所以诞生圣贤,继法施教,随时拯弊,因物利用。”“其(指边远地区,笔者加)地偏,其气梗,不生圣哲,莫革旧风。”[10]

---

⑨ 汪宁生:《古俗新研》,敦煌文艺出版社2001年版,第238、239页。

⑩ (唐)杜佑撰、王文锦等整理:《通典》,中华书局1988年版,第4978—4980页。《通典》之中和《通典》之外,我们还能找到不少类似的资料,证明中原上古习俗在中古时期其他地区民族以手用食习俗的广泛流传,如第一,“泥婆罗……无匕筋,攫而食。”(《新唐书》第20册,第6213页)。第二,“挹娄,魏时通焉,云即古肃慎之国也。其人臭秽不洁,作厕于中,环之而居。无文墨,以言语为约。坐则箕踞,以足挟肉啖之。”(《通典》,第5022页。)第三,“琉求,食皆用手。”(《通典》,第5026页。)第四,“真腊,以右手为净,左手为秽。饮食多酥酪、沙糖、粟、米饼。欲食之时,先取杂肉羹与饭相和,手团而食之。”(《通典》,第5100页。)第五,“吐蕃,无器物,以手捧酒而饮之。”(《通典》,第5172页。)第六,“泥婆罗国,在吐蕃西。食用手。”(《通典》,第5179页。)李仰松先生则为这种生活习俗提供了一个现代的案例,“当时佤族不会种菜,也没有蔬菜,我们一年多没有蔬菜吃,几乎每天都是粉条、牛干巴和咸菜。……他们觉得我们饮食很奇特,吃饭使用筷子和瓷碗;而他们饮食则是用手抓,餐具是竹、木制成的浅盘,一般是吃稀饭,也无菜吃,一日两餐。往往在节日时,大家一起吃手抓肉,一般的做法是将猪、牛的内脏中的遗物取出后,不加清洗直接放在一个锅里煮,然后大家共同分享”。李仰松著:《寻找揭开考古学中哑谜的钥匙》,载《考古人和他们的故事(2)》,学苑出版社2006年版,第160—161页。

在这个问题上，皮锡瑞对杜佑有些误解，皮氏在引用杜佑《理道要诀》的相关记载后，认为“杜不知外裔犹存古法，反以古法未离夷狄，是疑立尸不近情也”[11]。这个条目本身是非常精辟的看法，因为时代不同，人的价值观念、生活习惯等自然有所不同，如果用后世标准去衡量前人，很容易犯非历史主义的错误。但通过前面的分析，我们知道杜佑并没有否定上古礼俗本身的合理性，只是强调这些习俗在秦汉以后对中原地区不再适用，所以“疑立尸不近情”之情也只能是现实之人情而非古代之人情。

既然“古之中华，今之夷狄”是一个类似规律性的看法，在中国历史上不止一次地重现过，由于古书对古礼记载的缺失，所以现实生活中少数民族的生活资料如果处理得当，可以有效地弥补文献记载的不足，为古代礼俗的研究发挥积极的作用，这其中既包括历史的复原，也包括对历史功能与意义的理解。

文化人类学则主要采用田野调查和比较法来阐明各种文化现象的丰富内涵和各类文化现象之间的联系。

上述郑玄、杜佑的研究方法与现代学者借鉴人类学成果研究上古史的做法非常接近，尤其是都具有“求同”的取向。不足之处是限于时代条件，他们能见到的少数民族的资料毕竟有限，而且这些资料的准确性也值得商榷。最重要的一点区别是，随着文化人类学的发展，学者们通过辛勤的劳动，不仅调查到大量确凿可信的资料，而且在这个基础上对社会组织、生活习惯、亲属制度等诸多问题提出许多新颖的理论性的看法，这些都是传统学术所不具备的一些优势。

传统礼学与文化人类学在研究对象、研究内容和研究方法上共性决定了二者结合的可能性，其差异性则决定了二者结合的必要性。

2. 文化人类学知识的引入改变了人们对礼之实质的看法，促成了礼学研究由经学向新史学的过渡。

(1) 随着文化人类学的传入，学术界对礼的来源、性质的看法发生了很大的变化。

正如文章第一部分所言，传统学术界认为礼为圣人所“作”，在制礼作乐的过程中，圣人采取了效法天地、追慕远祖、体察人情的诸多原则。不仅礼出自圣人之手，礼书也出自圣人之手。这样一来，礼书与其他经书一道具有

---

⑪ (清)皮锡瑞著，周春健校注：《经学通论》(《论古礼多不近人情，后儒以俗情疑古礼，所见皆谬》)，华夏出版社2011年版，第300页。

了超凡脱俗的地位与价值，成为后人景仰的对象，对于民族精神的塑造发挥了重大的作用。

现代学者通过学习文化人类学，对于世界范围内文化的多样性与一致性有了比以往更加深刻的认识，对礼的起源与实质也有了不同以往的看法。在人类学家看来，一切民风起源于应付生活，“某些应付方法显得有效即被大伙所自然无意识地采用着，变成群众现象，那就是变成民风。等到民风得到群众的自觉，以为那是有关全体之福利的时候，它就变成了民仪。直到民仪这东西再被加上具体的结构或肩架，它就变成制度”。“普通观念里都以为礼是某某圣王创造出来的，这种观念并不正确；因为成为群众现象的礼，特别是能够传到后世的礼，绝对不是某个人某机关所可制定而有效的；倘欲有效，非有生活条件以为根据不可。”⑫

经过这一番对礼文化的解构，附着在礼书之上的神圣性、神秘性逐渐淡去，越来越多的学者放弃了礼学的经世传统，而是将礼书和其他儒家经典一样当做研究上古史的史料，从而将“六经皆史”的理念推向了极致，也推动了传统礼学向现代新史学的过渡。⑬ 在一部礼学界广为流传的概论性著作中，作者指出“现在学习、研究三礼，亦即研究上古文化史，就是整理这些上古文化史史料，考订各种礼制的内容及其产生、发展变化的情况，从而对这些文化史料作出合乎历史发展的结论。”⑭这种思想在目前具有古代史、文献学背景的礼学研究者群体中，具有相当大的市场。

（2）通过借鉴文化人类学成果，为今人正确理解礼学内涵提供了更坚实的依据。

第一，对于古代学者言之有理，但语焉不详的部分内容，有的学者通过借鉴文化人类学的知识，将这类思想阐释得更加清晰，有助于今人更加准确

---

⑫ 李安宅著：《〈仪礼〉与〈礼记〉之社会学的研究》，上海世纪出版集团2005年版，第3页。周予同先生在1936年的一篇文章中也提出了类似的想法，即通过借鉴文化人类学知识，有助于拨开历代经学论著附加在礼书上的迷雾，帮助我们更好地理解礼的原始内涵，从而为古史研究服务。“《仪礼》里的冠礼，是否如《礼记·冠义》所解释的这样堂皇？在头发上表示社会成员的加入盟式，是否和其他民族在生殖器施行割礼是同一意义？婚礼的亲迎，是否如《礼记·哀公问》所解释的尊生敬妻的理论？是否不是原始社会掠夺婚的遗留？丧礼的复礼，祭礼中的许多自然崇拜和祖先崇拜的仪式，是否如《礼记》各篇所说的所以劝孝行仁？是否不是出发于原始社会的有鬼论？将儒家理论的外衣从经典身上剥脱下来，用最新最近的宗教学、民俗学、文化人类学的观点，窥探中国上古社会的真相，这不是经典的较高级的分析工作吗？”朱维铮编校：《周予同经学史论》，上海人民出版社2010年版，第414页。

⑬ 周予同先生应该是这种倾向的代表，因为他已经将这些六经完全当史料来看待了。

⑭ 钱玄著：《三礼通论》，南京师范大学出版社1996年版，前言，第2页。

地理解古人的思想。

李玄伯先生在搜集大量周代婚姻史资料的基础上指出，东周时娣制是一种普遍实行的制度，即几个姊妹一次或渐次嫁给一位男子。这种婚姻习俗从地域上来说通行于鲁国、卫国、晋国、骊戎、齐国、纪国、陈国、宋国、莒国、胡国、秦国等诸侯国，从等级上来说则“上及邦君，下及大夫”。如果姊妹都已经达到相当的年龄则一同出嫁，年幼者则“待年父母国也”（何休注《公羊传》隐公七年“叔姬归于纪”条）。之所以要将这些姐妹一起嫁给同一个男子，是出于“参骨肉至亲所以息阴讼”（《释例》）的考虑。

面对古人虽有涉及但语焉不详的解释，李玄伯先生搜集了 29 条姊妹共夫制的材料，这些材料涉及美、非、澳、亚四洲，并在这个基础上指出，“其中如(5)(6)(8)(18)几处皆有待年的习俗，亦与所谓‘叔姬待年于国’之事同”。这就用数量更多、范围更广的材料印证了何休的解释。那么古人为什么会实行姊妹共夫制呢，他引用了加利伯人的一句原话，“女子自幼养育在一起者，爱必能更深，互相了解必能更易，必能互助，因此亦易事其共夫”。在李先生看来，这句话“岂不是《释例》所谓‘参骨肉至亲所以息阴讼’的确切著述么”？[15]

有了这些更为系统、全面的资料与解释，可以使我们对古代经师的解释更为清楚明白。

第二，在为传统礼学提供印证之外，更多的学者则充分运用文化人类学的成果，对古书中相关的礼学现象作出了全新的解释，在很大意义上突破了传统经学局限。

在这个问题上，对亲属称谓的新研究具有高度的代表性。亲属称谓是亲属制度的重要组成部分，从一定意义上来说，一定的亲属关系应该用一定的亲属称谓来指称。但是古书中存在这么一种情况，用同一个亲属称谓称呼不同的亲属关系。如《尔雅・释亲》记载了这么一段今天已经不复盛行的亲属称谓：“姑之子为甥，舅之子为甥，妻之弟为甥，姊妹之夫为甥。谓我舅者，吾谓之甥也。”又如：“母之晜弟为舅。母之从父晜弟为从舅……妻之父，为外舅。妻之母，为外姑……妇称夫之父曰舅，称夫之母曰姑。姑舅在则曰君舅君姑，没则曰先舅先姑。”在今天看来明明各不相同的一些亲属关系，为

---

⑮ 李宗侗：《中国古代社会新研》，中华书局 2010 年版，第 166、170—173 页。对于这个问题，笔者在《跨学科研究典范：以李玄伯文化人类学方法与历史研究为核心的考察》（未刊稿）中有着更系统的论述。

什么会采用“甥”“舅”“姑”这些同类的称谓呢?

传统经师在这些问题上投入了大量的精力,撰写了数量惊人的作品,但对于这种奇特的现象一直缺乏有说服力的解释。直到20世纪40年代,以冯汉骥、芮逸夫先生为代表的一批学贯中西的学者出现之后,他们不仅揭示了传统经学解释中的诸多不足,而且充分借鉴、吸收了国外人类学界的成果,有效地阐明了上古时期的交表婚俗与上述貌似奇特的亲属称谓之间的联系,将传统礼学研究推进了一大步。⑯

第三,在各个国家与民族缺乏充分交流的时期,以本民族文化的价值观为标准来衡量、评价其他民族文化是一种常见的做法。最为极端的是将不同于自己风俗习惯的一些民族当做动物来处理。

恰如前文所言,古人曾经将是否能实行华夏族的礼仪当做区分人与动物的标志。如《诗经·相鼠》:“相鼠有皮,人而无仪;人而无仪,不死何为?相鼠有齿,人而无止;人而无止,不死何俟?相鼠有体,人而无礼;人而无礼,胡不遄死?”又如《礼记·曲礼》所说,“鹦鹉能言,不离飞鸟。猩猩能言,不离禽兽。今人而无礼,虽能言,不亦禽兽之心乎?夫唯禽兽无礼,故父子聚麀。是故圣人作,为礼以教人,使人以有礼,知自别于禽兽”。

文化人类学格外注重世界范围内的跨文化比较,视野开阔,现代学者在充分吸收文化人类学成果的基础上认识到:各民族由于应对自然环境和社会问题的不同,往往会采用不同的风俗习惯,沿之既久,逐渐上升为礼仪;即使是应对同样的问题,也未必会采用同样的方式,如中国人在孩子刚刚出生时往往采用各种庆贺礼仪来表达自己的喜悦之情,亲人去世后往往通过哭踊来表达自己的哀痛之情。但是盖塔伊人则采取了一种截然不同的方式,在这个部落群体中,“当生孩子的时候,亲族便团团围坐在这个孩子的四周,历数着人世间的一切苦恼,并为这孩子生出之后所必须体验的一切不幸事件表示哀悼。但是在埋葬死者的时候,他们却反而是欢欣快乐的,因为他解脱了许多的灾祸而达到了完满的幸福境地。”⑰从我们的自己的生活习惯来看,这些盖塔伊人简直不近人情;可是如果能设身处地地想一想,他们的人生观、价值观难道完全荒唐、毫无理性吗?显然不能这么看。胡新生先生正

⑯ 赵满海:《文化人类学的传入与民国时期经史研究的新拓展——以亲属称谓研究为例》,载《社会学研究》2008年第5期。

⑰ 〔古希腊〕希罗多德:《历史:希腊波斯战争史》,王以铸译,商务印书馆1959年版,第346页。

是在这种意义上对传统礼学所蕴含的浓厚的民族中心主义提出了严厉的批评。[18]

随着我们对整个人类的了解越多，自身的狭隘性就越少，只有如此才能在更为开阔的视野下来合理地借鉴、学习传统文化中的精粹成分。

第四，从学术史发展的角度来看，部分礼仪经过文化人类学的解释后确实获得了比传统礼学更合理的解释。但是传统解释并不会完全失效，至少对理解这些学说产生时代的社会与思想具有重要的参考价值。胡新生先生在对周代殡礼的分析中充分体现了这种辩证的思想。

在《周代殡礼考》一文中，他一方面借助考古学、人类学材料分析了周人久殡礼俗与远古时代的二次葬的联系及其背后的宗教信仰，同时引用《荀子·礼论》阐明了阶级社会对久殡现象的解释："三月之殡，何也？曰：大之也，重之也，所致隆也，所致亲也。将举错之，迁徙之，离宫室而归丘陵也，先王恐其不文也，足之日也。故天子七月，诸侯五月，大夫三月，皆使其须足以容事，事足以容成，成足以容文，文足以容备，曲容备物之谓道矣。"

在胡先生看来，儒家的这种解释虽然没能触及人类学对宗教深意的解释，但可以解释秦汉以后帝王的久殡现象。"荀子对殡礼起源的具体解释不符合历史实际，但其据以解释的基本原理却影响深远，没有多少学术价值的久殡理论却有着重要的文化价值，这种现象值得后人深思。"[19]

这意味着我们传统礼学对在古礼原始内涵的研究过程中存在不少问题，但是对于研究进入文明社会之后所受到的新的意识形态的影响却具有很强的参考价值。在研究中国文化史这个问题上，李零先生曾经指出通过比较传世文献和同类的出土文献的异同，可以很好地理解中国人的文化口味。其实，如果能将同样的方法与思路运用到对传统礼学与新礼学的比较研究中，应该也可以得到同样的甚至更多的答案。

三、古礼新研对古礼今用的深刻启示

恰如上文所提到的，传统礼学具有浓厚的经世倾向，进入20世纪之后，文化人类学的传入促成了古礼研究由经学向现代新史学的过渡。在这一过

---

⑱ 胡新生：《礼制的特性与中国文化的礼制印记》，载《文史哲》2014年第3期。

⑲ 胡新生：《周代殡礼考》，载《中国史研究》1992年第3期。

渡的过程中，部分学者不断地淡化六经的现实意义，更加强调它们在研究历史过程中的史料意义，如周予同先生和钱玄先生。

也有不少学者在吸收借鉴文化人类学成果的同时也指出，虽然社会形态已经发生了极大的变化，包括礼学在内的经学并没有完全丧失现实意义，并非只能摆放到博物馆里作为今人参观之用。

在20世纪的20年代，在一次又一次读经与反对读经的浪潮中，著名学者江绍原先生提出一种非常新颖的看法。他不仅详细分析了《礼记·月令》《吕氏春秋》《淮南子》等文献的相关记载，而且充分吸收了英国人类学家弗雷泽《金枝》中的材料与观点，力图证明这么一个观点：在人类政教未分的时代，酋长一身兼任二任，由于他是人神交流的媒介，所以人们认为他往往具有超自然的法力，为了保障自己的安全和幸福，就强迫他们的首领遵守许多律令，"使酋长们的个人生活成为艰苦的"，非常不方便。到吕不韦生活的年代，古代的禁令已经不能恢复，于是利用五色、五方配四季的法术思想和象征主义的思想，以期将天子的个人生活纳入各种规范之中。

通过对原始社会生活方式的观察，他认识到"《月令》为古圣之书"。"夫皇古对于君王限制既不可复，《月令》作者又何必创为不澈底之礼以难天子哉？无他，惧后人人心不古，争做皇帝致兵连祸结，众生涂炭耳。故古礼虽不可尽复，仍于天子生活的规定中，稍示限制天子自由之意，庶几天下皆知皇宫与天堂不是一样的地方，不敢妄作里面的主人翁；且备叔季之世，研读古经之识者，参透其中真义，加重其中苦味，制为新礼，以寒野心家之胆而回神州之明。"但最后的目标却是根据《月令》的相关记载设计一套总统礼仪。"苟能仿《月令》之意而广之，使此部分的礼具有极严重的痛苦的色彩，则想做总统者流必能恍然于总统之不可羡，不复抢做；Sierra Leone的不争之风，必能弥漫中国。"[20]他还真的设计出这么一套礼仪正是实践了古人"礼虽先王未之有。可以义起也"的古训，应当是通经致用的现代转换。

可见他的方法是不仅了解古代礼仪的具体规范，还要追溯古礼的深意，最后服务于当时的政治，借助原始民主制的精神加强对统治者的约束。而这个深意之所以能够获得，在很大程度上依赖于对文化人类学成果的运用。

那么如何才能有效地实现古代礼俗在现代社会的运用呢？

---

[20] 北京鲁迅博物馆编：《苦雨斋文丛》（江绍原卷），辽宁人民出版社2009年版，第97—110页。

李安宅先生认为,礼的运用必须具备一定的社会条件。[21] 胡新生先生从另外一个角度指出实行礼不能仅仅依靠宣传。在他看来,礼仪本身具有表演的色彩,本身是为了使得某些生活领域显得更加隆重,但过分的客套,言不由衷的谦让,过度看重"脸面",以至矫情做作、虚伪失诚等等,成为礼教熏陶下"国民性"的通病。尽管孔子对这种偏失力图通过"仁"与"礼"的结合来加以克服,但是仅凭某种学说不可能根治礼仪表演过度和政治行为表演化的弊病,要跳出古代礼制造成的宿命,也许只有在社会结构和政治制度方面出现广泛深刻的变化之后才有可能。[22]

那么传统礼乐文明的形成具有什么样的社会基础呢?先师常金仓教授认为,典范政治是礼乐文明的特征之一,这种政治对统治者往往具有较高的要求,要求他们依靠个人才能、功勋和品德来引导人民,是真正的公仆。[23] 成功的礼乐文明往往比严刑峻法能更加深入人心,让人在灵魂深处爆发革命。礼乐文明的有效运行一方面在于国家力量不断强大,另一方面则有赖于一批德才兼备的贤人群体。春秋战国时代,这些社会条件正在随着贵族制向官僚制、分封制向专制社会的转型而削弱乃至消失,礼乐文明也就无可奈何地走向没落了。[24]

2014年,教育部印发了《完善中华优秀传统文化教育指导纲要》,该文件指出,在小学低年级教育阶段,要让小学生"初步了解传统礼仪,学会待人接物的基本礼节";在初中阶段,要让学生"参加传统礼仪和节庆活动,了解传统习俗的文化内涵"。这个文件对于各个阶段学生正确认识中华优秀传统文化具有指导性的意义,那么应该选择哪些礼仪对各级学生加以教育?传统礼仪之所以成功具备了哪些社会条件?现代社会的礼仪教育在注重教育内容、教育方式的同时,也应该对礼仪文化的社会适应性有着相应的了解,这也是赋予新一代礼学研究者的时代使命。

---

[21] 李安宅:《〈仪礼〉与〈礼记〉之社会学的研究》,上海世纪出版集团2005年版,第3页。
[22] 胡新生:《礼制的特性与中国文化的礼制印记》,载《文史哲》2014年第3期。
[23] 常金仓:《周代礼俗研究》,文津出版社1993年版,第272、273页。
[24] 常金仓:《穷变通久——文化史学的理论与实践》,人民出版社2014年版,第187—254页。

跋

王志民

在山东师范大学齐鲁文化研究院召开的“传统礼治与当代软法建设高端学术研讨会”论文集，由于各种原因，延至两年后的今天终于结集出版了，作为会议主要发起者和策划人，我感到非常高兴。为了让读到这本论文集的学界同仁能增加一些对这次会议和该论题的认识和理解，我将与之相关的一些情况和个人的粗浅认识、感受和体会，简述如下。

一、会议的缘起与策划

这次研讨会的召开，首先应该真诚感谢罗豪才教授。罗教授不仅是位受人敬重的国家级领导人，也是一位颇有建树的资深学者、著名法学家，是中国当代软法理论体系的创始者，软法建设的首倡者、开拓者和推动者。我个人由于工作上的关系，与罗豪才教授有较多的接触，并亲自陪同、参与了他在2006年春天对山东基层社会组织的调研和2007年夏秋之际对广西的文化考察。在这两次较长时间的考察调研及此后的多次交谈中，我亲自聆听和感受到罗教授对软法理论的深邃见解和睿智思考，也为他对软法体系建设在依法治国中重大意义的认识和远见卓识所折服，作为法学门外之人，我渐渐对软法问题产生了兴趣，并从传统文化的角度有了一些零散、肤浅的思考。

党的十八大以来，党中央将传承、弘扬优秀传统文化纳入国家文化发展重大战略。习近平总书记就传统文化问题发表一系列重要讲话，在学术界乃至各级领导和社会各界掀起了新一轮的传统文化热。向来被作为“封建礼教”核心的传统礼学研究也由冷落到热络，受到应有的关注。2013年秋冬时节，我在山东陪同罗豪才教授考察期间，就我个人的学术研究情况及如何实现优秀传统文化创造性转化等问题汇报了个人的一些粗浅认识，话题自然转到传统礼治与当代软法建设的关系上，罗教授对此产生了浓厚兴趣并与我作了深入交谈。让我大出意料的是，2014 年 6 月 18 日，罗豪才教授特邀我作为主讲嘉宾，到北京大学法学院参加第七期北大博雅公法论坛，题目就是《软法与传统礼学》。这次论坛，罗教授全程参加，由沈岿教授主持，著名法学家姜明安首先讲了话，我作了一个半小时的主题发言，山东大学法学院长齐延平教授、最高人民法院甘文法官等作为与谈嘉宾，都做了重点发言。数十位年轻教师、博士参加。在整整一个上午的对话研讨中，大家形成一个共识：传统礼治文化中，蕴含着当代法治特别是软法建设的丰富营养，要积极组织两方面的学者进行跨学科的充分研讨和交流。当时，我作为教育部人文社科重点研究基地山东师范大学齐鲁文化研究院院长，随即提出了与北京大学软法研究中心合作，在适当时机召开研讨会的建议，得到罗豪才教授的肯定和支持。

2014 年 12 月，北京大学法学院举办“软法研究中心成立十周年研讨座谈会”，我应邀参加，并做了重点发言。这次会上，我与罗豪才教授、沈岿教授等就召开这次研讨会的议题、方式、地址及主办、合作单位等有关事宜做了进一步研究、确认，为会议顺利举行奠定了基础。

在本次会议的策划和筹备过程中，得到清华大学中国礼学研究中心主任彭林教授的鼎力支持和积极参与，北京大学法学院沈岿教授、王瑞雪博士，山东师范大学齐鲁文化研究院原常务副院长程奇立（丁鼎）教授、彭耀光副教授都做了大量细致、繁杂的准备工作，保证了本次会议的顺利召开和圆满成功。

二、会议的举办与收获

2015 年 5 月 16 日与 17 日，“传统礼治与当代软法建设高端学术研讨会”如期在山东师范大学齐鲁文化研究院举行。参加会议的人数不多：共 30 余人；时间不长：两天。但我认为这是一次高质量的、充满创新活力的盛会。对会议研讨主题和论文内容，读者可在阅读论文集后自行总结和评价，我这里只从参加会议的感受中，谈一点粗浅的认识。

其一，这是一次跨学科研究机构合作的成功尝试。这次会议，由两个法学研究机构:北京大学软法研究中心、山东大学法学院,两个传统文化研究机构:清华大学礼学研究中心、山东师范大学齐鲁文化研究院联合发起。对主办单位来讲,都是第一次主办这样远距离学科、近距离交锋、带有专题性质的研讨会。会议主题研讨难度较大、与会专家的组织和邀请也有一定困难。但大力弘扬优秀传统文化,积极探索创新性发展和创造性转化的强烈愿望和致力为依法治国作贡献的共同历史责任感,将几个第一次合作的机构紧密团结在一起,各主办单位都高度重视,相互理解、相互支持、密切合作,保证了这次会议的顺利圆满召开,并取得了丰硕成果。

其二,老话题与新领域的碰撞交流。所谓“老话题”,是指传统礼治。中国号称“礼义之邦”,礼治,如果从周朝作为统治思想算起,至少有三千多年的历史了。如果从对“礼”的重视和崇尚说来,则与五千年中华文明史相始终,的确是个古老话题。所谓“新思维”,是指软法。将法分为硬法和软法,本身就是一个创新性的思维,而软法研究,是当代法学研究中非常重要而又亟待开拓和深化的新领域。将传统礼治与软法建设进行跨学科的结合研究,这在礼学研究和法学研究上都是一次可贵的尝试、探索与创新。这次研讨会是两个“距离”较远领域的高端学者第一次跨学科交流、碰撞、研讨、论辩,多数学者虽是个人专业领域的翘楚,却是另一学科的“新知”,对会议研讨主题感到新鲜,产生浓厚的探索兴趣。而事实上很多人是抱着新奇的探索和求知的欲望来积极参加研讨会的,因而会议能紧紧围绕主题,展开研讨,开得既和谐热烈,又火花四溅,新意迭出,是一次充满创新活力的研讨会。大家普遍感到收获巨大。既为优秀礼学传统的创造性转化探索路径,也为新时期的法治建设提供丰富文化滋养。

其三,传承与创新的互动探索。中国传统礼学如何实现创新性发展和创造性转化,是当前大力弘扬优秀传统文化,实现中华民族文化伟大复兴的重大时代课题。在这方面,将传统礼治与软法建设结合研究,让我们找到了一个很好的突破口和新路子。礼治的根本精神,既有外在的约束性甚至强制性,更重要的是教化、引导、宣示性。《论语·学而》载:“礼之用,和为贵,先王之道斯为美。”这段文字道出了礼的实质,就是它不仅是一种外在规范,而且是一种内在的自觉,是通过教化、修养所形成的道德理性认知,因而它是“美”的,这和软法的“宣示性、号召性、鼓励性、促进性、协商性、指导性”特征存在着本质的通合性。今天的软法建设,不研究、吸收传统礼治的丰富内涵营养,就很难植根于“中国特色”之基,陷于移植“泊来”概念、内涵的小圈圈,很难融入有中国特色的社会主义法律体系建设之中。立足当代“依法治国”前提下的新文化建设的传统礼学研究,如果忽视与软法建设的结合,也就缺失了一个切合当代实际的创造性转化落脚点。这次研讨会最大的意义和创新性价值,就在于第一次将传统礼治与软法建设的研究结合起来,提出了两个领域研究的新指向。尽管这只是一个开端,却是一个重大意义的起点。我认为,所有参加这次研讨会的学者,都应该为参加这次意义非凡的盛会感到庆幸。而这本论文集的出版,不管在二者结合的探索上还有多少需要开拓和深化的必要,只是迈出了这历史性的第一步就意义非同寻常了。也是将数千年来中华民族代代传承的人文精神和道德智慧转化为现代化建设丰富精神滋养的历史责任,在这方面,学术界承担着深入挖掘、阐释、弘扬的历史责任。

三、会后的呼吁与愿景

这次意义重大的研讨会早已结束,会议论文集也即将出版问世,但对这次会议主题,即传统礼治与软法建设关系的研究,才刚刚迈出了第一步。我们认为法学界与礼学界的学术同道还应该进一步加大对传统礼治与当代软法建设的研究力度,尤其是应该深化和细化如下两方面的研究:

1. 要高度重视软法和软法研究。软法的概念来自国外,但软法的实际存在,在国内源远流长。在当代则更多元、更复杂、更丰富,是新时期法治建设中的“半壁江山”和重要的组成部分。硬法要硬,软法不软,二者的有机结合,才能实现健全、完善的社会治理。这就需要大力加强有中国特色的当代软法研究,其中很重要的一个方面,就是要努力挖掘、吸收传统礼治中的丰富营养。这不仅是学术上的突破,而且是我们实现依法治国和中华文化伟大复兴的历史责任。

2. 要积极推动跨学科的传统礼治与软法的结合研究,使之成为广受学术界、特别是礼学和法学界高度重视的新方向、新领域。坚定信心,寻求突破,走出新路子。深望学界同仁,多办相关研讨会,多立专项课题,多出创新成果,让其由冷门变成热门、显学。为弘扬优秀礼学文化、加强软法研究、实现依法治国的现代化目标贡献力量!

王志民

2017 年 8 月于山东师范大学